인류의 자유와 평화를 위한 길

비밀의 언어

인류의 자유와 평화를 위한 길
비길의 언어

초판 1쇄 인쇄 2011년 3월 10일
초판 1쇄 발행 2011년 3월 15일

지은이 | 진 원
펴낸이 | 金泰奉
펴낸곳 | 한솜미디어
등 록 | 제5-213호

편 집 | 박창서, 김주영, 김미란, 이혜정
마케팅 | 김영길, 김명준
홍 보 | 장승윤

주 소 | (우143-200) 서울시 광진구 구의동 243-22
전 화 | (02)454-0492(代)
팩 스 | (02)454-0493
이메일 hansom@hansom.co.kr
홈페이지 www.hansom.co.kr

값 15,000원
ISBN 978-89-5959-260-9 (03150)

인류의 자유와 평화를 위한 길

비밀의 언어

진원 지음

한솜미디어

서문

잠깐, 이게 무슨 뜻이지?

책의 표지를 보면서부터 의심이 시작된다. 제목이 인생을 포기한 인물들인데 세계 4대 성인들이라니. 거기다가 공자 대신에 노자와 장자가 포함되어 있다.

거기다 저자가 한국 사람이다?

과연 한국 사람 중에 이런 글을 쓸 수 있는 사람이 있을까 하는 의구심이 일어난다. 그런데 자유의지가 없다면서 또 인생의 해답이라니. 세상에 태어나서 처음 듣는 소리들뿐이다.

인생의 해답? 자아의 본질? 언어의 비밀? 신의 실체? 게다가 표지 아래에는 낯설지 않은 인물들의 이름까지….

불이일원론을 역설한 인물들이라면서 천재 과학자로 알고 있는 아인슈타인이 있고, 철학자로 알려진 데카르트가 있고, 작가로 알려진 헤르만 헤세도 있고, 성경에 나와 있는 인물들, 불경에 나오는 인물들까지 다양하다. 그들의 말이 모두 똑같다는 뜻이라는 말 같은데….

이게 말이 되는 소린가? 하는 의심과 함께 '인생의 해답'이라는 말에 호기심과 의구심이 일어난다.

자, 지금 그대의 의심들과 같이 인간의 모든 앎, 지식은 또 다른 의심일 뿐이다. 그대의 기억세포에 저장된 어떤 앎도 의심 아닌 것이 없다. 그렇지 않은가?

그대는 지금 살아있다고 생각하지만 자신의 태어남에 대해서도 경험한 바 없으며 죽음 또한 경험할 수 없다. 자신이 자신의 존재를 의심해야 하는 수수께끼 같은 삶이기에 죽는 날까지 의심의 노예, 욕망의 노예에서 벗어날 수 없다. 그런 까닭에 현실에서 도망치고 싶어 하는 것이다. 하늘을 나는 새처럼 자유롭고 싶은 것이다.

그런데 세상을 다 뒤져봐도 온통 욕망을 채우라고 부추기는 것들뿐이다. 종국에는 '신이시여, 나는 어디로 가야 합니까?'라고 물어봐야 될지도 모른다. 신이 어디에 있겠는가?

인간, 인류의 삶이 그러하다. 행복과 평화, 자유를 갈망하지만 그것이 무엇인지도 모른다. 현실에 만족하여 평화롭지 못하기 때문에 내일과 미래를 향해서 달려 나가야만 한다. 달려 나가서 다다르는 곳이 죽음인 줄을 모르지 않지만 달리 가야 할 길이 없기 때문일 것이다. 그 길을 알리려는 것이다.

삶, 인생이라는 것이 감옥에 갇혀있던 사형수가 자유를 찾아 탈출하려는 것과 다르지 않지만 인생의 끝은 회한만을 남기는 고통스러운 죽음일 수밖에 없지 않은가? 인간에게 자유의지란 없다는 말의 뜻이다. 자유의지가 아주 없는 것은 아니다. 조금은 있다. 아니, 있는 것 같이 느껴진다.

그대는, '내가 숨을 쉰다'고 안다.

그대는, '내가 생각한다'고 안다.

여기서 한 가지만 분명히 이해할 수 있다면 그대는 인생의 해답을 찾을 수 있다. 표지에 나열된 인물들 모두의 말이 다르지 않은 말임에 대해서 깨우칠 때에 참다운 삶의 길을 가게 될 것이다.

그들과 같이 자유를 노래할 것이며 천지만물과 분리되지 않은 자아로서의 삶을 누리게 될 것이다. 단, 불립문자不立文字와 언어도단言語道斷의 뜻을 분명히 이해할 수 있게 되었을 때이다. 이 글을 통해서 그것을 알고, 그들을 알고, 그들과 하나가 되기 위한 길을 감으로써 그대 자신에 대한 의구심이 말끔히 사라질 것이다. '너 자신을 알라'는 말의 뜻이다.

자유의지가 조금 있다는 말은 무슨 뜻일까?

사람들은 자신이 숨을 쉰다고 아는 착각에 의해서 생로병사의 고통을 겪는다. 숨을 쉬는 일, 한 가지의 사례에 대해서만 이해할 수 있다면 그 길을 찾은 것이나 다름이 없다.

자유의지라는 말은 자신의 의지에 따라서 자신의 몸을 자유자재할 수 있다는 말과 다르지 않은 말일 것이다. 그렇다면, 자유의지에 의해서 숨을 쉬게 할 수도 있으며 숨을 멎게 할 수도 있어야 한다.

인간은 자신의 의지에 의해서 호흡을 조절할 수는 있지만 호흡을 멈출 수는 없다는 분명한 사실에 대해서 알지만 올바로 아는 것이 아니기 때문에 자유의지를 논하는 것이다. 인간의 '내가 생각한다'라는 앎이 이러하다.

그대가 안다고 생각하는 모든 앎 또한 이와 다르지 않다. 자유의지가 있다고 착각하는 것과 다르지 않은 앎이기 때문에 모든 앎은 또 다른 의심일 수밖에 없는 것이다.

모든 것을 알지만 아무것도 모르는 사람들에게 하는 말들이 있다. "무한한 것은 인간의 어리석음과 우주다. 하지만 우주가 무한한지에 대해서는 확신이 서지 않는다"라는 말이 아인슈타인의 말이다.

이와 다르지 않은 말이 소크라테스의 말이다. "너 자신을 알라. 그러면 우주(신)를 아는 것이다"라는 말, 그리고 검증되지 않은 삶은 살아갈 가치가 없다는 말이다.

그것을 증거하는 말이 있다. 독배를 마시기 전에 제자들에게 한 말이다. "나는 기쁘다. 나는 예나 지금이나 불행하다는 생각을 해본 적이 없다"라는 말이다.

예수는 사람들을 '길 잃은 어린 양'에 비유하였으며 석가모니는 '중생'이라고 하였다. 중생이라는 말은 생명 있는 것들을 총칭하는 말로서, 인간이나 동물이나 버러지나 깨닫지 못하면 모두가 다르지 않다는 말이다.

인간의 어리석음의 극치는 신을 창조하고 맹신하는 것이다. 신이 있다면 인간과 같이 옹졸하고 편협하여서 기도하는 자와 기도하지 않는 자를 분별하겠는가?

하늘에 대고 기도하면, 돌덩이 앞에서 무릎 꿇고 기도하면, 하늘이 행위하겠는가? 돌덩이가 행위하겠는가? 행위하는 것이 있다면 기도하는 자의 마음이 아니겠는가?

내가 숨을 쉰다는 앎과 같이, 자유의지가 있다는 앎과 같이, 인간의 모든 앎은 또 다른 의심일 뿐이다. 그런 앎으로 어찌 인생의 해답을 찾을 수 있을 것이며 자유로울 수 있겠는가? 내가 생각한다는 앎 또한 이토록 허무맹랑한 것이다.

데카르트는 그랬다. "내가 생각한다는 것은 1차적이지 못하다. 생각에 의해서 내가 존재함을 아는 것이다"라는 말이다.

생각의 미묘한 이치와 속성에 대한 설명과 함께 마음의 근원이 무엇이며 자신의 마음이 어떤 과정을 통해서 가공되어진 것인지 납득할 수 있을 것이다. 그때, 비로소 그들의 말을 조금, 아주 조금이나마 이해할 수 있을 것이다.

그들이 말하는 자유와 평화로 가는 길에 대한 가르침이다.

인류의 자유와 평화를 위하여 이 글을 바친다.

진원

CONTENTS

3장 마음이란?

4장 삶이란?

| 제 1 장 |

불이일원론이란?

비밀의 언어 | 불이일원론(不二一元論)이란? | 도를 깨달은 인물들의 진언(眞言) | 도를 깨달은 인물 | 지인(至人)들의 가르침의 요지 | 불이일원론을 역설한 인물들

비밀의 언어

한국인이 한글을 쓰면서 비밀의 언어라고 말을 하니 의아스러울 수 있다. 말은 같은 말이지만 지적 이해가 불가능한 말들이기에 비밀의 언어라는 말로 시작하는 것이다. 이에 대해서 불립문자, 언어도단, 우이독경, 종교의 방언 등으로 표현된다.

인류의 4대 성인으로 알려진 인물들이 소크라테스, 석가모니, 예수, 공자이다. 그중에서 공자는 인간의 도리를 전파한 인물로 전해지며, 그의 말 중에서 "나는 도를 깨우친다면 내일 죽어도 여한이 없다"라는 말과 또한 그의 가르침은 인간의 본질과는 상관없는 것이니 다음에 설명하기로 한다. 하여튼 공자 또한 도를 깨우치기 위해서 부단히 노력한 것만은 사실이다.

공자와 맹자의 말은 우리말로 설명하더라도 누구나 이해할 수 있는 말들이다. 하지만 인류의 성인으로 알려진 소크라테스, 석가모니, 예수의 말을 비롯하여 뒤에 설명될 불이일원론을 역설했던 인물들의 말은 인류가 존재하는 한 영원히 진리로 남겠지만 그들의 말에 대해서는 해석하거나 상상할 수 없는 말들이기에 비밀의 언어로 남겨질 수밖에 없다.

우주가 아무것도 없는 것에 바탕을 둔 것이라는 사실까지를 확인할 수 있는 최고의 지성시대인 만큼 최고의 지성에 의해서 그들의 가르침에 대한 본질은 더욱더 심각하게 왜곡되고 변질되면서 수많은 종교들이 탄생된 것이며 그들의 가르침과는 반대되는 더 많은 이기주의 집단들이 생겨나고 있는 것이 현실이다. 그리고 그것들의 결과는 피비린내 나는 전쟁이다.

현 시대를 사는 지성인이라면 본서를 통해서 인류 성인들의 가르침에 대한 본질을 이해할 수 있을 것이며 그들의 숭고한 가르침이 종교나 유사단체 등 이기주의 집단으로 변질되어서는 아니 된다는 사실에 대해서 충분히 납득할 수 있을 것이다. 그들 가르침의 핵심은 천지만물과 분리되지 않은 자아로서 절대평등성에 바탕을 두고 있기 때문이다.

인류의 성인, 성자들의 가르침이 종교 나부랭이들의 세력을 키우기 위한 도구로 전락되어서야 되겠는가?

참고로 성인과 성자는 같은 뜻의 다른 표현이며 그들이 인류에게 전하고자 하는 가르침의 핵심은 인생이 무엇인지에 대한 분명한 해답이다. 그들의 가르침은 지적 이해가 불가능한 말들이지만 생각의 이치를 깨쳐나가는 과정에서 조금씩 이해가 깊어지게 된다. 인간이 존재하는 한 그들의 말은 영원한 진리로 남는다. 그리고 그들 가르침의 핵심은 자아의 본질에 대한 설명이며 불이일원론이다.

문제가 있다면 해답은 반드시 있는 것이다. 그런데 인생에는 왜 해답이 없겠는가? 그것이 본래 있는 것이 아니기 때문이다.

인류의 성인으로 알려진 인물들, 이곳에 설명되는 불이일원론을 역설했던 인물들, 그들은 인생의 해답을 찾았기에 그대에게 그 길을 전하고자 했던 것이다. 하지만 사람들은 그들이 인생의 해답을 찾는 방법(구도)에는 관심이 없었던 것 같다. 관심이 없었던 것은 아니었겠지만 그 길이 쉽지 않다 보니, 그들이 인생의 해답을 찾은 뒤의 소식에 대해서 더 관심을 갖게 된 것이다. 내일을 모르니, 언제 죽을지 모르니 항상 다급한 탓일 것이다.

소위 목숨을 걸고 왕위에 오른 사람들의 숨겨진 고통보다는 왕관을 부러워하는 인간의 욕망, 마음도 문제가 있지만 근본원인은 설명하더라고 알아들을 수가 없는 말이라는 것이 더 적절한 표현인 것 같다.

현 시대는 가히 말세시대라고 해도 과언은 아닌 것 같다. 발전에 발전을 거듭하여 우주여행을 하는 시대지만 인류는 생로병사의 고통에서 자유로울 수 없으며, 생존경쟁은 더욱더 치열해지면서 평화로워야 할 삶의 터전이 전쟁터와 다름이 없다.

왜 그럴까? 발전이 되면 모두 행복해야 되는 것 아닌가? 아마도 자신들이 선정한 성인들의 가르침이 왜곡되지 않았더라면 사람이 사람과 싸워야만 하는 어리석음에서 벗어날 수 있었을 것이다.

이 글을 통하여 그들의 본질이 자아의 본질임에 대해서 충분히 이해할 수 있을 것이며 또한 어느 누구나 그 길, 무상의 길, 진리의 길을 감으로써 인생의 해답을 찾을 수 있을 것이다. 진정한 자유와 평화를 위해 필요한 것은 오직 그대의 열정이다.

인간이 상상할 수 없는 말들이 있다. 경험에 바탕을 둔 지식으로는 이해하거나 해석할 수 없는 몇 구절의 말들을 사례로 든 연후에 언어의 비밀에 대해서 설명하려 한다. 참고로 이 글은 어느 종교와도 무관한 글이며 오직 인간의 본질, 자아의 본질, 마음의 근원, 의심의 근원에 대한 설명이며 '나라는 생각'의 이치와 속성에 대한 설명이다.

인류의 스승으로 알려진 인물들이 인류에게 전하고자 했던 인류의 자유와 평화를 위한 길이며 인생의 해답을 찾기 위한 안내서이다. 비밀의 언어라는 말로 표현된 그들로부터 남겨진 몇 구절의 말에 대한 설명을 통해서 불립문자와 언어도단이라는 말의 뜻부터 이해하고 넘어간다.

예수의 "이웃을 네 몸같이 사랑하라"는 말과, "성령은 깨진 기와장 속에도, 쪼개진 장작 속에도 있다"는 말, 그리고 소크라테스의 "너 자신을 알라"는 말과 "검증되지 않은 삶은 살아갈 가치가 없다"는 말, 노자의 "도는 어디에도 있으며 모든 것의 기원"이라는 말, 석가모니의 "무아,

즉 나는 내가 아니다"라는 말 등이다.

이러한 모든 말들은 무아, 즉 순수의식에 바탕을 둔 말들이며 분별하지 않음의 이치, 즉 절대평등성에 대한 설명으로서 도를 닦아 나가는(일념명상) 과정에서 일념명상이 깊어진 만큼 참다운 앎이 드러남에 의해서 분명한 이해가 다가오는 것이며 이런 말들이 불립문자이며 언어도단으로 표현되는 말들이다.

첨단과학에 의해 밝혀졌듯이 우주 삼라만상은 실재하는 것이 아니다. 실재가 아니라는 말은 인간의 감각기관으로 느끼는 모든 것들의 근원에는 아무것도 없는 것이라는 뜻이지만 인간은 '아무것도 없는 것'에 대해서 상상할 수 없다.

'아무것도 없는 것'에 대해서 상상할 수 없는 것, 이것이 문제이다.

내가 있는데 내가 보고 듣고 느끼는데, 왜 아무것도 없는 것이라고 말할 수 있단 말인가? 희로애락이 있고 생로병사의 고통이 있는데 왜, 본래 있는 것은 아무것도 없는 것이라고 주장하는 것인가? 라며 도를 깨우친 인물들의 말을 납득할 수 없었던 사람들은 그들을 신비주의자로 분류한 것 같다. 그런데 그들의 말은 표현하는 방법이 다를 뿐 모두 같은 뜻의 다른 표현들이라는 것이다.

이 사람이 처음 출판했던 책의 제목이 〈깨달음의 실체를 밝힌다〉였다. 그 책의 내용 중에 '우주와 천지만물은 관념의 산물'이라는 말이 있다. 관념의 산물이라는 말은 경험된 기억에 의해서 있다고 아는 것일 뿐이며 그것이 실재하는 것은 아니라는 뜻이지만 이런 말 또한 생각의 영역을 벗어난 말들이다. 고정관념, 관념이 없는 사람은 있을 수 없기 때문이다.

그런데 또 고정관념에서 벗어난 인물들이 있다. 세계 3대 성인과 표지에 나열된 인물들이다. 그리고 그들의 말이 불립문자이며 언어도단으로 표현되는 말들이며 소위 도를 깨우친 인물들이라는 것이다.

'도'라는 말에 대한 오해에서 벗어나야만 한다. 그들의 가르침은 예수나 석가모니를 포장(위장)하여 진열대에 올려놓고 그들을 상품으로 하여 재물을 모으고 세력을 확장하려는 종교 나부랭이들과는 상관이 없는 것이며, 길거리에서 '도를 아십니까?'라며 도를 상품으로 하거나 또는 영성단체들이거나 신흥종교들을 비롯하여 현 세상에 존재하는 그 어떤 집단들과도 전혀 상관이 없다는 것이다.

그들의 가르침은 자아의 본질에 대한 것이며 생각의 미묘한 이치를 깨우침으로써 자유로울 수 있다는 것이다. 이는 인간의 본성이 순수의식이라는 설명이며 그 길에 대한 가르침이지만 자아의 근원에 다다름에 대해서 '도道'라는 이름이 생겨난 것이다. 도, 순수의식, 신, 자아의 본질은 같은 뜻의 다른 표현이며 그들 모두는 도를 깨우친 인물들이다. 그리고 그것의 다른 이름이 불이일원론이다.

한글로 번역되는 과정에서 왜곡되기도 하고 변질되기도 하였으나 그들의 남겨진 말들에 대한 해석을 통해서 그들의 참 뜻을 헤아릴 수 있을 것이며 그들의 깊고 깊은 뜻이 가슴 깊이 새겨지면서 비로소 인생의 해답을 찾는 길에 이르기까지 설명될 것이다.

도를 깨우친다는 것은 관념, 고정관념에서 벗어났음을 뜻하는 말이다. 인간은 관념이 없는 상태에 대해서 상상할 수 없다. 육체가 나라는 관념이 없을 수 없기 때문이며 도를 닦는다는 말로 전해지는 수행(일념명상)을 통해서 육체가 나라는 관념이 사라졌을 때 비로소 자유를 얻는 것이다. 서두르지 마라.

경험을 하지 않은 것은 아니지만 기억할 수 없는 어린아이 시절의 자신에 대해서 상상할 수 있다.

이 글을 통해서 설명되는 내용들은 말은 같은 말이지만 세상에 알려지지 않은 말들이며 알려질 수도 없는 말들이다. 불립문자라는 말과 같이 경험에 바탕을 둔 사고방식으로써는 결코 해석될 수 없는 말들이기 때문이며, 이는 불경을 해석할 수 없는 이치와도 다르지 않다.

그들은 인간의 가장 깊은 고정관념인 '몸이 나'라는 관념까지도 벗어난 인물들이며 사람들의 관점에서 본다면 '죽은 자'의 말이다. 다른 말로 표현한다면 이기주의 관점이 아닌 우주의 관점에서 하는 말이라는 뜻이다. 절대평등성에 바탕을 둔 말이라는 뜻이며 앞서 언급된 예수의 말에서 이해할 수도 있다. 이웃을 네 몸과 같이 사랑하라는 말이다.

낯설지 않은 말이기 때문에 관심조차 없을 수 있으나, 자세히 보면 말도 안 되는 말이다. 그러니 우이독경이라는 말이 생겨난 것이며 방언이라는 말까지도 생겨난 것이다. 그리고 말들을 했던 인물들이 도를 깨우친 인물들이며 성인, 성자들이다.

인간을 제외한 천지만물에게는 '나'라는 관념이 없다. 개나 고양이 등의 동물들에게는 나라는 관념이 없으며 우주라는 관념도 없으며 시간과 공간이라는 관념도 없다. 하물며 산천초목에게 나라는 관념이 있을 수 있겠는가?

좀 더 분명하게 이해할 수 있는 말이 있다면 아인슈타인의 상대성이론이다. 아인슈타인은 상대성이론에 대한 간략한 설명에서 "뜨거운 난로 위에 손을 대고 있으면 1분이 한 시간같이 길게 느껴지지만 사랑하는 연인과 함께 있다면 한 시간이 1분같이 짧게 느껴질 것이다"라는 말이다. 이 말은 곧 시간과 공간이라는 것은 인간의 관념일 뿐, 실재하는 것이 아니라는 뜻이다.

고양이가 쥐를 잡아먹는다고 생각하는 것은 인간의 관념(경험된 기억, 기억된 생각)에 의해서 아는 앎이다. 고양이는 자신이 고양이라고 아는 것이 아니며 쥐를 잡아먹는다고 아는 것도 아니다. 소나무는 내가 소나무라고 아는 바 없으며 내가 살고 내가 죽는다고 아는 것이 아니다. 몸을 나라고 아는 인간만이 관념에 의해서 시간과 공간을 창조하고, 우주를 창조하고, 천지만물을 창조하고, 생로병사의 고통을 겪는다는 뜻이다.

만물의 영장인 인간을 감히 동물이나 식물에 비유할 수는 없다. 다만 관념에 대한 이해를 돕기 위해서 비유를 든 것이다.

인간 또한 순수의식의 시절이 있었으며 말을 배우기 이전의 시절이 순수의식의 시절이다. 그때부터 자연스럽게 배워 온 말들에 의해서 대상을 인식하게 된 것이며 그 대상에 의해서 내가 존재함을 아는 것이다. 아니 그런가?

고양이나 소나무와 같이 나라는 생각이 일어나기 이전의 시대가 순수의식의 시대이다. 예수는 순수의식에 대해서 태어난 지 일주일 된 아이의 상태라고 설명한 것으로 전해진다.

모든 언어는 분별에서 시작된 것이며 분별이 고통의 원인이다. 인간으로 태어나서 맨 처음 일어난 생각이 '육체가 나'라는 생각이며, 도를 깨우침에서는 '육체가 내가 아니다'라는 생각으로 다시 태어나는 것이다. 이에 대해서 환생, 재생, 거듭남, 불생불멸, 천국, 영원한 삶, 늙음과 죽음이 없는 삶, 창조자, 절대자 등의 이름이 지어진 것이다.

소크라테스는 독배를 마시기 전에 "나는 불행하다고 생각해 본 적이 없다"라는 말을 남겼으며 죽음 앞에서도 "나는 기쁘다"라고 하였다고 전해진다. 도를 깨우친 인물들의 한결같은 말이다.

21세기?

최고의 지성에 의해서 우주는 '아무것도 없는 것'이라고 밝혀냈지만 그것을 알아서 얻을 수 있는 것은 아무것도 없다. 인류 역사상 최고 수준의 지식을 자랑하지만 과학은 아직도 꿈의 원인이 무엇인지, 인생의 해답이 무엇인지, 인간은 왜 고통스러운 죽음을 맞이해야 하는지에 대해서는 밝혀낼 수 없다.

마음이 무엇인지도 모른다. 인간이 인간의 기원을 모르며, 자신의 마음을 자신이 모른다고 하는 것이다. 다 아는 것 같은데, 정작 필요한 것에 대해서는 아는 것이 아무것도 없는 것이다.

필요한 것이 무엇이냐고? 행복과 평화, 그리고 자유가 아닌가? 생로병사의 고통에서 벗어나는 것이 아닌가?

그것이 경험에 바탕을 둔 사고방식으로 사는 인간의 한계이다. 그럼에도 불구하고 인간의 한계를 넘어선 인물들이 있었으며, 그들이 도를 깨달은 인물들이며, 그들의 말이 언어의 비밀로서 지적 이해를 넘어선 말들이며, 생로병사의 고통에서 벗어나기 위한 무상의 길에 대한 역설이며 불이일원론이다. 진리와 불이일원론은 같은 뜻의 다른 표현이다.

언어의 비밀을 완전하게 알기 위해서는 도를 깨우쳐야만 한다. 그리고 이 글들은 그 길, 진리의 길에 대한 인류 최초의 안내서이다. 인류 최초라는 말의 뜻은 인간의 존재 이후 지금까지 '생각의 속성과 이치'에 대해서 분명하게 밝혀진 가르침이 존재하지 않았기 때문이다.

언어의 비밀은 이러하다. 존재계의 모든 것들은 언어 없이 존재할 수 없는 것이며, 언어로 존재하는 모든 것들은 실재하지 않는다는 것이다. 인간의 감각기관으로 느낄 수 있는 모든 것들은 경험된 기억에 의존하는 것이며 지금 보고 느끼는 것은 기억세포에 바탕을 둔 '순간생각세포'의 작용에 의한 비교에 의해서 분별하는 것이다.

기억된 생각, 관념이 모두 사라지고 나면 좋고 나쁨, 선과 악, 크고 작음, 추하고 아름다움, 더럽고 깨끗함, 부자와 가난한 자, 성공과 실패, 삶과 죽음, 천국과 지옥, 삶과 죽음 등 고통을 수반하는 모든 분별이 사라질 수밖에 없지 않겠는가.

분별없음의 이치, 비밀의 언어, 명색의 이치는 '말 변사'라는 말과 같은 뜻의 다른 표현이다. 말 변사라는 말은 말, 즉 언어로 지어진 세상이라는 뜻이다.

우주 천지만물이 실재가 아니듯이 우리의 몸 또한 실체가 없는 것이며 실재하는 것이 아니다. 나무의 원인이 씨앗이지만 씨앗의 원인은 아무것도 없는 것에 바탕을 두고 있다.

천지만물 어떤 것들도 분석에 분석을 거듭하다 보면 입자와 파동이며 입자와 파동 그것들 또한 보는 자의 기억된 생각(관념)에 의해서 있다고 아는 것이다. 이렇듯 나라고 아는 육체 또한 아무것도 없는 것에 바탕을 둔 것이며 나타났다가 사라지는 관념의 산물이라는 것이다.

생각의 속성과 이치를 바탕으로 한 수행을 통해서 '나'라는 관념이 사라질 때, 육체가 내가 아님을 아는 앎에서 다시 태어난 인물들의 가르침이 불이일원론이며 진리이다.

도를 깨우친 인물들의 말은 '육체가 내가 아님을 아는 앎'에 바탕을 두고 있기에 한 치의 어긋남도 있을 수 없다. 그런 연유로 하여 그들의 말은 인류가 존재하는 한 진리로 남는다. 이해를 넘어선 말들이지만 너무나도 분명한 말들이기 때문이다.

잘 생각해 보자. 언어(말) 없이 존재할 수 있는 것은 아무것도 없다고 하였다. 본래 있는 것이 아닌 것들에 대해서 이름 지어 있는 것이기 때문이며 세상은 이름으로 존재하는 것이다. 석가모니로부터 전해지는 말 중에 명색名色이라는 말이 있다.

명색의 이치를 깨우침 또한 도를 깨우침의 결과 중 일부에 대한 설명이다. 명색이라는 말은 이름과 형상과의 동일시를 뜻하는 말이며 석가모니의 깨달음을 표현한 첫 구절이 '별은 별이 아니다'라는 말이다. 이런 말 또한 생각의 이치와 속성, 그리고 마음의 형성 과정을 통해서 자세히 설명될 것이며 납득할 수도 있을 것이다.

하나님이라는 말, 부처님이라는 말, 영혼이라는 말, 깨달음이라는 말, 귀신이라는 말, 악마라는 말, 인생이라는 말…. 그것이 어떤 낱말이든지 그것, 즉 언어를 창조한 것은 인간이다.

지금 생각해 보라. 그것이 무엇이든지.

언어 없이 상상할 수 있는 대상이 있을 수 있는가?

있는가?
있는가?
있는가?

그대가 안다고 생각하는 모든 앎은 낱말(이름, 명칭들)과 낱말의 의미(뜻)이다. 그리고 낱말과 낱말을 연결하는 수식어들이다. 그리고 그것들은 누군가로부터 들어서 아는 것들이다. 타인들로부터 듣지 않고 아는 낱말은 아무것도 있을 수 없다.

그렇지 않은가?
그렇지 않은가?
그렇지 않은가?

그렇다면 인간은 왜 말을 만든 것인가?

왜? 수많은 말을 만들어 놓고 그 말에 속아서 고통을 겪는단 말인가?

말을 창조한 인간이 스스로 만들어 놓은 말에 의해서 고통을 겪는 것이기 때문에 무한한 것이 인간의 어리석음이라고 한 것이며 지식은 쓸모없는 것이라고 한 것이다.

인간은 의사소통을 위해서 말을 창조하였지만 어떤 것(육체)을 나라고 아는 그릇된 앎에서 시작된 것이 언어이다. 그렇기에 모든 언어는 상대적일 수밖에 없으며 상대적일 수밖에 없는 모든 말은 같은 뜻의 다른 표현들이다. 인간의 모든 앎은 분별이며 분별에 의해서 고통을 겪는 것이다.

인간의 모든 지식, 앎이라는 것은 비교와 비교에 따른 분별이다. 비교와 분별은 어떤 의심에서 시작된 것이며 지식은 또 다른 의심을 낳지만 의구심의 근원은 '아무것도 없는 것'에 바탕을 두고 있다는 사실에 대해서는 우주과학에 의해서 이미 밝혀진 사실이다.

중복되는 말일지는 모르겠으나 첨단과학은 우주가 아무것도 없는 것이라고 아는 앎에 대해서 왜, 아무것도 없는 것인지 의구심을 일으킬 것이며 종국에는 신의 뜻이라고 단정 지을지도 모르겠다. 그러니 지식과 무지는 같은 뜻의 다른 표현일 뿐, 쓸모없는 것이다.

'일체유심조'라는 말이 있다. 일체라는 말은 나를 비롯한 천지만물을 뜻하는 말이며 유심조라는 말은 '마음이 지어서 있다'라는 뜻이다. 세상은 마음이 지어서 존재하는 것이며 마음이 모든 것의 기원이라는 뜻과도 다르지 않은 말이다. 그리고 마음의 뿌리는 '나라는 생각'이며 나라는 생각은 '육체가 나다'라는 생각이라는 말이다.

이 말은 태어난 아이가 말을 배우는 과정에서 어렴풋이나마 육체가 나라고 인식하면서 처음 할 수 있는 말이 '내가'라는 말이다. "내가 할 거야" 또는 "나도 할 수 있어"라는 말을 시작할 때부터 나와 너, 또는 다른 것들이라는 분별이 시작되었다는 뜻이며 그것이 의심의 근원이라는 말이다.

나를 바탕으로 하는 대상에 대한 분별이 시작된 시점이 마음의 뿌리이며 그것이 '나라는 생각'의 시작이다. 나라는 생각의 시작은 '육체가 나다'라는 앎의 시작이며 그것이 의심의 근원이라는 뜻이다.

인간은 경험이지만 기억할 수 없는 경험, 즉 경험자가 없는 경험이 있다. '나라는 주체가 없는 상태'의 상황에 대해서 기억할 수 없기에 상상할 수 없는 것이다.

우주 천지만물이 아무것도 없는 것이라는 말에 대해서도 상상할 수 없다. 그럼에도 불구하고 깊이 잠들어 있는 동안에는 나도 없었으며 세상도 없었다. 나라는 주체, 즉 육체가 나라는 생각이 사라졌을 때에 비로소 '아무것도 없는 것'이라는 말의 뜻을 깨우칠 수 있는 것이며 도를 깨닫는다는 말은 육체는 살아있으면서 죽음을 경험하는 것과 다르지 않다는 말이다. 도를 깨달음은 내가 안다는 모든 앎이 소멸됨에서 '내가'라고 말하는 '육체가 나라는 생각'이 죽는 것이라는 뜻이다.

본서에 설명되는 글들은 어린아이가 말을 배우는 과정, 사회적 동물로 세뇌되는 과정과 같아서 아이가 말을 배울 때와 같이 어리둥절하여 이해할 수 없으나 내가 안다는 아상我想을 버리고 정신을 집중하여 수차례, 아니 수백 번, 수천 번이라도 꾸준히 읽어나감으로써 조금씩 알아차림(참다운 앎)이 일어나게 된다.

지식은 끝이 없으며 지식의 끝은 천지만물의 근원이 아무것도 없는 것임을 알 뿐이기에 쓸모없는 앎이다. 지식은 세월이 지나면서 희미해지지만 지식을 활용하여 지혜를 증득함에서 아는 참다운 앎은 사람으로 태어나서 경험하는 어떤 것들과도 비교할 수 없는 기쁨으로 다가오게 되며 참다운 앎은 세월이 지나더라도 퇴색됨이 없는 분명한 앎으로 남는다.

도를 깨달음에 대한 궁극의 경지에 대해서는 상상할 수 없으나 공부가 깊어지면 깊어진 만큼 공부의 양은 줄어드는 것이며 생사이치를 깨우침으로 하여 육체의 얽매임에서 해방되어 자유를 얻는다. 이에 대해서 안심입명安心立命이라는 말이 창조된 것이며 불생불멸의 신이라는 말까지도 창조된 것이다. 도인, 도사, 부처, 절대자, 유일신, 창조자 모두 같은 뜻의 다른 표현들이다.

도를 깨우침에서 거듭나는 참다운 나, 그것이 모든 것의 기원이며 언어의 기원이다. 그것이 그대의 본성이며 자아의 본질이다.

불이일원론不二一元論이란?

불이일원론이라는 말은 750년대의 인물인 인도의 철학자 '샹카라'에 의해 구체화된 것으로 전해진다. 샹카라는 인도 경전인 우파니샤드의 주석서를 통해서 현실세계는 실재가 아니며 실재하는 것은 오직 '아트만, 브라흐만'이라고 주장하였다고 한다.

경험에 바탕을 둔 사고방식으로 살아가는 사람들에 대해서 '에고'라는 말로 표현하자. 에고는 샹카라와 같은 말, 즉 도를 깨달은 인물들의 말에 대해서 신비주의자로 분류하며 그들의 말에 대해서 서슴없이 주장이라는 말로 일축하는 것 같다.

첨단과학에 의해서 우주의 본질이 '아무것도 없는 것'이라는 사실이 밝혀졌지만 육체를 나라고 아는 한, '아무것도 없는 것'의 상태에 대해서 상상할 수 없기 때문이다. '아무것도 없는 것'에 대해서 상상할 수 없는 이유는 마음이 생겨나기 이전, 또는 마음이 형성 과정에 대해서 기억할 수 없기 때문이다. 그것이 에고의 한계이며 경험의 오류이다.

도를 깨달음이라는 말로 표현되는 순수의식 상태에서는 세상사 모든 이치가 너무도 분명하여 명백하게 드러나기 때문에 그들에게는 보편타당한 앎일 뿐이다. 우주를 안다는 사람들이 아직도 마음이 무엇인지, 마음이 몸의 어디에 있는지에 대해서조차도 아는 바 없다. 뒤편에 '생각의 이치와 속성' 편에서 한글을 아는 사람이면 누구나 이해할 수 있도록 자세히 설명될 것이다.

샹카라의 말은 도를 깨우친 인물들에게는 너무나도 당연하여 보편타당한 앎이지만 에고의 생각으로써는 불립문자이며 언어도단일 뿐이다. 이토록 분명하게 보고 느끼는 세상이 '아트만'에 의해 투영되는 환상이며 꿈과도 다르지 않은 것이라는 말이기 때문이다. '아트만', '브라흐만'이라는 말은 한글로 해석하게 되면 그 뜻이 퇴색되어 버린다. 그들에게는 시바나 비슈뉴바 등 신격화된 말이기 때문이다.

한글로 표현하자면 진정한 나, 또는 참 나로 표현될 수밖에 없으며 순수의식, 우주의식 등으로 표현될 수 있을 것이다. 그것의 다른 이름이 도, 불성, 하나님, 신 등이다.

에고는 '육체가 나다' 또는 '내가 아니다'라는 말들에 대해서 할 일 없는 사람들의 헛소리쯤으로 여길 수밖에 없다고 여기면서도 자신의 마음이 무엇인지, 생각이 무엇인지, 왜 내 마음대로 살아갈 수 없으며, 왜 고통을 겪어야만 하는지에 대해서도 알지 못한다. 그러니 무한한 것이 인간의 어리석음이라고 한 것이지만 에고는 그들이 왜, 그런 말을 하는지에 대해서조차 헤아릴 수 없다.

인류 모두가 마음과 생각에 대해서 무지하니 무지하다고 할 수도 없는 노릇이다. 그렇기에 데카르트는 생각에 대해서 신으로 표현한 것이며 소크라테스 역시 그 시대에는 생각의 이치에 대해서 이해시키는 일이 불가능하다는 것을 간파하였기 때문에 차라리 신의 뜻이라고 해버린 것이다.

인류의 태초와 발전, 멸망은 끊임없이 반복 순환되어 왔다. 인간의 관념으로 헤아릴 수 없는 만큼의 오랜 시간동안 반복 순환되는 과정 중에서 현 시대는 또 다른 태초를 준비하는 멸망 직전의 상태로 볼 수 있다. 그리고 인류의 지식은 멸망 직전에 가장 높은 수준에 이르곤 하였으며 현 시대가 지적 수준이 가장 높은 정도의 시대이다.

좀 더 분명히 말하자면 '생각의 이치', '생사이치'에 대해서 이미 설명한 인물들이 있었다는 것이다. 구전이거나 문자로 전해지는 것으로 보아 소크라테스와 석가모니, 노자와 장자, 그리고 예수를 비롯하여 데카르트, 헤르만 헤세, 아인슈타인에 이르기까지 많다고는 할 수 없으나 인류의 역사로 볼 때에 평균 100여 년에 한 명 정도는 생각의 이치에 대해서 설명한 것으로 보인다.

단지 그들의 말이 올바르게 전해지지 못했던 것이며, 그들이 현존할 당시의 지적 수준으로써는 이해할 수 없었던 것들이기에 널리 알려질 수 없었던 것이다. 종교들의 교리 또한 에고의 집단이니 왜곡됨은 당연한 것이다.

지적 수준이 높아지면서 인간의 수명이 늘었다지만 그 이면에는 더 많은 질병과 불치병이 나타나고 있으며, 지성은 이제 병을 치료하기 위한 약의 효과가 3퍼센트에도 미치지 않는다는 사실에 대해서까지도 아는 것 같다.

'생각의 이치'에 대해서 깨우치기만 한다고 하더라도, 본래 있는 것이 아무것도 없는 것이며 '생각'에 의해서 창조된 생각의 환상물질이라는 사실에 대해서 깨우칠 수 있다면 인간은 생로병사의 고통에서 해방될 수 있을 것이다. 그대가 진정한 현 시대의 지성인이라면 이 글을 통하여 스스로를 일깨우고 나아가 인류를 구하는 빛이 되어야 할 것이다.

현 시대는 지식수준이 최고조에 이른 시대이다. 지식수준이 높아진 만큼 욕망이 비대해진 시대이기에 말세시대이지만 그것 또한 생각의 속성에 의해서 그리 되어진 것이니 하늘을 탓할 수도 없는 노릇이다. 지식이 무지이지만 아이러니하게도 지식수준이 높아졌기에 생각의 속성과 이치에 대한 설명이 가능하기 때문이다.

참고로 〈깨달음의 실체를 밝힌다〉라는 저서의 출판 이후부터 수많은 사람들이 책과 카페의 글들을 통해서 스스로 공부에 임하고 있으며 일부 구도자들은 말 변사의 뜻을 이해할 만큼 성숙해져 있음을 보았다.

불이일원론으로 설명되는 도를 깨우친 인물들의 가르침의 핵심은 생각의 미묘한 이치이다. 이에 대해서 불경에는 '무상심심미묘법無上甚深微妙法'이라는 말로 표현된다. 도를 깨우침은 생각의 미묘한 이치를 알아차리는 것이며 생각의 이치를 알아차림에서는 아는 것이 아무것도 없지만, 더 이상 알아야 할 것이 없는 상태의 '천상천하 유아독존'이다.

"당신은 누구십니까?"라는 물음에 "나는 내가 아무것도 모른다는 것을 안다"라고 말했던 인물이 아마도 소크라테스일 것이다. 아는 것이 없지만 모르는 것이 없으며 더 이상 알아야 할 것이 없다는 뜻이다.

에고는 자신의 나를 안다고 생각한다. 하지만 숙고해 본다면 자신의 나에 대해서 진정으로 아는 것은 아무것도 없다. 내 몸이라고 알지만 내 몸에 대해서 아무것도 알지 못하기에 아프면 병원을 찾아야 된다. 원하지 않는 고통을 겪어야만 하며, 자신의 나이, 이름까지도 누군가로부터 들어서 알게 된 것이다.

내가 숨을 쉰다고 당연시하지만 내 마음대로 숨을 더 많이 쉴 수도 없으며 내 의지대로 숨을 쉬지 않을 수도 없다. 마음도 생각도 내 의지대로 되는 것은 아무것도 없지만 관념에 따라서 그냥 그럴 것이라고 당연시하는 것이다. 남들이 시장엘 가니 나도 따라가는 격이다.

불이일원론의 뜻에 대해서 좀 더 설명해 본다. 아마도 성인으로 알려진 인물들의 말에 대해 해석하는 편이 더 쉽게 다가올 수 있을 것 같다. 석가모니의 전해져 오는 말부터 알아보자.

석가모니가 태어나자마자 동서남북으로 일곱 걸음을 걸으면서 했다는 말이 '천상천하 유아독존'이라는 말이다. 석가모니의 불이일원론에서 자세히 밝혀지겠지만 석가모니는 제자들에게(사실상 석가모니는 제자를 제자라고 하지 않았다) 소리와 형상으로는 여래를 볼 수 없다고 하였으며, 이 말은 나의 말에 집착하지 말며, 또한 나를 우상으로 숭배하지 말라고 당부한 것이지만 종교는 불상을 만들어 놓고 우상숭배를 하고 있으니 석가모니를 모독하는 것과 다르지 않은 것이다.

천상천하 유아독존이라는 말은 하늘과 땅에 오직 나만이 존귀하다는 뜻이며 오직 나만이 있다는 말이며, 그것에 대해 불성이라고 한 것이다.

에고는 이에 대해서 공사상, 무아사상이라고 하지만 그것은 사상으로 분류될 수 없다. 오직 자신의 참 나를 찾았을 때에 그것이 모든 것의 기원이라는 뜻이다. 둘이 아닌 하나라는 말에 대한 석가모니의 분명한 가르침은 무아이다. 육체가 내가 아님을 알기에 나라는 주체가 없으니 2인칭이나 3인칭으로 분별할 것이 없다는 뜻이다.

예수는 오직 나의 말만이 진리이며 생명이라고 하였으며 나의 말이 곧 하나님 말씀이라고 하였다. 도를 깨우친 인물들의 말은 자아의 관념에 바탕을 둔 말이 아니며 도의 관점, 우주의식의 관점, 순수사고의 관점에서 우러나오는 말이기에 분별없음의 이치를 말하지만 상대적일 수밖에 없는 언어의 속성상 분별로 설명될 수밖에 없다. 분별없음이라는 말도 분별이며 절대평등이라는 말도 분별이기 때문이다.

예수의 둘이 아님에 대한 분명한 가르침은 이웃을 네 몸과 같이 사랑하라는 말이다. 이 말은 육체가 내가 아니기 때문에 나와 너라는 분별함이 없다는 뜻에서의 가르침이다.

노자와 장자는 그것에 대해서 '도道'라고 하였으며 도는 모든 것의 기원이라고 하였으니, 종교의 관점으로 본다면 그것은 신이며 유일자이며 절대자이며 하나님이다. 도를 깨우치는 일은 모든 의심의 근원을 파헤치는 일이며 언어의 기원을 아는 앎이기에 더 이상 알아야 할 것이 없다는 뜻이다.

소크라테스는 죽음 앞에서도 "나는 불행하다고 생각해 본 적이 없다"고 하면서 제자들에게 "너희가 이 말을 알아듣지 못하니 어찌하겠는가"라며 탄식한 것으로 전해진다. 제자들이 알아듣지 못하니 차라리 신을 믿으라고 한 것이다.

불이일원론의 뜻은 둘이 아니며 하나라는 뜻이다. 나와 너, 그리고 나와 다른 것이 둘이 아니며 하나라는 뜻으로서 내가 곧 우주이며 우주가 곧 나라는 뜻으로 해석되기도 하지만 꼭 그렇다는 것은 아니다. 다만 나라는 생각, 즉 육체가 나라는 생각이 없으면 나와 너, 그리고 다른 것이라는 분별이 사라진다는 뜻이다.

한 구절 더 참고할 만한 글이 있다면, "우주도 없다. 구도자도 없다. 브라흐만이 모든 것이다"라는 말이다.

이 말 또한 같은 뜻의 다른 표현이며 우주, 세상, 천지만물 그 모든 것들은 실재가 아니며 오직 도를 깨우침에서 아는 그것만이 모든 것이며 그것이 모든 것의 기원이라는 뜻이다. 그것의 다른 이름이 '도'이며 우리말로는 '참 자아'이다.

모든 분별, 삶과 죽음, 고통 등의 괴로움은 오직 인간의 관념에 의해서 아는 그릇된 앎에서 비롯된 것이며 인간의 관념, 고정관념은 경험의 오류에서 시작된 것이다. 그렇기에 세상은 환상이라는 것이며 일원의 뜻은 오직 하나만이 실재한다는 뜻으로서 우리말로는 '도道, 순수의식, 신, 하나님, 부처, 성령, 참 나, 참 자아' 등으로 표현될 수 있으나 그 또한 언어, 말로 만들어진 것이기에 꼭 그것이라고 단정 지을 수 없는 것이다.

언어로 표현될 수 있는 도는 참다운 도가 아니라는 말을 염두에 두어야 한다. 이는 또한 순수의식이라는 말과도 같은 뜻의 다른 표현이다. '모든 것의 기원, 절대자, 창조자, 유일신, 사람이 거듭남' 등으로 표현되기도 하며, 존재의 거듭남에 대해서는 '환생, 부활, 영생' 등으로 표현되기도 하지만 그것이 인간의 본성인 경험과 분리된 순수의식, 또는 경험 이전의 의식이라는 말과 같은 뜻의 다른 표현들이다.

여기서 말하는 인간의 본성 또는 순수의식이라 함은 갓 태어난 아이가 자아를 인식하기 이전의 순수사고의 상태가 그 하나이며, 둘은 철학으로 알려진 '경험에 바탕을 둔 사고방식으로 살아갈 수밖에 없는 사람이 최상의 정신집중 상태에서 육체의 얽매임에서 풀려난 해방된 정신'을 뜻하는 말이기도 하다.

최상의 정신집중 상태라는 말은 일념一念에 정신이 집중된 상태를 뜻하는 말이며 진리의 길 편에서 자세히 설명될 것이다.

도를 깨달은 인물들의 진언眞言

도를 깨달은 인물들에 대해서 우리말로는 '궁극에 이른 자'라는 뜻의 지인至人, 도인道人으로 표현되기도 하며 지구인들의 공통어로는 '붓다'이다.

종교집단은 지인들의 말을 이해(=오해)하여 부처님, 하나님(=예수님)으로 나뉘는 것 같으며, 이슬람교 또한 '알라신'이지만 우리말로는 하나님이며 유일신이다. 아마도 인도, 티베트 등 불교의 역사가 깊은 지역에서는 깨달음에 대해서 아트만, 브라흐만 등으로 표현되며 인격신으로 추앙받기도 하는 것 같다.

소위 우리말로 깨달음, 또는 도를 깨우친 사람, 부처, 도인으로 불리기도 하지만 여기서는 '그것'으로 표현되기도 한다. 그것이라는 말의 의미는 '아무것도 없는 것의 완전함'으로 표현될 수 있지만 상대적일 수밖에 없는 언어로는 어떤 말로도 단언할 수 없기 때문이다.

그것에 대한 다른 이름들이 있다면 불성佛聖, 성령聖靈, 자성自省, 본성本性, 순수의식, 우주의식 등의 수많은 명칭들이 있지만 이런 말들 또한 에고의 이해를 돕기 위한 말들이며 이러한 이름들과 마찬가지로 상대적인 언어는 모두 같은 뜻의 다른 표현이기에 언어로 정의될 수 없다는 것이다.

언어로 단정 지을 수 없다는 말에 대한 한자어가 언어도단言語道斷이며, 문자로 해석되거나 표현할 수 없다는 말에 대해서는 불립문자不立文字이며 우리말로는 알음알이를 두지 말라는 말이다. 그것에 대한 또 다른 이름이 있다면 안심입명安心立命이라는 말이다.

우이독경牛耳讀經이라는 말 또한 같은 뜻의 다른 표현이며 더욱더 황당하기 이를 데 없는 말이 있다면, 일부 예수를 믿는 종교 등에서 기도 중에 전혀 알아들을 수 없는 말을 쉼 없이 하는 경우, 그 말에 대해서 '방언'이라고 하는데, 그들은 방언이 하나님과의 대화라고 생각한다니 안타까운 일이 아닐 수 없다.

'그것'에 대해서 한글을 아는 사람들이 가장 쉽게 알아들을 수 있는 말이 도를 깨닫는다는 말이다. 그런데 참으로 아이러니한 것은 도에 대한 설명이 불가능함에도 불구하고 도를 깨우친 인물들이 성인, 성자로 알려진 인류의 스승이며 그들의 가르침은 인류가 존재하는 한 영원히 진리로 남는다는 것이다.

그들의 말은 사람들이 사용하는 말과 다르지 않은 말이며 수천 년 전부터 전해져 오는 말들인데도 불구하고 현대인들이 그들의 말에 대해서 이해하거나 해석할 수 없기에 신으로 숭배하거나 불변의 진리로 전해지는 이유가 무엇인지에 대해서 관념적으로나마 이해가 가능하도록 설명해 보려고 한다.

물론 지적 이해가 불가능한 말이기에 어떻게 설명을 한다고 하더라도 온전히 이해할 수는 없다. 단지 상대적일 수밖에 없는 언어의 속성에 대해서 관념으로나마 이해하려는 노력이 필요할 것이며, 그들의 남겨진 말에 대한 설명을 통해서 그들 모두의 가르침이 표현하는 방법이 다를 뿐 같은 뜻의 다른 표현이라는 사실에 대해서는 분명히 이해할 수 있을 것이다.

도, 그것에 대해서 간단명료하게 설명할 수 없으며 설명을 하더라도 이해할 수 없는 이유는 언어는 상대적이며 그들의 말은 상대적이지 않음, 즉 절대평등성에 바탕을 두고 있는 말들이지만 어차피 분별된 언어를 통해서 설명할 수밖에 없기 때문이다.

언어는 상대적인 비교에 의한 분별이며 깨달음은 일념명상의 정점인

삼매三昧에서 분별에 의한 앎(지식)이 모두 소멸된 상태에 다다르게 된다. 이는 언어의 근원(=의심의 근원)에 도달함을 뜻하는 말이며, 또한 갓 태어난 아이의 순수사고 상태로 다시 태어남으로 표현될 수 있다.

여기서 언어가 상대적일 수밖에 없다는 말의 뜻에 대해서 관념으로나마 이해할 수 있다면 그들의 말이 해석될 수 없음에 대해서 이해할 수도 있다. 하지만 이해와 오해는 같은 뜻의 다른 표현이다.

이해라는 말은 자신만의 관점, 즉 자신만의 경험된 기억에 의존하여 안다고 생각하는 것일 뿐, 대상의 관점에서 보는 앎이 아니라는 뜻이다. 이 말은 육체를 나로 아는 나라는 주체는 어떤 객체와도 동등한 관념일 수 없다는 뜻이다. 예를 들자면, 세 살배기 아이가 엄마를 이해하는 것과 삼십 대의 엄마가 엄마를 이해하는 것과의 차이로 볼 수도 있으며, 실존에 대한 설명과 같이 내가 다른 사람이 될 수 없으며 다른 사람이 내가 될 수 없다는 뜻으로 설명될 수 있다.

언어의 상대성에 대해서 알아보자.

세상은 인간만의 관념의 산물이며 생로병사의 고통 또한 인간만의 관념의 산물이라고 하였다. 그리고 관념, 고정관념은 언어에 의존하는 것이며 언어는 사람에 의해서 만들어진 것이다. 또한 사람들의 앎은 언어, 낱말을 아는 것이며 낱말과 낱말의 뜻에 대한 앎에 대해서 지식이라고 한다.

이상, 사상이라는 낱말을 아는 것과 이상, 사상이라는 낱말의 뜻을 아는 것과 이상, 사상에 세뇌된 상태와의 차이에 대해서 숙고해 본다면, 그것이 어떤 것이든 세뇌된 정도의 차이라는 것에 대해서 납득할 수 있다.

옛날 말에 열 번 찍어 안 넘어가는 나무가 없다는 말과 같이 사람들은 지속적인 말에 의해서 세뇌를 당하게 되며 세뇌의 정도에 따라서 이상, 사상 등으로 구분한다는 것이다.

사람들이 종교나 사상 따위에 세뇌당하게 되면 세뇌의 정도에 따라서 목숨을 버리기도 한다. 자폭테러를 사례로 들 수도 있겠으나 종교 간의 분쟁이나 또는 일상에서 빚어지는 갈등, 그리고 가정에서의 갈등 또한 자아도취에서 오는 것이다.

자아도취라는 말은 그릇된 관념, 즉 기억된 생각에 의한 자신만의 앎이 옳다는 주장을 뜻하는 말이다. 이것이 육체가 나라고 아는 이기주의의 앎이며 이웃과 내가 둘이 아니라는 말을 하는 인물들의 앎이 도의 관점에서 보는 앎의 차이이며 이런 앎의 차이에 대해서 지식과 지혜로 구분될 수 있다.

인간의 마음이 왜 끊임없이 흔들리겠는가?

자신도 모르게 흐르는 생각의 작용에서 비롯된 것이다. 그리고 인간의 고정관념 중에서 가장 깊은 고정관념이 '육체가 나'라는 관념이며 그것에 대해서 경험의 오류라고 한 것이다.

마음이 끊임없이 흔들리는 이유는 마음은 기억된 생각이며 기억된 생각에는 뿌리가 없기 때문이다. 마음이 고요하지 못하고 바람에 흔들리는 갈대와 같이 끊임없이 흔들리는 이유 또한 마음의 뿌리는 '나 아닌 것을 나'라고 아는 그릇된 앎일 뿐, 아무것도 없는 것에 바탕을 두고 있기 때문이다.

언어, 즉 말이 없다면 이상, 사상이라는 말이 없다면 이상, 사상에 대한 생각을 할 수도 없으며 세뇌당해야 하는 근본 원인이 사라지게 된다. 언어를 사람이 만들고 사람에 의해서 만들어진 언어에 구속되어 살아갈 수밖에 없음에 대해 납득할 수 없을지도 모른다. 하지만 언어의 실체에 대해 알게 되면 참으로 황당무계하기에 웃어버릴 수밖에 없는 것이다.

생로병사의 고통의 원인 또한 언어에 세뇌당한 그릇된 앎, 즉 관념의 산물이다. 세뇌라는 말도 언어인데, 언어에 세뇌됨에 대한 말을 하는 것이니 자칫 오해하면 말장난으로 생각되어질 수도 있다. 하지만 공부가 깊어진 구도자라면 충분히 이해할 수 있는 말들일 것이며 또 다른 깨우침일 것이다.

자신도 모르는 사이에 언어에 세뇌당한 사람들은 언어의 구속에서 벗어나지 못함에 의해서 고통을 겪는 것이다. 하지만 도를 깨닫는 것은 세뇌된 언어의 구속에서 벗어나는 것과도 다르지 않은 것이며 이는 언어의 실체, 언어의 기원을 아는 앎으로 표현될 수 있다.

이상이라는 말이나, 사상이라는 말, 그리고 신이라는 말, 하나님이라는 말, 부처님이라는 말 등에 관심이 없는 사람들과, 그런 말에 세뇌당하는 과정인 사람들, 그리고 그런 말들에 완전하게 세뇌된 사람들과의 차이는 천지차이라고 할 만하다. 완전하게 세뇌된 사람들은 자신이 추종하는 신의 뜻이라는 착각에 의해서 신을 보기도 하며 목숨도 버릴 수 있기 때문이다.

모든 언어는 크거나 작거나, 좋거나 나쁘거나, 깨끗하거나 더럽거나, 아름답거나 추하거나, 있거나 없거나 등의 비교에 따른 분별이다. 비교에 의한 분별이기에 상대적이며 상대적이기에 분별일 수밖에 없다.

사실상 언어는 분별로써만 성립될 수 있다. 이 말은 분별될 수 없는 것이라면 언어가 성립될 수 없다는 뜻이다. 참으로 난해한 말이기에 깊이 생각해 봐야만 이해할 수 있다. 낮과 밤에 대한 설명을 통해서 이해할 수 있다면 상대적인 어떤 말들에 대해서도 이해가 쉬울 수 있다.

태양이 있기에 밝은 낮이라는 말이 존재할 수 있으며, 태양이 없음에 대해서 어두운 밤이라는 말이 있을 수 있다. 그런데 낮이나 밤, 둘 중에 하나가 없다면 하나만이 존재할 것이다. 그 하나가 밝음이기에 낮이라는 말이다. 밝은 낮이 계속 이어진다면 어두운 밤은 없는 것이며, 어두운 밤이라는 말이 필요치 않기에 어두운 밤이라는 말은 성립될 수 없다. 어두움이 없는 항상 밝은 상태가 지속된다면, 밝은 낮의 상태가 영원히 지속되고 있는 중이라면 어떻겠는가?

영원히, 변함없이 똑같은 밝음 상태가 지속된다면, 더 밝다거나 조금 덜 밝다거나 또는 밝지 않다라는 말이 있을 수 없게 되며 결론은 밝음이라는 말도 있어야 할 필요가 없다는 뜻이다. 영원히 변하지 않는 것에는 이름이 지어질 수 없다는 말이다.

한 가지 더 사례를 들어 보자. 선한 사람과 악한 사람에 대한 분별이다. 이 또한 낮과 밤의 분별함과 같이 상대적인 말, 말, 말이다.

고양이가 쥐를 잡아먹는다면 그것은 선인가 악인가? 선함도 아니며 악함도 아니라고 할 것이다. 그런데 경찰과 도둑의 관계에 대해서는 선과 악으로 분별함에 대해서 당연시한다. 선과 악의 분별이며 상대적인 말, 말, 말이다.

도둑이라는 말이 없다면 경찰이라는 말이 필요치 않음에 대해서 모르는 사람은 없을 것이다. 도둑이라는 말이 없어진다면 경찰이라는 말이 필요치 않을 것이다. 선한 사람만 있다면, 모두가 선한 사람이라면 선하다는 말이 없어져야 된다는 뜻이다. 모두가 선한 사람이기에 '선한'이라는 말이 없이, '사람'이 있는 것이라는 뜻이다.

청소년기의 아이들이 혼란스러워하는 이유이기도 하다. 선과 악에 대한 분별이 모호하기 때문이며 선과 악의 분별 또한 관념, 즉 기억된 생각에 의한 그릇된 앎이라는 뜻이다.

크고 작음의 중간은 무엇인가? 선과 악의 중간은 무엇인가? 행복과 불행의 중간은 무엇인가? 기쁨과 슬픔의 중간은 무엇인가? 고통과 즐거움의 중간은 무엇인가? 전쟁과 평화의 중간은 무엇인가? 삶과 죽음의 중간은 무엇인가? 자유와 구속의 중간은 무엇인가? 이해와 오해의 중간은 무엇인가? 이와 같이 언어에는 중심이 없다. 그러니 논쟁일 수밖에 없는 것이다.

상대적인 모든 언어는 같은 뜻의 다른 표현이라고 하였다. 큰 것과 작은 것이 있다면 어디에 가까운 것이 큰 것이며 어디에 가까운 것이 작은 것인가? 자유와 구속이 있다면 어디에 가까운 것이 자유며 어디에 가까운 것이 구속인가? 뜨거운 것과 차가운 것 또한 이와 다르지 않다.

상대적이라는 말과 분별이라는 말은 같은 뜻의 다른 표현이다. 여기서 두 가지에 대해서 분명히 이해할 수 있어야 한다.

하나, 변할 수 없으며 영원한 것이 있다면 그것은 낮과 밤에 대한 비유와 같이 언어로 표현될 수 없다는 것이다. 그것만이 '실재實在'이다.

둘, 천지만물은 언어로 존재하는 것일 뿐, 실재하는 것이 아니기에 이름(=명칭)으로 존재하는 것이다.

세상에 존재하는 모든 것은 본래 있는 것이 아님(무無)에서 나타나고 사라짐이 반복되는 것이기에 명칭으로만 존재할 뿐, 그 원인(=근원=기원)은 아무것도 없는 것이며 실재하는 것은 오직 '그것'이며 '그것'이 모든 것의 기원이라는 뜻이다.

반복되는 말이지만 존재하는 모든 것들은 이것, 저것, 또는 다른 것이라는 비교에 따른 분별된 언어에 의해서 존재하는 것이며 분별로 이루어진 언어에는 크고 작음에 대한 분명한 중심이 없다는 것이다. 예를 들면 사람들은 항상 '큰 것이다, 작은 것이다'라는 분별을 하지만 큰 것과 작은 것에 대한 분명한 기준이 없기에 관념에 의한 앎 또한 분명한 중심이 없다는 것이며 언어로 존재하는 인생 또한 해답이 있을 수 없다는 뜻이다.

세상은 오직 인간의 관념에 의해서 존재하는 것이며 관념이라는 말은 없는 것에 대해서 있다는 착각에 의해서 존재하는 것이기에 생각의 환상물질이라고 하였다. 천지만물, 우주는 보는 자의 생각에 의해서 존재하는 것이다. 그것들은 보는 자의 관념에 따라서 좋거나 나쁘거나, 크거나 작다고 아는 앎이며 앎은 안다고 생각하는 것이라고 하였다.

앞서 설명된 바와 같이 사람들은 끊임없이 행복을 추구하며 자유를 갈망하지만 행복이 무엇인지, 자유가 무엇인지에 대해서 정의할 수 없다. 무엇이 행복이며 무엇이 불행인지에 대해 정의할 수 없음에도 불구하고 그것을 위해서 투쟁하는 것이며 그것을 위해서 목숨을 걸기도 하는 것이니 무지無知라고 아니할 수 없는 것이다. 그런데 무지 또한 언어에 세뇌됨에 의해서 가공된 환상이니 무지하다고 단정 지을 수도 없다.

환상幻想이라는 말은 꿈과 다르지 않다는 말이다. 꿈과 현실의 차이에 대해서 분명히 설명되겠지만 꿈속에서는 꿈이 현실이다. 현실과 꿈과의 차이가 있다면 현실에서는 허벅지를 꼬집어봄으로써 꿈이 아니라는 사실에 대해서 알 수 있지만 꿈에서는 꿈이 아님에 대해서조차 감지할 수 없다는 것이다.

꿈과 현실과의 차이이며 꿈이든 현실이든 모든 상황은 '무상無上 심심甚深 미묘微妙'라는 말과 같이 생각의 작용에 의한 생각 속에서만 존재하는 형상, 사건, 상황들이기에 물거품이거나 작은 굴뚝의 연기와 같은 환상이라고 한 것이다. 꿈도 현실도 지나고 나면 기억세포에 남겨진 한 조각의 생각일 뿐이다.

살아온 날들에 대해서 전생, 또는 과거라는 말로 표현하며 지금 이 순간 이후의 날들에 대해서 미래라는 말로 표현한다. 지금 그것들을 찾을 수 있는가? 그것들이 있다면 어디에 있는가?

그래, 기억 속에 있다. 기억된 생각에 불과한 것이다. 그러니 실재한다고 주장할 수 없지 않은가?

지금까지의 글을 통해서는 그것이 무엇이든지 분명하게 이해할 수 없을지도 모르지만 중복되는 설명과 반복해서 읽는 방법, 그리고 이해하려는 노력에 의해서 생각의 미묘한 이치에 대한 설명을 접하게 될 때쯤이면 '아하!' 하며 탄성이 나올 수도 있을 것이다. 자신이 자신의 마음이라는 것에 대해서 이토록 무지하구나라고 알게 될 것이기 때문이다.

지금 보고 있는 글은 21세기의 첨단과학으로도 해석할 수 없는 꿈의 실체와 생각의 속성 및 이치에 대한 설명이며 인류의 스승으로 알려진 인물들이 인류에게 전하고자 했던 인류의 자유와 평화를 위한 무상의 길이며 진리의 길에 대한 가르침이다.

지금 이 글을 보고 있는 그대는 '백천만겁 난조우百千萬劫 難遭遇'라는 말로 표현될 만큼 특별한 인연이 있는 사람이다. 이 글이 곧 인류 성인들의 본질이며 그대의 본질이기 때문이다.

관념, 고정관념이라는 말이 있다. 왜곡되어 전해지는 인물들의 가르침에 세뇌된 광신자나 또는 맹신자로 불리는 사람들, 그들 스스로는 '나는 절대로 광신자가 아니다'라고 생각하며 다른 사람들을 더욱더 한심한 듯 바라보기도 한다. 그들은 절대로 자신들의 고정관념에서 벗어날 수 없을지도 모른다. 하지만 예수의 불이일원론에 대한 설명을 볼 수 있다면 그들은 더욱더 비참해질 수도 있다. 하지만 그들의 본질을 받아들였을 때 다시 태어날 수 있을 것이다.

〈깨달음의 실체를 밝힌다〉라는 저서 출판 이후에 책의 내용에 대해서 더 자세히 설명되는 카페의 글에 대한 답변을 통해서 여러 차례 확인된 사실이다.

관념이라는 말, 고정관념이라는 말에 대해서 분명히 이해하고 넘어가자. 관념이라는 말에 대한 사전에서의 설명은 아래와 같다.

관념(觀念) 【명사】

1. 어떤 일에 대한 견해나 생각.
2. 현실에 의하지 않는 추상적이고 공상적인 생각.
3. 〈불교〉 마음을 가라앉혀 부처나 진리를 관찰하고 생각함.
4. 〈심리〉 사고(思考)의 대상이 되는 의식의 내용, 심적 형상(心的形象)을 통틀어 이르는 말.
5. 〈철학〉 어떤 대상에 관한 인식이나 내용.

고정관념에 대한 사전의 설명은 아래와 같다.

고정관념(固定觀念) **【명사】**
1. 〈심리〉 잘 변하지 아니하는, 행동을 주로 결정하는 확고한 의식이나 관념.
2. 〈심리〉 어떤 집단의 사람들에 대한 단순하고 지나치게 일반화되는 생각들.
3. 〈음악〉 고정 악상(樂想)

여기서 알아야 할 가장 중요한 말이 있다면 '생각'이라는 낱말이며 또한 이 글의 핵심이 사람들의 생각으로는 상상할 수도 없는 진리의 근원, 의심의 근원이 내가 생각하는 생각, 이전의 생각에 대한 설명이기 때문에 '생각'이라는 낱말이다. 생각이라는 낱말에 대한 한자는 많기도 하다.

관념, 고정관념의 념念자가 '생각할 념'자이며 생각이라는 말과 같은 뜻의 다른 표현이다. 상想자 또한 '생각할 상'자이다. 상想이라는 글자와 념念이라는 글자의 앞이나 뒤에 어떤 낱말이 있든지 그 낱말들의 뜻 모두는 '생각'이라는 낱말과 같은 뜻의 다른 표현이다. 관념, 집념, 망념, 상념, 상상, 허상, 실상, 인상, 사상, 이상, 아상, 중생상, 수자상, 일념, 개념… 등 무수히 많은 말들이 존재하지만 그것이 어떤 말이든 '생각'의 다른 표현이다.

마음이라는 것이 기억된 생각이듯 관념이나 고정관념, 이상, 사상 등의 모든 말들은 언어를 통해서 세뇌된 정도를 표현하는 것일 뿐, 그것들의 실체는 있는 것이 아니라는 뜻이다.

인간의 삶, 인생이라는 것의 결과는 생각 속에서만 존재하는 환상의 세계를 경험하는 것이며 그것이 어떤 경험이든지 삶의 결론은 비참한 죽음일 수밖에 없다. 죽음이라는 말과 고통이라는 말, 그리고 두려움이라는 말은 같은 뜻의 다른 표현일 뿐이지만 그런 말들에 세뇌된 탓에 생로병사의 고통에서 해방될 수 없는 것이다.

관념과 고정관념에 대한 설명 이전에 '무아無我'라는 말에 대해서 알고 넘어가자.

무아라는 말은 한글로 표현하게 되면 '없다 나는'이라는 뜻이 되기에 세간에는 '나는 없다'라는 뜻으로 아는 그릇된 앎에 의해서 모든 구도자들이 정신질환과 다름없는 상태에 빠지게 되면서 '내가 깨달았다, 나는 없다'라는 말들에 대해서 당연시하게 되듯이 우상숭배에 세뇌된 사람들 또한 무아를 그릇되게 해석한 것과 다르지 않은 경전에 세뇌된 까닭에 갈등을 빚지만 종국에는 피비린내 나는 역사와 같은 상황이 될 것이다. 그러기에 무한한 것이 인간의 어리석음이라고 한 것이니 그들을 탓할 일도 아니다.

무아라는 말은 무아상이라는 말의 줄임말이다. '아상我想'이라는 말은 '나라는 생각'이라는 말로서 앞서 설명한 바와 같이 '육체가 나라는 생각'이라는 뜻이다. 아상의 반대말이 무아상無我想이며 무아상의 뜻은 '없다, 나라는 생각'의 뜻으로서 '나라는 생각이 없음'을 뜻하는 말이며 다시 말하면 '육체가 나라는 생각이 없음'에 대한 직접적인 표현이다.

데카르트의 유명한 말을 참고한다면 좀 더 이해가 깊어질 수 있다. 앞에서도 설명되었으나 이 대목에서 접목한다면 더욱더 분명해질 것이기 때문이다. 이것은 철학을 초월한 내용이지만 데카르트는 철학자이면서 생각의 이치에 가장 근접한 인물인 것으로 볼 수 있다.

'생각'에 의해서 내가 존재함을 아는 것이다라는 말과 '의심의 근원'에 대한 말을 언급했기 때문이다.

1. 만물은 생각한다.
2. 나는 생각한다.
3. 고로 나는 존재한다.

간략히 설명해 보자.

나는 생각한다는 말은 1차적이지 않다는 뜻이며, 내가 생각하는 주체가 아님에 대한 설명으로 이해할 수 있다. 이 말은 내가 생각하는 것이 아니라, 생각이 먼저 일어난 것이며 일어난 생각에 의해서 내가 존재함을 아는 것이라는 뜻이다. 이 말은 내가 생각한다는 '나의 생각'이 주체가 아니라 그 이전에 '일어난 생각'에 의해서 '내가 존재함'을 안다는 설명이며 '미리 일어난 생각'에 대해서 '미지의 신'으로 표현하였으나 이해할 수 없는 말일 것이다.

칸트 등의 다른 철학자들에게는 납득할 수 없는 논리이기에 비판을 받았으나 이 말은 소크라테스의 '신'을 섬기라는 말과도 다르지 않은 맥락이다. 그 이후에 '신은 죽었다'라는 말로 유명해진 인물들도 있으나 그것이 인간의 무한한 어리석음에서 비롯된 아상이다.

'신이 없다'라고 주장하는 자는 무지한 자이며, '신이 있다'라고 주장하여 맹신하는 자는 어리석은 자이다. 왜냐하면 세상 만물은 근원이 없는 것이기 때문에 '있다고 생각하면 있는 것'이며 '없다고 생각하면 없는 것'이기 때문이다. 우주를 비롯한 천지만물이 본래 있는 것이 아니며 있다라고 아는 앎은 오직 인간만의 기억된 생각인 관념에 의해서 존재하는 것이기 때문이라고 하였다.

자신의 마음조차 알 수 없는 자들이 신이 있다거나 없다라고 주장하는 것이니 이야말로 어리석음의 극치가 아니겠는가? 모르기에 맹신하는 것일 터이니 무지보다 조금 나은 어리석음일까?

관념의 뜻에 대한 사전의 내용은 어떤 일에 대해 가지는 생각이나 견해見解라는 설명이며 또는 대상을 표시하는 심리, 심적 형상의 총칭이라는 것이다. 이런 말들로써는 아무것도 얻을 수 없으며 딱히 무엇이라고 정의할 수도 없다. 모든 언어는 이와 같이 분명한 뿌리가 없기 때문에 중심이 없다는 것이다.

심리도 심리라는 생각이며, 마음 또한 마음이라는 생각이다. 심적 또한 심적이라는 생각이며, 형상도 형상이라는 생각이다. 총칭도 총칭이라는 생각이니, 생각에 의해서 존재하는 것일 뿐 우주와 같이 실재하는 것이 아니라는 뜻이다.

인간에게 변하지 않는 관념이란 있을 수 없다. 인간에게 가장 큰 고정관념이 있다면 '나는 사람'이라는 관념이라고 하였다. 다시 말하지만 절대 깨질 수 없는 '나(육체=나)'라는 고정관념을 깨고 다시 태어난 인물들이 도를 깨달음으로 표현되는 인물들이다.

'나는'이라는 말은 '육체=나'라고 아는 그릇된 앎이며 별은 별이 아니라는 말과 같이 어떤 것을 나라고 아는 것이며, 꿈속에서는 꿈이 현실인 것과 같은 착각이라는 것이다. 이에 대해서 경험이지만 기억할 수 없는 경험이기에 경험의 오류라고 하였다.

인간은 어린아이 시절의 일부에 대해서는 기억할 수 있지만, 육체가 나라고 알았던 시점에 대해서는 상상할 수 없기에 '언어 이전의 소식'이라는 말이나 '순수의식', 또는 '우주의식' 등의 '아무것도 없는 것의 완전함'에 대해서 상상할 수 없는 것이며 그들의 말에 대해서도 해석할 수 없다.

절대로 바뀔 수 없는 관념이나 고정관념 따위는 있을 수 없다. 무엇을 발전이라고 정의할 수 있는지는 모르겠으나, 인간의 고정관념 중에서 가장 깨질 수 없는 고정관념이 '나는 사람'이라는 고정관념이라면, 둘째로 큰 고정관념이 성별이다. '나는 여자'라든지 '나는 남자'라는 남자와 여자의 분별을 뜻하는 말이지만 여장남자가 있으며 성전환 수술을 통해서 여자가 된 남자들이 있으니 부연설명이 필요치 않을 것이다.

생각, 그것은 호흡과 유사하기에 자신의 의지에 따라서 적당히 조절될 수도 있으며 강한 의지에 의해서 남자로 태어났으나 여자로 살아갈 수도 있는 것이다. 그러니 생각의 작용에 의해서 우주까지도 창조할 수 있었기에 인간은 스스로 만물의 영장이라고 했을 것이다.

인간은 누구나 태어나고 싶어서 태어난 것이 아니듯이 마음대로 살아갈 수도 없으며 마음대로 죽을 수도 없기에 생로병사의 고통에서 벗어나 자유로울 수 없는 것이다. 남자로 태어나서 여자로 사는 사람이거나, 대통령이 되거나, 유명 인사가 되거나, 부자의 자식이거나, 부자거나, 가난한 자거나, 그것이 무엇이거나 인생이라는 것은 죽음을 향해 달려 나가는 것일 뿐, 인간의 삶은 끊임없이 만족하여 평화로울 수 없다는 것이다.

그 원인이 어떤 것을 나라고 아는 착각, 환상 속에서 살아가야 할 수밖에 없기 때문이며 인생의 결과는 죽음이기에 자유의지란 있지만 있는 것이 아니라고 하였다. 있다거나 없다거나 하는 모든 앎은 생각 속에서만 있는 것이기 때문이다.

인간에게 자유의지가 있다면 오직 하나, 도를 구하는 일이며 그것은 진리와 하나 되는 것이다. 뒤편에 설명될 진리의 길에 대한 설명을 통해서 그 길을 갈 때에 비로소 진정한 자유와 평화, 그리고 고요한 기쁨이 무엇인지에 대해서 실감하게 된다.

인류의 자유와 평화, 구원, 해탈, 무상의 길, 진리의 길에서만 찾아질 수 있다. 인류의 자유와 평화를 위한 길이다.

도를 깨달은 인물, 지인至人들의 가르침의 요지

'지인至人'이라는 말은 궁극에 이른 자라는 뜻이지만 그들 자신은 육체가 나라는 생각에서 벗어났기에 더 이상 나를 위해서 해야 할 일이 없으며 굳이 해야 할 일이 있다면 인류에게 그 길을 알리는 일이지만 그 일에 대해서 집착하는 것도 아니다. 해야 할 일이 없다는 말은 부와 명성을 위해서 좇아다니거나 남들에게 보이기 위한 삶이 아니라는 뜻이다.

그렇기에 범인들에게는 그들의 존재하는 모습이 비천하게 보이게 마련이지만 그들의 내면에서 일어나는 고요한 기쁨에 대해서는 상상할 수 없다. 그대가 기억할 수 없는 어린 시절의 순수사고에 대해서 상상할 수 없듯이.

그들의 가르침은 크게 두 가지로 나뉠 수 있다.

그 첫째는 하루 종일 기도하라는 예수의 말이나 행주좌와 어묵동정이라는 말과 같이 끊임없는 일념수행으로 자신의 본래 성품으로 표현되는 참 자아를 찾아서 검증된 삶을 살아가는 삶이 천국이라는 것이다.

둘째는 그들의 말을 올바르게 이해하여 나와 너, 우리 모두가 본래는 둘이 아니니 내가 잘났다는 상을 버림으로써 살아가는 동안 편안하게 살아가라는 뜻이다. 그들 가르침의 본래의 뜻은 살아가는 동안 내내 진리의 길을 감으로써 평온한 마음으로 살며 죽기 전에라도 도를 깨달아서 죽음이라는 것이 본래 있는 것이 아님을 알아야 한다는 것이다. 그것에 대해서 검증된 삶이라고 한 것이며 하나님 나라라고 한 것이다.

인간이 사회적 동물로 세뇌되는 과정에서의 습관 중에서 죽을 때까지 버릴 수 없는 습관들이 있다. 그중 하나는 어떤 대상에게 의존하려는 습관이다. 이는 엄마에게 완전히 의존했던 시절에 대한 생각이 잠재의식에 각인되어 있기 때문이며 이것의 원인에 의해서 이성을 갈구하는 것이며, 이성에서도 만족할 수 없을 때에 다른 방편으로 우상을 찾게 된 것이다. 이런 생각의 속성에 의해서 종교나 유사단체들이 생겨날 수밖에 없는 것이다.

두 번째의 버릴 수 없는 습관은 자신의 존재에 대해서 타인에게 인정받아야 한다는 것이다. 무엇인가를 안다고 착각하지만 자신과 비교할 대상이 없으면 자신의 정체성을 잃게 되기 때문에 나 아닌 남에게 보여주기 위한 삶을 살아갈 수밖에 없다.

아이러니하게도 인간의 모든 행위는 죽음에 대한 두려움을 극복하기 위한 안타까운 몸부림에 불과한 것이다. 육체가 내가 아니라면, 죽음이 없다면, 죽음에 대한 두려움에 바탕을 두고 있는 근심과 걱정, 불안, 초조, 긴장감이 있을 리 없다. 만약에 그대가 영원히 죽지 않는다면, 바쁠 일이 무엇이며 굳이 해야 할 일이 무엇이 있겠는가?

사람은 누구나 군중 속에서도 외로움을 느낀다. '하나가 외로워서 둘이랍니다'라는 말에 세뇌되어 이성을 갈망하기도 하지만 어떤 상황에서도 끊임없이 만족할 수 없는 이유는 생각의 속성이 그 원인이다. 뒤에 설명될 것이다.

명색이 만물의 영장이라는 인간이 동물원의 원숭이와 같이 남에게 보여주기 위한 삶을 살아가야만 하다 보니 '여든이 된 할머니도 예쁘다는 말에 좋아한다'는 말까지 생겨난 것 같다.

내 인생이라고 말하면서, 내 마음이라고 말하면서도 남에게 보여주기 위해서 사는 까닭이 무엇이겠는가? 왜 홀로는 존재하지 못하는가?

항상, 끊임없이 고요한 기쁨으로 존재할 수 있는 길에 대한 가르침이 그들 가르침의 핵심이다.

"너 자신을 알라. 그러면 우주를 아는 것이다"라는 소크라테스의 말과 같이 인간은 자신의 나를 안다는 착각에 의해서 고통을 겪는 것이기에 "너 자신을 알라"는 말을 남겼던 것이다. 너 자신을 알라는 말은 그대의 참 자아를 회복하라는 말이다.

내일은 없다. 죽음도 없다. 지금 이 순간만이 실재이며 나머지의 모든 상황은 생각 속에서만 있는 것이며 있다고 생각하는 것일 뿐이기에 환상이다. 태어남을 경험할 수 없듯이 죽음 또한 경험할 수 없다고 하였다. 과거와 미래는 실체가 없다. 그대의 생각 속에서만 존재하는 허상이다. 그러니 지금 이 순간만을 살아가라고 하지만, 그게 마음대로 안 된다.

왜, 내 마음이라면서 내 마음대로 안 된다고 투덜거리는가? 내 마음이 아닌데, 내 마음이라고 착각하는 것은 아닌가?

걱정하지 말라고 하면 그런다. 누가 걱정하고 싶어서 하냐?

바로 그것이다. 근심, 걱정을 하고 싶어서 하는 사람은 없다. 지금 그 방법을 알려주려는 것이다. 왜 걱정을 하는 것이며, 왜 내 마음대로 되는 일이 없는 것인지, 그리고 그 원인이 무엇이며, 그 원인을 해결하는 방법이 무엇인지를 설명해 나가는 중이다.

하루 종일 기도하라는 말, 그 말의 뜻에 대해서 올바르게 이해할 수 있는 사람이 없는 듯하다. 사람들은 그 말을 단순하게 여길 수 있지만 기도(일념명상)의 결과는 그 위력이 참으로 대단하다고 설명할 수밖에 없다.

단순하게 우상에게 기도하라는 뜻이 아니다. 돌덩이 앞에서 구걸하는 기도를 하든지, 또는 하늘에 대고 하늘나라로 가게 해 달라고 구걸하라는 뜻으로 아는 자들에 의해서 왜곡되었기에 기도와 명상의 뜻에 대해서 바로 알리려는 것이다.

참고로 앞서 언급한 바와 같이 우상 앞에서 기도할 경우 행위하는 것은 돌덩이나 하늘이 아니라 행위하는 것은 행위하는 자의 마음이라고 하였다.

우상숭배가 아닌 기도(일념명상)의 효과는 참으로 위대하다. 일념명상이 생활 속에서 이루어질 경우 망상이 사라지면서 건강이 회복됨으로 시작하여 더욱더 깊어지면서부터는 일상에서 겪는 고통이 자신의 그릇된 앎인 관념, 고정관념에서 오는 것이며, 나아가 더 깊어지면서는 모든 고통의 원인이 그릇된 앎에 의한 욕망에서 비롯되었다는 사실에 대해서 깨우치게 된다.

이때부터 명상에 의해서 드러나는 참다운 앎인 지혜를 얻음에 대한 기쁨을 경험하게 된다. 이때부터 슬금슬금 웃음을 터뜨리게 되는데, 그 즐거운 웃음은 혼자만의 즐거움이며 다른 사람들에게는 우이독경임을 알게 된다.

지금 이 글들을 보고 있지만 보고난 뒤에는 기억할 수 있는 말들이 전혀 없을 수도 있다. 하지만 일념명상과 병행하여 꾸준히 글을 보는 과정에서 전혀 납득할 수 없는 말들이 어렴풋이 이해되는 과정이 지나면, 어느 날 갑자기 글을 읽다가 큰소리로 웃어버리게 된다.

참으로 즐거운 비명을 지르게 되지만 이치를 모르는 사람에게는 설명해 줄 수도 없으니 신비스러울 수밖에 없는 것이다. 그러니 무상심심미묘법이라는 말이 만들어지기도 한 것이지만. 그리고 그 미소는 명상 중에 스스로 알아지는 참다운 앎, 지혜를 증득함에 따른 기쁨이다.

그때, 그렇게 생각하게 된다. '허허허, 참 나. 알고 보니, 이토록 분명하고 당연한 말들인데, 왜 내가 몰랐을까? 내가 그토록 무지했었단 말인가' 하면서도 웃음은 계속 터져 나오게 된다.

일념명상이 깊어지면서 지혜의 앎이 스스로 드러날 때, 그대는 인생의 목적에 대해서 분명히 알게 될 것이며, 아직은 멀리 있으나 분명한 길이 열리게 될 것이다. 그 빛을 보면서부터 두려움이 말끔히 사라질 것이며 항상 여유롭게 미소 짓는 나날이 될 것이니 천국이 따로 있을 수 있겠는

가. 그런 즐거움, 현실세계에서 경험할 수 없는 즐거움은 오직 진리의 길에 들어서면서 경험되는 참다운 즐거움이다.

인류의 자유와 평화 오직 그 길에서 만날 수 있는 것이다. 그렇기에 무상의 길이며 진리의 길이다. 참다운 인생길이기에 '도道'라는 이름이 지어진 것이다.

불이일원론을 역설한 인물들

이곳에 소개되는 인물들의 남겨진 말들은 모두 같은 뜻의 다른 표현들이며 그들의 말은 불이일원론에 바탕을 두고 있다.

〈깨달음의 실체를 밝힌다〉라는 책을 출판하는 과정에서 인터넷 검색을 통해서 알게 된 인물들이다. 예수 이전에 존재했던 인물들과 석가모니 이전에 존재했던 인물들은 제외되었으며 기타 불교를 통해서 궁극에 이른 인물들에 대해서는 그들이 남긴 오도송의 해석을 통해서 본질에 가까이 다가갈 수 있다.

그들이 존재했던 시대가 분명하지 않기에 인터넷 검색에서 얻어진 연대순으로 해석한 것이며, 노자와 장자는 그 내용이 다르지 않기에 별도로 분리하지 않는다. 또한 그들이 존재했던 시대상황 등의 배경, 영향 등에 대해서는 인터넷 검색을 통해서 볼 수 있기에 생략하였으며 오직 그들의 남겨진 가르침에 대한 해석에 초점을 맞추려 한다.

① 노자 (BC 6세기 도덕경)
② 석가모니 부처 (BC 5세기 불교)
⑧ 소크라테스 (BC 470년경)
④ 장자 (BC 4세기 장자)
⑨ 예수 그리스도 (BC 1세기 예수교)
⑩ 샹카라 〈700년경〉

⑪ 에크하르트 〈1300년대〉

⑫ 까비르 〈1500년대〉

⑬ 아인슈타인 〈1880년대〉

⑭ 라마나 마하리쉬 〈1930년대〉

⑮ 헤르만 헤세 〈1950년대〉

선사들의 오도송…

기타, 아담과 노아, 아브라함, 이스마엘, 야곱, 모세, 다윗, 마호메트 등.

| 제 2 장 |

지인至人들의 비밀의 언어

노자와 장자의 가르침 | 싯다르타 고타마(석가모니)의 가르침 | 소크라테스의 가르침 | 예수 그리스도의 가르침 | 샹카라의 불이일원론 | 에크하르트의 진언 | 까비르의 진언 | 아인슈타인의 본질 | 라마나 마하리쉬의 불이일원론 | 헤르만 헤세의 존재의 거듭남 | 붓다 달마의 가르침 | 붓다 고봉화상의 게송 | 붓다 언기선사의 게송 | 붓다 소요선사의 게송 | 붓다 육조 혜능선사의 게송 | 붓다 예수의 게송 | 지인들의 가르침의 요지

노자와 장자의 가르침

장자[莊子, BC369~BC289?]

중국 고대의 사상가, 제자백가(諸子百家) 중 도가(道家)의 대표자. 도(道)를 천지만물의 근본원리라고 보았다. 이는 도는 어떤 대상을 욕구하거나 사유하지 않으며(無爲), 스스로 자기존재를 성립시키며 절로 움직인다(自然)고 보는 일종의 범신론(汎神論)이다.

— 네이버 백과사전

노자[老子, ?~?]

중국 고대의 철학자, 도가(道家)의 창시자. 주나라의 쇠퇴를 한탄하고 은퇴할 것을 결심한 후 서방(西方)으로 떠났다. 그 도중 관문지기의 요청으로 상하 2편의 책을 써 주었다고 한다. 이것을 《노자》라고 하며 《도덕경(道德經)》이라고도 하는데, 도가사상의 효시로 일컬어진다.

— 네이버 백과사전

세간에는 노자와 장자의 가르침에 대해서 '노장사상'으로 알려져 있으며 노장사상은 무위자연無爲自然이라는 말로 알려져 있다. 무위라는 말에 대해서 행위가 없다는 뜻으로 해석하기 쉽지만 무위無爲의 본래 의미는 인위적인 생각이 없는 행위를 뜻하는 말이다. 구도자의 관점에서 본다면 무위라는 말은 일념 상태에서의 행위이다.

사람들은 육체와 나를 동일시함에 대해서 당연시하지만 곰곰이 생각해 보면, 경험에 의한 기억된 생각에 대해서 나라고 아는 것이라는 사실에 대해서 이해할 수 있다. 이는 이력서와 나를 동일시하는 것과 다르지 않으며 앞서 설명했던 '별은 별이 아니다'라는 말과 같이 하늘에 있는 어떤 것과 별이라는 글자와는 별개의 것이라는 말이다.

'콩은 콩이 아니다'라는 말 또한 같은 맥락으로서 말이 좋아하는 먹는 것과 콩이라는 글자는 별개지만 사람들은 그것과 콩을 동일시하는 습관에 의해서 고통을 겪는다는 것이다. 이와 같이 '지성체(몸과 앎, 지식)'와 '나' 또한 하나가 아니라는 뜻이다.

'나는'이라는 말은 '육체가 나라고 아는 나는'의 줄임말이라는 뜻이다. 아직은 전혀 감이 오지 않을지도 모른다. 세상에 태어나서 처음 듣는 말이기 때문이다.

불경을 통해서 무아라는 말을 들을 수 있겠지만 그 말의 뜻에 대해서는 상상할 수도 없었을 것이며 한글로 예를 들어서 설명한다고 하더라도 우이독경일 수밖에 없다. 이런 말들에 대해서 익숙해지기 시작할 무렵에는 기억할 수 없는 경험에 대한 설명을 통해서 '아하, 그렇구나' 할 것이다. 경험의 오류라는 말은 경험이지만 기억할 수 없는 경험을 뜻하는 말이며 이는 태어나서 말을 배우는 과정을 뜻하는 말이다.

천지만물 중에서 어떤 것(육체)을 나라고 인식하는 것은 오직 인간이지만 인간 또한 도를 깨우치면 나라는 주체가 없는 자연과 같이 존재할 수 있음에 대해서 천지만물과 나와의 구분이 사라진 상태로 존재할 수 있다는 말이다.

이에 대해서 천지만물과 분리되지 않은 자아라는 말로 표현되었으며 생각의 미묘한 이치를 깨치고 나면 나라고 알았던 육체는 자연의 일부일 뿐이다. 이에 대해 〈깨달음의 실체를 밝힌다〉라는 저서에서는 육체는 돌이나 나무와 같이 자연의 일부일 뿐, 그것이 나는 아니라는 뜻으로 설명되었다.

사람들은 자신들의 모든 행위에 대해서 '내가 행위한다'라고 생각할 수밖에 없기 때문에 모든 대상들에 대해서도 '그럴 것이다'라고 생각할 수밖에 없다. 예를 들어 쥐를 잡아먹는 고양이를 보면서 자신의 관념과 고양이의 관념에 대해서 동일시하게 된다.

무슨 말인지 선뜻 이해될 수 없을지도 모른다. 내가 왜 이해할 수 없는지에 대해서도 모른다. 아직은 모르는 것이 당연하다. 잠들어 있는 동안과 같이 경험한 사실이지만 기억할 수 없는 경험에 대한 이야기이기 때문이다.

인간은 콩과 콩이라는 글자에 대해서 동일시하듯이 육체와 나를 동일시한다. 자신도 알 수 없는 순수의식의 시절에서부터 그렇게 알았기 때문이다. 이런 습관에 의해서 어떤 것을 '고양이'라고 아는 앎에 대해서 당연시한다는 것이다.

그런데 고양이는 자신이 고양이인지 모른다. 내가 고양이라는 생각도 없으며, 내가 고양이가 아니라는 생각도 있을 수 없다. 다만, 경험된 기억에 의해서 그것과 고양이라는 이름과의 동일시하던 습관에 의해서 그것을 당연시한다는 것이다.

'별은 별이 아니다'라는 말과 같이 고양이는 고양이가 아니다. 쥐 또한 쥐가 아니다. 사람은 사람이 아니다. 인간은 인간이 아니다. '나는 내가 아니다'라는 말이니 말도 안 되는 말이지만 너무나도 당연한 이치이다. 다만 낯설 뿐이다.

지금 그대가 알고 있는 나는 무엇인가? 무엇을 나라고 알고 있는가?

이런 설명들을 통해서 말 변사(명색의 이치)의 뜻에 대한 이해는 가능할 것이다. 하지만 별은 별이 아니듯이 이해는 이해가 아니며 오해 또한 오해가 아니다. 그러하니 이해한다면 오해하는 것이다.

이런 말들에 대해서 이해가 깊어지면 지식은 지식이 아니며 무지 또한 무지가 아니라는 말에 대해서도 감이 잡힐 수 있을 것이며 경험에 바탕을 둔 사람들의 지식이라는 것이 욕망에 의해서 만들어진 분별일 뿐, 쓸모없는 것들임에 대해서도 납득하게 될 것이다.

내친김에 좀 더 나아가 보자.

성선설, 성악설에 대한 의견이 분분하다. 별은 별이 아니라는 말과 같이 선은 선이 아니며, 악은 악이 아니다. 자신만의 관념에 의해서 분별하는 것이며 오직 나만이 옳다고 주장하는 것이니 어리석은 것이다. 인간의 이기주의가 이러하다.

인간은 어떤 것을 나라고 알기에 이기주의가 아닐 수 없다. 자신이 이기주의에서 벗어날 수 없다 보니 그것이 무엇인지 상상할 수도 없다.

사람들은 콩과 콩이라는 글자에 대해서 동일시하듯이, 별과 별이라는 글자에 대해서 동일시하듯이, 어떤 것과 '하나님'에 대해서 동일시하며, 어떤 것과 신에 대해서 동일시하며, 어떤 것과 부처님에 대해서 동일시함을 당연시한다. 그러한 동일시의 습관에 의해서 육체를 나로 알기에 나에게 이익이 됨에 대해서는 선이라고 생각하게 되며, 나에게 이익이 되지 않으면 악이라고 단정해 버린다.

광신자, 맹신자들의 기도하는 모습에서 무엇을 볼 수 있는가? 자신이 이기주의이다 보니 신도 하나님도 이기주의일 것이라고 생각할 수밖에 없는 노릇이다. 신도 자신들과 같이 이기주의라고 생각할 수밖에 없기 때문에 나만, 우리만, 예수를 믿는 자만 잘 고르고 선별해서 잘 살게 해주고 천국에도 가게 해 달라고 기도하는 것이니, 무한한 것이 인간의 어리석음이라고 한 것이다.

대학 입학 철이 되면 기도하는 사람들이 많다고 한다. 아마도 기도원을 비롯하여 모든 종교 및 신흥종교, 그리고 유사 단체들에게는 명절이나 다름없이 장사가 잘 되는 날일 것이다. 내 자식 좀 합격시켜 달라고 뇌물을 줘 가며 기도하는 행위에서 이기주의를 볼 수 있다. 내 자식 좀 합격시켜 달라는 기도는, 다른 자식 좀 떨어지게 해 달라는 기도와 다르지 않은 것이기 때문이다.

이제 넘어가자. 고양이도 고양이가 아니며 쥐 또한 쥐가 아니다. 그러니 고양이나 쥐는 자신이 그것이라거나 그것이 아니라거나 분별하는 생각이 없으며 생각이 없다는 생각도 없는 것이다. 이 말이 곧 '아무것도 없는 것'이라는 말과 같은 뜻의 다른 표현이지만 나를 나라고 아는 한, 나라는 주체가 있는 한, 아무것도 없는 것이라는 말에 대해서 이해할 수는 없다.

도를 깨달아서 나라는 주체가 사라졌을 때, 비로소 세상사 모든 이치에 밝아지는 것이며 불경에는 이에 대해서 광명의 빛, 자등명, 법등명 등으로 표현되고 있다. 소크라테스는 밝은 지혜로 살아가는 삶에 대해서 '검증된 삶'이라는 말로 표현한 것이며 내일을 알 수 없으면서도 투쟁하며 사는 사람들의 삶에 대해서 검증된 삶이 아니니 살아갈 가치가 없다고 한 것이다. 무지와 지혜, 앎과 참다운 앎의 차이이다.

고양이는 스스로 자신이 고양이, 즉 별개의 '몸=나'라는 생각(관념, 인식)이 있는 것이 아니기에 고양이가 잡아먹는 그것을 쥐라고 생각하지도 않으며 '내가 먹는다'라는 '생각'이 있을 수 없는 것이며, 쥐 또한 자신이 스스로 쥐다, 또는 쥐가 아니다, '몸이 나다, 몸이 내가 아니다'라는 등의 분별된 생각이 있는 것이 아니기에 고양이에게 잡혀서 먹힐 것이라거나, 저것이 고양이라거나, 고양이로부터 도망치고 있다는 생각(번뇌와 망상)이 있는 것이 아니라는 뜻이다.

산천초목이 그러하듯이, 이름 없는 씨앗이 바람에 날려 어디엔가 떨어져서 성장하거나 죽거나 소멸되는 것과 같이 동물들 역시 나무, 풀포기 등과 같이 개체적 자아인 '나라는 생각(인식)이 있는 것이 아니다'라는 뜻이다.

인간을 제외한 천지만물은 앞서 설명된 육체가 나라는 인식이 없는 상태, 즉 별개의 '나'라는 관념이 없기에 우주를 비롯한 천지만물인 대상이 있는 것이 아니라는 뜻이다.

'천지만물의 근원이 아무것도 없는 것'이라는 말은 인간을 제외한 천지만물, 즉 고양이와 쥐의 사례와 같이 '육체가 나라는 생각'이 없는 상태로 정의될 수 있다. 물론 없다는 생각도 없으니 언어도단이다.

주체가 없기에 객체가 없음의 상태, 이것이 '아무것도 없는 것'의 '완전함'이며 소위 말하는 '깨달음'으로 표현되는 '도道'의 경지에서 아는 참다운 앎이다. 물론 인간이 동물과 같다는 뜻은 아니다.

인간은 육체의 얽매임에서 벗어난 상태의 자아를 초월한 '참 나[道]'를 깨우칠 수 있다. 언어 이전의 소식(?)이기에 언어로 표현될 수 없으나 '깨달음'에 대해서 도, 아트만, 참 나, 신, 하나님, 부처 등의 이름이 지어진 것이며 그것이 모든 것의 기원이다. 진리(도)를 깨우친 인물들 모두는 위대한 '자연주의 사상가'이다.

노자와 장자의 활동시대가 분명치는 않으나 그들의 남겨진 말들이 불이일원론의 역설이다. 그들의 남루한 옷차림과 비천하게 보이는 삶은 소크라테스와 석가모니의 그것과도 다르지 않다. 소크라테스의 삶이 그러했듯이 진리를 깨우친 인물들은 어떤 상황에서도 불행하다는 생각이 없으며 사람들의 시선 따위에는 관심도 없다. 그들은 육체만이 내가 아니며, 육체는 천지만물 어느 것과도 다르지 않은 것임을 안다.

사람들은 모두가 다른 사람들에게 인정받기 위해서 살아간다. 자신의 행복이 다른 사람들의 시선에 의해서 결정되기 때문이며 항상 다른 사람들과의 비교에 의해서 행복이거나 불행, 성공과 실패가 결정되기 때문이다.

얼굴을 고치고 화장을 하고 의상을 고르고, 만나는 사람들에 따라서 표정을 관리하고 태도를 바꾸는 일에 대해서 당연시한다. 육체와 기억된 지식이 '나다'라는 착각에서 벗어나지 못하기에 근심과 걱정, 초조와 긴장, 불안감에서 해방될 수 없는 것이다. 잠재의식 가장 깊은 곳에는 죽음에 대한 두려움에 따른 공포가 도사리고 있기 때문이다.

다음 장자의 일화를 통해 좀 더 알아보도록 하자.

✓ 대중에게 존경 따위를 바라지 않는 괴팍한 성인

진리의 깨우침은 정신이 육체의 얽매임에서 벗어남을 뜻하는 말이다.

육체는 단지 하늘을 나는 새와 같이, 또는 산에서 자라거나 죽거나 하는 나무와 같이 자연물의 일부일 뿐이기에 생로병사에 저항하지 않는다. 어떤 상황에서도 불행하다는 생각이 없으며 의, 식, 주의 변화에도 하늘을 나는 새들과 같이 자유롭다. 그것을 참 자아라는 말로 표현되기도 하지만 그것은 언어로 표현될 수 없다.

어두운 밤이 없으면 낮이라는 말이 사라진다는 설명과 같이 영원불변인 것에 대해서는 이름이 지어질 수 없기 때문이다. 육체에 얽매였던 나에서 육체의 얽매임에서 벗어남을 표현하기 위한 수단으로 '참 나'라는 말로 표현하는 것이다.

진리를 깨우친 인물들의 삶은 과거에 얽매임이 없으며 미래를 탐하지도 않으며 항상 현재에 머물며 홀로 존재함으로써도 불행하다는 생각이 없다. 하늘을 나르던 새들이 비좁은 새장에 갇혀 있어도 부족함이 없듯이 음식이나 의복에 집착함이 없으며 사람들 틈에 있더라도 자신을 드러내지 않지만 진리에 대한 가르침만은 목숨과 같이 소중하게 여긴다.

물건(몸)이 살아있는 동안에는 항상 구름같이 떠다니기도 하지만 흐르는 물과 같이 낮은 곳에서 머물며 비천하게 보이는 삶을 영위할 뿐이다. 진리를 깨우친 인물들의 모든 말은 이기주의의 한계를 벗어남에 따른 중도의 가르침이기에 자기중심적일 수밖에 없는 인류에게는 영원한 진리로 남겨질 수밖에 없는 것이다.

✓ 의복은 거칠고 남루했으며 신발은 끈으로 묶어서 떨어져 나가지 않게 하였으나 그는 비천하다거나 불행하다고 생각하지 않았다.

사람들은 행복이나 불행, 또는 성공이나 실패, 가난과 부자에 대해서 정의할 수 없음을 알지 못한다. 모든 언어는 상대적이며 상대적일 수밖에 없는 이유는 자신을 표현하기 위한 수단으로 창조된 것이기 때문이다. 그러다 보니 언어는 풍부하지만 분명하게 정의될 수 있는 말은 있을 수 없다. 어떤 말에도 분명한 기준이 없다는 말이다.

인간의 삶이 참으로 무모하다. 정의될 수 없는 말에 속아서 평생을 헤매기 때문이다. 행복이 아니면 불행이며, 성공이 아니면 실패라는 모든 낱말들이 상대적인 분별임을 깨닫지 못하기에 항상 다른 누군가를 동경하는 것이며 현존함의 기쁨에 머물지 못하는 것이다.

무엇이 두려운가? 무엇 때문에 남들에게 보여주기 위해서 사는 것인가? 왜, 남들의 시선에 의해서 자신을 보아야만 하는가? 그 원인이 무엇인가?

✓ 부인의 상喪을 당한 장자를 조문하러 와서 보니, 장자는 돗자리에 앉아 대야를 두드리며 노래를 부르고 있었다.

진리(도)를 깨우친 인물들은 자신의 죽음에 대해서도 두려움이 없기에 죽음 앞에서 '나는 기쁘다'라고 말한다. 꿈도 없는 깊은 잠에서와 같이 우주와 우주 안에 존재하는 모든 것들에는 그 실체가 없음을 깨우침이 진리, 즉 깨달음이다. 동일시에 대한 통찰의 지혜로써 갈애渴愛에서 벗어나 해탈을 얻는 것이다.

사람들은 경험에 바탕을 둔 기억세포의 작용에 의해서 나타나며 끊임없이 변해 가는 세상이 실재하는 것으로 안다. 내가, 내가 아니지만 그것을 나라고 아는 착각에 의한 환상이지만 자신의 부재에 대해서 상상할 수 없기 때문이다.

도를 깨우쳐 불이일원론을 역설한 인물들은 깊은 잠에서도 의식이 있음과 같이 삼매에서 죽음을 경험한다. 죽음을 경험한 사람, 또는 죽은 자의 말이라고 하는 이유는 진정한 죽음은 '나라는 생각'의 죽음이기 때문이다. 또한 에고의 관점에서 본다면 '나라는 생각'의 죽음은 나의 죽음과 다르지 않기 때문에 '다시 태어남'으로 표현되는 것이며 이런 말들이 왜곡되면서 윤회, 재상, 부활, 환생 등의 말들이 창조된 것이다.

아내의 죽음은 '산에 있던 나무가 비바람에 의해 쓰러지고 썩어지는 것과 다름이 없듯이' 인간의 삶과 죽음도 이와 다를 바 없는 것이기에 슬퍼하지 않음은 당연한 것이다. 진리를 헤아릴 수 없는 사람들에게 그 이치를 알게 하기 위한 방편으로 하는 말이다.

✓ **임종 무렵.**

"나는 천지로 관棺을 삼고 일월日月로 연벽連璧을, 성신星辰으로 구슬을 삼으며 만물이 조상객弔喪客이니 모든 것이 다 구비되었다. 땅 위에 있으면 까마귀와 솔개의 밥이 되고, 땅속에 있으면 땅속의 벌레와 개미의 밥이 된다. 까마귀와 솔개의 밥을 빼앗아 땅속의 벌레와 개미에게 준다는 것은 공평하지 않다."

육체의 죽음은 나의 죽음이 아니다. '참 자아'는 육체에 한정된 것이 아니다. 육체는 우주 안의 다른 것들과 다름이 없는 것이기에 자연의 섭리를 따르라는 말이다. 우주 안에 있는 모든 것들은 허상이지만 사람들이 이런 이치를 이해할 수 없기 때문에 우주 안에 있는 모든 것들이 평등하다라는 가르침이다.

사람과 사람, 똑같은 사람들이 모여서 사는 세상이면서 사람들은 모두가 자기중심적이며 자신만의 앎이 옳다는 주장에 의해서 투쟁하는 삶이 이기주의의 삶이다. 육체를 비롯한 현상계의 모든 것들은 실재하는 것이 아니다. 모든 것이 이와 다르지 않으니 분별에서 벗어남이 참된 삶이라는 가르침이다.

✓ **도는 시작도 끝도 없고 한계나 경계도 없다. 인생은 도의 영원한 변형에 따라 흘러가는 것이며, 도 안에서는 좋은 것, 나쁜 것, 선한 것, 악한 것이 없다. 사물은 저절로 흘러가도록 내버려 두어야 하며 사람들은 이 상태가 저 상태보다 낫다는 가치판단을 해서는 안 된다. 참으로 덕이 있는 사람은 환경, 개인적인 애착, 인습, 세상을 낫게 만들려는 욕망 등의 집착에서 벗어나 자유로워져야 한다.**
도가 없는 곳이 없다. 개구리와 개미, 또는 그보다 더 비천한 풀이나 기와 조각, 더 나아가서 오줌이나 똥에도 도가 깃들어 있다고 단정했다.

진리를 깨우침은 생각의 미묘한 이치를 깨우치는 것이다.

삼매라는 낱말로 표현되는 일념의 무념처에서는 '나'라는 것이 생각의 미묘한 작용에 의해 창조된 것임을 깨우치게 되며 존재하는 모든 것들이 생각의 미묘한 작용에 의해서 나타나고 사라지는 환상임을 깨우치기에 꿈인 줄도 모르고 꾸던 꿈에서 깨어나는 것이라고(저서 〈깨달음의 실체를 밝힌다〉) 하였다. 종교의 경전에서 흔히 볼 수 있는 '깨어나라'는 말의 뜻이다.

인간을 비롯한 천지만물은 태양의 분별함이 없음과 같이 평등하기에 자연과 하나 됨이 진리이며 깨달음이라는 가르침이다.

- 도는 시작도 끝도 없고 한계나 경계도 없다.
- 도 안에서는 좋은 것, 나쁜 것, 선한 것, 악한 것 등의 분별함이 없다.
- 도는 없는 곳이 없다. 어디에나 있다. 개구리와 개미, 또는 그보다 더 비천한 풀, 기와 조각, 똥이나 오줌에도 깃들어 있다.
- 도는 모든 것의 기원이다.

노자와 장자는 진리의 깨우침, 참 나[無我]에 대해서 '도道'라고 이름 지었다. 도라는 말은 불이일원론으로서 이원성이나 다양성은 환상이며 실재하는 것은 오직 하나이며, '참 나, 무아'로 표현되는 그것이 모든 것의 기원임을 뜻하는 말이다.

'도道는 모든 것의 기원이다'라는 설명으로서 '신'을 의미하기에 에고의 생각으로는 '창조자', '절대자'로 받아들여질 수밖에 없는 까닭에 불이일원론에 대해 설명했던 '싯다르타'와 '예수'의 말이 종교로 왜곡된 것이다.

노자와 장자는 육체를 초월한 참 나에 대해서 '도'라는 말로 이름 지어 표현함으로써 종교화됨을 방지한 것이며 무위자연과 중도를 말함으로써 이해의 폭을 넓히려 한 것으로 보인다.

중도, 중용, 또는 무위자연이라는 말은 인위적인 생각을 벗어난 진리를 깨우친 인물들의 행위를 두고 하는 말이다. 무위無爲라는 말은 인간을 제외한 우주 삼라만상의 행위와 같이 인위적인 생각이 없이, 즉 나라는 주체가 없는 행위를 뜻하는 말이며 진리를 깨우친 인물들의 행위가 무위이며 중도이다.

:: 노자와 장자의 남은 이야기

도와 일체가 되면 도의 관점에서 사물들을 볼 수 있다. 이를 이도관지以道觀之라고 한다. 물物의 관점에서 사물들을 보면 자기는 귀하고 상대방은 천하다고 할 수 있다. 그러나 도의 관점에서 사물들을 보면 만물을 평등하게 볼 수 있다.

인간은 도와 하나가 됨으로써 자연에 따라 살아갈 수 있으며 자유를 누릴 수 있다. 이러한 자유는 천지만물과 자아 사이의 구별이 사라진 지인至人이라야 누릴 수 있다. 도의 관점, 우주의 관점, 우주의식, 순수의식은 같은 뜻의 다른 표현이다.

:: 장자와 나비의 꿈

장자의 너스레이며 도를 깨우침에 따른 생각의 미묘한 이치에 대한 간접적인 표현이다. 꿈에 나비를 보았다며 내가 나비를 본 것인지 아니면 나비의 꿈속에 내가 있던 것인지 모르겠다는 우스운 이야기이다. '나는 내가 나인지, 아닌지 잘 모르겠다'라는 뜻으로서 말도 안 되는 말이다. 나비가 꿈을 꾸었고 내가 나비의 꿈, 즉 환상의 세계를 살면서도 환상을 현실로 착각하여 살아가는 것이라는 너스레이다.

'나 아닌 것을 나'로 알고 살아가는 사람들에게 너희가 살고 있는 현실세계가 꿈과 다르지 않으니 꿈에서 깨어나라는 말을 한 것이지만 헤아릴 수 있는 사람이 있을 수 있겠는가.

인생사 지나고 나면 한낱 한 조각의 꿈일 뿐이다. 과거를 돌이켜 생각하다 보면 꿈이었는지 현실이었는지에 대해서조차 분명하지 않은 일들이 허다하듯이 지난 일들은 꿈이거나 현실이거나 기억 속에서만 존재할 뿐이다. 무속인들이 산신기도를 통하여 신을 받음에 대해서 현실로 착각하듯이, 기도하는 사람들이 환상을 보는 것과 마찬가지로 실재하는 것은 아무것도 없는 것이며 오직 생각, 생각, 생각 속에서만 존재하는 허상이다.

한낱 꿈에 불과한 세상을 살아가면서 왜 고통이라고 생각하는가?

노자와 장자는 생각의 미묘한 이치에 대해서 여러 가지 방편을 들어 설명하였으며 불이일원론의 실재하는 것을 '도道'라고 이름 지어 자아의 본성은 천지만물과 둘이 아님을 역설한 것이다. 도는 '모든 것의 기원'이라는 말을 통해서 실재하는 것은 도이며 도에 의해서 모든 것이 나타나고 사라짐을 설명한 것임에 대해서 납득할 수 있을 것이다.

싯다르타 고타마(석가모니)의 가르침

석가[釋迦, BC563?~BC483?]

불교를 창시한 인도의 성자(聖者)로 성은 고타마(Gautama:瞿曇), 이름은 싯다르타(Siddhārtha:悉達多)이다. 부처님, 부처, 석가모니, 석가세존, 석존, 세존, 석가, 능인적묵, 여래, 불타, 붓다, 불(佛) 등으로 다양하게 불린다.

— 네이버 백과사전

〈부처〉

부처(불타; 붓다, 산스크리트어: बुद्ध, Buddha)는 불교에서 깨달음을 얻은 사람을 부르는 말이다. 불교에서 모든 생물은 전생의 업보를 안고 살며 그 업보가 사라질 때까지 윤회한다고 하는데, 해탈에 이르러 완전한 깨달음을 얻으면 윤회를 벗어난다고 한다. 석가모니 부처는 누구나 부처가 될 수 있다고 설하였으며 이 부처가 됨을 성불(成佛)이라 한다. 석가모니 부처는 소승불교 교리에서의 28부처 중 하나이나, 일반적으로 부처라 하면 석가모니를 가리킨다.

— 위키백과

도道를 깨우친 인물들 중에서 가장 활발하게 활동했던 인물이 고타마 붓다이다. 고타마에 의해서 '붓다'라는 명칭이 고유명사화 되었으며 '붓다'라는 말은 도를 깨달음의 대명사가 되어 버린 듯하다.

고타마는 도를 깨우친 후 ‘나’라고 표현할 수 없기에 ‘여래’라는 말로 불이일원론을 역설한 것으로 전해진다. 불이일원론은 일체가 둘로 나뉠 수 없는 하나임을 표현하기 위한 말임과 동시에 일체의 본질은 ‘아무것도 없는 것’임에 대한 역설로서 인류가 평화로운 삶을 영위할 수 있는 유일무이한 방법론이다.

존재하는 모든 것들, 이름 지어진 모든 것들의 본질은 허공虛空과 같기에 집착할 것이 없는 것임에도 불구하고 사람들은 경험된 습관에 의한 집착과 욕망으로 괴로움을 당하기에 그 본질을 깨닫기 위한 고행의 과정을 설명하였으며 진리의 길까지 제시하였다.

고타마의 고행기록은 구도자들에게 큰 걸림돌이 되어 버린 것 같다. 고타마는 고행을 하지 말라고 하였으나 사람들은 그런 말들에 대해서는 들은 바 없는 것 같다. 그것은 고행이 아니기 때문이다.

고타마는 진리를 깨달은 이후에 모든 사람들에게 그 길을 알리려 했으며 인생의 목적은 오직 도道 깨우치기 위한 것이라고 당연시하였기에 평생을 그 길을 알리기 위해서 노력했던 인물이다.

도를 깨우친 인물들에게는 자아를 초월(육체가 내가 아님을 알아차림)하였기에 육체에 대한 집착이나 욕망이 없으며 오직 해야 할 일이 있다면 인류에게 진리의 길을 알리기 위한 일을 하는 것이 전부일 수밖에 없다.

사람들은 꿈인 줄도 모르고 꿈을 꾸면서 그것을 실제로 인식하여 괴로움과 고통에서 벗어나지 못한다. 그 모습이 안타까워 생각의 미묘한 이치를 알리기 위한 역설을 했던 것이다.

중요한 것은 불이일원론을 역설했던 인물들 모두는 자신을 ‘나’라고 호칭하지 않았으며 육체를 ‘이것’이라고 표현하였다는 것이다. 이는 ‘육체가 나다’라는 고정관념에서 벗어남의 표현이며 삼매의 경지에서는 너무도 당연한 것이며 보편타당한 앎일 뿐이다. ‘이것(육체)이 나다’라는 착각에서 깨어났기에 모든 경전에는 ‘꿈에서 깨어나라’는 표현들이 많은 것이다.

석가모니는 설법을 마친 뒤에 '나는 행위한 바 없다'라는 말로써 무위無爲를 설명하였으며 '모든 설법은 말 변사이다'라는 말로써 모든 역설이(이렇게 말하나 또는 저렇게 말하거나) 같은 뜻의 다른 표현일 뿐이며 현실세계는 무아無我를 증득함의 견지에서 보면 '아무것도 없는 것'에서 나타나고 사라지는 환상이라고 말하고 있다.

엄밀히 말한다면 말 변사라는 말은, 세상에 존재하는 모든 것들은 말(언어)로 만들어진 것일 뿐, 실재가 아니라는 말이다. 앞서 설명한 바와 같이 언어(낱말=이름=명칭) 없이 상상할 수 있는 환상세계나 물체는 있을 수 없다는 말이다.

초기 경전에서는 고타마가 구도자 '사리자'에게 했던 말이 전해진다. "사리자야, 이렇게 눕고, 앉고, 일어나고 하는 것이 '여래'는 아니니라"라는 말이다.

사람들에게 이해될 수 없는 말이지만 공부가 깊어진 정도의 수행자들은 어렴풋이나마 짐작을 할 수 있는 말이다. 일념이 깊어지는 경지에서는 자신의 모든 행위가 내가 아님을 어렴풋이 알아차릴 수 있기 때문이다. 육체가 나라는 그릇된 앎에서 깨어남에 대한 표현이다.

무아無我라는 말은 삼매의 경지에서 육체가 내가 아님을 알아차림을 표현하는 말이며, 육체가 내가 아님을 알아차림 이후에 더 깊은 삼매에서 '육체는 내가 아니지만 아닌 것도 아님'을 깨우침으로써 불이일원론인 '일체가 본래 있는 것이 아님과 함께 없는 것도 아님'에 대해서 깨우치게 된다.

'있는 것도 아니며 없는 것도 아님'이라는 말이 불이일원론의 핵심이며, 핵심의 근원은 미묘법微妙法이며 미묘법은 '생각의 미묘한 작용'을 뜻하는 말이다.

여기서 무아라는 말과 있는 것도 아니며, 없는 것도 아니라는 말에 대해서 알고 넘어가자.

무아라는 말이 우리말로 해석되면서 그 뜻이 달라졌다. 무아라는 말을 우리말로 해석하면 '나는 없다'는 말이기 때문이다. 이 한 구절의 그릇된 해석에 의해서 수많은 구도자들이 정신질환을 경험하는 것이니 에고의 아상에서 비롯된 습관은 이처럼 무모하기 짝이 없는 것이다.

불립문자이며 언어도단이라는 말을 만들었으며 그 뜻을 알면서도 내가 옳다는 지독한 아상을 버리지 못하는 이유 또한 생각에 이끌려 다닐 수밖에 없는 생각의 속성에 의한 것이니, 옳다거나 옳지 않다고 할 수도 없다. 구도의 길이 바로 전해질 수 없는 이유 또한 소위 안다는 자들의 어리석음에서 비롯된 것이지만 그것이 에고의 삶이니 안타까울 뿐이다.

무아라는 말에 대해서는 무아상이라는 말로 아는 앎이 올바른 앎이다. 무아라는 말은 육체가 나라고 아는 사람들에게는 육체가 없다는 말로 이해될 수밖에 없기 때문이다.

무아라는 말에 대해서 '육체가 없다'라고 아는 그릇된 앎으로 도를 구하고 있으니 어찌 도를 구할 수 있겠는가? 육체가 없다는 말로 해석한다면 석가모니나 노자와 장자, 예수 등 도를 깨우친 인물들이 죽은 뒤에 말을 한 것으로 아는 것과 다르지 않은 것이 아닌가? 그러니 하나는 알고 둘은 모르는 어리석음의 소치인 것이다.

무아라는 말은 에고의 이해를 돕기 위해 만들어진 말이며 육체가 없다는 뜻이 아니라, 육체가 내가 아니라는 뜻이다. '아니다'라는 말은 육체가 있지만 내가 아니라는 뜻이며, 없다는 말은 육체가 없다는 뜻이니 옳은 표현일 수 없다. 본래 의미는 무아상無我想으로서 '육체가 나라는 생각이 없다'는 뜻이다.

반야심경에는 색불이공色不異空, 공불이색空不異色, 색즉시공色卽是空, 공즉시색空卽是色이라는 말이 있다. 이 말을 우리말로 표현하자면 '색은 있는 것'에 대한 표현이며 공은 '없는 것'에 대한 표현이다. 색불이공, 공불이색의 뜻은 '있는 것이 없는 것과 다르지 않으며, 없는 것이 있는 것과 다르지 않은 것이다'라는 뜻이며, 색즉시공 공즉시색의 뜻은 '있는 것이 없는 것이며 없는 것이 있는 것'이라는 말이니, 우리말로 표현한다면 '있는 것이 없는 것이며 없는 것이 있는 것이다'라는 말이다.

바꾸어 말하면 '있지만 있는 것이 아니며, 없지만 없는 것도 아니다'라는 뜻이니, 말이 있지만 있는 것이 아니며 말이 없지만 또한 없는 것도 아니라는 뜻이다. 이 말을 쉽게 설명한다면 '나라고 아는 것이 있지만 있는 것이 아니며, 나라고 아는 것이 없지만 없는 것도 아니다'라는 뜻이며, 나는 내가 아니지만 아닌 것도 아니라는 말과도 다르지 않은 말이다. '있다, 없다'라고 단정 지을 수 없다는 말이며 언어도단의 뜻이다.

말도 안 될 것 같은 말들이지만 이런 말은 무아상에서 나오는 말이며 도를 깨달은 인물들의 말에 대해서 좀 더 자세히 풀어놓은 말이다. 이 말에 대해서 이해가 깊어진다면, 이 말에 대해서 분명하게 이해할 수 있다면 깨달은 것이다. 우주만물이 있지만 있는 것이 아니며 없지만 없는 것도 아니라는 말과도 다르지 않은 말이며 또한 내가 있지만 있는 것이 아니며, 내가 없지만 없는 것도 아니라는 말이기 때문이다.

앞서 설명했던 '콩은 콩이 아니다'라는 말과 '별은 별이 아니다'는 말에 대해서 충분히 이해가 되었다면 이런 말 또한 어렵지 않게 이해할 수 있다. 하지만 이해와 오해는 같은 뜻의 다른 표현이니, 오직 일념수행을 통해서 더 깊은 이치를 깨우쳐야만 한다.

'별은 별이 아니며, 별은 별이 아니지만 별이 아닌 것도 아니다'라는 뜻이다. '콩은 콩이 아니다, 하지만 콩은 콩이 아닌 것도 아니다'라는 말이다. 이 말은 콩은 콩이 아닌데, 콩이 아닌 것도 아니라는 말이다.

나는 내가 아닌데, 아닌 것도 아니라는 말이다.

인생은 인생이 아닌데, 아닌 것도 아니라는 말이다.

우주는 우주가 아닌데, 아닌 것도 아니라는 말이다.

죽음은 죽음이 아닌데, 아닌 것도 아니라는 말이다.

고통은 고통이 아닌데, 아닌 것도 아니라는 말이다.

깊고 깊게 생각해야만 조금이나마 이해할 수 있는 말이다.

본래 있는 것은 아무것도 없는 것이라고 하였으며, 있다고 아는 것은 관념에 의해서 있는 것이며 관념은 생각이라고 하였다. 그러니 있다고 아는 모든 것들은 생각에 의해서 있는 것으로 아는 것이며 생각에 의해서 나타나고 사라지는 것이라는 뜻이다. 세상은 관념의 산물이라고 하였다. 이 말이 곧 생각, 생각, 생각에 의해서 창조된 것들일 뿐, 실재하는 것은 없다라는 뜻이다.

그렇다면 간단한 결론이 나오게 된다. 생각이 있으면 있는 것이며 생각이 없으면 있는 것이 아니라는 뜻이다. 다른 말로 표현한다면 '있다고 생각하면 있는 것이며 없다고 생각하면 없는 것'이라는 뜻이다. 하지만 본래 있는 것은 아무것도 없는 것이다. 말 변사의 뜻이다.

세상이 실재하는 것이 아니라 언어로 창조된 것일 뿐, 실체가 없다는 말이다. 어떤 것에 대해서 그것이 어떤 것이든지, 그것을 콩이라고 생각하면 콩이며 그것을 별이라고 생각하면 별이라는 뜻이다.

콩과 별, 그것들의 이름이 서로 바뀐다고 하더라도 그것의 본질이 변하는 것이 아니라는 뜻이다. 하지만 그것들 또한 근원은 '아무것도 없는 것'이며 나라는 생각에 의해서 나타나고 사라지는 것이니 환상물질이라는 것이다.

불성이 무엇입니까?

뜰 앞에 잣나무니라.

무슨 뜻인가? 불성이라는 이름과 잣나무라는 이름과의 분별을 뜻하는 말이다. 본래 있는 것이 아니지만 명칭과 대상과의 동일시에 세뇌되었기 때문에 별은 별이라고 주장하는 것이며, 콩은 콩이라고 주장하는 것이니 그것이 옳은 앎이 아니라는 뜻이다.

고통은 고통이 아니다.

죽음은 죽음이 아니다.

행복은 행복이 아니다.

불행은 불행이 아니다.

콩은 콩이 아니다. 별은 별이 아니다라는 말과 같이 모두 같은 뜻의 다른 표현이다.

영혼은 영혼이 아니다.

하나님은 하나님이 아니다.

부처는 부처가 아니다.

그러니 예수는 하루 종일 기도해서 분별이 없는 순수의식으로 다시 태어남에 대해서 '깨어나라'고 했던 것이며 '사람이 깨달아서 순수사고로 다시 태어남이 하나님 나라를 보는 것이요, 성령'이라고 했던 것이다.

말장난 같지만, 있다고 생각하면 있는 것이며 없다고 생각하면 없는 것이라는 뜻이다. 이는 체력단련을 하기 위한 훈련에 대해서도 적용되며 노동에 대해서도 적용이 된다. 한 생각의 차이에 따라서 운동이라고 생각하면 즐거운 운동이며 고통이라고 생각하면 즐거운 운동도 몸에 해롭게 작용한다는 뜻이다.

일병만약이라는 말 또한 이와 다르지 않은 말이다. 병이 본래 있는 것이 아니기에 병이라고 생각하면 병이 되는 것이며 약이라고 생각하면 오줌도 약이 된다는 뜻으로 이해한다면 올바른 앎이다.

한 생각의 차이, 삶과 죽음의 차이이며, 천국과 지옥의 차이이다.

행복과 불행이 본래 있는 것이 아니다. 끊임없이 긍정하는 습관으로 길들여 나가야 되며 행복이라고 생각하다 보면 행복해진다. 그것이 어떤 상황이건 간에. 하지만 일념수행에 의해서 가장 가까이 다가갈 수 있으며 일념수행의 정점에서 그것, 진리와 하나 되는 것이다. 그것이 깨달음으로 알려진 천지만물의 기원이다.

그리 오래지 않은 옛날 어느 시대에 구도자들의 일화가 있다. 참고로 이런 말들, 즉 명색의 이치에 대한 설명은 지적 이해가 불가능한 말들이기에 명색의 이치, 또는 언어의 실체, 생각의 이치에 대해서는 설명할 수 있는 사람이 있을 수 없으며, 자세히 설명한다고 하더라도 이해하기조차 쉽지 않은 일이다(불립문자와 언어도단이라는 말을 항상 염두에 두어야 한다).

그렇기에 옛 구도자들에게는 그 이치, 즉 마음이 생각에 불과하다는 정도의 깨우침에 대해서 견성見性이라는 말이 만들어진 것이며, 인가認可 제도까지 있었던 것 같다.

인가에 대한 이야기를 통해서 좀 더 가까운 이해에 도전해 보자. 이 부분에 대해서만 이해하더라도 대단한 깨우침이기 때문이다.

불가에 널리 알려진 '○○선사'라는 인물이 있었다. 이십 대에 깨쳤기에 더 유명해진 것인지는 모르겠으나 그가 스스로 깨쳤다며 인가를 받기 위해서 이미 깨달은 여섯 사람의 스승들을 만나는 과정에서 있었던 이야기이다. 물론 인가 따위를 받아야 할 일은 없다. 자신을 누구에게 인정받아야 한단 말인가? 이것이 에고의 습성, 습관, 버릇, 업業이다.

별이 빛나는 밤에 산간마을 외딴집에서 사는 선사를 만나러 갔는데, 그 선사가 물었단다. "하늘에 무수히 많은 별 중에서 네 별은 어느 것이냐." 그러자 ○○선사는 잠시 생각에 잠기더니 허리를 굽혀 땅에서 무엇을 찾는 시늉을 했다고 한다. 그를 지켜보던 선사가 "그래, 네가 깨쳤구나" 하며 인가해 주었다고 전해진다.

화두의 뜻에 대해서 이해할 수 없었던 시대 사람들의 이야기이다. 지금도 달라진 것은 없다. 아직도 인가를 받아야 한다는 말이 나돌고 있으며 화두의 뜻에 대해서 올바르게 아는 사람이 없는 것 같으니 말이다. 화두의 뜻조차 알 수 없는데 선문답의 뜻을 이해할 리 없다. 그러니 재치문답, 우문우답, 동문서답, 말재간으로 오해하면서 헛소리들이 난무하는 것이다.

'하늘의 별들 중에서 네 별이 어느 것이냐'라는 말, 묻는 자도 답변하는 자도 명색이라는 말, 말 변사의 뜻이 무엇인지에 대해서도 알지 못하는 자들의 말재간들이니 웃을 수도 없는 노릇이다. 허긴 이 나라뿐이 아니다.

오쇼-라즈니쉬를 비롯하여 마하라지 등 소위 깨달은 스승이라는 인물들 또한 이와 다르지 않다.

이런 설명들을 통해서 얻어야 할 것이 있다면 자신의 나를 돌아다볼 줄 알아야 한다는 것이다. 자신의 잘못에 대해서는 알지 못하면서 타인을 비방하는 사람들은 타인을 비방하는 만큼, 꼭 그만큼 자신의 어리석음을 드러내는 것이기 때문이다. 다른 사람에게 주는 것이 곧 나 자신에게 주는 것이다.

내가 잘났으며 내가 안다는 상을 내는 사람들은 코끼리를 만져보고 안다고 주장하는 장님들의 앎과 다르지 않은 것이니, 어리석음이며 무지의 소치이다.

자신의 주먹을 들어 보라. 그 주먹의 상태를 가장 잘 아는 사람은 자신 본인일 것이다. 그리고 자신의 주먹을 보는 사람들이 있다. 그 사람들이 보는 주먹의 모양이나 주먹에 나 있는 상처, 또는 손가락 모양은 보는 사람들의 방향에 따라서 모두 다를 수밖에 없기에 자신들이 보는 관점만이 옳다고 주장한다는 것이다.

그대가 보는 주먹의 모양과 그들이 보는 주먹의 모양은 다를 수밖에 없다. 그들이 그대의 주먹을 그림으로 그렸다면 그 그림들에 대해서 옳다거나 옳지 않다고 할 수 없는 것과 같이 인간은 오직 자신의 관점에서만 볼 수밖에 없기 때문에 논쟁과 투쟁에 휘말려 고통을 겪는 것이다.

본래 있는 것이 아닌 것들에 대해서 이름 지어 놓고, 그것이 있다는 가정 하에서 논쟁을 하는 것이니 해답이 있을 리 없는 것이라는 말이다.

본래 없는 것, 세상, 천지만물의 근원에는 아무것도 없는 것에 바탕을 두고 있다. 그러니 지식이라는 것들이 참으로 무모한 것이라는 말이다.

없는 것에 대해서 이름, 명칭을 창조하고 그것이 옳다, 그르다, 크다, 작다, 깨끗하다, 더럽다, 추하다, 아름답다, 맛이 있다, 없다, 좋은 것이다, 나쁜 것이다 라며 끊임없는 논쟁들을 하는 것이니 무지이며 어리석음이라고 하는 것이다. 에고의 아는 앎, 지식이 모두 이러하다는 것이다.

코끼리를 본 사람은 장님들의 코끼리에 대한 논쟁에 휩쓸리지 않을 것이며, 누구는 옳고 누구는 그르다고 말할 수 없는 이치와 다르지 않으며, 그대의 주먹을 그림으로 그린 사람들 역시 옳지 않은 사람이 없는 바와 다르지 않다.

나약한 자들이, 올바로 아는 앎이 없는 자들이 웅변을 하는 것이며 현명한 자는 옳고 그름의 분별이 어리석음임을 알기에 마음에 흔들림이 없는 것이다.

어려운 말들이지만 가다 보면 당연한 이치로 다가올 것이다. 그리고 오직 일념명상을 통해서 더 깊은 이치를 깨칠 수 있을 뿐이다. 생로병사의 고통 또한 본래 있는 것이 아니다. 그러니 그 이치를 깨우치라는 것이다. 구도자는 삼매에서 미묘법, 즉 생각의 미묘한 이치를 알아차리는 것이며 알아차림과 동시에 언어로는 표현할 수 없는 기쁨과 함께 싱거운 미소를 짓게 된다.

고타마의 모든 가르침의 핵심은 '일체가 있는 것이 아니며 또한 없는 것도 아니다'라는 말이며 '일체가 있는 것이 아니다'라는 말은 과학에 의해 밝혀진 바와 같이 모든 것(천지만물)의 본질은 무無(아무것도 없는 것)이며, 또한 아무것도 없지만 없는 것이 아니라는 말에서 '없는 것이 아니다'라는 말은, 인간의 고정관념固定觀念, 경험된 '생각'에 의한 분별함으로 보기에 대상이 존재함에 대한 설명이다. 세상 천지만물은 경험된 기억, 즉 관념의 산물이라고 하였으니 그 말이 곧 그 말이다.

모든 것(천지만물)은 실재하지 않으며 오직 실재하는 것은 '부처, 여래' 등으로 표현될 수 있는 '나 아닌 나', 또는 '나 없는 나', '나 이전의 나'이기에 사람으로 태어나서 해야 할 일이 오직 그것(참 자아의 회복)임을 분명히 밝히고 있으며 그것 이외에는 해야 할 일이 없기에 '참 자아를 깨달음'에 대해서 '할 일 다 해 마침'으로 표현되기도 한다. 할 일 다 해 마쳤다는 말은 이제 더 이상 부와 명성을 위해서 쫓아 다녀야 할 일이 없다는 뜻이다.

인간의 가장 깊은 고정관념은 '육체가 나다, 나는 죽을 것이다'라는 생각이다. 고정관념에서 깨어남이 진리이며 자유이며 평화이다. 모든 것들이 본래 실재하지 않는 것임에도 불구하고 사람들은 경험에 의해서 '육체=나=지식'인 지성체로 세뇌된 것이며 길들여진 습관(생각)에 얽매어 있기에 고통과 괴로움을 실재로 여기는 것이다.

고타마의 가르침은 '일체유심조' 한 구절에 팔만사천 법문이 모두 포함되어 있다. 일체는 몸을 뜻하는 말이며 일체가 마음이 지어서 실재인 것 같지만 꿈이며 환상이라는 말이다. 이는 현실세계와 몸까지도 마음이 지어놓은 환상이라는 뜻이며 불경이 가장 간략하게 요약되었다는 '반야심경'은 일체유심조에 대한 좀 더 구체적인 설명이다.

인체의 감각기관인 눈과 귀, 코와 혀, 감촉 등이 무無(=본래 없음)이며 감각기관의 대상, 즉 눈으로 보는 색상, 귀로 듣는 소리, 코로 느끼는 향기, 혀로 느끼는 맛, 신체로 느끼는 감촉 등에 대해서도 무無(아무것도 없음)라고 설명하고 있다. 또한 공즉시색空卽是色, 색즉시공色卽是空 등 여러 가지의 표현들로서 있지만 있는 것이 아님과, 없지만 없는 것도 아님, 그리고 있는 것이 없는 것이며, 없는 것이 있는 것이다 등으로 표현되고 있다. 이는 앞서 설명된 바와 같이 말을 배우기 이전의 어린아이가 보는 현상계와 경험된 기억세포의 작용인 마음(관념)으로 보기에 현상계가 있는 것일 뿐, 그것들이 실재하는 것이 아니라는 말이다.

인간이 '아무것도 없는 것'에 대해서 기억하거나 상상할 수 있다면 해답은 간단하다. 그런데 '아무것도 없는 것'에 대해서는 날마다 경험하지만 기억할 수 없으며 상상할 수 없다.

왜 그럴까? 그것이 인간의 느낌으로 감지할 수 없는 생각의 작용이기 때문이다. 이 글의 핵심이 또한 그것이다(생각=그것).

앞서 설명된 바와 같이 상반된 언어에는 중심이 없다. 분명히 실재하는 것이라면 변함이 없어야 하며 변함이 없는 것은 이름으로 분별될 수 없는 것이라고 하였다. 그러므로 이름, 명칭으로 존재하는 모든 것들은 실재가 아니니 이름, 명칭으로 분별함으로써 존재할 수밖에 없는 것이 아니겠는가.

'별은 별이 아니다'라는 말과 낮과 밤의 사례를 들어 설명되었듯이 상대적인 모든 언어는 주체가 없으면 대상이 존재할 수 없듯이 언어로 표현될 수 없는 것이며 실재하지 않는 것이기 때문에 언어, 이름으로 표현될 수 없는 것이다.

고타마의 말들 중에서 사람들에게 궁금증을 일으키게 하는 몇 가지에 대한 설명을 통해서 도를 깨우침에 따른 불이일원론을 역설한 인물들의 고뇌를 엿볼 수 있다.

✓ 나는 괴롭다.

고타마는 6년여를 수행하는 동안에 스승이 없었으며 현 시대에도 이는 다르지 않다. 진리를 깨우친 후에 수행하던 도반道伴들을 찾아다니며 그들에게 진리를 전하려 하였지만 바로 알아들을 수 있는 사람이 없었다. 참고로 '별은 별이 아니다'라는 말은 고타마가 깨달음의 순간에 했던 말이다.

어느 시대에나 그들의 말을 알아들을 수 있는 사람은 극소수에 불과할 수밖에 없다. 알아듣는다는 말이 올바로 이해한다는 뜻은 아니다. 그나마 그 길을 갈망하여 애타게 찾던 사람들이 인연이 되어 갈 수 있는 길이라는 뜻이다.

고타마의 시대 역시 이와 다르지 않았기에 고타마는 가르침마저 포기하기에 이르러 도반들을 물리치고 산으로 들어갔던 것이며, 그 당시의 심경을 표현한 말이 '나는 괴롭다'라는 말이다.

깨우치고 나면 너무나도 당연한 보편타당한 앎이기에 누구나 다 알아들을 수 있을 것이라고 여길 수밖에 없다. 그런데 말을 하다 보면 단 한 구절도 알아듣지 못한다. 말은 같은 말인데 알아들을 수 없으니 기독교에서는 '방언'이라는 말까지 생겨나게 된 것이다.

도리를 깨치고 나니, 고통을 겪는 사람들의 모습이 빤히 보이니, 그것이 착각임에 대해서 알려주고 싶지만 알아듣지 못하니 괴로운 것이다. 그리하여 좀 더 쉬운 말로 설명하려 하다 보니 팔만사천 가지의 법문이 만들어진 것이지만, 그 또한 에고의 생각으로는 이해될 수 없는 말들이다 보니 종교로, 우상숭배 사상으로 왜곡되어 전해질 수밖에 없었던 것이다.

이 사람 또한 〈깨달음의 실체를 밝힌다〉라는 책을 쓰면서, 한글로 쓴 것이기 때문에 누구나 알아들을 수 있을 것이라고 생각하였으나 출판 후에 비로소 이해할 수 있는 사람이 극소수에 불과하다는 사실을 알게 되었다. 카페를 통해서 더 자세히 설명한 것들을 토대로 이 글을 쓰는 것이다. 이 글이 완결편이다.

도를 깨우침에서 얻는 기쁨은 에고의 관념으로는 상상할 수 없는 것이다. 평생을 살아오는 동안 단 한순간도 느껴보지 못했던 평화로움이며, 이는 자아가 형성되기 이전의 아이의 순수한 미소와 비유할 수 있을 뿐이다. 사람들은 깊은 잠에서 깨어나면서 그 기쁨을 맛보기도 한다.

어느 날 근심걱정이 없는 상태에서 깊은 잠에 들었다가 늦잠을 실컷 자고 깨어나면서 나와 현상계를 인식하기 이전의 기쁨과 비유할 수도 있겠지만 그것과는 차원이 다른 또 다른 기쁨을 누리게 된다. 소크라테스의 말과 같은 '검증된 삶'이며 도를 깨우침에 대한 역설을 하지 않더라도 그는 자연으로 자유를 누린다.

산에 있는 나무와 같이 굳이 해야 될 일이 없으며 어느 상황에서도 불행하다는 생각이 없다. 항상 부족함이 없기에 만족하여 우주 자연과 같이 여여한 평화로움으로 존재하는 것, 그것이 참다운 삶이 아니겠는가.

✓ 존경할 사람도, 공경할 곳도 없다.

사람들은 항상 무엇인가에 집착하거나 무엇인가를 소원하게 된다. 현실에 만족할 수 없기에 누구도 알 수 없는 내일과 미래를 향해 도망치듯이 달려 나간다. 내일이나 또는 미래에는 행복이나 평화, 자유가 기다리고 있을 것이라고 누군가로부터 들어서 알고 있기 때문이다.

어린 시절부터 빨리 자라서 '어떤 사람'이 되어야 한다고 세뇌된 탓이며 희망찬 미래를 향하여 달려 나가야 한다는 삶에 대해서 당연시하게 되었으며 희망과 미래라는 말에 세뇌되어 그 말이 고정관념이 되어 버린 것이다.

앞서 살았던 사람들을 동경하며 그런 사람이 되어야 한다는 목적의식, 책임감, 이상 사상에 세뇌되어서 우상을 만들고 그곳에 빠져들어서 헤어나오지 못하는 것이며 끝없는 욕망을 채우기 위해서 살다가 어디로, 왜 가는 줄도 모르는 채 회한만을 남겨야 하는 죽음을 맞이하는 것에 대해서 당연한 삶으로 여긴다는 것이다.

도를 깨우침은 사람들의 모든 삶이 허구이며 발전을 위해 분주한 인간의 모든 행위들이 죽음의 두려움에서 벗어나기 위한 안타까운 몸부림에 불과한 것임을 깨우치는 것이기도 하다.

천지만물은 '나라는 생각'에 의해 창조된 꿈과 다르지 않은 환상이기에 인간의 욕망충족을 위한 발전행위는 모래성을 짓는 일과도 같이 허망한 짓이다. 궁극에 이른 인물들은 '나 아닌 나'가 참 자아이며 진리이기에 진리의 길을 전하는 것이다. 인간이 평화로울 수 있는 위없는[無上] 길[道]이기 때문이다.

나라고 아는 육체와 현상계 모두가 나의 의식에 의해서 창조된 것이니, 내가 세상을 창조한 것이니 존경할 사람이 없는 것이며 공경할 곳이 없는 것이다. 그러니 천상천하 유아독존이며 신이라고 불리는 것이다.

✓ 소리와 형상으로는 여래를 볼 수 없다.

우이독경牛耳讀經이라는 말이 있다. 소의 귀에 불경 읽기라는 말이며 아무리 말을 해도 알아듣지 못하는 사람들을 두고 하는 말이다. 고타마의 불이일원론에 대한 역설이 한자로 전해졌지만 불립문자不立文字라는 표현도 있으며 언어도단言語道斷이라는 말도 있다고 하였다.

진리는 본래 있는 것이 아님(아무것도 없는 것)을 아는 것이다. 무아無我라는 말은 '나'가 없음으로 해석하지만 사람은 자아의 부재에 대해서 이해할 수 없으며 상상도 할 수 없는 노릇이다. 깊은 잠을 자는 동안의 상태나 또는 죽은 자의 생각으로 표현될 수 있지만 자신의 부재 상태에 대해서는 상상할 수 없다.

고타마나 예수는 자신의 말들에 대해서 옮기지 말라고 하였다. 소리와 형상으로 여래를 볼 수 없다는 말에서 '소리'라는 말의 뜻은 나의 말에 대해서 옮기지도 말 것이며 나의 말에 대한 집착으로써는 진리를 깨우칠 수 없다는 뜻으로 한 말이다. 깨달음은 '나라는 생각'을 초월한 상태이며, 언어 이전의 소식이기에 지식으로는 해석될 수 없다. 지적 이해가 불가능하다는 뜻이며 오직 지인이 현존할 당시에만 비유를 들어 설명할 수 있을 뿐이기에 소리와 형상에 집착하지 말라는 것이다.

지금 한글로 쓰여지지만 이 글 또한 이해한다면 오해하는 것이다. 이런 글들이 외래어로 번역될 수 있겠는가?

한글로 사례를 들어가면서까지 자세히 설명하지만 이해할 수 없는데, 이해할 수 없는 내용을 다시 외국어로 표현한다면 그 본질은 찾아볼 수 없을 것이다. 불경이나 성경, 그리고 소크라테스 등의 말들이 이와 다르지 않다는 것이다. 그러하니 어떤 글귀에도 집착하지 말며, 어떠한 우상도 숭배하지 말라고 한 것이다.

소리와 형상으로 여래를 볼 수 없다는 말에서 형상이라는 말은 불이일원론의 역설이 종교화됨을 방지하기 위한 말이다. 우상숭배를 목적으로 하는 종교를 통해서는 진리를 깨칠 수 없기 때문에 나의 말도 전달하지 말고 나를 우상으로 숭배해서도 아니 되며 오직 진리에 의존하라고 한 것이다.

진리를 깨우친 인물들 모두는 '우상을 숭배하지 말라'고 당부하였다. 어리석은 종교지도자들에 의해서 자신들이 믿는 신만이 진리라는 싸움질보다는 정화수 한 그릇 놓고 천지신명께 치성을 드림이 차라리 인간적이지 않은가?

진리를 찾고자 했던 사람들이 고타마의 깨달음과 달마대사나 혜능선사, 그리고 노자와 장자, 예수 등의 깨달음은 그 차원이 다를 것이라고 판단함을 당연시함으로써 수행방법까지도 고타마의 관법만이 옳은 길(정도)이라는 아상에서 벗어날 수 없으니 종교에 의해서 그들의 가르침이 가려진 것이 아닌가 싶다.

우상숭배에 길들여진 사람들에 의해서 고타마의 역설이 왜곡되어 경전이 되면서 고타마 붓다를 모독하고 있다는 사실에 대해서도 감지할 수 없으니 이보다 더한 어리석음이 어디 있겠는가? 비근한 예로 삼매를 경험했다는 수행자들이 자등명自燈明 또는 법등명法燈明이라는 말의 뜻을 오해하여 삼매를 경험했다고 하며 삼매는 빛을 보는 것임에 대해서 당연시한다는 것이다.

고타마 붓다와 예수의 가르침은 현 시대의 구도자들에게는 가장 큰 걸림돌이 되고 있다. 그들의 말이 우상숭배를 위한 목적으로 쓰여지면서 왜곡되어 구도의 길이 막혔기 때문이다.

고타마의 수행방법이 왜곡된 관법, 소위 '위빠사나' 수행을 하는 사람들이 무아無我라는 말을 그릇되게 이해하여 '나는 없다'라는 책을 출판하기도 하는 실정이다. 또한 일부 승려들이 '나는 깨달았다'며 책을 펴내고 자신의 깨달음이 옳다며 서로가 시시비비를 가리는 해프닝이 벌어지고 있는 실정이니 도를 깨닫기 위한 길이 끊어진 지 오래인 듯하다.

자등명이나 법등명이라는 말은 진리의 깨달음에 따른 통찰의 지혜가 밝음에 대한 표현이다. 그런데 참선을 하면 빛을 볼 것이라는 생각에 의한 착시현상에 대해서 삼매라고 알고 있으니 어찌하겠는가.

진리의 깨우침은 분별없음의 이치를 아는 참다운 앎으로 표현될 수 있으며 불이일원론의 줄임말이 불이법문不二法門이며 불이법不二法이다. 고타마의 가르침이 우상화 놀음에 의해 왜곡되면서 수많은 종교와 종파들이 난립되었으니 현 시대에는 세상 어디에서도 진리의 본질을 찾아볼 수 없기에 이를 바로 알리고자 하는 것이니 이웃에게 알려야 한다. 인류의 자유와 평화를 위한 무상無上의 길이기 때문이다.

예수 또한 고타마 붓다와 같이 우상을 숭배하지 말 것을 당부하였으며 불이일원론인 진리의 가르침이 왜곡될 것을 우려하여 '언술이 뛰어나서 사람들을 현혹하게 하는 자들'에 대해서 '적그리스도'라고 규정했던 것이다.

✓ 나를 믿지 말고 진리에 의존하라.

싯다르타가 열반涅槃에 들기 전에 제자들에게 당부했던 유언으로 전해지는 말이다. 나를 믿지 말고 진리에 의존하라는 말은 참으로 이해할 수 없는 말이다. 나를 믿지 말라는 말은 '소리와 형상으로는 여래(진리의 깨달음, 참 자아)를 볼 수 없다'는 말과 다르지 않은 말이다.

진리, 깨달음은 언어 이전의 소식을 언어로 표현한 것이기에 경험에 바탕을 둔 사고방식으로써는 해석될 수 없는 말이다. '진리에 의존하라'는 말의 본질을 알아들을 수 있다는 것은 도를 깨우쳤다는 말과 다르지 않은 말이기에, 아마도 붓다 고타마의 제자 중에는 진리를 깨우친 인물이 있었으며 그가 고타마의 말을 설명해 줄 수 있을 것이기에 오직 진리에 의존하라고 하였을 것이다. 에고의 습성에 따라서 우상숭배사상으로 변질될 수밖에 없음을 간파하였기 때문에 강조한 말 중 하나이다.

수행 편에서 설명되겠지만 오직 일념一念명상이 올바른 길이다.

:: 고타마 붓다의 불이일원론의 요지

종교의 경전들은 모두가 문자가 없던 시대부터 구전으로 전해져 오던 말들에 바탕을 둔 전설과 신화로 전해진 것이다. 불경 역시 석가모니 입적 500년 후에 500인의 작품으로 알려져 있다. 물론 초기에 쓰인 글들은 우상숭배가 아닌 진리의 길을 전하기 위한 목적이었기에 진리의 본질이 남아있으며 우상숭배의 목적으로 변질되는 과정에 쓰여진 불경에도 본질은 있으나 우상숭배사상에 가려져 있다.

불경이 가장 간략하게 표현되었다는 '반야심경'에는 에고의 생각으로는 해석될 수 없는 글들이며 그 내용이 '깨달음'의 상태를 표현한 것이다. 반야심경은 무아상無我想에 대한 설명이며 마지막 구절이 "아제아제 바라아제 바라아제 모지 사바하"라는 구절로서 주문형식으로 끝을 맺으며, 주문은 한 구절의 집중을 위한 화두임을 암시하고 있다. 반야심경의 몇 구절의 해석을 통해서 본질에 대한 이해에 접근할 수 있을 것이기에 설명해 보려 한다.

반야심경의 '반야'는 깨달음이며 '심경'은 깊은 뜻이라는 말로서 깨달음의 깊은 뜻에 대한 표현이다. 불경의 구절들은 한자로 들여오면서 더 어렵게 해석될 뿐, 그 뜻을 헤아릴 수 없기에 혼란스러운 것이다. 무상심심미묘법이라는 말 역시 최상, 최고를 넘어서 위없는 법이라는 뜻의 무상無上이라는 표현과 같이 신비스러움으로 표현되고 있다. 신비스러울 수밖에 없겠지만 모든 경전들의 표현이 그러하다.

무상심심미묘법이라는 말은 '노자의 도'의 설명과 같이 '언어로 표상될 수 있는 도는 참다운 도가 아니다'라는 뜻으로서 언어의 상대성, 즉 상대적인 언어로는 표현될 수 없음을 뜻하는 말이다. '아무것도 없는 것'이라는 말은 주체가 없기에 대상이 없음의 무無의 표현이다. 상대적이지 않은 진리의 말이 상대적인 언어로 표현될 수밖에 없기에 해석할 수 없다는 뜻이다.

성경의 어딘가에는 "너희가 마시는 포도주는 나의 피요, 너희가 먹는 떡은 나의 살이다"라는 말이 있다. 이런 유사한 말들과 "모든 것들은 내가 없이는 세상에 나올 수 없다"라는 표현들 또한 이와 다르지 않은 표현들이다.

앞서 설명한 바와 같이 '참 나'의 깨달음에서는 '오직 나'만이 실재이며, 그것에 대해서 '아트만, 브라흐만, 불성, 도' 등의 말로 표현된 것이다. 그것이 '모든 것의 기원'이라는 도道의 설명과 같이 '참 나'는 우주와 하나이며, 우주 자체이며, 우주를 창조한 절대자라는 말과 같이, 같은 뜻의 다른 표현들임에 대해서 납득할 수 있을 것이다.

우주의식의 관점에서 본다면 우주가 나이기에 너희가 먹는 것들이

'나'를 먹는 것과 다르지 않다는 뜻으로서 '너희가 먹는 떡이 나의 살'이라는 표현도 당연한 것이다.

예수의 가르침은 한글로 번역되는 과정에서 유일신임을 강조한 것이며 석가모니의 말은 한자로 들여오는 과정에서 그나마 깨달음의 본질이 살아있다. 반야심경의 몇 구절을 통해서 본질을 이해할 수 있을 것이며 생각의 미묘한 이치와 속성을 통해서 납득할 수 있을 것이다.

반야심경은 지혜의 눈으로 보니 '오온이 공이다'라는 말로 시작되며 무無 안이비설신의, 무無 색성향미촉법이라는 말로서 무아無我를 표현하고 있다. 무無 안이비설신의는 눈과 귀, 코와 혀, 그리고 신체의 촉감이 없는 것이라는 뜻이며, 무無 색성향미촉법이라는 말은 감각기관의 대상이 없다는 뜻으로서 눈으로 보이는 것과 귀를 통해 듣는 소리, 코를 통한 냄새, 그리고 혀를 통한 미각, 피부를 통한 촉감이 '없다'는 말로서 인체의 감각기관과 감각기관을 통한 대상이 본래 있는 것이 아니라는 뜻이다.

본래 없다는 말의 의미는 관념에서 비롯된 생각의 작용임을 뜻하는 말이며 생각이 없으면 감각기관은 그 기능을 할 수 없다는 뜻이다.

감각기관은 생각의 해석 작용이 없다면 기능할 수 없는 것이기에 생각의 미묘한 작용임에 대해서 설명한 것이다.

반야심경의 중간에서는 '사리자'야, 공즉시색, 색즉시공, 공불이색, 색불이공 등의 말로서 없는 것이 있는 것이며, 있는 것이 없는 것이다. 그리고 있는 것은 없는 것과 다르지 않으며 없는 것은 있는 것과 다르지 않으며 본래 있는 것은 아무것도 없는 것이다라는 말로서 한 생각의 차이임을 설명한 것이다. 또한 마지막 부분에서는 무안계 내지 무의식계, 무노사 등으로 표현함으로써 눈으로 보이는 세계도 있는 것이 아니며 의식으로 느끼는 세계도 있는 것이 아니며, 늙음도 죽음도 있는 것이 아니라고 말한다.

'오온이 공'이라는 말은 육체와 마음이 있는 것이 아니라는 말이며 더 세분화된 말들이 감각기관이 없다는 말이다. 그리고 눈으로 보이는 세상 및 의식의 세계도 없다는 말, 늙음도 죽음도 없다는 말이 반야심경의 모든 말이며, 있다는 모든 것들은 경험된 기억, 즉 생각의 작용에 의해서 있는 것임을 표현하는 말이다. 여기서 늙음도 죽음도 없다는 말과 '예수'의 '사람이 거듭남이 성령'이라는 말은 같은 뜻의 다른 표현이며 그들의 모든 말들은 생각의 미묘한 이치에 대한 설명이다.

반야심경 몇 구절만의 설명을 통해서도 생각의 미묘한 이치에 대한 이해는 가능할 것이며, 이 글을 보면서 항상 염두에 두어야 할 것은 과학에 의해서 밝혀진 바와 같이 '천지만물이 아무것도 없는 것'이라는 사실이다. 반야심경의 핵심은 무아無我이며 무아는 '나 없는 나, 나 아닌 나' 즉 어린아이의 '나'라는 인식이 없는(나라는 생각이 없는) 상태인 순수의식 상태에 대한 설명이다.

감각기관의 두 가지 기능에 대한 설명을 통해서 생각의 미묘한 이치에 대해서 더 가까이 접근할 수 있다. 반야심경의 무無 안이비설신의 중에서 맛을 분별하는 혀와 냄새를 분별하는 코의 기능인 후각에 대한 설명으로써 반야심경의 요점에 대해서 이해할 수 있다.

사람은 누구나 음식의 맛에 대한 느낌에 대해서 혀의 기능으로 알고 있음을 당연시하며 코, 즉 후각을 통해서 냄새를 분별하는 것으로 알고 있으나 그것이 생각의 작용에 의해서 아는 것이라고는 상상할 수 없다. 하지만 아래의 설명을 통해서 이해할 수 있을 것이다.

커피 한잔을 마시면서 맛과 향을 느낀다.

내가 아는 것이다.

사람은 누구나 육체가 나라는 동일시를 당연시하기에 육체=마음=생각=지식에 대해서 '나'라고 안다. 그것들을 나라고 알면서 자신의 마음을 모르기에 생로병사의 고통을 겪는 것이다.

혀가 맛을 아는가?

코가 향을 아는가?

귀가 있어서 듣는가?

감각기관의 느낌과 생각의 작용에 대해서 알아보자.

순간적으로 맛과 향을 느끼며 분별(판단)하기 때문에 감각기관의 작용으로 아는 앎은 당연하다. 그런데 맛과 향에 대한 느낌을 알고 표현하기까지는 찰나지간에 일어나는 현상이지만 느낌 이전에 '생각'의 작용에 대해서는 감지할 수 없다.

감각기관에 의한 모든 느낌은 과거의 느낌(기억된 생각, 마음)과 현재의 느낌(지금 생각)과의 비교에 따른 분별이라는 것이다. 다시 말하면 느낌이라는 것은 경험에 바탕을 둔 기억세포와 순간생각세포와의 유기적인 교류에 의해서 알게 되는 비교분석의 결과라는 것이다.

맛이 있다는 느낌은 맛이 있다는 생각이라는 뜻이다. 참고로 눈을 가리고 코를 막은 상태에서는 맛이나 향을 감지할 수 없다. 맛과 향에 대한 느낌은 순간적이다. 그 순간, 찰나지간에 자신도 느낄 수 없는 '생각'이 얼마나 많은 활동을 했었는지에 대해서 연구해 보자.

냄새에 대한 느낌을 감지하여 표현하기 위해서 순간생각세포가 얼마나 많은 활동을 하였는지에 대해서는 상상할 수 없겠지만 '생각'(순간생각세포의 행위)은 살아오는 동안 경험되었던 기억세포(기억, 냄새에 대한 지식 창고)를 다 뒤진 결과물과 지금 이 순간에 느끼는 맛과 향을 비교 분석한 결과가 순간, 순간의 느낌이라는 것이다. 만약에 과거에 커피를 마셨던 기억이 없거나 커피라는 말에 대해서도 듣지 못한 사람이라면 커피의 맛에 대해서 좋다거나 나쁘다는 분별이 있을 수 없다는 뜻이다.

어떤 유명한 의사가 커피를 모르는 사람에게, 그것이 세상에서 가장 훌륭한 위장약이라고 설명했다고 하자. 그리고 환자가 유명한 의사를 신뢰했다면 무슨 일이 벌어지겠는가? 환자에게는 그것이 가장 훌륭한 위장약이 된다는 것이다.

세간에 알려진 건강식품이나 소위 정력제라는 것들이 모두 이와 다르지 않은 이치이다. 오줌을 마셔서 병이 호전되는 사람들의 경우가 그러하며, 죽염이나 구운 소금 등 수많은 건강보조식품이라는 것들의 경우 또한 생각의 미묘한 작용에서 비롯된 착각의 산물이라는 것이다.

있지만 있는 것이 아니며 없지만 없는 것이 아니라는 말, 좋지만 좋은 것이 아니며 좋지 않지만 좋지 않은 것도 아니라는 말이다. 그것이 어떤 낱말이거나 본래 있는 것이 아닌 것에 대해서 있다고 아는 그릇된 앎에 의해서 있는 것이기 때문에 '한 생각의 차이'라고 설명한 것이다.

인간은 기억세포의 작용에 대해서 마음이라고 알며 마음은 기억세포에 저장된 경험 또는 간접경험 등의 경험에 바탕을 둔 기억이다. 기억은 지난 일에 대한 생각이다. 그리고 기억에 바탕을 두고 분별하는 생각에 의해서 고통을 겪는 것이다.

맛과 향의 느낌을 알기 위해서 순간생각세포(생각)는 찰나지간이지만 기억된 생각세포의 영역을 모두 순환한 것이며 경험 또는 간접경험을 바탕으로 하여 저장된 기억세포 중에서 경험되었던 어떤 것보다는 맛과 향이 더 좋다거나 나쁘다거나 또는 유사하다 등의 비교를 통한 분석결과에 따라 맛과 향에 대하여 판단하고 결정한 것이다.

맛과 향의 느낌을 내가 알지만 그것을 알게 한 것, 즉 나의 주체는 자신도 모르는 사이에 행위했던 '생각'에 의해서 아는 것이며 생각이 먼저 일어나 있지 않았다면 나는 존재하는 것이 아니라는 말이 반야심경의 핵심이다. 감각기관과 그것의 대상, 그리고 나를 비롯한 천지만물의 근원이나, 즉 '나라는 생각'에 의해서 존재(창조됨)하는 것이라는 뜻이다.

육체가 나라고 아는 나의 주인공, 나의 마음을 내가 모르는 나의 주인공이 나도 모르는 사이에 찰나지간으로 반복 순환되는 '나라는 생각'에서 비롯된 환상물질임에 대한 설명이 반야심경이며 도를 깨우친 인물들의 가르침이다.

나의 몸, 나의 마음, 나의 생각, '나'가 주인공(주체=생각=신)이며 나머지는 조연(객체=손님?)이라는 뜻이다. 여러 가지의 정신집중 방법을 통해서 이런 생각의 흐름(마음이 생각에 불과한 것이라는 사실)을 조금 알아차림에 대해서 견성見成이라는 말로 표현될 만큼 생각의 미묘한 이치를 알아차림이 결코 쉬운 일은 아니다.

물론 견성의 본래 의미는 이곳에 등장하는 인물들과 같이 완전한 깨달음, 즉 생각의 이치를 꿰뚫어 앎에 의해서 형상과 이름과의 동일시에 대한 통찰로써 정신이 해방된 자아自我를 뜻하는 말이다.

존재계의 모든 것들은 나(나라는 생각)가 없이는 나올 수 없다. 경험에 바탕을 둔 사고방식으로서의 삶은 어느 시대에도 평화로울 수 없었으며 오직 진리의 길에 들어섬에서부터 과거에 경험할 수 없었던 평화로움과 기쁨, 분별없음의 자유를 누릴 수 있다.

경험자가 없는 경험인 '나 없는 나', '나 아닌 나'가 인간의 본래성품이며 인간은 오직 그 길, 진리의 길에서만 자유와 평화를 누릴 수 있는 것이다.

행복과 자유, 평화라는 말 또한 본래 있는 것이 아니기에 말로 만들어진 소리일 뿐이다. 그렇기에 세상 어느 누구도 그런 말들에 대해서 정의할 수 없으며 행복한 사람도 있을 수 없는 것이다. 오직 도를 구함에서 자유라는 말이 없는 진정한 자유를 누릴 수 있을 뿐이다.

석가모니의 도를 깨우침에 따른 역설에 대해서 세상 사람들은 '공사상'으로 분류하고 있으며 일부에서는 석가모니의 사상에 대한 연구를 하고 있으나 도道의 본질에 대해서는 이해할 수 없으며 해석될 수 없다. 불립문자임을 아는 자들이, 언어도단이라는 말을 아는 자들이 그것을 연구하는 것이니, 그야말로 무한한 어리석음이 아니겠는가?

불이일원론의 역설은 '나 없는 나'의 표현이기에 경험에 바탕을 둔 사고방식으로써는 해석될 수 없다. 생각과 언어를 넘어서 있음으로 표현할 수밖에 없으며 공사상의 공의 뜻은 과학에 의해 밝혀진 바와 같이 '나'와 천지만물을 비롯한 모든 것들이 무無(아무것도 없는 것)임에 대한 표현이다.

고타마는 깨달음을 위해서 목숨을 걸 만한 각오가 되어 있었기에 자신의 어떠한 행위에 대해서도 고통이라는 생각이 없었다. 사람들은 고타마의 수행을 고행으로 보았기에 고타마는 고행을 하지 말라고 했던 것이다. 자신에게는 고통이라는 생각이 있을 수 없다는 뜻이다.

수행 초기 고타마는 바라문교의 교리에 따라서 고행을 했던 것으로 기록되어 있다. 자신이 확신을 가지고 가는 진리를 향한 고행의 길이 자아를 초월한 무상의 경지에 이르기 위한 길임을 분명히 알았기에 죽음을 각오할 수 있었던 것이며 공부가 깊어지는 과정에서는 목숨보다 진리의 말, 한마디가 더 절실함에 대해서 경험하게 된다.

세상에 중요한 일이란 없다. 다만 살아가는 과정일 뿐이며 세상사 모두가 그러하듯이 지나고 나면 한낱 꿈에 불과한 것이다. 자유의지가 있는 것이 아니듯이 일어날 일은 일어나는 것이며 일어나지 않을 일은 결코 일어나지 않는 것이다.

아무리 중요한 사건들이라고 할지라도 지나고 나면 싱겁게 웃어버릴 일들이다. 아이가 자라나서 어른이 되어 분주하게 살아가다가 어느 순간에 죽음이 다가와 있음과도 다를 바 없지 않겠는가.

사람들은 그들의 말에 대해서 숙명론이라거나 공사상이라거나 무위자연 사상 등으로 분별하고 싶어 한다. 수차례 강조하는 말이지만 '이것이다, 저것이다, 다른 것이다'라는 분별된 언어로써는 정의될 수 없는 것이기 때문에 언어도단이라는 말이 생겨난 것이다.

'이것이다, 저것이다, 또는 다른 것이다'라는 모든 분별심이 사라져야만 비로소 이치를 깨우쳤다고 할 수 있다. 그리고 그것을 깨우치기 위한 삶이 인생의 올바른 길이기에 진리의 길이며 유일무이한 길이기에 무상의 길이며 사람으로 태어나서 해야 할 일이 있다면 오직 도를 구하는 일이다.

그대가 태어난 목적이 그것이다. 오직 그 길만이 자아의 완성을 위한 길이며 인생의 해답을 찾는 일이기 때문이다. 자신의 나를 모르면서 무엇을 안다고 할 수 있겠는가?

사람의 태어남은 순수의식이며 학습에 따라 자아를 인식하면서 '육체가 나다'라는 최초의 앎이 분별의 시작이다. 나를 인식함에 따라서 내가 존재하기에 대상이 있음을 인식하게 됨에 대해서 연기법이라 하였으나 이를 바로 이해할 수 없는 사람들에 의해서 '사람이 죽은 후에 다시 태어난다'라는 윤회설輪廻說로 그릇되게 전파되어 생겨난 것이 불교라는 종교다.

도를 깨우친 인물들 모두는 종교 등의 집단을 통해서는 결코 진리를 깨우칠 수 없음을 알기에, 나의 말은 언어로 표현되지만 해석될 수 없기에, 나의 말을 전달하지도 말며 어느 우상도 섬기지 말라고 했던 것이며 오직 진리에 의존하라고 했던 것이다. 진리의 길은 '백천만겁 난조우'라는 표현과도 같이 바른 길을 찾기도 어려우며 도를 깨우침도 어려운 일이라는 뜻이다.

도를 깨우친 인물들이 그러하듯이 싯다르타는 모든 사람들에게 그 길을 알리고자 하였기에 평생 동안 그 일을 멈추지 않았다.

인류의 자유와 평화, 오직 진리의 길에서 만날 수 있다.

나의 말을 들으라. 듣고 옳거든 그 길을 가라.

진리, 그것이 너희를 자유하게 할 것이니.

소크라테스의 가르침

소크라테스[Socrates, BC469~BC399]

고대 그리스의 철학자. 그때까지의 그리스 철학자들은 우주의 원리를 묻곤 했다. 소크라테스에서 비로소 자신과 자기 근거에 대한 물음이 철학의 주제가 되었다. 이런 의미에서 소크라테스는 내면(영혼의 차원) 철학의 시조라 할 수 있다.

— 네이버 백과사전

사람들은 의아하게 생각할 것이다.

석가모니를 숭배하는 광신자들은 오직 석가모니만이 천상천하 유아독존일 수 있을 뿐, 인간은 감히 석가모니와 비교할 수 없음에 대해서 당연시할 것이며, 예수를 믿는 맹신자들은 오직 하나님의 아들인 예수만이 유일신이라는 세뇌에서 벗어날 수 없을지도 모른다. 하지만 인간의 마음, 그것은 실재하지 않는 것에 바탕을 두고 있기 때문에 뿌리 없는 나무와 같아서 항상 변할 수 있으며, 특히 자신에게 이익이 될 때에는 언제나 급변할 수 있는 황당한 것이다. 여기서 중요한 것은 일심, 양심 등으로 표현되는 마음에 대한 올바른 앎이다.

사람들은 생각의 이치에 대해서는 무지할 수밖에 없기 때문에 마음과 생각과는 다른 것이라고 알며 마음은 가슴 어딘가에 있다고 생각하는 것 같다. 그렇다면 인간은 자신의 마음에 대해서 알지만 분명히 아는 것이 아니니 마음에 대해서도 무지한 것이다.

석가모니의 제자라는 상을 내는 사람들 또한 말은 무성하지만 마음이 무엇인지에 대해서조차 설명할 수 없으며, 우주를 안다는 과학 역시 마음이 무엇인지, 꿈은 왜 꾸는 것인지에 대해서조차 분명히 알지 못하는 것 같다.

경험에 바탕을 둔 사고방식으로 살아갈 수밖에 없는 사람들의 한계이다. 마음이 무엇인지, 마음이 어디에 있는지, 도대체 마음이 어떻게 만들어진 것인지에 대해서 연구조차 할 수 없으니 마음에 대해서 알지만 아는 것이 아니기에 무지이며 밝지 않음에 대해서 무명無明이라고 한 것이다. 한 치 앞도 알 수 없는 삶을 살아가기 때문에….

지식수준이 높아져 달나라, 별나라를 여행하지만 그것이 인간에게 행복이나 자유를 주는 것은 아니다. 무엇을 위한 우주여행이란 말인가?

무한한 어리석음이라는 말은 인간의 끝없는 욕망을 두고 한 말이다. 욕망은 결코 만족으로 해결될 수 없다는 사실을 알면서도 욕망을 버리지 못하기 때문이다. 인간은 자신들의 고통의 원인이 부질없는 욕망이라는 사실에 대해서 모르지는 않을 것으로 본다. 역사를 돌이켜 보더라도 욕망을 채워서 만족하여 평화로웠다는 사람은 단 한 사람도 없었기 때문이다. 그런 의미에서 예수는, 인간은 길 잃은 어린 양이며 자신은 목자라고 했던 것이다.

누구를 탓할 수도 없다. 경험에 바탕을 둔 사고방식으로 사는 사람들의 숙명이라고 할 수밖에 없는 노릇이다. 숙명이라는 말이 무슨 뜻인지 정의할 수 있다면 말이다.

기원전부터 길 잃은 양들에게 그 길, 진리의 길을 인도했던 성인, 성자들이 있었다. 그들은 인류에게 그 길을 알리기 위해서 태어났으며 그 길을 알리기 위한 목적으로 나타난 것이다. 하지만 인류는 그들의 말에

귀 기울이지 않았다. 그러니 숙명이라고 해두자.

지금 인류의 성자, 성인으로 알려진 인물들과 다르지 않은 말을 하고 있다. 그들과 똑같은 말을 하고 있다. 인류의 자유와 평화를 위해서 했던 말들에 대해서 자세히 설명하고 있으며 그 길에 대해서 설명하고 있는 것이다.

인연 있는 이여! 나의 말을 들으라.
듣고 옳거든 그 길을 가라.
듣고 옳거든 그 길을 가라.
듣고 옳거든 그 길을 가라.
인류의 자유와 평화는 오직 그 길에서만 만날 수 있기 때문이다.

일심一心에 대해서 설명하던 중이며 마음이 무엇인지에 대해서 설명하는 중이다. 우선 마음이 무엇인지에 대해서 알아야만 일심에 대한 설명이 가능할 것이며 일심에 대해서 안 연후에 일념에 대해서 이해할 수 있다.

마음이 무엇인지, 어디에 있는지 알기 위해서는 자신의 마음을 찾아보아야 한다. 어떻게 찾아야 하겠는가? 자신에게 물어보면 된다. 자신에게 마음이 어디에 있는가?라고 물어보라. 어디에 있다고 하는가? 모르겠는가? 그럼 다시 물어보자. 쉬지 않고 열 번을 반복해서 물어보자.

1. 내 마음이 어디에 있는가.
2. 내 마음이 어디에 있는가.
3. 내 마음이 어디에 있는가.
4. 내 마음이 어디에 있는가.
5. 내 마음이 어디에 있는가.
6. 내 마음이 어디에 있는가.
7. 내 마음이 어디에 있는가.

8. 내 마음이 어디에 있는가.
9. 내 마음이 어디에 있는가.
10. 내 마음이 어디에 있는가.

'내 마음이 어디에 있는가'라고 묻는 동안에, 무슨 생각을 하고 있었는가? 곰곰이 생각해 보아야 한다. 무슨 생각을 하고 있었는가?

옳거니.

내 마음이 어디에 있는가라는 생각을 하고 있었다.

내 마음이 어디에 있는가라는 생각을 하고 있었다.

내 마음이 어디에 있는가라는 생각을 하고 있었다.

그렇다면 마음이라는 것이 없다는 결론이다.

그럼 마음이 가슴에 있는가라고 물어보자.

마음이 가슴에 있는가.

마음이 가슴에 있는가.

마음이 가슴에 있는가.

마음이 가슴에 있는가.

지금까지 무슨 생각을 하고 있었는가?

마음이 가슴에 있는가라는 생각을 하고 있었다.

마음이 가슴에 있는가라는 생각을 하고 있었다.

다시 한 번 해보자.

이번에는 '나는 지금 무슨 생각을 하고 있는가'라고 물어보자.

나는 지금 무슨 생각을 하고 있는가.

나는 지금 무슨 생각을 하고 있는가.

나는 지금 무슨 생각을 하고 있는가.

지금까지 무슨 생각을 하고 있었는가.

'나는 지금 무슨 생각을 하고 있었는가'라는 생각을 하고 있었다.

마지막으로 '생각이 무엇인가'라고 물어보자.

생각이 무엇인가.

생각이 무엇인가.

생각이 무엇인가.

무슨 생각을 하고 있었는가?

그래, '생각이 무엇인가'라는 생각을 하고 있었다.

어렴풋이나마 짐작이 되는가? 무슨 뜻인지 이해가 되는가? 아니면 웃음이 나오는가?

'생각이 무엇인가'라고 묻는 동안에는 '생각이 무엇인가'라는 생각을 하는 중이다. '마음이 어디에 있는가'라고 묻는 동안에는 '마음이 어디에 있는가'라고 생각하는 중이었다. '무슨 생각을 하고 있는가'라고 묻는 동안에는 '무슨 생각을 하고 있는가'라는 생각 중이었다.

생각은 이렇듯이 항상 '내가 생각한다'는 생각 이전에 이미 과거가 되어 버린다. 그렇기 때문에 내가 생각한다는 생각으로써는 생각의 흐름에 대해서 짐작조차 할 수 없는 것이며, 내가 생각한다는 생각으로는 스스로 일어난 생각을 추월할 수 없는 것이다. 이런 이유로 인해서 기억에 바탕을 둔 사고방식으로써는 마음의 실체를 발견할 수 없는 것이며 꿈의 원인에 대해서도 밝힐 수 없는 것이다.

자세한 생각의 속성과 이치에 대해서는 '마음의 형성 과정' 편에서 설명될 것이며 꿈에 대해서도 설명될 것이다.

마음은 생각에 불과한 것이며 위의 설명과 같이 스스로 일어나는 생각의 저장고가 마음이라는 것이다. 마음은 기억세포에 저장된 생각이며 내가 생각한다고 아는 모든 생각은 자동저장장치와 같이 기억세포에 저장되어 왔으며 저장되는 중이다.

이와 같이 기억세포에 저장된 생각에 바탕을 두고 여섯 가지 감각기관을 통해서 느낌(감정)을 표현하게 하는 물질이 순간생각세포이며 사람들은 순간생각세포의 작용에 대해서 '생각'이라고 아는 것이다. 그리고 기억세포와 순간생각세포의 상호 유기적인 작용에 의해서 나타나는 모든 감정이나 느낌에 대해서 마음이라고 이름 지은 것이다.

이와 같이 마음은 기억된 생각이며 사람들이 마음을 모르는 이유는 인체의 감각으로는 생각의 미묘한 작용에 대해서 감지할 수 없기 때문이다. 그런 연유로 볼 때 일심은 자신의 생각의 흐름에 대해서 짐작도 할 수 없기 때문에 불가능한 것이다. 일심에 대해서 일편단심이라는 말과 같은 뜻이라면 일심이라는 말이 옳지 않은 말은 아니다. 다만 도의 관점에서 보는 일심은 일념과 같은 뜻의 다른 표현이다.

생각의 저장창고가 마음이니 마음의 실체를 알기 위해서는 내 생각이라고 아는 생각이 얼마동안이나 한 생각(일념)만을 지속할 수 있는지 시험해 보자.

자신의 내가 무엇인지, 마음이 무엇인지 알 수 없으니 우선 '나는 누구인가'라는 질문을 스스로에게 던져보자는 것이다. 도에서 말하는 일념이라는 말의 의미는 '나는 누구인가'라는 한 구절의 화두만을 끊임없이 생각하는 것을 뜻하는 말이다.

나는—누구인가—나는—누구인가—나는—누구인가—나는—누구인가—나는—누구인가—나는—누구인가…. 속도는 '나는'에 1초, '누구'에 1초, '인가'에 1초 정도이며, '나는 누구인가'라는 한 구절에 3초 정도면 무난하다. 시계의 초침을 보면서 연습하는 방법이 가장 좋은 방법이다.

미국에 거주하는 고급 수행자에 의해서 개발된 것이다. 끊임없이 20번을 화두 한 생각에만 집중한다면 1분 정도가 소요될 것이며, '나는 누구인가'를 끊임없이 40번 반복한다면 2분 정도가 소요될 것이다. 단, 20회나 또는 40회를 반복하는 동안에는 다른 생각이 개입되지 않도록 최상의 집중상태를 유지하는 조건이다.

이런 행위에 대해서 소위 일념수행, 또는 화두수행이라고 하며 자신의 행위를 관찰하는 방법에 대해서 관법, 또는 '위빠사나'라는 말로 표현된다. 구도의 길 편에서 자세히 설명될 것이다.

처음 접하는 사람이라면 단 1분 동안도 화두일념을 지속할 수 없을 것이며 화두일념 상태로 30초를 넘길 수 있다면 집중력이 대단한 것이다. 중급 구도자라면 일념 상태를 30분 정도 유지할 수 있을 것이며 고급 수행자라면 한 시간에서 세 시간, 또는 네 시간까지도 일념을 유지할 수 있을 만큼 집중력이 향상된 것이다.

마음과 생각, 그리고 일념에 대해서 관념으로나마 이해하고 넘어가자는 뜻에서 요약하여 설명한 것이다. 뒤편의 자세한 설명에 대한 예고편쯤으로 여기면 될 것이다.

이제 본론, 소크라테스의 남겨진 말에 대해서 알아보자.

✓ 너 자신을 알라.

✓ 나는 아무것도 모른다는 것을 안다.

지식으로 해석하는 사람들은 소크라테스의 남겨진 말들에 대해서 올바르게 이해할 수 없기 때문에 그가 도를 깨달은 사람인지, 아닌지에 대해서 판단할 수 없다. 왜냐하면 에고는 아래의 설명과 같이 그것이 사람이든, 신이든, 동물이든, 그 어떤 것이든 자신의 대상에 대해서 자신의 관념으로 해석할 수밖에 없기 때문이다.

고양이와 쥐에 대한 설명과 같이 사람들이 숭배하는 우상에게 구걸하거나 소원을 들어달라고 기도하는 행위는 하나님이나 부처님, 또는 신까지도 자신들과 같이 이기주의자라는 생각에서 벗어날 수 없기 때문이다. 설령 신이 있다면 인간과 같이 편협하여 기도하는 자와 그렇지 않은 자를 분별하겠는가?

아니다.

아니다.

아니다.

천지만물 중에 오직 인간만이 그릇된 앎에 의해서 나와 너, 그리고 다른 것이라는 분별을 하는 것이며 그 분별에 의해서 고통을 겪는 것이라고 하였다. 그렇다면 지인은 어떻게 몇 마디의 말만으로 그들을 알아볼 수 있느냐고 묻고 싶을 것이다. 왜 그럴 수 있겠는가?

그들은 나라는 주체가 사라졌기 때문이다. 나라는 주체가 없으니 대상과 간격이 없기에 나의 관점이 아닌 대상의 관점에서 볼 수 있기 때문이다. 도의 관점에서 보니 분별이 없는 것이며 우주의 관점에서 보니 분별이 있을 수 있겠는가? 그리 보기에 그들의 말에 대해서 분명하게 설명할 수 있는 것이다. 주체의식이 사라진 도의 관점에서 보면 천지만물을 평등하게 볼 수 있기 때문이다.

"너 자신을 알라. 그러면 우주를 아는 것이다"라고 말한다.

그러자 모든 것을 안다는 자들이 소크라테스에게 되묻는다.

"너는 너 자신을 아는가?"라고.

소크라테스가 말하기를, "나는 내가 아무것도 모른다는 것을 안다"라고 한다.

이 말은 깨달음에 대해서 알 수 없는 사람들에게 하는 말이다. 그런 말들에 대해서 절대 이해할 수 없는 사람들에게 에고의 입장에서 깨달음을 설명하는 말이다.

내가 아무것도 모른다는 것을 안다는 말은 '육체가 내가 아닌 것에 대해서만 알 뿐', 더 이상 알아야 할 것이 없다는 말이다. 바꾸어 말하면 앎을 모를 줄 아는 앎이 참된 앎이라는 말이다.

이 말은 지식의 앎은 분별일 뿐, 참다운 앎이 아니기에 버려야 된다는 말과도 다르지 않은 말이다. 지식은 그것이 어떤 것이든 타인들로부터 주워 모은 것들이기 때문에 자신의 나에 대해서 분명히 아는 것은 아무 것도 없는 것이다.

'앎을 모를 줄 아는 앎이 지혜다'라는 말이다. 아마도 장자는 지식에 대해서 쓰고 버려야 하는 것이라고 하였으며 누군가는 지식에 대해서 버려져야 할 쓰레기라는 말도 했던 기록이 남겨진 것 같다. 쓰레기니 재활용하라는 것이다. 자아를 초월한 지혜로.

최고의 지식에 의해서 우주를 분석해 보니, 우주는 입자와 파동일 뿐, 근원이 아무것도 없는 것이라는 사실에 대해서 밝힐 수 있을 뿐이었다. 그런데 도를 깨달은 인물들은 기원전 수세기 전부터 우주를 비롯하여 언어로 존재하는 모든 것들은 실재하는 것이 아니라고 하였으니, 무슨 말이 더 필요하겠는가?

지식으로 만들어진 것들은 언어, 말, 말, 말들일 뿐이며 언어로써 존재하는 것들 모두는 실재하는 것이 아니니, 지성은 수천 년 동안 결국 쓸모없는 짓을 한 것이며 지성에 의해서 인류가 더 평화로워진 것도 아닌 것 같다. 무엇을 위한 발전인지, 무엇을 위한 지성인지…. 그것이 행복이나 자유를 위한 것은 아닌 듯하다.

석가모니의 말 또한 소크라테스의 말과 다르지 않은 말이다. 너 자신을 알라는 말이 곧 도를 깨달아서 너의 본성을 알라는 뜻이기 때문이다.

불성과 자성自省은 같은 뜻의 다른 표현이다. 자성의 뜻은 자신의 본성이라는 뜻이기도 하지만 불성과 같은 뜻이며 이는 본래성품 또는 순수의식과도 다르지 않은 말이다. 또한 너 자신을 알면 우주를 아는 것이라는 말에 대해서는 충분히 설명되었기에 생략하자.

✓ 악법도 법이다.

악법도 법이라는 말에 대해서는 참으로 논란이 많은 것 같다.

지성은 선과 악에 대해서 분명히 정의할 수 없다. 명백하게 정의할 수 있다면 법이 그토록 많아질 수 없을 것이다. 선과 악의 구분이 모호하다 보니 어느 종교의 경전이라는 책에는 태초에 인간이 '선악과'를 따서 먹었기 때문에 그것에 의해서 인간은 원죄를 지고 태어났다는 해괴한 이론을 펼치기도 하는 것 같다. 정말 선악과가 있다고 믿는 사람들도 있을 것이며 선악과라는 말의 뜻이 선과 악을 분별하는 지식을 뜻하는 말이라고 알고 있는 사람도 없지는 않을 것이다.

허긴 성선설이나 성악설이라는 말까지 있으니, 그런 말들에 세뇌된 것이니, 따져봐야 답이 없으니 덮어 두는 건지도 모르겠다.

석가모니를 모신다는 종교들과 석가모니의 말을 연구한다는 학자들까지도 선과 악에 대해서 정의할 수 없다 보니 6식, 7식, 8식 등 의식에 대해서 여러 가지로 분류하여 인식작용을 하는 것은 6식인 안, 이, 비, 설, 신, 의, 즉 인간의 눈과 귀, 그리고 코와 혀, 촉감의 작용이며 이것에 대해서 인간의 미묘한 찰나적인 심식작용이라고 안다는 것이다. 또한 제6의식 밑에 무의식의 제7말라나식이 있으며, 모든 인식은 잠재적인 제8아뢰야식에 내포하게 된다는 말이며, 제8식은 선악업을 간직한다는 뜻에서 무몰식無沒識 또는 함장식含藏識이라고도 한다는 것이다.

이 내용은 카페의 회원인 구도자의 글이며 이에 대한 답변은 이러하다.

앞서 설명된 바와 같이 인간은 스스로 말을 배우던 시절에 대해서 기억할 수 없듯이 자신의 근원에 대해서 상상할 수 없다. 석가모니가 우리말로 설명했더라면 그런 억측은 없었을 것이다. 석가모니의 말이 그대로 전해질 수 없는 이유는 이러하다.

지금 이 글을 보면서도, 한글로 사례를 들어가면서 설명하는데도 난해하기 짝이 없는 말들이기에 이해할 수 없을 것이다. 이해한다고 하더라도 그것은 이해하는 것이 아니다. 자신의 관념으로 '아, 그럴 것이다' 또는 '정말 그렇구나'라는 정도일 뿐, 읽은 뒤에 생각해 보면 기억에 남는 말은 거의 없다.

분명히 옳은 말이지만 낯설기 때문이다. 그럼에도 불구하고 이천오백여 년 전에 구전으로 전해진 말들이 중국을 거쳐 한국으로 전해진 것이며 또한 한자를 쓰는 사람들조차 해석할 수 없는 말들을 한글을 사용하는 사람들이 해석하려 하니 그야말로 어리석은 것이다. 지적 이해가 불가능하기에 불립문자라고 하였으며 언어로 단정 지을 수 없기에 언어도단이라고 하였음을 상기해야만 한다.

이 글 또한 모든 내용들이 그러하다. 일념명상을 통해서 가까이 다가갈 수 있다. 악법도 법이라는 말에 대해서 알아보기 전에 법이 왜 만들어진 것인지에 대해서 알아야 한다. 이를 설명하기 위해서는 석가모니의 말에 대해서 이해하는 편이 낫겠기에 설명하려는 것이다.

생각의 이치와 속성 편에서 자세히 설명되겠지만 인간의 감각기관의 작용에 대해서 느끼는 감정은 감각으로 인식할 수 없는 생각의 작용이 그 원인이라고 하였다.

심식작용이라는 말 또한 생각의 다른 표현이며 마음이라는 것도 생각에 불과한 것이다. 앞서 설명한 바와 같이 마음도 마음이라는 생각이며 작용도 작용이라는 생각이다. 모든 언어는 본래 있는 것이 아닌 것에 바탕을 두고 있기 때문에 실재가 아니라고 한 바와 같이 자신도 모르게 일어나는 생각에 의해서 대상이 있다고 아는 것이며 인간의 모든 앎은, 알면 아는 만큼 더 많은 의구심일 수밖에 없는 것이다. 그 원인은(기억할 수 없는 경험) 나 아닌 것에 대해서 나라고 알았던 앎이 올바른 앎이 아니기 때문이다.

나 아닌 것을 나로 아는 앎에서 시작된 것이다 보니 시작부터가 의심일 수밖에 없는 것이다. 시작이 의심이니 끝도 의심일 수밖에 없는 것이며, 인생에 해답이 없는 이유 또한 의심의 근원을 찾을 수 없기 때문이다. 이것에 대해서 기억할 수 없던 시절에 대한 경험의 오류라고 설명하였으며 앞으로 더 자세히 설명될 것이다.

찰나적인 심식작용이라는 말의 뜻은 찰나지간으로 꼬리에 꼬리를 물고 끊임없이 이어지는 생각의 작용이라는 말로 아는 앎이 올바른 앎이며 무의식이나 잠재의식, 아뢰야식, 무몰식, 함장식 따위의 선악업을 간직한다는 말들 또한 올바른 앎이 아니다.

선과 악이 본래 있는 것이 아니다. 어디에 가까운 것이 선이며 어디에 가까운 것이 악이란 말인가? 선과 악은 인간의 만족될 수 없는 욕망에 의해서 만들어진 관념의 산물이다. 사회적 동물로 세뇌되는 과정에서 말, 말, 말, 즉 언어에 세뇌된 관념이라는 뜻이다. 말을 배우기 이전의 아이에게 선과 악이 있을 것이라는 발상은 누구에겐가 들어서 알고 있는 기억에 의한 관념이 아니던가?

선과 악, 그리고 그것에 대해서 단죄하기 위한 법은 왜 만들어졌겠는가? 존재하는 모든 언어는 인간이 만든 것이며, 만족으로 해결될 수 없는 욕망을 억제하기 위한 수단으로 만들어진 것이 인간이 인간을 다스리기 위한 도덕이며 여러 가지로 분류된 법이라는 것이다. 더 나아가기 전에 앞서 연습했던 말들에 대해서 다시 연습해 보고 넘어가자.

선도 선이라는 생각이며, 악 또한 악이라는 생각이며, 의식 또한 의식이라는 생각이며, 무의식도 무의식이라는 생각이며, 잠재의식도 잠재의식이라는 생각이다. 이런 방법으로 상대적이기에 분명히 정의될 수 없는 말들을 대입시켜 본다면, 그 일을 여러 차례에 걸쳐서 반복하다 보면 조금씩이나마 스스로 깨우치게 된다.

이기주의利己主義라는 말이 있다. 사전에서 검색해 보니 아래와 같이 설명되어 있다.

이기주의(利己主義) **【명사】**

〈철학〉 자기 자신의 이익만을 꾀하고, 사회 일반의 이익은 염두에 두지 않으려는 태도. ↔ 이타주의.

이기주의의 반대말이 이타주의라는 설명이다. 어디에 가까운 행위가 이기주의이며 어디에 가까운 행위가 이타주의인지에 대해서는 설명될 수 없다.

사업을 하거나 장사를 해서 돈을 많이 버는 사람은 이기주의고 돈을 많이 벌지 못하는 사람들은 이타주의란 말인가? 아니다. 어떤 말로도 정의될 수 없다. 다만 한 가지 분명한 것은 인간은 모두 이기주의일 수밖에 없다는 것이다. 이기주의나 이타주의라는 말은 자신의 행위에 대해서 합리화하기 위한 수단에 의해서 만들어진 말, 말, 말에 불과한 것이기 때문에 상반되는 모든 낱말들과 같이 정의될 수 없는 것이다.

인간은 육체에 얽매인 정신에서 해방될 수 없는 한 이기주의에서 벗어날 수 없다. 내일 죽을지, 잠시 후에 죽을지에 대해서도 분명히 알 수 없지만, 한 치 앞도 알 수 없는 삶을 살아가지만, 끊임없이 만족할 수 없기 때문에 내일과 매래를 향해서 달려 나가는 이유 또한 교육에 의한 언어에 세뇌된 탓이다.

부지런히 달려 나가서 다다르는 곳이 죽음이라는 것을 모르는 것도 아니지만 미래와 희망이라는 거짓된 세뇌(교육에 의한 지식)에 의해서 현실에서 탈출하려는 것이다.

건강이 악화된 사람이 이타주의일 수 없듯이 인간은 육체에 얽매임에서 풀려나기 전까지는 이기주의일 수밖에 없는 것이기 때문에 선과 악 또한 개개인의 관념의 차이에 의해서 존재하는 것이다. 인간은 자신에게 이익이 되는 일에 대해서는 선이라고 단정하게 되며 자신에게 이익이 되지 않음에 대해서는 악이라고 규정해 버린다.

개인이거나 또는 같은 부류의 집단이 자신들만의 이익을 추구하기 위해서 법을 만들게 되는 것이며 자신들의 이익에 부합하지 않으면 법을 고치고 싶어 한다. 그렇기 때문에 만들어진 법은 이기주의와 이기주의, 이기주의 집단과 이기주의 집단 간에 합의된 것들이라는 것이다.

법은 그것이 악법이든 선법이든 간에 이기주의와 이기주의와의 합의에 의해서 만들어진 것이기 때문에 그것이 악법이든 선법이든 그것이 존재하는 한 지켜야 됨이 도리인 것이다. 이기주의와 이기주의가 서로의 이익을 위해서 합의하였음에도 불구하고 한 편의 이기주의에게 이익이 되지 않는다고 하여 법을 바꾼다면 법은 이미 법이 아니기 때문이다.

자신에게 이익이 되지 않으면 누구나 바꾸고 싶어 하지 않겠는가?

소크라테스는 도를 깨달아 만물을 평등하게 볼 수 있기에 '악법도 법'이라고 말했던 것이다.

인간은 어떠한 경우에서도 이기주의가 아닐 수 없다. 돈을 버는 일도, 남을 돕는 일조차도 자신에게 이익이 되기 위한 행위이기 때문이다. 여기서 이익이라는 말은 재물만을 뜻하는 것은 아니다. 경험된 기억에 바탕을 둔 기억, 즉 세뇌에 의한 관념(이상, 사상, 책임감, 의무감)에 의해서 마음이 편안해지거나 명성을 얻기 위함이기 때문이다.

질문 하나 하고 넘어가자.

의적이라는 말이 있다. 재물이 많은 사람들의 재물을 도둑질하여 가난한 사람들에게 나누어 주었던 사람들에 대해서 의적이라고 한다. 의적은 선인가 악인가? 해답은 무엇이겠는가?

'선도 아니며 악도 아니다'라고 안다면 올바른 앎이다. 왜 그렇겠는가? 이익이 되는 이기주의의 관점에서 보면 그것은 선행이지만 이익이 되지 않는 이기주의의 관점에서 보면 악이기 때문이다.

아인슈타인의 상대성이론과 같이 시간과 공간 또한 본래 있는 것이 아니지만 인간의 관념에서 비롯된 그릇된 앎이며 선악의 분별 또한 경험된 기억에 의존해서 일어나는 생각, 즉 관념의 산물이다. 이와 같이 상반되는 모든 말들은 인간의 지식에 의해서 분별하는 것일 뿐, 올바른 앎일 수 없다는 말이다.

인간, 즉 이기주의의 삶은 지식으로 아는 앎, 즉 경험된 기억에 바탕을 둔 관념에 의한 분별된 앎에 의해서 오직 자신만의 이익을 추구하게 되므로 토론이지만 논쟁이며, 경쟁의 결론은 투쟁이며, 그 결과는 전쟁으로 이어질 수밖에 없다는 것이다.

지성의 대단한 이기주의, 어리석음 중의 하나는 발전과 동시에 발전물질을 순식간에 파괴할 수 있는 폭발물까지도 발전시킨다는 것이다. 에고의 속성(나라는 생각)이며 한계이다.

교육열풍은 예나 지금이나 다름이 없는 듯하다.

교육이 무엇인가? 선의의 경쟁이라는 명분을 앞세워 사람과 사람이, 이기주의와 이기주의가 서로서로 싸우고 이겨서 승리해야만 성공이며 성공이 곧 행복이라는 거짓된 희망에 대해서 세뇌시키는 일이 아니던가? 어느 날 갑자기 손님처럼 다가오는 죽음 앞에서 승리한 자는 누구이며 패배한 자는 누구인가?

어느 누가 '죽음 앞에서 나는 기쁘다'라고 말할 수 있단 말인가? 죽음 앞에서 누구에게 무슨 말을 할 수 있겠는가? 너희도 나처럼 죽을 때까지 '다른 나'들과 투쟁하여 승리하라고 할 것인가?

악법도 법이다. 어느 한쪽이 이익이면 반대쪽은 이익일 수 없다. 그러니 법이 존재하는 한 지켜져야 되지 않겠는가. 이기주의와 이기주의의 합의에 의해서 만들어진 것이니만큼 그것은 태양이 대지를 비추듯이 공평해야만 한다. 아니, 법을 만들 당시에는 그것이 어떤 경우든 합의하에 만들어진 것이다.

세상이 변해가듯이 흐르던 구름에 의해서 자신에게 비추던 태양이 가려진다고 하여 태양을 나무랄 수는 없지 않겠는가.

✓ 검증되지 않은 삶은 살아갈 가치가 없다.

소크라테스는 말한다.

"너 자신을 알라. 너 자신을 알면 우주를 아는 것이기에 모든 것을 아는 것이지만, 너 자신을 모르면 아무것도 아는 것이 없는 것이다"라고. "그리고 너 자신을 모르는 삶은 살아갈 가치가 없는 것이다"라고 말한다.

이게 대체 무슨 망발인가? 어떤 사람이, 자기도 사람인데, 다른 사람들에게 살아갈 가치가 없다고 말하는 것이니, 조금 심한 것인가?

소크라테스가 사람들에게 했던 말들은 이토록 혹독한 질책들이다. 살아갈 가치가 없다는 너무나도 심한 독설인 듯하다. 그런데도 듣는 사람들의 반응은 무감각이니 어찌된 일일까?

1. 나에게 한 말은 아닐 것이다. 나는 나를 알기 때문에.
2. 무슨 말인지 알아들을 수 없다. 나와는 상관없는 일이다.
3. 그의 말이 너무도 분명하니 대꾸할 말이 없다.
4. 자신을 다 아는 사람은 없으니 할 말이 없다.

아마도 대다수의 사람들은 소크라테스의 말이 자신들에게 하는 말이 아니라고 여겼을 수도 있으며 또는 자신들에게 하는 말이라고 알더라도 대꾸할 말이 없었을 것이다. 아니면 말도 안 되는 소리라고 여기기에 무시한 것이거나 아니면 자신은 자신의 나에 대해서 안다고 생각하든지.

지금 이 글을 보고 있는 그대의 생각은 어떠한가?

사실상 인류의 스승으로 알려진 인물들 모두가 인류에게 했던 말이다. 그들의 말이 전해지는 과정에서, 또는 표현하는 방법이 다를 뿐 같은 뜻의 다른 표현들이다. 소크라테스의 말은 좀 더 직설적이지만 알고 보면 그들의 말은 모두 같은 뜻의 다른 표현이다.

예수는 인간을 길 잃은 양에 비유하였으며 자신은 목자라고 하였고, 석가모니는 중생이라고 하였으니 알고 보면 파격적인 말들이다. 길 잃은 양이라는 말은 부드러운 말이며 따듯하게 들리지만 만물의 영장인 인간을 동물과 다르지 않다고 여겼던 것이며, 중생이라는 말은 생명 있는 모든 것들이 동등하다는 말이며, 깨어나지 않으면 벌레나 동물이나 인간이나 모두 다를 바 없다는 말이니 소크라테스의 말과 다르지 않은 말인 것이다. 그가 조금 직설적일 뿐이다. 왜일까? 종교로 변질되지 않았기 때문이다.

사람들은 누군가가 자신에게 우아한 백조 같다는 말을 하면 즐거워하면서도 개 같다는 말은 심한 독설이다. 백조도 동물이며 개도 동물이며 쥐도 동물이며 호랑이도 동물이지만 어떤 것은 깨끗하고, 어떤 것은 더럽고, 어떤 것은 무섭고, 어떤 것은 징그럽고, 어떤 것은 사랑스럽다고 한다.

음식은 깨끗하고 똥은 더럽다고 한다. 오줌과 똥은 더럽다고 하면서도 약으로 쓰이기도 한다. 왜 그렇겠는가? 이러한 모든 분별의 원인이 무엇이란 말인가? 마음이 무엇이겠는가? 그래, 모두가 기억된 생각에서 비롯된 관념 때문이다.

세 살 버릇 여든 간다는 말과 같이 그런 관념, 고정관념에 의해서 고통을 겪는 것이다. 고정관념이라는 것은 사회적 동물로 세뇌되는 과정에서 타인들로부터 들어서 아는 낱말과 낱말의 뜻과의 동일시에 대한 고착화된 생각이다.

왜, 평온하게 휴식을 취할 수 없는가? 무엇이 불안하여 안절부절못하는가? 무엇이 두려운 것인가? 두려움의 실체는 무엇인가? 어떤 낱말이든 그것에는 실체가 없다. 그럼에도 불구하고 들었던 낱말들과 어떤 것과의 동일시에 의해서 고통을 겪는 것이다.

인간의 욕망, 그것은 어떤 것을 원인으로 하여 일어나는가?

인간의 두려움, 그것은 또 어떤 것을 원인으로 하여 일어나는가?

그 원인의 바탕에는 무엇이 있는가? 인간은 왜 끊임없이 무엇을 얻으려고 하는가?

왜, 생로병사의 고통에서 벗어날 수 없는 것인가? 왜, 검증되지 않은 삶은 살아갈 가치가 없다는 것인가? 도대체 무엇에 대해서 검증된 삶이라고 한 것인가?

이러한 의심들은 왜 끊임없이 일어나는가? 의심의 근원은 무엇인가?

이 글을 읽어 나가면서 그 실마리를 찾을 수 있다. 그리고 밝혀진 등불을 따라가다 보면 의심의 근원, 궁극에 이르러서 싱겁게 웃어버릴지도 모른다. 진정한 자유와 평화로 가는 길이다.

검증된 삶이라는 말에 대해서 요약하고 넘어가자. 그런데 검증된 삶이라는 말도 검증된 삶이라는 생각에 불과한 것이네. 허허허. 앞서 언급된 말인지 모르겠고.

만약에 그대가 죽지 않는다면, 영원히 산다면 해야 할 일이 무엇이 있겠는가? 무슨 일을 해야 하겠는가? 무슨 일을 할 것인가에 대해서 생각해 보면, 아마도 할 일이 없을 것이다. 그런데 지금은 왜 할 일이 그리도 많은 것이며, 왜 뭔가를 하지 않으면 초조해하고 불안해해야 하는 것인가?

인간의 모든 행위, 아니 자신의 모든 행위의 바탕에는 죽음에 대한 두려움이 깔려 있기 때문이다. 직시할 수 없지만, 인간의 모든 행위는 만족으로 해결될 수 없는 욕망을 채우기 위함이 목적이다. 그리고 그 목적은 두려움에 바탕을 두고 있으며 두려움의 원인은 자신의 죽음이다.

어느 누구도 내일을 모른다. 누구도 알 수 없는 내일을 모르는 것은 문제가 될 수 없다. 문제는 언제 죽을지 모르지만 언젠가는 죽어야 한다는 죽음이라는 것에 대한 두려움이다. 두려움, 그것에는 실체가 없다. 그리고 실체 없는 두려움에 의한 모든 행위의 결과는 사람과 사람 간의 논쟁, 투쟁, 전쟁일 수밖에 없다.

삶이 전쟁이며 삶의 결과가 죽음이다. 어차피 죽음이 목적지인데도 불구하고 사람과 사람이 서로가 서로를 죽이기 위해서 투쟁하는 삶이니 살아갈 가치가 없다는 것이다. 그러니 깨달아서, 너 자신을 알게 되면 나라는 주체가 없기에 싸워야 할 대상이 없는 것이다. 그러니 이웃을 네 몸과 같이 사랑하라고 하는 것이며 원수를 사랑하라고 하는 말과 같이 도를 깨우쳐서 사는 삶이 검증된 삶이라는 것이 소크라테스를 비롯한 지인들의 가르침의 핵심이다.

죽음이 없다면 왜, 무엇이 필요하겠는가?

인간은 누구도 자신의 죽음을 경험할 수 없다. 태어났음을 당연시하지만 태어남을 경험한 것은 아니다. 경험이지만 기억할 수 없는 경험이니 경험이 아니다. 그런데도 내가 태어났다는 앎에 대해서는 당연시하는 것이다. 죽음 또한 태어남과 다르지 않은 기억할 수 없는 경험이다. 누군가로부터 들어서 아는 것이다. 너는 그때 태어났다고.

그대가 아는 앎 모두가 이와 다르지 않다. 태어남이 그러하고 죽음이 그러하고, 두려움이 그러하다. 모두 누군가로부터 들어서 아는 그릇된 앎이 그 원인이다. 개체적 자아에게 죽음이란 없다. 태어남이 없듯이 죽음 또한 있는 것이 아니다. 그것을 경험할 수 없다는 말이다.

자연이 내가 자연이라고 말하는가?
돌덩이가 내가 부처라고 말하는가?
하늘이 내가 하늘이라고 말하는가?
죽은 자가 내가 죽은 자라고 말하는가?
아니다.
아니다.
아니다.

하나님이 내가 하나님이라고 말하는 것이 아니다.
세상이 내가 세상이라고 말하는 것이 아니다.
세상이 내가 변한다고 말하는 것이 아니다.
세월이 내가 세월이라고 말하는 것이 아니다.
세월이 내가 간다고 말하는 것이 아니다.
죽은 자가 내가 죽은 자라고 말하는 것이 아니다.

말을 하는 자는 사람이다.
죽었다고 말하는 자도 살아있는 자의 말이며,
죽을 것이라고 말하는 자도 살아있는 자의 말이다.
죽음이 가장 큰 고통이라고 말하는 자도 살아있는 자의 말이다.

두려움은 경험할 수 없는 경험에 대한 그릇된 앎이 원인이다.
거짓된 앎이기에 두려워하지 말라고 하는 것이다.
거짓된 앎이기에 담대하라고 하는 것이다.
거짓된 앎이기에 걱정하지 말라고 하는 것이다.
거짓된 앎이기에 근심하지 말라고 하는 것이다.

깨어나라.
그릇된 앎에서 깨어나라.
무지에서 깨어나라.
그것이 검증된 삶이니.

✓ 나는 어떠한 상황에서도 불행하다고 생각한 적이 없다.

소크라테스가 독배를 마시기 전에 제자들에게 했던 말이다.

사람들은 마음 편하게 살기를 원한다. 그런데 왜 마음이 편치 않은 것일까? 물론 마음이 편치 않은 근본 원인은 그릇된 앎에서 비롯된 욕망과 실체 없는 두려움 때문이다. 말, 말, 말에 세뇌된 탓이다.

세상 어느 누구도 욕망을 채워서 만족하고 평화로운 사람은 있을 수 없다. 욕망은 결코 만족으로 해결될 수 있는 것이 아니기 때문이다. 그런데도 욕망을 버릴 수 없는 이유는 육체가 나라는 그릇된 앎이 그 원인이며, 둘째는 마음 밖에서 무엇을 얻으려는 어리석음이다. 마음, 그것이 누구의 마음이란 말인가?

하루에도 수십 번씩 '내 마음'이라는 말을 한다. 그렇다. 내 마음이다. 내 마음인데 왜, 내 마음 밖에서 자유를 찾으려 하는 것인가?

내 마음이니 내 마음 안에서 찾아야 하는 것은 당연한 이치가 아니던가? 내 마음이 내 마음이라는 것을 알기는 아는데, 잘 모르겠다고 하는가? 내가 내 마음을 모른다면 다른 사람의 마음인들 어찌 알 수 있단 말인가? 내가 내 마음을 모르면서 내 마음에 드는 사람을 찾을 수 있겠는가?

어찌 생각하시는가? 자신의 마음을 자신이 모르면 그것이 누구의 마음이란 말인가? 그들은 어떻게 죽음 앞에서도 불행하다는 생각이 없겠는가?

어찌하여 독배를 마시면서도 '나는 기쁘다'라고 말할 수 있겠는가? 그들은 이미 죽음을 경험했기 때문이다. 죽음을 경험하고 보니 죽음이라는 것이 있는 것이 아니기 때문이다. 그래서 죽은 자의 말이라고 하는 것이다. 그래서 두려움에는 실체가 없다고 말하는 것이다. 그래서 그 길을 알리는 것이다.

죽은 자의 말이다 보니, 내가 산다고 착각하는 사람들은 그들의 말을 알아들을 수 없는 것이다. 그럼에도 불구하고 그들의 말에는 한 치의 오차도 있을 수 없다. 육체가 있다고 하더라고 그것만이 내가 아니기 때문이다.

한 생각의 차이라는 말로 설명될 수도 있다.

더럽다고 생각했던 오줌이지만 그것이 명약이라고 세뇌 당하게 되면 오줌을 마셔도 병이 낫는다. 물론 아닌 사람도 있으며 병이 호전된 사람도 있다. 이것이 한 생각의 차이이다. 육체가 나라는 착각에 의해서 고통을 겪는다는 말이다.

사람들은 전지전능한 무엇이 있다고 생각한다. 어떤 사람들은 전지전능한 것이 하나님이라고 생각한다. 어떤 사람들은 절대자가 있을 것이라고 생각한다. 어떤 사람들은 운명의 신이 있을 것이라고 생각한다. 물론 누구로부터인지 모르지만 들어서 아는 앎이다. 어떤 말도 스스로 경험에 의해서 아는 앎은 없다. 타인으로부터 들어서 아는 것이다.

그렇다면 진짜 전지전능한 것은 무엇일까? 하나님일까? 손오공일까? 절대자? 용왕? 옥황상제? 하늘나라에 사는 선녀? 아니면 염라대왕? 귀신, 영혼, 악마…. 또 뭐가 있지?

과연 무엇일까? 이제 이런 말들은 싱거운 말들이 되었을까? 아님 아직도 아리송할까?

진정으로 전지전능한 것은 인간의 생각이다. 언어, 말, 말, 말을 만든 것이 인간이기 때문이다. 인간이 말로 세상을 창조하고 그 말 속에서 자유, 구속, 행복, 불행, 삶, 죽음, 영혼, 하나님, 신까지도 창조한 것이다.

자아 그만두자.

일념공부를 하다 보면 슬금슬금 웃음이 터져 나오는 시기가 있다. 너무나도 황당하기에 박장대소를 하기도 한다. 너무나도 당연한 말들에 대해서 알아듣지 못하다가 일념이 깊어지게 되면서, 하나 하나씩 명색의 동일시에 대한 이치가 드러나기 때문이다.

참고로 일념이 깊어진다는 말의 뜻은, 생각이 일념을 유지하기 위한 화두 한 구절에만 집중되어 있는 동안의 시간이 길어짐을 뜻하는 말이다. 초심자는 채 1분 동안도 일념을 유지할 수 없지만 그 또한 노력하는 만큼 일념을 유지하는 시간이 길어지게 마련이다.

몇 시간 동안의 설명에도 불구하고 단 한 구절도 알아들을 수 없었던 사람들이 지금은 너무도 당연하게 받아들인다. 글을 봄에 있어서도 이와 다르지 않다.

어린아이가 말을 배우고 그 말을 제대로 할 때까지 걸리는 기간은 대략 십여 년이지만 평생 배우는 것과 다르지 않다. 사실은 죽을 때까지 배워도 다 배우지 못하는 것이 에고의 공부이다. 그런데 이 공부는 시작할 때에는 어리둥절하기만 하지만 일념을 깨치고 난 다음부터는 즐거움이 배가 되며, 가면 가는 만큼 이치가 밝아지기에 참으로 사는 즐거움을 맛보게 되는 것이며 그 결과 또한 무상의 진리가 아니겠는가?

불행이라는 것은 없다. 본래 있는 것이 아니기 때문이다.

나의 말을 들으라. 나의 말을 듣고 오직 그 길을 가라. 오직 나의 말만이 진실되기 때문이다.

진리가 너희를 자유하게 할 것이다.

✓ 신을 모셔라.

소크라테스는 사형 집행관과 대화를 하면서도 집행관을 친구처럼 대하였다고 전해진다.

제자들은 소크라테스에게, "아직 시간이 많이 남아 있습니다. 나머지의 시간을 즐기셔도 됩니다"라는 말을 하였으나 소크라테스는 집행관에게 사약을 마시고 난 이후의 행동에 대해서 물었다. 마지막으로 제자들에게 "신을 모셔라"라는 말을 하였다고 전해진다.

'신'이라는 말은 자아를 초월한 참 자아, 도道의 다른 표현이며 내가 생각한다는 생각 이전의 생각을 뜻하는 말이다.

'미지의 신'의 줄임말이 '미신'이며, 생각 이전의 생각, 그것에 대해서 신으로 표현한 것이다.

자아, 또는 참 자아라는 말이 분별이기에 옳은 표현일 수는 없다. 하지만 사람들에게 설명하기 위해서 참 자아라고 표현될 수밖에 없으며 순수의식이나 또는 깨달음, 도, 성령 등의 모든 낱말들도 이와 다르지 않은 말이며 이해를 돕기 위해 지어진 이름, 명칭들이다. 신 또한 이와 같은 뜻의 다른 표현이다.

자아를 벗어남, 자아를 초월함, 즉 육체의 얽매임에서 벗어남은, 나도 없으며 우주의 본질도 없음이기에 신, 절대자 등으로 표현될 수 있는 것이며 소크라테스는 마음의 뿌리에 자리하고 있는 '생각'에 대해서 '신'으로 표현한 것이다.

당시에도(현 시대에도 지적 이해는 불가능하지만) 생각의 이치와 속성에 대한 설명이 불가능한 것은 아니지만 그럴만한 상황은 아니었던 시대이다. 원시인에게 컴퓨터에 대해 설명하는 것과 다르지 않을 것이기 때문이다.

생각의 이치에 대한 설명에 현대인들의 이해 수준은 어느 정도일까? 아마도 조선시대 사람들에게 핸드폰에 대한 설명쯤 될까?

본서에서는(자신도 모르는 사이에 흐르기에 상상할 수 없는) '생각의 흐름'과 사람들이 흔히 알고 있는 '신'이 같은 뜻임에 대해서 여러 가지의 사례를 들어 설명하였다. 그렇다 하더라도 처음에는 말이 안 되는 소리로 들을 수밖에 없다. 알아들을 수 없다. 그러니 무명이요, 무지요, 깜깜한 어둠 속에서 사는 것이다. 깜깜한 어둠 속에서 사는 것이니, 길이 없는 길을 가는 것이다. 사람들은 도를 닦는 일에 대해서 길 없는 길이라는 표현을 하기도 한다.

그럴 수밖에 없었을 것이다. 알아들을 수 없다 보니 상상의 나래를 펴는 것이며 상상에 의해서 최상의 글귀들을 창조해 내다 보니 지식이 많으면 많은 만큼 왜곡될 수밖에 없다. 이제 올바른 길을 만났으니 그 길을 가면 되지 않겠는가?

산중에서는 길을 잃어도 해가 뜨고 지는 것을 볼 수 있기에 방향이나마 짐작할 수 있다. 그런데 알고 보면 인간의 삶, 우리네 삶은 산중에서 길을 잃은 것보다 더 심각하다. 아니 심각하다는 표현은 너무 미미하다. 말 한마디에 천 냥 빚을 갚기도 하며, 어긋난 말 한마디에 살인을 저지르기도 한다.

도대체 왜, 그런 일들이 일어나는가? 나는 왜, 불행하여 고통스러운 것인가? 왜 그렇겠는가? 그릇된 앎에 의해서 있지도 않은 것들을 찾으려고 하기 때문이다.

그것이 무엇인가? 무엇을 찾는가? 목숨 걸고 찾는 것이 무엇인가?

누구나 목숨 걸고 찾는 것이다. 찾는 것이 무엇인지도 모르는데, 죽을 때까지 찾기만 하다가 죽어가기 때문이다. 사람들의 삶이 그토록 답답하고 갑갑한 것이다. 언제 죽을지도 모르면서, 기약할 수 없는데, 있지도 않은 것을 찾아 헤매다 죽어야 하니 말이다.

그들은 그 길을 알려주는데, 이해한다는 사람들이 오해하여 종교 나부랭이들이 생겨난 것이다. 종교가 나쁘다고 말하는 것은 아니다. 모든 것이 그러하듯이 좋다고 생각하면 좋은 것이며 나쁘다고 생각하면 나쁜 것이다.

이해한다며 오해하는 사람들의 집단들 간에 갈등이 없다면 참으로 좋은 일일 것이다. 그런데 갈등이 없을 수 없으니, 종국에는 피를 흘리는 전쟁을 치를 수밖에 없는 상황으로 발전되지 않겠는가?

지금 이 글을 보고 있다면 그대는 이웃에게 그 길을 알려야 한다. 인류가 평화로울 수 있는 유일무이한 길이기 때문이다.

보이지도 않는 캄캄한 인생길이지만 해답이 없는 것은 아니다. 종교 및 유사 단체들은 진리를 깨달은 인물들의 신에 대한 말에 대해서 오해할 수밖에 없었음을 모르는 바 아니다.

자아는 이기주의적일 수밖에 없기에 모든 대상을 이기주의적인 관점으로 볼 수밖에 없음을 모르는 바 아니지만 그렇다고 하더라도, 신이 있다면 신이 인간과 같이 이기주의거나 편협하진 않을 것이다.

신은 무성無性이기에 부모나 자식이 없으며 태양과 같이 분별함이 없다는 말을 하는 이유 역시 '아무것도 없는 것'에 대한 표현이다. 다만 사람은 깊은 잠의 상태를 경험하지만 기억하거나 상상할 수 없듯이 '아무것도 없는 것'에 대해서 설명될 수 없기에 사실적으로 설명하기 위해서 '이것도 아니다, 또는 저것도 아니다'라는 방법으로 설명할 수밖에 없다. 그러니 언어 이전의 소식이라는 말도 창조된 것이다.

밝은 눈으로 보면 옳지 않은 말이 없지만 밝지 않은 눈으로 보기에 모두 의심일 뿐이며 헛것을 보는 것이다. 어리석은 자들은 신까지도 자신의 편일 것이라는 편견에서 벗어나지 못하기 때문에 오만한 것이며 끊임없이 내 편을 만들고 싶어 한다. 네 편이 아니면 내 편이 되어야 하니 분쟁은 끊이지 않는다. 그렇다고 하여 그들과 논쟁하라는 뜻은 아니다. 내가 옳다고 주장한다면 그 또한 옳은 일이 아니기 때문이다.

세간에는 정도를 주장하는 자들이 있다. 목숨 걸고 투쟁하는 기세다. 그들의 가르침은 옳은 것도 아니며 옳지 않은 것도 아니라는 말이며, 오직 그 이치를 깨우쳐서 평화로운 삶을 살아가라는 것이다. 또한 이치를 깨우치지 못한다면 그들의 말을 믿고 행하라는 것이다. 흔히 듣는 말로 이웃을 네 몸과 같이 사랑하고 원수를 사랑하라는 말이다. 자신만의 관점이 옳다는 주장에 의해서 고통을 겪는 것이니 대상의 관점에서 볼 수 있을 때에 비로소 행복에 가까운 삶을 살아갈 수 있는 것이기 때문이다.

'신을 모셔라'라는 말은 신에게 소원을 들어달라고 구걸하라는 뜻이 아니다. 자신의 마음을 알지 못함은 자신의 마음과 자신의 몸, 그리고 자신의 생각이 자신의 것이 아님을 일깨워서 자신에게 이루어지는 모든 일이 신의 뜻임을 알고 신을 생각함으로써 망념을 잠재움에 따른 기쁨으로 존재하라는 뜻이다.

신만을 생각한다면 그 또한 일념과 다르지 않은 것이며, 이 말이 곧 예수가 말하는 '하루 종일 기도하라'는 말의 뜻이다. '근심하지 마라, 걱정하지 마라'고 말하지만 사실상 근심이나 걱정을 하고 싶어서 하는 사람은 없다.

그런 생각 하지 마.

그런 걱정 하지 마.

그런 생각을 왜 하는데.

쓸데없는 생각을 왜 하느냐고.

이런 말들을 하는 걸 보면 모두 다 아는 것 같다.

정말 그렇다. 근심걱정을 하지 않으면 된다. 그런데 왜 근심걱정이 끊이지 않는지에 대해서는 모른다.

왜, 내 생각인데 내 마음대로 아니 되는 것인지 모른다는 것이다. 어떤 사람이 괴로워하다가 소주 몇 잔이 들어가자 눈물을 글썽인다. 그를 아는 사람들은 그에게 호인好人이라고 한다. 그리고 천성이 그렇다고 한다.

그 또한 사회적 동물로 세뇌되는 과정에서 그런 사람이 되어 있는 것이지만, 하여튼 그런 사람들, 마음이 여린 사람들은 스스로가 더 고통을 겪는다고 말할 수밖에 없지만 사실상 사람들이 겪는 고통의 크기는 누구나 다르지 않은 것이다. 오직 자신의 관점에서 볼 수밖에 없기 때문에 그리 보이는 것이며, 남에게 보여주기 위한 삶을 살아갈 수밖에 없다 보니 자신도 모르는 가면을 쓰고 있는 것이다. 그런 의미에서 깨달음이 본래本來면목面目을 보는 것이라는 말로도 표현되는 것이다.

지금 그 원인을 찾아가는 길이다.

사람들은 그런다. 언제 죽을지도 모르는데 요점만 빨리 알려 주면 안 되냐고.

어떤 사람이 서울역에서 당신에게 "서울이 어디냐"고 묻는다면 당신은 어떻게 대답하겠는가? 그렇다고 웃어버리면 되겠는가? 친절한 사람이라면, 묻는 사람의 의도를 안다면, 지도를 펴놓고 가야 할 길을 알려줄 것이다. 오직 기억(경험)에 바탕을 둔 지식으로써는 알아들을 수 없는 말들이기에 지금 지도를 펼치는 중이다. 지금 인류의 앎이 서울역에서 서울을 찾고 있는 것과 다르지 않은 앎이기 때문이다.

괴로워 눈물짓는 사람에게 "그런 생각을 왜 하십니까?"라고 한다면 그는 뭐라고 하겠는가? 그렇다. "어떻게 생각을 안 할 수 있습니까?"라고 한다.

사람들은 생각이 내 생각이라고 알면서도 어떻게 생각을 안 할 수 있는지에 대해서는 알지 못한다. 아니, 알지 못하는 것이 아니라, 어차피 내 생각이라고 당연시하다 보니 그 원인에 대해서 찾아보려는 노력 자체가 무의미해져 버린 것이다.

지금 쓰여지는 글들의 요점이 바로 그것이다.

왜, 내 생각이며, 내 마음이며, 내 몸인데 그 어느 것도 내 의지대로 될 수 없는 것인지, 그것에 대해서 분명히 깨우친 내용에 대해서 설명하는 것이다. 또한 그것의 이치를 밝게 깨우친 인물들이 인류의 스승이며 성인 성자이다.

내친김에 삼매에 대해서 알고 넘어가자. 삼매에 대한 사전의 설명은 이러하다.

> **삼매(三昧)** **【명사】** 〔산 samādhi〕
> 〈불교〉 잡념을 떠나서 오직 하나의 대상에만 정신을 집중하는 경지. 이 경지에서 바른 지혜를 얻고 대상을 올바르게 파악하게 된다.

산스크리트어에서 유래된 말이며 불교용어란다. 한 가지에만 마음을 집중시키는 일심불란의 경지라는 말인데, 그 사례로 독서삼매와 같은 뜻으로 풀이하고 있다.

이런 말들이 모두 불교용어로 설명되는 것을 보면 그나마 불교에 의해서 유사하게나마 전해져 오는 것 같다. 그러니 쓸모없는 것도 아니며 그렇다고 하여 쓸모 있는 것도 아닌 것이다.

이 말에 대한 오해도 풀어보자.

카페에 글을 올리다 보니 종종 그런 질문을 하는 사람들이 있었기 때문이다. 도대체 글의 요점이 뭐냐는 것이다. 사실은 누구나 마찬가지이다. 읽다 보면 옳지 않은 말은 아닌데, 분명한 말이기는 한데도 불구하고 이해할 수 없기 때문에 하는 말이다.

사람들은 본인이 한글을 알기에 무슨 말이든지 이해할 수 있다는 확신을 갖는다. 외국어를 번역한 것이면 그나마 좀 더 생각해 볼 여지가 남아 있지만 자신이 한글을 쓰면서도 한글이다 보니 우습게 여기는 것이다. 그것이 아상이며 생각의 속성이다.

한글이기 때문에 요점만 설명하면 무슨 말이든지 다 알아들을 수 있다고 확신하기 때문이다. 그러다 보니 수천 명이 글을 보기는 하지만 올바로 볼 수 있는 사람들 또한 극소수에 불과할 뿐, 구도자는 그리 많지 않은 듯하다. 그러니 '백천만겁 난조우'라는 말이 창조된 것이려니 할밖에.

쓸모없는 것도 없으며 쓸모 있는 것도 없다. 쓸모없는 것과 쓸모 있는 것의 차이는 없다. 좋은 것이 있기에 나쁜 것을 아는 것이며 나쁜 것이 있기에 좋은 것이라는 분별이 생겨난 것이다. 선이라는 분별에 의해서 악이라는 분별이 생겨난 것이며, 낮이라는 분별에 의해서 밤이라는 분별이 생겨난 것이다. 이에 대해서 이것이 있기에 저것이 있다는 뜻의 '연기법'이라는 말이 창조된 것이다. 언어의 상대성에 대해서는 충분히 설명되었으나 그것이 또한 깨달음의 요지이기에 계속될 것이다.

모든 종교나 그와 유사한 집단들이 쓸모가 없지만 쓸모가 없는 것도 아니라는 말에 대해서 혼란스러울 수 있다. 이 말은 그것이 어떤 것이든 좋은 것도 없으며 나쁜 것도 없다는 뜻이다. 이는 또한 좋게 생각하면 좋은 것이며 나쁘게 생각하면 나쁘다는 뜻이라는 말과도 다르지 않은 말이니 또 혼란스러울 수 있다.

같은 말이지만 종교에 대해서 알고 넘어가자. 사전에 불교용어로 설명되니 불교의 예를 들자.

불교가 좋은 점이 있다면 불교에 의해서 그런 말들이 전해질 수 있었기 때문이며, 불교에 나쁜 점이 있다면 그 말들이 우상숭배로 변질되어 그 본질을 찾을 수 없기 때문이다. 이는 예수를 믿는 종교 또한 다르지 않다. 성경에도 본질은 남아 있지만 우상숭배사상에 의해서 보이지 않기 때문이다. 물론 예수의 불이일원론에서 충분히 납득할 수 있다. 예수의 본질은 초등학교 6학년 수준이면 이해가 가능할 만큼 쉬운 글이다. 성경이 한글로 번역되었기 때문이다.

모든 종교나 신흥종교, 유사집단들에 장점이 있다면 그나마 그 안에서 나름대로의 기쁨을 찾을 수 있기 때문이며, 단점이 있다면 서로가 옳다는 그릇된 앎에 의해서 종국에는 피할 수 없는 전쟁 상황으로 전개될 수밖에 없기 때문이다. 그러하니 무엇이 옳고 무엇이 그르다고 할 수 있겠는가?

일념과 기도, 그리고 명상, 참선 등의 한 생각을 유지하기 위한 모든 말들은 같은 뜻의 다른 표현이다. '신을 모셔라'라는 말로 전해지는 소크라테스의 말 역시 일념을 뜻하는 말이지만 에고의 생각으로 해석되다 보니 '신을 모셔라'라는 말로 왜곡되어 전해진 것이다.

여기서 한 가지 더 알고 넘어가야 할 것은 철학자로 알려진 '테카르트'의 '신'에 대한 언급이다. 데카르트는 생각의 이치, 즉 마음의 뿌리에 가장 가까이 다다랐기에 '생각'에 의해서 내가 존재함을 아는 것이라는 말을 할 수 있었던 것이며 의심의 근원이라는 말에 대해서도 언급할 수 있었던 것이다.

앞에서의 일념(한 생각)에 대한 설명과 같이 내 생각이지만 내가 할 수 있는 생각이 있을 수 없음에 대해서 연습한 바 있다.

내가 생각할 수 있는 생각이 아주 없다는 뜻은 아니다. 자유의지가 아주 없다는 뜻이 아니라는 것이다. 호흡을 조절할 수 있는 것과 같이 생각을 조절할 수 있다는 말이며 열정에 의해서 일념 상태를 유지할 수 있다는 말이다. 이해를 돕기 위해서 시계초침에 맞추어 일념의 공부를 시작했던 수행자의 공부과정에 대해서 알고 넘어가자.

철이 들 무렵부터 진리를 갈구했던 어느 수행자의 이야기이다.

사는 동안 내내 진리를 갈구하였으며 천주교를 통해서 하나님을 믿었다고 한다. 어린 시절 할머니로부터 들었던 말을 기억하면서 하늘나라를 꿈꾸기도 하였으며 그 길을 가고자 하는 열망만이 남았던 것 같다.

할머니가 그랬단다. 나는 하늘나라에서 꽃밭에 물을 주다가 실수해서 여기서 사는 것이며 죽으면 하늘나라로 갈 것이라고. 나이 오십이 넘었지만 그 말을 생생하게 기억하고 있단다.

부러워할 만한 사람도 없었을 만큼 좋은 환경에서 살아왔지만 그런 상황에서도 내 마음대로 되는 일은 없었기에 진리라는 것에 대한 열망은 식을 수 없었다고 한다. 그러다가 우연히 '마음수련원'이라는 곳을 알게 되면서 '아아, 이제야 올바른 길을 찾았구나'라는 생각에 몇 년간 세월 가는 줄 모르고 따라다니다 보니 이 길 또한 옳은 길이 아님을 알아차리면서 다시 찾아야만 했단다.

그녀의 취미는 음악이며 직업은 아티스트(미술가)다(이 책에 들어가는 삽화는 그의 그림이다).

몇 년 동안 공부를 하다가 그 길이 옳지 않은 길임을 깨닫고 난 뒤, 그 길을 찾기 위하여 인터넷에서 '명상'이라는 말을 검색하다가 우연히 '생사자유자재'라는 카페를 알게 되었다고 한다. 물론 초기에 '마음수련원'을 통해서 평화를 경험하기도 했다고 한다.

세상에 그 어떤 것들도 절대 나쁜 것도 없으며 절대 좋은 것도 있는 것이 아니라는 말의 뜻에 대해서는 항상 염두에 두어야만 한다. 진리가 있다면 그것이 진리이기 때문이다.

(카페의 이름이 현재는 '불이일원론'으로 바뀌었다.) 카페의 글을 보면서 일념의 뜻이 무엇인지, 화두의 뜻이 무엇인지 몰랐기에 한동안 헤매다가 '백운' 이라는 이름의 구도자로부터 설명을 들은 뒤부터 일념을 공부하기 위해서 열정을 바쳤으나 쉽지 않더라는 것이다. 그러다가 찾은 방법이 시계 초침에 맞추어 화두를 드는 방법이다.

일념을 통해서 명색의 이치에 밝아졌으며 말 변사의 뜻에 대해서 분명히 이해하는 정도이기에 고급 수행자이며 지금도 그 길을 가고 있다. 그만큼 깊어지면 더 이상 고통이라는 생각에 끌려다니는 일은 없다.

참고로 이런 글들에 대한 지적 이해로써는 말재간이 느는 것일 뿐, 괴로움은 더 가중되는 것이다. 식자우환이라는 말의 뜻이기도 하며 조금이나마 이해가 될 수 있다면 오직 일념공부를 통해서 아는 앎이 참다운 앎이며 평온한 마음을 유지할 수 있는 것이다.

명상, 일심, 독송, 기도 등의 모든 말은 일념과 같은 뜻의 다른 표현이다. 일념의 뜻을 이해할 수 없는 에고의 생각에 의해서 수많은 집단들이 생겨나고 있는 것이다. 그것이 어떤 집단이건, 스승이건 일념의 뜻에 대해서 분명히 아는 사람이 있다면 그들과 함께하면 될 것이다.

삼매에 대한 사전의 설명은 '일심분란'의 경지이다. 분란이라는 말의 뜻은 '어수선하고 떠들썩함'으로 설명되는 바와 같이 오직 일심만의 경지에 대해서 '삼매'라는 낱말로 표현되는데 옳은 표현이다. 하지만 사전에는 이에 대해서 '독서삼매'로 예를 들고 있으니 옳지만 옳은 말이 아니다. 어차피 지적 이해가 불가능한 것들에 대한 설명이기에 사전의 설명들에 의존할 수 없다는 말이다.

구도자들을 위해서 한 가지만 더 설명하고 넘어가자.

실은 사람들이 일상에서 경험할 수도 있는 일이지만 이 말에 집착해서는 아니 된다. 말, 글에 집착하여 착각하는 사람들이 대부분일 수밖에 없기 때문이다.

술에 취하거나 또는 어떤 한 가지 생각에 심취하다 보면, 또는 오직 하나님만을 생각하든지, 끊임없이 불경 몇 구절을 독송하든지…. 그럴 때 귀에서 이상한 소리를 듣게 되는 경우가 있다. 그 소리는 소리지만 목청으로 표현할 수 없기에 답답하여 병원에 갈 수밖에 없지만 그때가 지나면 사라지기도 한다. 그런 소리의 정체를 알 수 없기 때문에 소위 '이명 현상'이라고 한다. 일념이 깊어지고 깊어지다 보면 사람에 따라서는 몇 개월씩 그런 소리를 듣게 되는데, 그 원인이 무엇인지에 대해 설명하려는 것이다.

일심분란이라는 말에서 분란이라는 말의 뜻이 시끄럽다는 말로 설명되기에, 사람들은 자신의 생각이 얼마나 시끄러운지에 대해서 알 수가 없으며 그 원인에 대해서도 찾아볼 도리가 없다. 만약 주위에 그런 사람이 있다면 일념을 통해서 깨끗이 치유될 수 있다.

구도자는 일념이 깊어지는 과정에 누구나 그런 경험을 할 수밖에 없다. 그런데 그런 소리에 대해서 천상의 소리 또는 천이통이 열리는 과정이라고 아는 사람들도 적지 않다는 것이다. 종교를 통해서 수행하는 사람들의 그릇된 앎이 그러하다. 여기서 오신통에 대한 설명까지 할 수는 없으니 시끄러운 소리의 정체나 알고 넘어가자.

아 참, '타심통他心通'이라는 말에 대해서 간단히 알고 넘어가자. 아마도 타심통은 다른 사람의 마음을 읽는다는 뜻일 것이다.

허허, 참으로 우스꽝스러운 말이다. 자신의 마음도 알아볼 도리가 없는 사람들이 혹시 다른 사람, 특별한 사람은 다른 사람들의 마음을 읽을 수도 있을 것이라는 상상에서 벗어날 수 없기 때문에 만들어진 말이다.

자신의 마음도 모르는 사람이 어찌 다른 사람의 마음을 알 수 있겠는가? 그러다 보니 '도를 통한 사람들은 그럴 것이다'라는 의구심이 일어날 밖에. 사실이다. 도, 그것, 참으로 내가, 내가 아님을 아는 인물들은 사람들의 마음을 모두 안다. 왜 모르겠는가?

인간의 모든 욕망과 집착이 마음이기 때문이다. 마음은 비워도 마음이며 채워도 마음이다. 작은 욕망도 욕망이며, 큰 욕망도 욕망이기 때문이다. 마음이 없는 인간이 있을 수 없으니 마음이 보이는 것이다. 너무나도 분명하게, 밝게.

사람들은 생각이 그렇게도 시끄러운 것인지에 대해서 상상할 수 없지만, 그리고 지식이 많을수록 더 시끄러울 수밖에 없지만, 일념이 깊어져서 지식, 알음알이에 의한 망상이 사라지게 될 무렵에 당연히 찾아오는 것이 소위 질병으로 분류되는 이명 현상이다. 일념이 깊어져서 이명 현상을 경험하는 정도면 중급 이상으로 판단해도 된다. 하지만 이명 현상을 상상해서는 절대로 아니 된다. 그런 말, 소리에 집착하게 되면 마음이 그런 현상을 창조하기 때문이며, 수많은 수행자들이 겪는 정신질환의 원인이 말, 말, 말에 대한 집착에서 벗어나지 못한 결과이다.

우상숭배 하지 말라는 말, 그리고 소리와 형상으로 여래를 볼 수 없다는 말의 올바른 뜻이다. 소크라테스의 '신을 모셔라'라는 말의 뜻에 대해서 충분히 설명되었을 것이니 마무리하자.

만약에 그대가 정녕 이해할 수 없다면 신의 뜻으로 알고 살면 그만이다. 왜냐하면 숨 쉬는 일에 대해서 내 마음대로 할 수 없듯이 인간에게는 육체가 나라고 아는 한 자유의지라는 것이 있을 수 없다. 생각의 이치와 속성에 대해서 이해할 수 없다면, 생각의 미묘함에 대해서 짐작할 수 없다면, 그것은 '신'의 뜻으로 설명될 수밖에 없지 않겠는가.

세상에 마음대로 될 수 있는 일은 아무것도 없다. 돌이켜 보라. 그대가 원하든지 원하지 않든지 일어날 일은 일어나는 것이며 일어나지 않을 일은 결코 일어나지 않는다는 것이다. 그러하니 신의 뜻으로 알라는 말이다.

본서를 통하여 생각의 미묘한 이치에 대해서 납득할 수 있다면, 그리고 일념을 공부한다면 인류의 모든 문제는 해결될 수 있으며 고통은 사라질 것이다. 그렇기에 진리의 길이며 무상의 길이기에 도道라고 이름 지어진 것이다.

두드려라, 그러면 열릴 것이며 구하라, 그러면 구해질 것이니, 네 시작은 미약하나 네 나중은 창대할 것이니, 승리하는 자가 되어라.

이런 말들이 일념에 대한 설명인 줄 알면 참다운 앎이다.

예수 그리스도의 가르침

예수 그리스도[Jesus Christ, BC4?~AD30]

그리스도교의 창시자인 예수를 하느님의 메시아로 인정한다는 의미를 담고 있으며 그 자체가 예수를 지칭하는 말로도 쓰인다.

예수라는 이름은 헤브라이어로 '하느님(야훼)은 구원해 주신다'라는 뜻이며, 그리스도는 '기름 부음을 받은 자', 즉 '구세주'를 의미한다. '예수 그리스도는 어떤 사람인가?'라는 물음은, 예수 탄생 이래 오늘날까지 끊임없이 제기되고 있는 물음이다. 그리스도 교도에게는 그리스도는 '살아계신 하느님의 아들'이다.

— 네이버 백과사전

그리스도의 뜻이 크리스마스christ-mas에서 유래된 것으로 알았는데, 예수에 대한 개요를 다시 보니 고대 그리스어에서 유래되었다는 설명이다. 하여튼 위대하다는 뜻과 함께 '기름 부음을 받은 사람'이라는 뜻이라 하니 언어에 대한 관념의 차이에 대해서 실감할 수 있다.

비근한 예로 우리말을 하는 사람들에게는 "너, 죽을래! 죽을 줄 알아! 죽여 버릴 거야!"라는 말들이 대부분 농담이지만 이런 관념에 젖어있던 사람이 미국에 가 살면서 서툰 영어실력으로 "너 죽여 버릴 거야!"라는 말을 했다가 곤욕을 치렀다는 말도 있다. 이와 같이 인간의 관념은 시대와 상황, 조건에 따라 달라질 수밖에 없는 것이다.

사람과 사람, 집단과 집단과의 갈등 또한 이러한 관념, 고정관념에서 비롯되는 것이며 사소한 관념의 차이에서 비롯된 갈등의 해소 방법을 부드러운 말로는 '토론'이라고 하지만 토론의 다른 이름이 '논쟁'이며 논쟁의 결과는 '투쟁'이며 투쟁의 결과가 '전쟁'이다.

인간의 모든 고통과 괴로움은 이러한 관념에서 비롯된다. 그리고 관념, 고정관념 등의 모든 앎에 대한 다른 이름이 마음이며 마음과 욕망은 같은 뜻의 다른 표현일 뿐, 그것에는 실체가 없다. 세상은 실재가 아니며 오직 인간만의 관념에 의한 관념의 산물이라고 하였다. 지금 설명되는 예수 또한 '육체가 나'라는 고정관념에서 깨어난 인물이다.

우상숭배사상에 바탕을 둔 모든 경전들이 그러하듯이 그들의 가르침이 왜곡될 수밖에 없으나 예수의 말(하나님 말씀)로 전해지는 성경의 몇 구절에 대한 설명을 통해서 예수의 본질과 자아의 본질이 다르지 않음에 대해서 납득할 수 있다.

성경은 히브리어에서 영문으로, 그리고 한글로 번역되는 과정에서 왜곡될 수밖에 없다. 그럼에도 불구하고 본질은 남아있을 수밖에 없다. 참으로 신비스러운 일이다. 말은 같은 말인데 에고의 관념으로 보는 뜻과 도의 관점으로 보는 뜻은 그야말로 하늘과 땅의 차이만큼이나 크다는 것이다.

여기서 한 가지 분명히 짚고 넘어가야 할 것이 있다.

어떤 사람들은 이런 생각을 한다.

"당신이 쓴 글을 읽다 보니 '고통의 원인이 분별이니' 분별하지 말라는 말인 것 같은데, 당신은 끊임없이 '올바른 앎이다, 또는 올바른 앎이 아니다'라는 분별을 하는 것 같습니다. 이것에 대해서 어떻게 이해해야 하는 것입니까?"

"나도요, 저도요. 맞아, 정말 그렇구나"라고 동조하는 사람도 있을 것이며, 반신반의하는 사람도 있을 것이고, 그냥 미소 짓는 사람도 있을 것이며, 벌써 책을 덮어버린 사람도 있을 것이다. 그런데 그동안 일념공부를 해오던 사람이면, "아아! 이토록 분명하고 자세한 설명이라면 이 글을 보는 사람 누구나 무릎을 치며 즐거워하겠구나"라고 생각할 것이다.

지금 그대는 어떤 사람인가?

…….

어떤 차이일까?

에고의 관점과 도의 관점의 차이이다. 나라는 의식의 관점과 우주의식의 관점과의 차이이다. '내가, 나라는 관점'과 '내가, 내가 아니라는 관점'의 차이이다. 내가 나를 안다는 관점과 내가 나에 대해서 아는 것이 없다는 관점의 차이이다. 다시 말한다면, 자아의 관점과 도의 관점의 차이는 욕망과 무욕의 차이이다.

세상의 모든 앎, 지식에 의해서 쓰여진 책들은 그것이 경전이든지, 인생론이든지, 그것이 어떤 것이든지 그것들의 바탕은 욕망일 수밖에 없기 때문에 오직 욕망을 채우기 위한 방법에 목적을 두고 있으며, 그들의 말은 욕망이라는 것이 결코 만족으로 해결될 수 없기 때문에 무욕이 지혜라는 가르침과 함께 그 이치를 깨우칠 수 있는 방법에 목적을 두고 있다는 것이다.

예수의 글에 대한 예수를 믿지 않는 사람들의 반응은 냉소적이다. 그들 또한 세뇌된 탓이지만 일부 맹신자들에 의해서 예수를 믿는 자들 간에도 갈등이 깊어지고 있으며, 특히 타 종교와는 이보다 더 심각한 것 같다.

카페에 올린 글들에 대한 반응이 그러하다. 성경 몇 구절의 설명을 통해서 예수의 가르침의 본질에 대해 이해하는 사람들까지도 올리는 글들의 제목에 '예수'라는 글귀가 있으면 조회 수가 다른 글들에 비해서 많지 않을 정도니 하는 말이다.

성경에도 예수의 어머니와 아버지에 대한 언급이 있는데도 불구하고 그들은 예수에 대해서 '하나님의 아들'이라고 생각해 버리는 것 같다. 관념, 고정관념과 다르지 않은 것이며 그 또한 말, 말, 말에 세뇌된 탓이다.

수차례 반복되는 말들이지만 깨달음의 상태, 그것은 언어의 속성상 상대적일 수밖에 없는 언어(상반된 언어)로는 표현될 수 없다. 하지만 엄연히 내가 있고 세상이 있는데 그것이 없는 것이라고 할 수도 없질 않겠는가. 그러다 보니 예수는 네 안에 모든 것이 있다고 한 것이지만 그런 말들이 왜곡되면서 '네 안에 하나님'이라는 말이 창조된 것이다. 알고 보면 그 말 또한 옳지 않은 말은 아니다.

노자와 장자는 그것에 대해서 도道라고 했으니 종교화를 방지하였음에도 불구하고 도교가 생겨난 것과 같이 죽음이라는 말에 세뇌된 앎에 의한 두려움에서 비롯된 나약한 마음으로써는 무엇이든지 의지 처를 찾을 수밖에 없으니 어찌할 수 없는 일이다.

참고로 죽음, 두려움이라는 말까지도 세뇌된 말, 말, 말과 어떤 현상에 대한 동일시에서 비롯된 관념이 그 원인이다. 태어남도 죽음도 경험할 수 없는 것이라고 하였으니.

종교인이 아니더라도 낯설지 않은 성경의 몇 구절만으로도 예수 또한 도를 깨달은 인물이었음에 대해서 충분히 납득할 수 있을 것이다. 예수 또한 불이일원론을 역설한 인물들 중의 하나이기 때문이다. 성경의 몇 구절과 생각의 이치에 대한 설명을 통해서 비로소 분명히 이해할 수 있을 것이다.

✓ 오직 나의 말을 믿으라. 나의 말이 하나님 말씀이다.

세상에 오직 나의 말만이 진실되다. 그러니 오직 나의 말을 들으라는 말이다. 이 글을 자세히 읽어왔다면 이제 이런 말들에 대해서는 굳이 길게 설명할 필요가 없을 것이다.

여기서 하나 짚고 넘어가야 할 말은, '나의 말을 믿으라'는 말이다. 그들, 소위 도를 깨달았다고 표현되는 인물들은 나를 나라고 말하지 않는다고 하였으며 그 이유에 대해서도 설명되었다. 또한 그들은 '어떤 경우에라도 나의 말을 믿으라'는 말은 하지 않는다는 것이다.

왜 그럴까? 믿음과 믿지 않음이 분별이기 때문이다. 믿지 않기 때문에 믿으라는 말을 하는 것이며, 믿으라는 말은 의심하기 때문에 의심하지 말라는 말과 다르지 않은 말이다. 말이 다를 뿐, 같은 뜻의 다른 표현이다. 믿음은 의심하지 않음이며, 의심은 믿지 않음이기 때문이다.

어디에 가까운 것이 믿음이며, 어디에 가까운 것이 의심이겠는가?

의심이라는 말이 나왔으니 구도의 길 마지막 즈음에 대해서 알고 넘어가자. 인간의 모든 앎은 의심에서 비롯된 것이며 고통의 원인 또한 의심에서 비롯된 것이다. 그리고 인생에 목적이 있다면 의심의 근원을 찾는 일이며, 그것이 자아의 완성이며, 자아의 완성이 자아의 본질이며, 그것이 모든 것의 기원이기 때문이다.

의심의 근원은 의심을 통해서만 찾아질 수 있다. 끝없는 의심을 불러일으키다 보면 의심의 끝에 다다르게 되며 의심의 마지막에서 비로소 모든 의구심이 사라진다. 의구심이라는 생각도 사라지게 된다. 실은 이것이 도를 구하는 방법이다.

앞서 설명된 바와 같이 인간은 인간의 근원이 무엇인지 모른다.

'나는 누구인가?'라는 한 생각에 대해 끊임없는 의구심을 불러일으키다 보면 일념(나는 누구인가)의 마지막 단계 즈음에서는 내가 누구인지 진짜 궁금해진다. '진짜 나는 누구일까'라는 강렬한 의구심이 들기 시작하면서는 그 의구심에 이끌려서 화두를 들지 않을 수 없는 지경(수행의 경지)에 이른다.

그것이 마지막 과정이다. 의심의 끝에서 의심의 근원이 드러난다는 뜻이다. 수행 편에서 자세히 설명될 것이다.

다시 시작하자.

믿음, 즉 절대적인 믿음은 있을 수 없다. 그대가 믿는 어떤 사람도 절대적일 수는 없다는 뜻이다. 정신질환자이거나 맹신자는 예외일 수 있으나 그들 또한 깊이 세뇌된 탓이며 깊이 세뇌된 상태와 정신질환은 같은 뜻의 다른 표현이기에 그들 또한 정신질환자와 다르지 않은 것이다.

물론 잠시, 길지 않은 시간동안에는 어떤 것이거나 또는 어떤 사람에 대해서 믿을 수는 있다. 하지만 그런 믿음이 절대적인 것은 아니라는 뜻이며 의심에서 조금 벗어난 상태에 지나지 않는다는 뜻이다.

그런데 또 누구나 완전한 믿음을 경험하지 못한 것은 아니다. 기억할 수 없을 뿐, 나라는 생각이 일어나기 이전에 엄마에 대한 믿음이며 그것이 절대적이며 완전한 믿음이다. 그리고 깨달음의 상태가 완전한 평등이며 완전한 자유이다.

그렇다면 믿음이라는 말이 있는데, 왜 완전한 믿음이 불가능한지에 대해서 궁금해질 수밖에 없다. 이미 설명된 말이지만 진짜 내가 아닌, 어떤 것을 나라고 아는 앎이 의심이기 때문이다. 그리고 의심 다음이 부정이다. 의심과 부정 또한 같은 뜻의 다른 표현이다.

인간의 욕망에 따른 발전과 생로병사의 고통의 원인(근원)이 의심이다. 모든 언어는 의심에 바탕을 두고 있기 때문에 상대적일 수밖에 없는 것이며, 최고 수준의 지성체 또한 끊임없는 의심의 결과물이다. 그리고 의심에 바탕을 둔 지성에 의해서 밝혀진 결론이 우주에는 실체가 없었다는 것이다. 내가 사람이라고 아는 인간, 인류의 태초와 발전, 그리고 멸망은 그렇게 반복되고 있었던 것이다. 헤아릴 수 없는 시간 이전부터.

최초의 의심, 그것은 어떤 것을 나라고 아는 그릇된 앎이라고 하였다.

이런 말에 대해서는 마음의 형성 과정과 생각의 이치와 속성에 대한 설명을 통해서 이해가 가능해진다. 지금 이 순간에도 지성은 의심의 끈을 놓을 수 없다. 의심은 죽을 때까지 그리고 대를 이어서 계속 반복될 따름이다.

'나의 말이 하나님 말씀이다'라는 말은 천상천하 유아독존의 표현이다. 사실은 천상천하 유아독존이라는 말도 전지전능한 에고의 생각에 의해서 창조된 말, 말, 말이다. 물론 그 이치를 깨치고 나면 의심의 근원에 다다르는 것이기에 궁극에 이른다는 표현은 옳은 표현이며, 언어의 기원이라는 말 또한 이와 다르지 않은 말이다. 그런데 이런 말 또한 바로 알아듣기 위해서는 일념공부에 몰입해야만 하며 알아들을 수 있는 정도의 수행자라면 중급 수행자이다.

깨달음, 그것은 고정관념에서 깨어나는 것이며 고정관념에서 깨어난다는 말은 언어에 세뇌된 상태에서 깨어나는 것과도 다르지 않은 것이다. 하나님이라는 말, 신이라는 말, 성령이라는 말 등 모든 것, 모든 언어로 창조된 것들은 실체가 없으며 실재하지 않는 것들이기 때문이다.

깨어나고 보면, 오직 나, 그것만이 유일하며 모든 것의 기원이기 때문에 오직 나의 말을 들으라고 한 것이다.

✓ 오직 나의 말이 진리요, 생명이다.

진리, 도, 불성, 성령, 유일신, 신 등은 같은 뜻의 다른 표현으로서 '아무것도 없는 완전함'의 표현이며 언어로 표현될 수 없는 것에 대한 '이름, 명칭'으로 이해한다면 올바른 앎이며 그것이 또한 의심의 근원이다. 생명, 새 생명, 하늘사람이라는 말은 불교용어로는 '불생불멸'이라는 뜻으로서 육체의 얽매임에서 풀려난 정신으로 이해한다면 올바른 앎이다.

한마디 더.

구도자는 어떤 말이나 어떤 구절에 대해서도 집착해서는 아니 된다. 정신질환으로 가는 지름길이기 때문이다.

✓ **성령은 깨진 기왓장 속에도, 쪼개진 장작 속에도 있다.**

이 말은 노자의 도에 대한 설명과 다르지 않은 말이니.

✓ **하루 종일 기도하라.**

하루 종일 기도하라는 말과 화두일념과는 같은 뜻의 다른 표현이다. 도를 구하는 일은 내 생각이라는 착각에서 벗어나기 위한 정신적 행위이다. 자신의 생각을 길들이는 일이기에 하루 종일 해야만 하며, 아침에 잠에서 깨어나면서부터 잠들기 전까지 기도하라는 말이다.

수행 편에서 더 자세히 설명될 것이다.

✓ **네 시작은 미약하나 네 나중은 창대하리라.**

이 말이 참으로 재미있는 말이다. 예수를 믿는다는 사람들이 경영하는 식당에 가면 흔히 볼 수 있는 말이기 때문이다. 그들은 이렇게 생각하는 것이다. 물론 세뇌된 탓이지만, 하나님을 믿고 사업을 하면 처음에는 작게 시작하더라도 나중에는 부자가 될 수 있다고 생각한다는 것이다. 이런 말들에 대해서 예수를 믿는 종교인들 모두가 그렇게 아는 것인지.

'네 시작은 미약하나'라는 말은 일념에 대해서 이해한 연후에 화두를 들어 보아야만 실감할 수 있는 말이다. 앞서 설명된 바와 같이 생각을 한 구절의 화두에만 집중된 상태로 유지하는 일은, 일념을 시작할 때에는 참으로 힘겨운 일이다. 평생에 단 한 번도 그런 경험을 해본 적이 없기 때문이다.

처음 화두를 들 때에는 미약하다는 말로는 설명될 수 없을 만큼 황당하기만 하다. 일념을 유지하기 전에 여러 가지의 방법들에 대해서는 후에 설명되겠지만 처음 화두에 집중하는 일은 한강을 메우기 위해서 강물에 조약돌을 던지는 것과도 같이 황당하게 느껴지는 것이기 때문에 '네 시작은 미약하나'라고 말한 것이다. 아마도 앞에서 '나는 누구인가' 또는 '마음이 무엇인가' 등의 화두를 시험해 본 사람이라면 짐작할 수 있을 것이다. 부뚜막의 소금도 넣어야 맛을 알 듯이.

'네 나중은 창대하리라'는 말은 우주의 창조자라는 말과도 다르지 않은 말이니 그리 해석되었음은 차라리 당연한 것이다.

✓ (하루 종일 기도하여) 꿈에서 깨어나라.

깨어나라. 꿈에서 깨어나라. 하루 종일 기도하여 꿈에서 깨어나라고 한다. 하루 종일 기도하여 꿈에서 깨어나 보면, 그것이 하나님 나라요 성령이라는 말이다. 하루 종일 기도하여 꿈에서 깨어남이 순수의식으로 다시 태어나는 것이며 이에 대해서 사람이 거듭남으로 표현한 것이다.

그날, 하루 종일 기도하여 꿈에서 깨어나는 날, 내가, 내가 아니기에 모두가 둘이 아니라고 설명한 것이다. 인간들이 잠들어 있기에 깨어나라고 한 것은 아니지 않겠는가?

인생이라는 것이 지나고 보면 한낱 허망한 꿈인데도 불구하고 나와 너를 분별하고, 선과 악을 분별하는 어리석음에 의해서 투쟁을 하며 고통을 겪는 것이니 하루 종일, 일체처, 일체시, 행주좌와行住坐臥 어묵동정語默動靜, 일념이 만년이 되도록 기도하여 깨어나야만, 나라는 주체가 없기에 너라는 대상이 없으며, 모든 것이 나이며 내가 또한 모든 것이라는 말이다.

나와 너가 둘이 아니며 나와 하나님이 또한 둘일 수 없으니 너와 나와 하나님이 모두 하나라는 뜻이다. 그런 연유로 이웃에게 주는 것이 곧 나에게 주는 것이라고 하였으며 또한 그런 연유로 이웃을 네 몸과 같이 사랑하라 하였으며, 그런 연유로 원수를 사랑하라고 한 것이다.

예수가 사람들을 어린 양에 비유한 것에 비한다면 꿈에서 깨어나라는 말은 참으로 부드러운 표현인 듯하다. 아마도 올바로 해석되었다면 악몽에서 깨어나라고 했을 것이다. 사람들의 삶이 그러하기 때문이다. 그런데 이런 말이 무슨 뜻인 줄도 모르는 사람들이 '깨어나라'고 외치고 다니는 것이니 어찌하겠는가?

하루 종일 기도하라는 말은 일념명상을 뜻하는 말이며 하루 종일 일념을 유지하라는 뜻이다. 앞서 설명한 바와 같이 '나는 누구인가'라는 의심으로, 의심의 근원에 이를 무렵까지에 대한 불경에서의 표현 중에는 일념만년一念萬年이라는 말이 있다. 이 말은 일념이 지속되어 만년이 될 때까지 일념이 유지돼야 한다는 뜻으로서 죽을 때까지 일념을 유지해야 한다는 마음으로 일념을 공부하라는 뜻이다.

사람마다 근기가 다르니 죽을 때까지 해도 못하는 사람도 있을 수 있으며 석가모니의 경우 6년, 달마대사는 9년이 걸렸다고 알려졌으니 결코 쉬운 일은 아닐 것이다. 하지만 옛 선사들의 글을 보면 2년이나 3년이면 족하다고 하니 살아오는 과정에 따라서 사람마다 다른 것이다.

송아지 한 마리를 길들이는 데도 2년은 걸린다고 하니 절대로 서둘러서는 아니 되는 것이다.

'일념만념'에 대한 어느 승려와의 이야기이다. 전에 책을 내기 위해서 어느 절간에 잠시 머무른 적이 있었다. 그때 친분이 있는 승려의 부탁으로 안내장을 타이핑해 주던 과정에서의 일이다.

아마도 방생기도를 위한 안내장이었던 것으로 기억되는데, 타이핑을 하다 보니 안내문의 내용 중에 '일념만념一念萬念'이라는 글귀가 보이기에 혹시 원고가 잘못된 것이 아니냐고 물어보니, 잘못된 것이 아니라는 것이다. 예전부터 그렇게 사용해 왔다는 것이다. 간단히 설명해 주는데도 그냥 그대로 해 달라는 것이다. 우리는 그리 알고 있다고.

허긴 그들 또한 예수를 믿는 사람들과 다르지만 다른 것이 아니니 탓할 일은 아니다. 일념만년과 일념만념의 차이, 하늘과 땅의 차이와 다르지 않기에.

✓ **사람이 거듭남이 하나님나라를 보는 것이요, 성령이다.**

화두일념, 일념만년에서, 꿈에서 깨어남에 대한 표현이다.

이에 대해서 노자는 천지만물과 자아와의 구분이 사라진 것이라는 말로 표현한 것으로 전해지며, 석가모니의 말로 전해지는 불경에는 무아無我로 표현되면서 불생불멸의 신으로 표현되고 있으니, 어차피 지적 이해가 불가능한 말이다. 하지만 성경에는 이토록 한글로 분명하게 표현되어 있으니 불행 중 다행이랄까?

아마도 헤르만 헤세의 글에서 유사한 내용을 볼 수 있을지도 모른다. 그의 글이 우리말로 해석되면서 '존재의 거듭남'으로 표현되었기 때문이다. 하루 종일 기도하여 깨어나면 그것이 하나님 나라이며 성령이라는 말이니 관념으로나마 이해할 수 있을지.

✓ **그날, 내가 하나님 안에, 너희가 내 안에, 내가 너희 안에 있을 것이다.**

그날은 일념만년에서 깨어나는 날이다. 그날에는 나라는 것이 있는 것이 아니다. 나라고 알던 육체는 천지만물과 다를 바 없는 것이라는 뜻이다. 나라는 주체가 없으니 대상이 있을 리 없다. 그러니 나와 너, 그리고 하나님이 둘이 아니라는 말이다.

✓ 몸은 질그릇과 같은 것이다.

천지만물과 분리되지 않은 자아와 같은 뜻의 다른 표현이다. 석가모니는 이에 대해서 "몸은 손톱 위에 올려놓은 흙만큼도 나도 아니며 내 것이 아니다"라고.

사람들은 날마다 자신의 부재를 경험한다. 태어남도 죽음도 경험할 수 없기에 기억할 수 없지만 그것을 경험하지 않은 것이 아니듯이 깊은 잠 속에서도 자신의 부재를 경험하지만 그것에 대해서 상상할 수 없다. 이와 같이 내가 없음에 대해서 기억할 수 없다고 하여 내가 없던 것이 아니니, 어떤 것이 나인지에 대해서 알지 못하기에 의심은 끝이 없는 것이다.

지금 내가 있지만, 나라고 아는 몸은, 아차 실수하여 떨어뜨리면 깨져버리는 질그릇과 다르지 않은 것이라는 뜻이다. 그러하니 하루 종일 기도하여 깨어나서 순수의식으로 거듭남만이 너희들이 소망하는 영원한 삶이라는 뜻이다.

✓ 이웃을 네 몸과 같이 사랑하라, 원수를 사랑하라.

이 말은 앞서 설명된 바와 같이 주체가 사라짐에서는 모두 둘일 수 없기에 하는 말이며, 설령 이런 말을 알아들을 수 없다고 하더라도 자신의 관점보다는 상대방의 관점에서 볼 때에 비로소 화목할 수 있다는 말이며 평화로울 수 있다는 말이다. 장님 코끼리 만지기, 그리고 주먹을 볼 줄 아는 지혜로운 삶을 살아가라는 뜻이다.

이 말은 또한 하루 종일 기도하며 살아가는 과정에서의 삶에 대한 가르침이다. 사람과 사람이 왜, 서로서로가 싸움질하며 살아야 하는가.

✓ 어린아이처럼 순수하지 않으면 천국에 갈 수 없다.

예수가 말하는 순수한 어린아이는 갓 태어난 지 일주일 되는 아이라고 설명되어 있는 것 같다. 옳은 표현이다.

어린아이의 순수의식이라 함은 세뇌에 의해서 알게 된 모든 앎인 경험된 기억들이 저장된 기억세포와 기억세포에 바탕을 두고 윤회하던 순간생각세포의 시끄럽던 행위가 일념만년에 의해서 잠재워졌을 때의 상태를 뜻하는 말이다. 그렇다고 하여 기억이 모두 죽어서 사라져버리는 것은 아니다. 그것에 대해서 수 억겁의 전생이라는 말로 표현되듯이 왜곡된 관념의 산물이기에 흐릿한 꿈으로 표현될 수 있을까?

불경에도 순수의식에 대한 말이 많은 탓인지 불가에는 이상한 말들이 수없이 전해지고 있다. 누구나 들었던 이야기들 중에서 예를 든다면 심청전이나 손오공과 삼장법사, 그리고 산신령, 도사와 금도끼와 은도끼, 선녀와 나무꾼, 그리고 하늘나라 이야기 등이다. 사실상 어린 시절에 보고 들었던 동화와 옛 이야기들의 대부분이 종교와 관련된 것들이다 보니 종교가 의지처일 수밖에 없었던 것일지도 모르겠다. 그리고 종교는 왜곡되었으나 도에 바탕을 둔 것이니 인간의 근본이 도道인 것만은 분명하다.

깨달음의 이해와 오해에 대한 한마디.

나이 많은 승려, 즉 어느 노승이 오랫동안 공부를 하더니 목소리가 어린아이와 같이 변해 있었으며 행동거지도 어린아이같이 변하여 사탕이나 과자를 좋아하는 걸 보니 깨달았다는 것이다.

또 어떤 이는 도인이 구렁이로 둔갑했다는 옛말에 대해서 철석같이 믿고 있었으며 도인이 다시 태어나기 위해서 우물가에 있던 처녀의 몸으로 들어간 뒤에 어린아이로 다시 태어났다는 말 등 윤회라는 말에 대한 오해로 인하여 불가에서 떠도는 말들은 가히 신화 수준이다.

참으로 전지전능한 것이 인간의 생각이니.

말이 나온 김에 윤회에 대해서 알고 넘어가자.

생각의 이치와 속성 편에서 충분히 납득할 수 있겠지만, 윤회라는 말은 자신도 모르는 사이에 찰나지간으로 생멸生滅을 반복 순환하는 생각의 작용을 뜻하는 말이며 윤회하는 생각을 끊어내기 위한 행위가 도를 구하는 일이다. 일념에 의해서 윤회하던 생각이 끊어짐에 대해서 삼매라고 하였음을 상기하면 될 것이다. 자신도 모르는 사이에 찰나지간으로 끊임없이 반복 순환하여 흐르는 생각에 대해서 윤회라는 말이 생겨난 것이다.

✓ 선악과를 따먹음이 원죄이다.

순수의식의 어린아이에게는 선과 악이라는 분별이 없다. 아니 분별이 없다는 생각도 있을 수 없다. 그런데도 에고는 성선설이니, 성악설에 대해서 의견이 분분하다.

선악과라는 말은 선과 악의 분별을 뜻하는 말이며 선과 악의 분별은 말을 배우면서부터 생겨나는 것이며 지속적인 교육을 통해서 더욱더 분명하여 당연시하지만 절대적인 선도 있을 수 없으며 절대적인 악도 있을 수 없지 않은가?

지금 그대는 무엇이 선이며 무엇이 악인지, 분명히 정의할 수 있는가? 고양이가 쥐를 먹고 쥐가 곡식을 먹는다면 어떤 것이 선이며 어떤 것이 악인가? 오직 인간의 관점에서 본다면 고양이는 선이며 쥐는 악이다. 하지만 쥐의 관점에서 본다면 고양이가 악이며 인간이 악이다. 하지만 인간을 제외한 천지만물에는 선과 악에 대한 분별이 없으며, 분별이 없다는 생각도 없으며, 분별이 없다는 말도 없다. '없다'라는 그것도 없다.

'없다'라는 그것도 '없다'라는 말은 '나라는 주체'가 없다는 말이며 '아무것도 없는 것의 완전함'을 뜻하는 말이다. 그것에 대해서 천지만물과 자아와의 구분이 사라진 상태, 천지만물과 분리되지 않은 자아로써 누리는 자유라는 말로 표현되기도 한다. 만물의 영장이라고 자부하는 인간과 자연과의 차이가 무엇인가?

천지만물 또한 생존경쟁이 치열하다고 아는 것은 인간이다. 그렇다면 인간의 생존경쟁과 동물들의 생존경쟁의 차이는 무엇이 다를까? 동물이든 식물이든, 그것들은 주체가 없기에 남을 탓하지 않으며 욕망이 없다는 것이다. 그것에 대해서 본능이라고 하자.

아마도 노자인가 장자인가는, "지성체는 12조 년 전에 120개 정도의 별나라를 횡단한 후에 지성을 쓰고 나서 버린 뒤에 자연으로 해탈했다"라는 말을 했다고 전해진다. 의미가 깊은 이야기이니 참고하고.

하고자 하는 말은, 동물과 인간을 비유함에 대해서 기분이 좋지는 않겠지만, 동물들은 나라는 주체가 없기 때문에 본능을 숨기지 않으며 또한 욕망이라는 생각이 없다는 것이며, 인간은 순수의식에서 사회적 동물로 가공되어지는 과정에 의해서 주체가 있으되 분명하지 않기에 주체가 있는 것도 아니며, 주체가 없는 것도 아니기에 인생이라는 것이 있지만 그것의 목적이 무엇인지도 모른다는 것이다. 결국에는 죽으러 가는 길이 아니던가?

그렇기에 예수는 인간을 길 잃은 양에 비유한 것이며, 석가는 중생으로 표현한 것이며, 소크라테스는 검증되지 않은 삶은 살아갈 가치가 없다고 한 것이다. 그러니 분별하는 지식을 버려야 한다며 지식은 쓰레기라고 했던 인물도 있었다.

인간의 삶이 그러하다. 상대적일 수밖에 없는 언어가 그렇듯이 분명하지도 않은 앎에 의지하여 사람과 사람이, 이기주의와 이기주의가, 서로가 자신의 관념만이 옳다는 주장을 하는 까닭에 만물의 영장이라는 인간들의 삶이 태어나서 죽을 때까지 논쟁과 투쟁, 전쟁일 수밖에 없는 것이다.

그러니 어쩌란 말인가? 왜, 비굴해야 하며 왜, 비참하게 싸워야만 하는가? 결국에는 다 버려야 할 것들이 아니던가?

동물들의 삶은 그나마 양심적이다. 개를 길러본 사람들은 알 수도 있다. 먹이를 많이 주더라도 필요한 만큼만 먹으면 거들떠보지도 않는다. 먹이를 먹을 때에는 철저하게 방어하지만 먹고 남는 것은 닭이 먹더라도 내버려 둔다는 것이다.

그런데 인간은 어떠한가? 무엇 때문에 사는 것인가? 남에게 보여주기 위해서 사는 것인가? 왜, 남에게 보여주기 위한 삶이 되어 버린 것인가? 왜, 수천 개의 가면을 쓰고 살아야 되는 것인가? 그대의 본래 모습은 무엇인가?

인간의 탐욕은 어떠한가? 탐욕의 끝은 어디인가?

본능이라는 말 또한 본능이라는 생각일 뿐이니.

육십억 인구 모두가 서로 잘 살아야 된다며 아우성이다. 사람들의 욕망에서 비롯된 생존경쟁은 땅에 떨어진 과자부스러기에 달려드는 개미떼와도 다르지 않은 것이다.

✓ 다만 악에서 구하소서.

우상에게 구해 달라는 기도문인 것 같다.

어느 수행자의 글에서 보니, '하늘은 스스로 돕는 자를 돕는다'라는 말이 있는 것 같은데, 그 말이 그 말이다. 네가 기도하여 스스로 깨어나라는 말이다. 종교 세력들이 잘 먹고 잘 살아야 하고, 또한 세력도 확장해야만 하니 그리 전할 수 없는 것인가?

자신도 모르는 자신의 나를 누가 있어 구해줄 수 있겠는가? 예수의 가르침을 올바르게 이해하여 스스로 구하면 될 일이다.

✓ **우상을 숭배하지 말라.**

마음은 참으로 교묘하여 어떤 것에 대해서 집착하다 보면 환상을 만들어 내는 재주를 부리기도 한다. 요즘에는 유치원에서도 '마음은 요술쟁이'라고 가르치는 것 같던데.

상상임신이라는 말과도 다르지 않은 말이며, 상사병이라는 말과도 다르지 않으며, 참선하는 자들이 빛을 보았다는 말과도 다르지 않으며, 하나님과 소통한다는 방언 또한 이와 다르지 않은 현상이며, 하늘나라에서 금마차를 탔다는 자들의 신앙고백도 이와 다르지 않은 현상이며, 천이통이니 천안통이라는 말이 이와 다르지 않으며, 이와 유사한 상상의 세계들이 모두 어떤 말, 말, 말에 집착하여 기도한 결과들이며 일종의 정신질환이다.

예수의 가르침을 올바르게 이해하여 공부가 아니더라도 내가 잘났다는 상을 조금이라도 버린다면, 고정관념을 깬다면 조금은 평화에 다가갈 수 있지 않겠는가? 성경에도 나와 있는 말이니, 할 말이 없네.

✓ **적그리스도**

적그리스도, 그리스도의 적이라는 말은 예수의 말이다. 이 말은 '소리와 형상으로는 여래를 볼 수 없다'는 말과 같은 뜻이며 불립문자의 뜻이기도 한 말이다.

실상은 말세시대가 아닌 적도 없었기에 말세시대를 예견한 것도 아니지만 그들은 모두 나의 말을 옮기지도 말며, 나의 말을 전하되 올바르게 전하라고 하였다. 하지만 올바르게 전해질 수 없는 까닭에 대해서는 충분히 설명되었기에 생략하고.

사람들은 이런 말에 대해서 이렇게 생각해 버린 것 같다. 오직 예수를 믿지 않는 사람들에 대해서 그리스도의 적이라고. 그 이유는 그리스도는 절대적인 선이며 자신들은 그리스도를 믿기 때문에 자신들은 선에 가까울 것이라고 생각하기 때문일 것이다. 그러면서도 기도문에서는 '오직 악에서 구하소서'라고 하니 앞뒤가 전혀 맞지 않는 말들임에도 불구하고 맹신하는 것이다. 어찌하겠는가? 그러니 우이독경이다.

분명히 하기 위해서 한 번 더 설명하자.

그들의 말은 다르게 보일 수밖에 없지만 모두가 같은 뜻의 다른 표현들이다. 경전을 포함하여 세간의 모든 서적들은 욕망에 바탕을 둔 것이며 그들의 글은 무욕에 바탕을 둔 것이기에 지적 이해가 불가능한 것이다. 오직 하루 종일 기도하라는 말의 뜻을 분명히 이해하고 일념을 공부함으로써 그들의 본질과 하나 될 수 있다. 어떤 사람들은 우주와 합일됨으로 알기도 하지만 어리석은 자들의 망언일 뿐이다.

그 길은 오직 하나뿐이다. 그것이 일념이며 일념만년에서 그것과 합일될 수 있다. 그것이 곧 진리이며 그대의 본성이다. 그것이 우주의 기원이며, 언어의 기원이다.

그대의 참 나, 그것이 모든 것의 기원이다.

✓ 깊은 물에 그물을 던져라.

어부라면 깊은 물에 그물을 던질 줄 모르겠는가? 일념기도를 통해서 마음의 뿌리, 즉 마음 깊이 들어가 보라는 뜻이다.

✓ 두드려라, 그러면 열릴 것이다.

남의 집 문을 두드려서 물건을 훔치라는 말이 아니며, 남의 마음을 두드려서 욕망을 채우라는 말이 아니다. 일념 기도로 자신의 마음을 두드리다 보면 밝은 지혜가 열린다는 말이다.

✓ 두려워하지 말라.
✓ 근심하지 말라.
✓ 걱정하지 말라.

이런 말들을 이해하기 위해서는 글을 충분히 읽어보아야 한다. 간단히 말하자면 욕망이 없다면 두려워할 일이 없다는 뜻이며, 근심이나 걱정 또한 욕망이 그 원인이라는 말이다. 이해와 오해는 같은 뜻의 다른 표현이라고 하였다. 오직 일념공부를 통해서 지혜가 드러날 때에 비로소 하나씩 밝게 깨우쳐 나갈 수 있는 것이다.

✓ 담대하라.
무엇이 두려워 담대하지 못하는 것인가? 첫째는 욕망이요, 둘째는 욕망이 크기 때문이다. 그리고 진짜 원인은 세뇌에 따른 그릇된 앎이다.

✓ 이기는 자, 승리하는 자가 되어라.
사람들은 이 말을 "네 시작은 미약하나 네 나중은 창대하리라"는 말의 뒷부분으로 여기는 것 같다. 어찌 보면 딱 맞아 떨어지는 말이다.
정말 그렇게 생각한다면, "네 사업의 시작은 미약하지만 나를 믿고 장사를 하면 네 나중은 성대하여 부자가 될 것이다"라고 안다면 자신들의 우상인 예수를 미친 사람 취급하는 것과 다르지 않다는 것이다.

앞에서는 이웃을 네 몸같이 사랑하라고 하면서, 원수를 사랑하라고 하면서, 뒤에서는 이웃과 싸우고 이겨서 승리하라는 말이 되니 정신 나간 사람의 망언이 되는 것이 아니던가.

더 재미있는 일은 추운 겨울에 대학입시 시험장 정문에서 기도하는 일 등이며, 이는 어느 종교나 같을 것이다. 내 아이들만 합격시켜 달라고(하나님이거나 부처님이거나) 기도하는 짓들이다. 내 아들, 딸만 합격시켜 달라는 말은 다른 애들은 떨어지게 해 달라는 기도와 무엇이 다르단 말인가.

신이라는 존재가 있다면 나약한 인간들과 같이 그렇게 이기주의자일 수 있다고 생각하는 것인가? 정말 그리 생각하는 것인지 궁금해서 묻는 것이다.

왜, 그럴까? 왜, 그래야만 하는가? 사람과 사람이 아닌가? 같은 사람들이 아닌가?

정신 좀 차리고 살라는 뜻이다.

샹카라의 불이일원론

샹카라[788~820]

인도의 철학자로 불이일원론(不二一元論)을 주창하였다. 만유의 근저에는 유일한 절대자인 브라흐만이 있다. 그리고 이것은 온갖 차별상을 떠나 본질적으로는 아트만과 동일한 것이다. 그러나 이 아트만은 무명(無明)에 의하여 개아(個我)로 다양화되었다.

불이론不二論, 불이일원론, 불이법, 불법不法은 천지만물이 모두 둘로 나뉠 수 없는 하나이며 그 실재인 하나가 인간의 본성인 순수의식으로 표현되는 '그것'이라는 말이다. 사람은 '나 아닌 것'을 '나(육체)'로 여김에 따라서 나와 다른 것들로 분별함의 습관에 따라 생로병사에 따른 고통과 괴로움을 실재로 착각하기에 인생에 정답이 없으며 고통과 괴로움, 불안과 초조, 긴장에서 해방될 수 없다. 진리의 길을 통해서 '그것'과 하나임을 깨달음이 브라흐만, 즉 절대자라는 설명이다.

진리의 깨우침은 육체의 얽매임에서 벗어난 정신의 해방이며 자유이다. 사람들은 행복과 평화, 자유를 소원하지만 현상계의 삶에서는 실재하지 않는 무지개일 뿐이다. 불이일원론을 역설한 인물들은 인류에게 진정한 자유로 가는 길을 전하는 것이다.

소크라테스의 남겨진 역설들에서는 불이법이라는 말을 찾아볼 수 없다. 자기중심적일 수밖에 없는 에고의 삶에서는 지적 이해가 불가한 말들이기에 이상이나 사상으로 여길 수밖에 없다. 그렇다 보니 불이일원론을 역설한 인물들에 대해서 그들만의 주장이라고 표현하는 것이다. 그것이 나라는 생각의 속성이다.

그들에게는 전혀 특별한 일이 아니며 대단한 사건도 아니다. 그대가 자신의 앎을 주장하듯이 그들에게는 그것이 보편타당한 앎이다. 그들에게는 해야 할 일이 없다. 굳이 해야 할 일이 있다면 인류에게 그 길을, 그 이치를 알리는 것이다. 인간에게 자유와 평화가 있다면 오직 그 길뿐이기 때문이다.

시대와 상황에 따라서 표현하는 방법이 달랐을 뿐 도의 본질은 우주자연이다. 그것을 사상으로 분류한다면 무위자연사상일 것이다. 석가모니의 가르침은 불법佛法으로 전해졌으나 불이론不二論, 불이법문不二法門이 불립문자不立文字로 표기됨과 같이 불이일원론의 역설이다.

초월자라는 말이 있다. 인간은 욕망을 버릴 수 없다. 그 욕망 일념을 위한 열정으로 바꾸어 놓으면 된다. 그리하여 일념만년이 됨에서 자아를 초월하여 그것과 합일되는 것이다. 자신의 나를 이기면 더 이상 이겨야 할 것이 없다. 그때 비로소 승리하는 자가 되는 것이다. 그것이 모든 것의 기원이므로.

"인간은 도와 하나가 됨으로써 자연에 따라 살아갈 수 있으며 자유를 누릴 수 있다. 이러한 자유는 천지만물과 자아 사이의 구별이 사라진 지인至人이라야 누릴 수 있다"라고 말했던 노자와 장자의 '도道'에 대한 설명과 같이 인간에게 자유가 있다면 도를 구하는 것이며 도를 구하기 위한 진리의 길을 가는 것뿐이다.

인간에게 자유의지가 있다면 오직 그 길을 갈 수 있다는 것뿐이다. 나머지의 자유의지라는 것은 쓸모없는 것이다. 인간과 인간 간의 투쟁이며 전쟁이 그 결과이기 때문이다.

샹카라는 소크라테스와 석가모니, 노자, 장자와는 달리 불이일원론이라는 낱말을 동원하여 '도'를 직접적인 방법으로 설명하려 한 것이다. 불이일원론을 역설한 인물들은 그 시대의 환경과 지적 수준에 맞는 절적한 표현을 하였기에 21세기를 사는 사람들에게는 우주 너머의 다른 신비로운 세상을 연상케 할 수밖에 없음이 당연할 것이다.

이 사람은 경험자가 없는 경험과 앞서 간 인물들의 남겨진 말들을 바탕으로 하여 인간과 우주의 본질을 설명하는 것이다. 아이가 태어나고 성장하는 과정을 통한 설명으로서 '나 아닌 것을 나'로 알고 있음과 마음이 관념(기억된 생각)에 불과한 것임에 대해서도 충분히 이해할 수 있을 것이며 특히 생각의 이치에 대한 설명에 대해서 납득할 수 있다면 인간의 모든 문제는 이미 문제가 아님을 알게 될 것이다.

천지만물을 비롯하여 인간의 육체라는 것이 생각에 의해서 창조된 환상물질이라는 사실에 대한 분명한 앎에서 모든 질병의 근원을 찾을 수 있을 것이며 그것들에 대한 해답이 찾아질 것이기 때문이다. '불이론不二論', 즉 천지만물이 둘이 아니라는 논리와 천지만물이 둘이 아닌 하나라는 '불이일원론'은 같은 뜻의 다른 표현이다.

석가모니의 공空으로 표현되는 말과 무無라는 말로써 자아가 본래 있는 것이 아니며 보는 자의 대상인 현상계도 본래 있는 것이 아닌 '아무것도 없는 것'임에 대해서 여러 가지의 방편을 들어 설명하였다. 이 글에서는 죽은 사람의 생각 또는 깊이 잠들어 있는 동안의 생각으로 비유하여 설명하였다.

인간의 생로병사에 따른 고통과 괴로움은 기억할 수 없으나 경험의 오류를 확인함에 의해서 본래 있었던 것이 아님을 아는 참다운 앎이 깨달음이다. 자아가 존재하기에 대상인 천지만물이 존재하는 것이며 자아와 천지만물의 근원이 본래 있는 것이 아니다.

근거 또는 근원이라는 말은 나무가 생겨난 원인이 무엇인가를 찾는 것과도 같다. 닭이 먼저인지 닭의 알이 먼저인지의 논쟁과 같이 나무와 동물들, 그리고 식물들과 곤충들, 미생물, 돌덩이, 물, 바람, 등 이 모든 것들이 언제부터 생겨났으며 왜 생겨났는지 또는 생겨난 목적이 무엇인지, 생겨난 근본원인이 무엇인지의 의구심은 '인생이 무엇인지'와 같이 끝없는 의구심만 더할 뿐 그 답을 찾을 수 없다.

태초와 멸망을 반복 순환하는 윤회의 한 과정 중에서 최고 수준으로 발달된 현대과학에 의해서 밝혀진 천지만물의 근본원인은 공空 또는 무無라는 결론이다. 이는 소크라테스를 비롯한 불이일원론을 역설한 인물들에 의해 오래오래 전부터 주장되었던 말이다.

음양陰陽, 닭과 닭의 알, 나무와 씨앗을 비롯한 천지만물의 근본물질들이 실재實在하는 것이 아님과 같이 '나'라고 말하는 육체 또한 실재가 아님을 설명하기 위한 설명이 불이일원론이다.

둘이지만 둘이 아니며 본질에서는 '아무것도 없는 것'이지만 오직 하나 실재하는 것이 있으며 상대적인 언어로 표상될 수 없는 '그것'이 '나 아닌 나'이기에 '참 자아'라는 말을 통해서 모든 사람의 본성임을 설명하였다.

진리를 깨우친 인물들은 그것을 어떻게 설명해야만 사람들이 이해할 수 있을까에 대해서 고심하였으며 그것을 인류 역사상 최초로 논리를 앞세워 설명하고자 했던 인물이 인도의 철학자 '샹카라'의 불이일원론으로 보인다.

샹카라는 그것의 이름을 '브라흐만'으로 표현하였다. 브라흐만, 아트만, 시바, 비슈누바, 부처, 하나님, 알라신 등의 모든 이름들이 '나 아닌 나'의 다른 이름들이며 하나님, 신, 운명의 신, 성령, 도 등으로 표현되는 모든 이름들은 '나 아닌 나'를 이해할 수 없는 사람들에게 설명하기 위해 만들어진 이름, 낱말, 말, 말, 말들이다.

사람들의 생각의 영역을 벗어난 말들이기에 더 많은 이름들이 만들어졌다. 인류의 자유와 평화를 위한 길이다. 일념의 집중으로 '나라는 생각'의 정체를 찾는 일이다. 그대의 참 자아를 회복하는 일이다.

'생각'의 미묘함, '생각'의 연속성과 영원성에 의해서 자신의 죽음의 상태인 생각이 끊어짐의 상태를 상상할 수 없기에 진리의 말을 이해하는 것은 오해하는 것과 다르지 않은 것이다. 자신이 죽은 다음에도 세상이 존재할 것임에 대해서 당연시할 수밖에 없기에 인간 세상에는 모든 것이 의구심일 뿐 해답이 있을 수 없는 것이며 고통에서 해방될 수 없는 것이다.

그대의 참 자아, 그것이 모든 것의 기원이다.

에크하르트의 진언

마이스터 에크하르트[Meister Eckhart, 1260?~1327]

도미니크파의 신학자. 중세 독일의 신비주의 사상가. 그의 사상에는 토마스의 영향이 두드러졌으며, 가장 큰 특색은 신비적 체험을 설교하는 데 있었다.

— 네이버 백과사전

인류는 깨달음, 도道에 대해서 철학으로 분류할 수밖에 없다. 그런데 세계 4대 성인 중에서 공자를 제외한 나머지의 인물들이 도를 깨우친 인물들이다. 참으로 신비스러운 일이 아닐 수 없다.

사전에서 철학의 뜻에 대한 설명이다.

철학(哲學) **【명사】**

1. 인간과 세계에 대한 근본 원리와 삶의 본질 따위를 연구하는 학문. 흔히 인식, 존재, 가치의 세 기준에 따라 하위 분야를 나눌 수 있다.
2. 자신의 경험에서 얻은 인생관, 세계관, 신조 따위를 이르는 말.

어떤 사전에서 보니 철학의 뜻에 대해서 '경험에 바탕을 둔 사고방식으로 살아가는 사람'이라고 한다. 그리고 사람이라는 낱말의 뜻은 이러하다.

사람 【명사】

1. 생각을 하고 언어를 사용하며, 도구를 만들어 쓰고 사회를 이루어 사는 동물.

[속담]

· 사람 나고 돈 났지 돈 나고 사람 났나.
· 사람 위에 사람 없고 사람 밑에 사람 없다.
· 사람은 죽으면 이름을 남기고 범은 죽으면 가죽을 남긴다.
· 사람은 키 큰 덕을 입어도 나무는 키 큰 덕을 못 입는다.
· 사람의 마음은 하루에도 열두 번.
· 사람의 새끼는 서울로 보내고 마소 새끼는 시골로 보내라.

사전의 설명조차도 앞과 뒤가 전혀 맞지 않는다. 경전들 또한 이와 다르지 않다.

'사람 나고 돈 났지'라고 하며 '사람 위에 사람 없고 사람 밑에 사람 없다'고 알면서도 사람은 서울로 가야 하고, 사람은 이름을 남겨야 된다고 하니, 평등하지만 서로 싸워서 성공해야 된다는 가르침이다.

사전이 이와 같이 일관성이 없으니 청소년기의 방황시대에 대해서 나무랄 일이 아니지 않겠는가? 발전이 지속되면 지속될수록 청소년들의 방황시대와 유사한 우울증, 정신질환을 비롯한 범죄까지 급증할 수밖에 없음은 차라리 당연한 일일 것이다.

무엇이 옳으며 무엇이 옳지 않은 것인지에 대한 규준이 없다는 것이다. 그 속에서 무엇을 찾을 수 있겠는가?

그들 또한 사람이다. 죽음을 경험한 사람이다. 이치에 밝은 사람이기에 사람들에게 참다운 삶을 살아가라는 것이다. 항상 즐거운 마음으로 살아가다가 죽음 앞에서도 기쁘다는 말을 할 수 있도록 후회 없는 삶을 살아가라는 것이다. 그 길을 알리고자 하는 것이다.

'아무것도 없는 것'이라는 말은 '육체가 나라는 생각'이 없는 것이며 이는 나의 존재가 없는 상태이기에 사고, 생각의 영역을 벗어난 말이다. 언어는 '나'에서 시작된 것이기 때문에 주체가 없는 언어는 성립될 수 없다. 나라는 주체가 있는 상태에서는 '아무것도 없는 것'의 상태에 대해서 상상할 수 없다는 말이다.

예를 들어 보자. 어떤 방 안에 있던 물건들을 밖으로 모두 내놓았을 때에 방 안에는 '아무것도 없다'라는 말이 성립될 수 있지만, 방이 없다면 '아무것도 없는 것'이라는 말이 성립될 수 없다는 뜻이다.

지금 그대의 관념(기억된 생각)으로 보는 세상이 있다. 그대의 관념(주체)이 '방'이며 보이는 세상(대상)이 방 안에 있던 '물건'들이다. '방이 없는 것'은 나라는 '주체가 없는 것'과 비유될 수 있다.

그대가 나라고 아는 것은 기억된 생각이라는 말이다. 기억된 생각에 대해서 나라고 아는 것이다. 그리고 기억된 모든 생각은 타인들로부터 들어서 아는 것들이다. 주체가 없으면 객체(대상)가 없는 것이며 대상을 인식해야 할 주체도 없는 것이다. 이것이 '아무것도 없는 것'이니, 상상불허인 것이다. 방 안에 아무것도 없지만 방이 없으면 아무것도 없음도 없다는 말과 다르지 않은 말이다.

내친김에 한 가지 더 짚고 넘어가자.

방 안에 물건들이 있거나 없거나 그것은 방이다. 방 안에 책상이 있거나 책이 있거나 침대가 있거나 그것은 방에 속하며 방이다.

도, 우주의식의 관점이 곧 이와 다르지 않다는 것이다. 우주의 관점에서 본다면 사람도, 동물도, 식물도, 태양도, 달도, 별도… 모두 우주 안에 있으며 우주일 뿐이라는 말이다. 그것들의 이름이 달라진다고 하여 우주가 달라지겠는가? 방 안에 물건들이 있거나 없거나 바뀌거나 말거나 방은 방이라는 뜻이다.

화두공안話頭公案, 선문답에 대한 설명이기도 하지만 그대의 근본원인이 그것이라는 말이다. 이름 지을 수 없는 것이며 영원히 변할 수 없는 것이니 불생불멸이라고 한 것이다.

아무것도 없다고 말하는 주체인 내가 있는 한 '아무것도 없는 것'에 대해서는 납득될 수 없기에 '아무것도 없는 것'을 설명하기에 언어는 무력하다. 그렇기에 주체가 없음의 '아무것도 없는 것'이라는 말을 설명하기 위해서는 '이것도 아니다 또는 저것도 아니다'라는 말로 표현될 수밖에 없었다. 그런데 더 알아들을 수 없도록 변질된 이유는 사람들의 '내가 안다는' 아상 탓이다. 특히 석가모니나 예수의 말이 우상숭배사상으로 왜곡되면서 그 길이 아예 막혀 버린 것이다.

종교가 아니니 생겨날 수는 없겠지만 노자와 장자, 그리고 소크라테스, 샹카라 등의 말이 올바르게 전해졌다면 어떨까? 아마도 인류는 조금은 더 평화에 가까운 삶을 영위할 수 있을지도 모른다. 석가모니와 예수의 말이 왜곡되어 전해지면서 더 많은 말, 말, 말들에 의해서 환상의 세계들이 창조된 것이기 때문이다. 그대가 지성인이라면 올바른 길을 알려야 할 것이다.

사람은 누구나 기억할 수 없는 어린 시절과 깊은 잠을 통해서 '나 아닌 나' 또는 '나 없는 나'를 경험한다. 경험을 하되 기억될 수 없기에 경험한 것이 아니다. 기억될 수 없는 경험은 경험이지만 경험이 아니며 경험이 아니지만 경험이 아니라고 할 수도 없는 것이기 때문에 '경험의 오류'라고 한 것이다.

진리, 도를 깨우침은 '나 없는 나'를 경험하는 것이며 죽음을 경험하는 것이다. 싯다르타는 '나 없는 나'를 경험했으되 기억하거나 상상할 수 없는 사람들의 이해를 돕기 위해서 여러 가지의 방편을 들어서 설명하려 하였지만 지적인 이해를 넘어서 있는 말들일 뿐이다.

헤르만 헤세는 이를 신비주의자로 묘사한다. 인간은 기억할 수 없는 낱말에 대해서는 상상할 수 없다. 경험과 간접경험을 통해서 기억할 수 있는 낱말들의 일부가 관념이며 기억세포에 저장된 생각들 중에서 분명하다는 인식이 고정관념이며 마음으로 알고 있지만 자신의 마음을 모름에 대해서는 당연시한다.

'나 없는 나'는 사고思考의 죽음에서 드러난다. 사고의 죽음은 '나는 태어났다, 나는 살고 있다, 나는 죽을 것이다, 나는 이런 사람이다, 나는 행복하다, 나는 불행하다' 등의 모든 생각의 죽음이며 이는 '육체가 나다'라는 생각(고정관념, 마음)이 죽음으로써 '나 없는 나'가 드러나는 것이다.

경험자가 없는 경험에서 비로소 '아무것도 없는 것'에 흡수된 '나'만이 실재임을 앎에서 통찰의 지혜가 드러나며 그것이 '참 나'이며, 불이일원론을 통해서 설명된 오직 하나 실재하는 것이다. 또한 그것이 모든 것이며, 모든 것의 기원이다. 있는 것은 본래 없는 것이며 있는 것과 없는 것의 기원이기 때문이다.

불이일원론은 수차례의 죽음을 경험한 인물들에 의한 진리眞理이며 진리의 길이다. 인간이 해야 할 일이 있다면 오직 참 자아를 찾는 일이다. 그것만이 자유의 길이며 인생의 목적이었기 때문이다.

'에크하르트'의 글을 통해서 진리의 본질에 대한 접근이 좀 더 용이해질 수 있다. 아마도 천주교에서 숭배하는 성부聖父, 성모聖母, 성자聖子, 성신聖身 등의 대상들은 에크하르트의 영혼靈魂으로 표현된 인간의 본성에 대한 설명이 왜곡된 것이 아닌가 싶다. 종교들의 우상숭배에 대한 유래에 대해서는 중요한 일도 아니며 상관할 일도 아니다. 모든 종교와 유사집단은 도를 깨우친 인물들의 진리의 가르침이 왜곡된 무지에서 비롯된 것이기 때문이다.

이 글을 통해서 설명되는 무지 또는 어리석음 등의 모든 말들 또한 경험의 오류에서 비롯된 가공된 것이다. 무지하고 싶어서 무지한 사람이 있을 수 없듯이 어리석음 역시 이와 다르지 않은 것이다. 그렇게 세뇌된 탓이니 어찌하겠는가?

에크하르트의 남겨진 말에 대해서 알아보자.

✓ '다름'의 설명에서 "모든 피조물은 철저히 순수한 무이다. 하나님 밖에는 오직 무가 있다. 존재는 하나님이다. '고귀한 인간'은 초탈을 통해서 그 존재 속에 하나님이 있음을 안다"라고 하였다.

'아무것도 없는 것'에 대해서 순수한 무無로 표현하였으며 종교인이었기에 노자의 도에 대한 설명 또는 샹카라의 '나 아닌 나', 석가모니의 '불성' 등의 표현 대신에 하나님으로 표현하였으며 고귀한 인간은 초탈을 통해서 그 존재 속에 하나님이 있음을 안다라고 표현하였다.

✓ '비슷함'의 설명에서 "인간은 개별 사물들에서 초탈하여 하나님의 형상을 지녔음의 발견, 하나님과 비슷하게 되는 동화작용, 오직 하나님을 위해서 있어야 한다"라고 하였다.

진리를 깨닫기 위한 가르침을 위한 말이기도 하다. '사물들에서 초탈하여'라는 말은 욕망을 버림과 같은 말이며 나는 하나님에 속해 있음을 인식하여 나에게 이루어지는 모든 일에 대해서 하나님의 뜻이므로 알아서 근심과 걱정을 하나님에게 맡기는 삶을 통하여 중재자 없이 나와 하나님이 별개의 것이 아닌 하나임을 깨우치는 과정을 설명하고 있다. 이는 수행의 높은 경지에서의 경험을 표현하는 말이다.

✓ '합일'의 설명에서 하나님의 사역과 인간의 생성을 하나로 여긴다. 하나님은 더 이상 인간 바깥에 있지 않고 완전히 내면화 된다. 하나님의 존재와 속성은 내 것이며 예수는 인간 영혼의 성城 안으로 들어온다. 그때 영혼의 불꽃은 시간과 공간을 초월한다. 그때 영혼의

빛은 창조되지 않고 창조될 수 없으며 어떤 중재도 없이 하나님을 소유한다. 인간 영혼의 중심과 하나님의 중심이 하나가 된다.

삼매三昧에서 실재實在와의 합일合一됨에 대한 설명과 같이 '나 아닌 나'와 하나님으로 표현된 실재와 둘이 아닌 하나임을 설명하고 있다. 이는 수행이나 또는 절대자에 대한 완전 복종을 통해서 일념의 무념처인 삼매의 경지를 설명하는 말이다.

삼매의 경지에서 '나 아닌 나'를 경험하는, 즉 노자의 말과 같이 천지만물과 분리되지 않은 '참 자아'와 예수, 하나님이 별개의 다름이 아닌 하나임을 앎에 대한 설명이다.

예수를 믿는 종교에서는 예수의 이름으로 기도하며 예수를 통해서 구원을 받거나 또는 죽은 다음에 천국에 갈 수 있다는 주장으로 사람들을 세뇌시킨다.

에크하르트는 종교인으로서 자아를 초월한 참 자아와 하나님이 둘이 아님과 함께 우주 만물의 본질이 본래 있는 것이 아님을 분명히 설명하였으며 진리의 깨달음에 대해 분명하게 역설하였다.

종교집단은 에크하르트의 역설을 납득할 수 없기에 종교재판에 회부하여 실형을 선고 받았으나 형이 집행되기 전에 사망한 것으로 전해진다. 종교집단은 에크하르트의 역설을 납득할 수 있다 하더라도(납득할 수 없지만) 자신들의 세력이 와해되는 일이기에 결코 용납될 수는 없는 사건일 뿐이다.

에크하르트 이전부터 많은 인물들에 의해서 불이일원론이 역설되었으나 시대의 상황 및 지적 수준의 한계에 따라서 논리적이면서도 마음과 생각의 미묘한 이치를 설명할 수 없었기에 논리적일 수 없었다.

그들의 시대에는 마음과 생각의 관계 또는 생각의 미묘한 이치에 대해서 설명할 수 없었기에 종교로 변질될 수밖에 없었으며 1950년대의 인물인 헤르만 헤세의 시대까지도 불이일원론을 역설한 인물들에 대해서 신비주의자들만의 사상으로 간주되었다.

21세기를 살아가는 최고수준으로 진화된 두뇌의 소유자들에게는 이 사람의 설명, 즉 생각의 이치와 속성 그리고 마음의 형성 과정의 설명을 통해서 '나'라는 존재의 형성 과정과 생각의 이치에 대해서 납득할 수 있을 것이다. 불이일원론의 역설인 진리의 길이 인류가 고통에서 해방될 수 있는 유일한 길임에 대해서도 납득할 수 있기를.

이해와 오해는 같은 뜻의 다른 표현이라고 하였다. 이해를 넘어 일념명상을 통해서 스스로 드러나는 앎만이 참다운 앎이며 올바른 이해이다. 이런 말 또한 생각의 이치에 대한 설명을 통해서 납득할 수 있을 것이다.

까비르의 진언

까비르[1440?~1518]

원래 이슬람교도였으나 힌두교로 개종하여 이 두 사상을 절충한 까비르파를 만들었다. 비슈누신의 화신이라는 라마신만을 신봉하며 신상 숭배, 카스트 제도, 과부의 순사 같은 힌두교의 전통을 배척했다. 시크교 창시자 나나크를 비롯한 근세 힌두교 개혁가들에게 큰 영향을 미쳤다.

— 네이버 백과사전

까비르는 말한다.
형제여, 사랑하는 형제여
〈빈 것〉이야말로 진리의 심장부이다.
나는 종교적이지도 않고 무종교적이지도 않다.
나는 계율적으로 살지도 않고 감각적으로 살지도 않는다.
나는 〈말하는 자〉도 아니요 〈듣는 자〉도 아니다.
나는 하인도 아니요 주인도 아니다.
나는 구속 받지도 않고 자유롭지도 않다.
나는 집착하지도 않고 초연하지도 않다.
나는 멀지도 않고 가깝지도 않다.
나는 지옥에도 가지 않고 천국에도 가지 않을 것이다.

나는 모든 일에 종사한다.
그러나 나는 그 모든 일에서 멀리 떠나 있다.
이 뜻을 이해하는 사람은 아주 드물다.
이 뜻을 이해한 사람은 흔들리지 않을 것이다.

요기는 그의 마음이
사랑의 빛깔로 물들어서 죽는 게 아니라
차디찬 법복 속에서 죽는다.
그는 신의 집에 앉아서
신을 멀리하고 돌덩이를 숭배하고 있다.
그는 기인 수염과 헝클어진 머리를 가졌다.
그는 마치 염소와 같다.

그는 숲 속으로 들어가서 그의 욕망을 모두 죽인다.
그리고는 그 자신을 고자로 만들어 버린다.
그는 〈기따〉를 읽고 굉장한 말꾼이 된다.

까비르는 말한다.
요기여, 손발이 꽁꽁 묶여서
그대는 지금 죽음의 문으로 가고 있다.
스승은 나로 하여금 미지의 세계를 알게 했네.
발 없이 걷는 법을, 눈 없이 보는 법을,
귀 없이 듣는 법을, 입 없이 먹는 법을,
그리고 날개 없이 나는 법을

스승은 나에게 가르쳐 주었네.
해도 없고 달도 없는 곳,

그리고 밤도 없고 낮마저 없는 곳에서
내 사랑과 명상은 시작되었네.

마시지 않고도 능히 넥타(감로)의 진수를 맛보았고
물이 없으나 내 갈증은 이미 풀렸네.
거기 기쁨의 응답만 있을 뿐, 환희의 충만이 있을 뿐
뉘 이를 말로 다 표현할 수 있단 말인가.

까비르는 말한다.
'스승은 위대하네.
스승은 이미 언어의 차원을 넘어갔네.
위대하여라 스승이여.
이것이 제자의 기쁨이네.'

저 〈비밀의 언어〉를 어떻게 말해야 한단 말인가.
그는 이렇다, 그는 저렇다…
어떻게 이런 식으로 말할 수 있단 말인가.
그가 내 안에 있다고 해도 맞지 않고
그가 내 안에 없다고 해도 맞지 않는다.
그는 안의 세계와 밖의 세계를 하나로 만들었다.
의식과 무의식은 그의 발받침에 지나지 않을 뿐 그는
드러나지 않는다. 그는 은폐되지 않는다.
그를 표현할 수 있는 언어는 없다.

벗이여, 살아있을 동안 그를 찾으라.
살아있을 동안 그를 알라.
삶의 이 자유가 계속되는 동안,

살아있을 동안 이 속박이 풀리지 않는다면
죽은 후에 자유를 원해서 또 무얼 하겠는가.
오직 영혼만이 그와 결합될 수 있다고 생각한다는 것은
정말 크나큰 착각이 아닐 수 없다.
그는 지금 육체라는 에너지 통로를 지나가고 있기 때문이다.
지금 그를 발견하라.
〈지금〉 그를 찾지 못한다면 그대가 갈 곳은 죽음의 도시뿐이다.

지금 그와 하나가 되어라.
내일이 아니라 바로 지금부터 진리에 몸을 담그라.
진정한 구루를 알라.
그리고 진정한 〈신의 이름〉을 굳게 지켜 가라.

까비르는 말한다.
'목마르게 찾는 영혼만이 그를 만난다.
그런 영혼에게 내 모든 걸 바치고 싶다.'
벗이여 어디 가서 나를 찾느냐.
보라 나는 그대 옆에 있다.
나는 사원에도 모스크에도 없다.
카바 신전에도 까알리쉬에도 없다.
어떤 종교의식 속에도, 요가와 명상 속에조차
그리고 이 속세를 떠나는 그 결단 속에도 나는 없다.
그대여, 진정한 구도자라면 지금 나를 볼 수 있을 텐데
바로 지금 이 순간에…

까비르는 말한다.
'친구여, 신은 모든 생명의 한 가운데이다.'

'손님'은 내 안에도 있고 그대 안에도 있다.
모든 씨앗 속에 생명이 있듯이
그대 하인이여, 헛된 자만심을 버리고
그대 내면에 숨 쉬는 그를 찾아라.

여기 수천 수만의 태양이 빛으로 이글거리고
푸르름의 바다가 하늘에 펼쳐져 있다.
삶의 애증愛憎이 고요히 가라앉고
내 스스로 자신에게 가했던 상처가 아물었다.
지금 나는 그러한 세계의 한복판에 앉아있다.

아무도 치는 사람이 없는데
온 우주에 울려 퍼지는
저 종소리와 북소리를 들으라.
사랑 속에서 그대의 기쁨을 찾으라.
여기 빗물도 없이 비가 퍼붓고
강물은 온통 빛의 물결이다.
하나의 사랑이
우주 전체를 꿰뚫고 흐른다.

아, 이것을 속속들이 아는 자는 드물구나.
이성理性으로 이것을 알려고 하는 자여
그대는 장님이다.
이성의 오만함이
우리를 사랑으로부터 분리시켰으니
이성으로 다가올 때 그대는
사랑에서 더욱 멀어진다.

위의 글들은 공부인들이 카페에 올린 글이다. 어긋난 표현이 없기에 소개하는 것이다.

까비르는 '나 아닌 나'의 기쁨에 대해서 노래하였다. 글을 몰랐던 인물로 알려졌으며 그의 제자들에 의해서 쓰여졌다고 한다.

한 가지 알고 넘어가야 할 것은 '정신精神'이라는 낱말의 올바른 이해이다. 정신이라는 낱말을 정과 신으로 분리한다면 정은 마음이며 신은 육체로 정의할 수 있다.

삼매의 뜻에서 사람이 육체에 얽매어 있는 동안에 최상의 정신집중을 통하여 실재와 합일됨으로 설명하였다. 실재라 함은 신 또는 절대자, 유일자, 창조자를 뜻하는 말이며 삼매에서는 정신이 해방됨으로 표현된다.

천지만물이 무無이지만 오직 정신으로 표현되는 그것만이 실재實在하며 그것에 대해서 '오직 나, 참 자아, 불성, 도, 성령' 등의 문자로 표현된 것이다. 정, 기, 신으로 분류하는 집단들도 있으나 오직 미묘한 생각의 작용을 설명하기 위한 말들에 불과한 것이다. 분별의 세계를 벗어난 본질의 세계로 표현될 수 있을 뿐이며 모든 언어는 상대적이기에 그것은 표현될 수 없다는 뜻으로 이해할 수 있다.

아인슈타인의 본질

알베르트 아인슈타인[Albert Einstein, 1879.3.14~1955.4.18]

독일 태생의 이론물리학자. 광양자설, 브라운운동의 이론, 특수상대성이론을 연구하여 1905년 발표하였으며, 1916년 일반상대성이론을 발표하였다. 미국의 원자폭탄 연구인 맨해튼계획의 시초를 이루었으며, 통일장이론을 더욱 발전시켰다.

— 네이버 백과사전

아인슈타인을 모르는 사람은 없다. 아인슈타인을 바로 아는 사람도 없다.

인간은 뇌의 활동인 생각에 대해서는 무지하기에 자신의 마음을 모름에 대해서는 당연시하면서도 사람들의 두뇌 활동에 대해서 검사하며 머리가 좋고 나쁘고를 분별하려 한다. 그런 면에서 본다면 인간은 참으로 무지하다. 세뇌에 의해서 무지를 배웠으니 무지한 줄도 모른다. 인간이 무지함에도 고귀한 이유는 본성이 신이기 때문이다.

인간의 두뇌는 모두가 다르지 않다. 욕망을 채우는 방법을 위한 검사에 한정되었을 때 좋고 나쁨이 있을 뿐이다. 모든 인간은 평등하며 개인마다의 특성이 다를 뿐이다. 아인슈타인은 과학 분야에서는 천재이지만 기능 분야에서는 둔재일 수 있기 때문이다.

아인슈타인의 전해지는 말에서 진리를 깨우침을 발견할 수 있다. 세상을 분별의 세계와 본질의 세계로 분리한다면 그들의 세상은 본질의 세계로 비유할 수 있다. 아인슈타인의 본질을 깨우침에 따른 말들이 있다. 그의 남겨진 말들에 대한 설명을 통해서 본질을 이해할 수 있다.

✓ **무한한 것은 인간의 어리석음과 우주이다. 하지만 우주가 무한한지에 대해서는 확신이 서지 않는다.**
✓ **'상대성 이론'에 대한 설명**

아인슈타인은 상대성 이론의 간략한 설명에서 시간과 공간이 있는 것이 아니라고 말하고 있다. 상대성 이론에 대한 간단한 설명에서 "사람이 뜨거운 난로에 손을 대고 있으면 1분이 한 시간같이 길게 느껴지지만 연인과 함께 있으면 한 시간이 1분과 같이 짧게 느껴진다"는 말이다. 이 말은 시간이라는 것이 인간의 관념일 뿐 실재가 아니라는 뜻이다.

자신도 인간이면서 인간의 어리석음이 우주보다 더 무한하다는 비웃음이지만 그에 대해서 사람들은 언급을 회피한다. 아마도 아인슈타인은 천재이며 자신은 그렇지 못하다고 생각하기 때문일 것이다. 그렇다고 하더라도 듣기에는 자존심 상하는 말이며 듣기 싫은 말이다. 그가 너무 똑똑하다 보니 그러려니 하며 못 들은 척하는 것인지는 모르겠고.

노자가 공자에게 말하되 "그 허울을 벗어라"라는 말을 들었을 때에 공자는 듣되 들은 척도 아니하고 돌아서서 그 자리를 떠나갈 수 있었을 것이다. 하지만 공자는 말했다. "내가 오늘 도를 성취한다면 내일 당장 죽어도 여한이 없다"고.

아인슈타인은 반공주의자들에게 많은 시달림을 당하면서도 평등성을 강조한 인물로 전해진다. 인간의 어리석음이 우주보다 더 무한하다는 말은 우주의 실체가 없음을 간파한 말이며 또한 상대성 이론의 핵심은

'보는 자'인 주체가 있기에 그 '대상'이 있는 것이라는 설명이지만 주체가 없음을 상상할 수 없는 사람들에게는 우이독경이었을 것이다.

보는 자인 내가 없으면 대상이 없음을 말하는 것이며 존재하는 모든 것의 본질은 무無(아무것도 없는 것)라는 설명을 하고자 한 것이 아닌가 싶다. 시간과 공간 및 존재하는 모든 것의 본질은 '아무것도 없는 것'이며 오직 인간의 관념에 의해서만 존재하는 것이라는 뜻이다.

생각의 미묘함을 관념으로 헤아릴 수 없기에 사람들은 괴로움과 고통을 겪는다. 아인슈타인이 어떤 경로를 통해서 진리를 깨달을 수 있었는지에 대해서는 알 수 없으나 어떠한 생각이든지 한 생각[一念]의 오랜 집중의 결과는 삼매에 이르게 한다. 아인슈타인의 경우에는 '우주'라는 낱말 하나에 오랜 시간의 집중에 의해서 '나 없는 나'를 깨우칠 수도 있었을 것이라는 생각을 해볼 수 있다.

상대성 이론의 결론은 보는 자인 '자아(주체)'가 존재하기에 '대상'이 있는 것이며 보는 자의 관념이 사라지면 대상은 본래 있는 것이 아님, 즉 '아무것도 없음'에 대한 설명임에 대해서 과학은 이해할 수 없을지도 모른다.

아인슈타인은 인간의 어리석음과 우주를 비유하여 우주의 실체가 없음을 말하면서 불교라는 종교에 대해 언급하였다고 전해진다. 불교라는 종교가 우상숭배를 목적으로 하니, 진리를 깨우침에 대해서는 어긋남을 알고 있었기에 자세한 설명을 하지 않았을 것이나 석가모니가 말했던 공空의 세계, 무無의 세계에 대해서 공감했음을 표현한 것임을 알 수 있다.

깊이 잠들어 있는 동안에는 '생각'의 흐름이 끊어지면서 주체인 '나라는 생각'이 없기에 대상이 있을 수 없다. 일념의 무념처라는 표현의 삼매에서는 정신이 똑바로 차려진 맑은 정신 상태에서 '육체가 내가 아님'을 알아차리게 되며 모든 의심의 근원이 밝혀짐에 따라서 세상사, 인생사 모든 것들에 대한 의구심도 말끔히 사라진다. '아무것도 없는 것'의

'완전함'인 진리, 즉 통찰의 지혜를 얻는 것이다. 고전에는 이에 대해서 안심입명安心立命이라고 표현되는 듯하다.

라마나 마하리쉬의 불이일원론

라마나 마하리쉬 [Ramana Maharshi, 1879.12.30~1950.4.14]

인도의 힌두 철학자이자 요가 수행자이다.

'대사(大師)', '바가반', '아루나찰나의 현인'이라고 불리며 일원론과 마야에 대하여 샹카라와 비슷한 견해를 가졌다. '비차라(심사숙고하는 자아 탐구)'의 기법을 개발하여 독창적인 요가 철학을 발전시켰다.

— 위키백과

인도 브라흐만 계급의 집안에서 태어났으며 17세의 어린 나이에 변호사였던 아버지의 죽음을 통해서 삶과 죽음이 실재하지 않을 것이라는 생각을 하게 되었으며 우연한 기회에 보았던 서적을 통해서 미지의 세계에 몸을 던졌던 인물이다.

'나는 죽었다'라는 깊은 생각에 몰입되면서 두려움으로 몸이 떨림을 느끼면서 자신을 포기할 즈음에 삶과 죽음이 둘이 아님을 깨우침이 동기이다. 언젠가 우연한 기회에 책에서 보았던 '아루나찰나'라는 신성한 산을 향해서 집을 나섰으며 신성한 산에 도착하자마자 깊은 삼매에 들었다고 기록되어 있다.

아인슈타인, 헤르만 헤세 등의 인물들과 같은 시대의 인물들이었기에 인터넷이 발달된 현 시대였다면 서로의 대화를 통해서 깨달음에 대해

더욱더 분명한 이치가 설명되었을지도 모를 일이다.

1950년대 사망하였으며 사망 50여 년 이후에 '나는 누구인가'라는 책이 출판되었다. 마하리쉬는 천지만물의 평등성을 말하였으며 모든 사람들이 자신의 나를 알면 신과 하나라는 분명한 메시지를 남겼던 인물이다. 신이 세상을 창조하였으며 신이 세상을 돌보고 있음을 말하면서도 사람이 본성을 깨우침이 신이라고 설명한 것이다. 이는 예수와 석가모니의 가르침과 다르지 않은 말이다.

라마나의 저서 '나는 누구인가'의 첫머리에 '진아'에 대한 설명을 통해서 육체는 그릇된 나, 즉 가공된 나라는 표현은 불경의 '반야심경'과 다르지 않은 내용이며 불이일원론의 본질인 '나라는 생각'이라는 말과 '나라는 생각의 뿌리'에 대해서도 언급하였다.

세상에는 노자와 석가모니를 시작으로 하여 오래 전부터 불이일원론이 전해져 오고 있었다. 샹카라에 의해서 불이일원론이라는 낱말이 만들어졌으며 이를 통하여 좀 더 구체적으로 설명되었음에도 불구하고 이를 이해할 수 있는 근간이 마련되지 못하였기에 신비주의 또는 특별한 인물들의 전유물처럼 왜곡되어 전해진 것이다.

라마나 마하리쉬의 글에 '나라는 생각'이라는 말과 '생각의 뿌리'라는 말이 있다. '나라는 생각의 뿌리'라는 말은 불이일원론의 뿌리이지만 사람들에게는 생각의 영역을 넘어서 있는 말이다.

〈깨달음의 실체를 밝힌다〉라는 책을 통해서 '나라는 생각의 뿌리'에 대해서 설명하였으며 본서를 통해서 좀 더 구체적으로 설명하려 한다. 인간은 누구나 마음과 생각의 미묘한 이치를 깨우침으로써 기쁨과 평화로운 삶을 영위할 수 있기 때문이다.

마하리쉬의 글이 에크하르트와 같이 어느 종교의 세력 안에서 쓰여졌다면 예수나 에크하르트와 같이 사형을 면치 못하였을 것이지만 '인도'라는 폐쇄적인 사회에서도 그는 진리(깨달음)에 대해서 분명하게 설명하였으며 '진아'와 '진아 무지'에 대한 설명을 통해서 인간의 본성이 신임을 분명히 밝히고 있다. 세월이 흐른 뒤에 쓰여졌기에 그의 죽음에 대해서 신비로움으로 포장된 점은 있으나 중요한 일은 아닐 것이다.

국내의 모든 서적들이 한글로 번역되는 과정에서 번역하는 자의 생각(기억, 지식)의 범위 이내에서 표현될 수밖에 없기 때문에 본질은 전해질 수 없을 것이다. 데카르트와 마하리쉬에 대한 글에서는 '의심의 근원'이라는 말과 '마음의 뿌리'에 대해서 언급이 되었으나 기억에 바탕을 둔 사고방식으로써는 생각의 영역을 벗어난 말이니 영원히 비밀의 언어로 남겨질 수밖에 없었을 것이다.

이제 그 진실을 밝히니, 그 길을 가면 어떠하겠는가?

헤르만 헤세의 존재의 거듭남

헤르만 헤세[Hermann Hesse, 1877.7.2~1962.8.9]

독일의 소설가 · 시인. 단편집 · 시집 · 우화집 · 여행기 · 평론 · 수상(隨想) · 서한집 등 다수의 간행물을 썼다. 주요 작품으로 《수레바퀴 밑에서》(1906), 《데미안》(1919), 《싯다르타》(1922) 등이 있다. 《유리알유희》로 1946년 노벨문학상을 수상하였다.

— 네이버 백과사전

〈존재의 거듭남〉

새는 알 속에서 빠져 나오려고 싸운다.
알은 세계이다.
태어나기를 원하는 자는
하나의 세계를 파괴하지 않으면 안 된다.

선악의 세계를 파괴하지 않고
진리의 세계를 얻을 수 없다.
소유의 세계를 파괴하지 않고
존재의 세계를 얻을 수 없다.

과거와 현재 미래를 파괴하지 않고
지금의 순간을 누릴 수 없다.

존재의 거듭남은
옛 생명을 파괴하고 새 생명을 얻는 것이다.

궁극적 차원의 경험은 경험이 아니다.
그 순간 경험자는 존재하지 않기 때문이다.
경험자가 없기에 말할 수 있는 사람이 없다.
누가 그것을 말할 수 있겠는가.
주체가 없으니 객체 또한 없는 것이다.

막힘이 사라지고 공만이 남는다.
앎이 거기에 있지만 아는 자는 존재하지 않는다.
이것이 모든 깨달은 자, 신비주의자의 문제이다.
그들은 그 경지에 들었지만 그것을 설명해 줄 수 없다.
지적인 이해를 넘어서 있기에 설명이 불가하다.
그들은 그것과 하나다.
그것이다.

그들의 존재만이 그것을 설명하는 것이다.
그러면서도 지적인 교류는 가능하다.
만일 그대가 받아들일 준비만 되어 있다면
그들은 그것을 전해줄 수도 있다.
그대가 허용한다면, 그대가 수용하고자 하는 열망이 있다면
그들은 그대에게도 그런 일이 일어나도록 도와줄 수 있다.
이론이나 교리 그리고 사상은 아무 쓸모도 없다.

세상의 모든 신비주의자들은 언어의 무력함을 절감한다.
영적인 교류는 가능하다.
언어는 분별로서 존재할 수 있기에 끝없는 분별일 뿐이다.
진실은 말로 표현될 수 없다.
일상에서도 그러하다.

미지의 어떤 것이 나를 삼켜버렸다.
더 이상 나는 없었다.
그런데 그 어떤 것이 어떤 것이 아니다.
어떤 것도 없었다. 삼켜졌던 나는 없었다.
그곳에는 나만이 있었다.
있다라고 말하는 것은 없는 것이다.
하지만 없다라고 말하는 것은 있는 것이다.
오직 또 다른 나만이 있는 것이다.
그것이 나다.

그대의 눈으로 보이는 그것은 나가 아니다.
그것은 꼭두각시다.
그것에는 마음이 없다.
그것은 이미 내가 아니다.
나는 죽었다.
그대가 보는 그것은 내가 아니다.

어떤 일도 무관심하라.
무심할 때 신이 그대를 껴안을 것이며
그때 그대는 신에 흡수될 것이다.
그대의 마음은 의심이다.

욕망이다.

신뢰는 진리이다.
의심하지 말고 기대하지 말라.

아무것도 모르면서 모든 것을 아는 사람들에게
그의 앎은 외부에서 빌려온 것들이다.
밖에서 빌려온 것들이다.
잡다한 이론과 학설, 그리고 철학, 종교 나부랭이들
그 수집품들은 그의 의식을 짓누르는 무거운 짐이다.
그대가 밖에서 주워 모은 지식은 쓰레기이며 헛소리이다.
그것을 다 버렸을 때.

밖에서 빌려온 지식은 마음의 속임수일 뿐이다.
아무리 많은 지식으로 무장해도 스스로의 가슴과는 단절되어 있다.
지식에 매달리는 것은 쉬운 일이다.
지식은 또 다른 집착이다.
지식의 틀에 묶인 사람은 그 틀에서 벗어나지 못한다.
사상과 종교는 또 다른 집착이다.

신비주의자에 대해서 검색하다가 발견한 내용이다.
일념이 깊어지면서 더 가까이 다가올 것이기에….

붓다 고타마의 게송

〈참으로 노력하는 수행자에게〉

오~ 무명의 원인과 함께
행行 등의 연기에 속하는 결과를
자세하고 분명하게 관찰하여 모든 의심 사라졌네.
무상, 고, 무아의 본성을 명백히 보았노라.

의심의 근원에 다다르자.
모든 번뇌 사라지고
지혜의 밝은 빛 찬란하게 빛나네.

집(육체) 짓는 자가 누구인가를 찾아
수많은 생을 헤매며
거듭 태어남은 고통이어라.

아! 드디어 찾았네.
집짓는 자가 누구인가를

그는 바로 욕망(기억, 마음)이라.

집의 서까래(오온, 갈망)는 무너지고
대들보(무명)는 갈라졌네.

이 마음은 지금 모든 환영에서 깨어나
대열반에 이르렀고
욕망의 소멸을 이루었네.

여기서는 한 가지만 오해하지 않으면 될 것이다. '수많은 생을 헤매며 거듭 태어남은 고통이어라'라는 말이다.

수많은 생이라는 말은 찰나지간으로 생멸을 반복 순환하는 '생각'의 다른 표현이며, 거듭 태어남이라는 말 또한 찰나지간으로 끊임없이 일어나는 '생각'의 다른 표현이다(생각의 이치와 속성 편 참고). 이런 말들에 대한 이해(오해)에 의해서 윤회에 세뇌당한 것이니.

붓다 달마의 가르침

달마[達磨, Bodhidharma, ?~528?]

중국 남북조시대에 중국 선종(禪宗)을 창시한 인물이다. 당시의 불교와는 정반대인 좌선을 통하여 사상을 실천하는 새로운 불교를 강조했다.

— 네이버 백과사전

✓ **세속을 위해서 초월을 포기한 사람들은 아무리 많은 모습으로 나타나더라도 모두 중생이다.**

부처는 좋고 나쁜 운명에서 자유를 얻은 사람이다. 따라서 그런 능력으로 인해서 그는 업에 얽매이지 않는다. 어떤 종류의 업이라고 해도 그것은 문제가 되지 않는다. 부처는 그것을 초월한다. 천상이나 지옥이 그에게는 아무것도 아니다.

이는 종교를 두고 하는 말이다. 어떠한 상(아상)이 있다면 이미 어긋남의 표현이다. 삭발을 하고 승복을 입은 것도 중생이며, 옷을 바꿔 입고 부처나 예수 등의 우상을 숭배하는 자들도 중생이라는 뜻이다

✓ **만일 그대에게 확신이 없다면 행동하지 마라.**

한번 그대가 행동하면 그대는 생사의 바퀴 속에 빠져서 벗어날 수 없는 상태를 후회할 것이다. 이 마음을 이해한다면 그대는 행위 없는 행동을 해야 한다. 오직 그때만이 그대는 여래의 안목으로 사물을 보게 될 것이다. 행위 없는 행위, 즉 무위를 말함이며, 화두일념에 들어서 하는 행위를 뜻하는 말이다.

✓ **그러나 그대가 처음 도를 만날 때 그대의 의식은 잘 집중이 되지 않을 것이다. 그대는 마치 꿈이나 환상을 보는 것처럼 느낄 것이다. 그러나 그대는 이 모든 장면들이 다른 곳에서가 아닌 모두 그대 자신의 마음으로부터 나오는 것임을 의심하지 말아야 한다.**

처음 일념주력을 시작할 때에는 어리둥절하며 쉽지 않다는 뜻이며, 예수의 말 중에서 "너의 하나님을 의심하지 말라, 너의 하나님을 시험하지 말라"라는 말과 같이 자신의 본성이 '붓다'이며, '모든 것의 기원'임에 대해서 확신을 가져야 된다는 뜻이다.

✓ **만일 그대가 태양보다 더 밝은 빛을 본다면 그대 속에 남아 있던 집착은 갑자기 끝나 버릴 것이다. 그리고 실체의 본성이 드러날 것이다. 깨달음의 시작은 그렇게 나타난다. 그러므로 이것은 그대만이 아는 것이다.**

그대는 이것을 다른 사람에게 설명할 수 없다. 그대가 밤의 어둠 속에서 걷고 서고 앉고 눕고 하던 모든 것이 백일하에 드러날 때 그대는 놀라지 말라. 그것은 그대의 마음이 자신을 드러내는 것이다.

수행의 시작은 미약하지만, 삼매의 설명에서와 같이 스스로 알게 되는 것이며, 깨달음 역시 그대 자신만이 아는 것일 뿐이라는 뜻이다. 인가라는 말은 어리석은 자들의 잣대일 뿐이다. 태양같이 밝은 빛이라는 말은 자신의 본성이 드러남에 대한 밝은 지혜를 뜻하는 말이다.

✓ **만일 그대가 자신의 본성을 보거든 그대는 더 이상 경전을 읽거나 염불念佛을 할 필요가 없다. 이제 학식이나 지식 따위는 한낱 쓸모없는 것이 되었다. 그것들은 그대의 각성을 가리는 구름일 뿐이다. 경전의 교리는 그대의 마음을 가리키는 것일 뿐이다. 한번 그대가 자신의 마음을 본 이상 교리에 집착할 필요가 어디 있겠는가?**

'망상(사념)'에 의해서 본성이 드러나지 못할 뿐, 일념 집중에 의해서 본성을 보고 나면 학식, 교리, 지식 따위는 쓸모없다는 뜻이다.

✓ **중생에서 벗어나서 부처로 가기 위해서는 그대가 업으로부터 벗어나야 한다. 그리고 그대의 각성을 기르고 삶이 가져다주는 것을 받아들여라.**

한번 중생이 그들의 본성을 보게 되면 모든 집착이 끝나 버린다. 각성은 더 이상 감추어진 것이 아니다. 그러나 그대는 지금 당장에만 그것을 발견할 수 있다. 오직 지금뿐이다. 그대가 도를 진정으로 찾고 싶다면 어떤 것도 붙잡지 마라. 한번 그대가 업에서 벗어나 그대의 각성을 기르기 시작하면 모든 집착은 저절로 사라질 것이다. 그리고 참된 이해(명색, 통찰)가 자연스럽게 찾아온다. 그대는 아무런 노력도 할 필요가 없다.

그러나 광신자는 부처가 말한 뜻을 이해할 수 없다. 그들이 더욱 애쓸수록 성현의 본뜻에서 더욱 멀어진다. 하루 종일 그들은 염불하고 경전을 독송한다. 그러나 자신의 신성한 본성에 대해서 그들은 여전히 장님이다. 그래서 그들은 생사의 바퀴에서 벗어나지 못한다.

부처는 한가한 사람이다. 그는 복과 명성을 좇아서 뛰어다니지 않는다. 결국에는 사라져 버릴 것들이 뭐 그리 좋겠는가?

달마의 말들 중에서 가장 중요한 말은 '각성'과 '작용'이라는 말이다. 작용은 마음의 작용이다. 마음은 찾아보면 사라져 버린다. 찾지 않을 때에만 행위하는 것이다. '마음이 어디에 있나?'라고 묻고 있는 동안에 마음은 없다.

붓다 고봉화상의 게송

고봉[高峰, 1238~1295]

원(元)나라의 승려로 '만법귀일화(萬法歸一話)'의 화두(話頭)에 몰두하며 공부를 계속했다. 은거생활 중 많은 학도를 배출하여 그에게 계(戒)를 받은 사람이 수만 명에 달한다고 한다.

— 네이버 백과사전

七十八年歸故鄕(칠십팔년귀고향)	일흔 여덟 살다가 고향 돌아가려니
山河大地盡十方(산하대지진십방)	산하대지 어디나 다 내 고향일세
刹刹塵塵皆我作(찰찰진진개아작)	이 세상 모든 것 내가 만든 것이니
頭頭物物本眞鄕(두두물물본진향)	보고 듣는 어느 것이 고향 아니랴

여기서 중요한 말은 '이 세상 모든 것 내가 만든 것이니'라는 말이다. 이는 노자의 도의 설명에서, '도는 어디에나 있다. 도는 모든 것의 기원이다'라는 말과 다르지 않은 말이다.

예수의 성령, 하나님과 같은 말이며, 절대자, 창조자, 브라흐만, 참 나, 아트만, 불성과 같은 뜻의 다른 표현이다. 일체유심조의 설명과 같이 나라는 생각, 마음이 세상을 창조한 것이라는 뜻이다.

붓다 언기선사의 게송

언기[彦機, 1581~1644]

조선 중기의 승려이다. 휴정에게서 법을 받았으며 금강산 천덕사, 구룡산 대승사, 묘향산 천수암 등에서 선과 교를 함께 강론하여 명성을 얻었다. 서산대사 문하의 사대파의 하나인 편양파의 개조이다.

— 네이버 백과사전

雲邊千疊嶂(운변천첩장)　구름가엔 천겹의 번뇌 산봉우리요
檻外一聲川(함외일성천)　해탈한 난간 밖엔 철철철 시원한 개울물 소리
若不連旬雨(약불연순우)　만일 장맛비가 아니였던들
那知霽後天(나지제후천)　어찌 비 개인 뒤에 하늘을 알리

장맛비, 일념삼매의 뜻이다. 일념삼매에 의해서 백천만겁의 번뇌와 망상의 산봉우리가 사라짐에서 시원한 개울물 소리에 비유한 것이다. 번뇌 망상이 사라짐에 따른 청정함, 시원함의 표현이다.

붓다 소요선사의 게송

태능[太能, 1562~1649]

조선 전기의 승려로 소요문파(逍遙門派)의 개조(開祖)이다. 임진왜란 때 승군(僧軍)에 가담하여 싸우며 공을 세웠다. 문집에 《소요집》이 있다.

— 네이버 백과사전

解脫非解脫(해탈비해탈)	해탈이라고 할 때 벌써 해탈이 아니로다
涅槃豈故鄕(열반기고향)	열반인들 어찌 고향이랴
吹毛光爍爍(취모광삭삭)	취모검 번득이는 빛에
口舌犯鋒鋩(구설범봉망)	입 대지 마라 혀 잘릴라

명색, 형상과 이름과의 동일시의 통찰에 대한 설명이다.

해탈이라고 말하면 이미 어긋난 것이다. 내가 깨달았다고 말한다면 이미 어긋난 것이다. '나는 없다'라고 말하면, 그 없다고 말하는 '나'가 에고이다. 그러다 보니 침묵, 위대한 침묵이라는 말들이 생겨난 것이다.

열반, 해탈, 깨달음, 삼매 모두가 말로 만들어진 소리이다. 말 변사, 말로 지어진 세상, 말로 만들어진 세상이라는 뜻이다. 우주의 실체가 '아무것도 없는 것'이듯이 '우주'라는 말이 있기에 있는 것이다.

언어, 말, 낱말, 말없이 상상될 수 있는 것은 없다. '입 대지 마라. 혀 잘릴라'라는 말은 '알음알이 두지 마라'는 말이다.

붓다 육조 혜능선사의 게송

혜능[慧能, 638~713.8]

중국 선종(禪宗)의 제6조로서, 육조대사(六祖大師)라고도 한다. 신수(神秀)와 더불어 홍인 문하의 2대 선사로 남종선(南宗禪)의 시조가 되었다. 그의 설법을 기록한 《육조단경(六祖壇經)》이 전해진다.

— 네이버 백과사전

菩提本無樹(보리본무수)	깨달음은 보리수와 같은 형상이 없네
明鏡亦無臺(명경역무대)	밝은 마음 또한 경대와 같은 모양이 없네
佛性常淸淨(불상성청정)	본래 마음인 불성은 청정한데
何處有塵埃(하처유진애)	어디에 티끌이 있으리오

위의 말들의 요점은 본래 있는 것은 '아무것도 없는 것'이라는 뜻이다. 깨달음, 그것은 자신의 본래 마음(빈 마음=생각)을 찾는 일이다. 자신의 마음과의 한판 싸움이다.

참으로 신비한 것은, 일념주력에 의해서 마음이 사라져 간다는 것이다. 일념주력이 깊어지는 만큼, 꼭 그만큼 잠재되었던 지혜가 드러나는 것이다. 지식으로의 해석은 의식을 억누르는 짐이 되지만, 일념주력에 의해서 드러나는 지혜에 의해서 갈등은 사라져 간다.

생각의 속성과 이치를 이해함에서… 상대적일 수밖에 없는 언어의 허구성을 인식함이 우선되어야 한다. 일념주력의 힘이 강해지면서 상대적인 언어의 동일시에 대한 통찰의 지혜가 드러날 것이다.

붓다 예수의 게송

하루 종일 기도, 일념에 집중하라.
천지만물도 나 없이는 세상에 나올 수 없다.
나는 모든 것의 기원이다.

너희 안에 하나님이 있다.
너의 하나님을 의심하지 말라.
너의 하나님을 시험하지 말라.
너의 하나님을 믿어라.

담대하라, 내일을 염려하지 말라.
승리하는 자, 이기는 자가 돼라.
네 마음을 이기면, 이겨야 할 대상이 없느니
깊은 강물에 그물을 던지듯 너의 마음 깊이 들어가라.

네 시작은 미약하나, 네 나중은 심히 창대하리니
진실로 말하노니 사람이 거듭남이 성령이다.
선함과 악함을 분별하지 마라.
어린아이와 같이 순수하지 않으면 천국, 하나님 나라를 볼 수 없나니.

하나님 나라 그곳은
나와 너, 그리고 이웃이 둘이 아니다.
나의 말을 믿고 두려움 없이 나아가라.
그날이 올 것이다.
너와 나 모두가 둘이 아닌 하나가 되는 날
참 나, 그것이 모든 것의 기원임을 알게 될 것이다.

우상을 숭배하지 말라.
오직 진리가 너희를 자유하게 할 것이다.

예수 붓다의 가르침, 그 본질을 바로 볼 수 있어야 한다.

예수가 말하는 지옥이 있다면 그것은 인간의 아귀다툼, 투쟁을 일삼아야만 하는 인간들의 세상이다.

예수가, 이웃을 네 몸처럼 사랑해야 한다고 말하는 예수가, 하루 종일 기도하여 꿈에서 깨어나라고 말하는 예수가, 사람과 사람이 싸워서 이기고 승리하는 자가 되라고 했겠는가?

아니다.

아니다.

아니다.

너희가 잠들어 있기에 깨어나라고 한 것이 아니다. 너희의 삶이 생각에 이끌려 살아가는 어린 양과 다르지 않기에 하루 종일 기도하여 환상에서 깨어나라고 하는 것이다.

어찌 죽어서 천국이라 하겠는가? 몸은 질그릇과 같은 것이어서 항상, 언제 어디서나 깨져서 사라질 수 있는 것이니 그것에 집착하지 말라는 말이다.

몸은 실재가 아니다. 내 것도 아니며, 나도 아니니, 그것에 집착하지 말라는 뜻이다.

죽고 나면 몸이 없는데, 고통 받을 몸이 없는데, 천국에서 호사스러워 해야 할 몸이 없는데, 지옥에서 고통 받아야 할 몸이 없는데 무엇이 천국이며 무엇이 지옥이란 말인가? 지금 몸이 있기에, 몸이 없음을 상상할 수 없으나 몸이 없는데 고통이 있을 수 있겠는가?

잠들어 있는 동안에 꾸는 꿈속에서도 희로애락과 생로병사를 경험한다. 식은땀을 흘리기도 하며 소리를 지르기도 한다. 꿈속에서의 고통은 몸이 움직이지 않아도 겪는 고통이다. 그렇다면 고통은 생각에서 비롯된 것이라는 것, 그것도 이해가 아니 되는가?

예수를 비롯하여 아담과 노아, 아브라함, 이스마엘, 야곱, 모세, 다윗, 마호메트 등의 인물들이 도를 깨우친 인물들일 것이다.

그것에 대해서 도道라는 말로 표현하는 곳은 중국일 것이며, '깨달음'이라는 말을 쓰는 나라는 이곳이겠지. '붓다'라는 말이 세계 공통어인지는 모르겠고.

지인들의 가르침의 요지

세상이 발전을 열망하는 것 같다. 발전에 의해서 복잡하게 변화된 것일 뿐, 그것이 결코 인간의 행복이나 평화와는 상관없는 것 같다. 발전이라는 것은 길 잃은 어린 양들이 목동을 잃어버리고 방황하는 것과 다르지 않기 때문이다. 인류는 길 잃은 어린 양들이다. 아무것도 모르면서 다 안다고 생각하는 자들, 언술이 뛰어난 자들이 길을 인도하다 보니 길이 아닌 길을 가는 과정이 발전이라는 것이기 때문이다.

발전의 반대말이 자연이다. 자연은 인간의 모태이다. 발전의 결과는 멸망이며 멸망의 결과가 자연이다.

발전이라는 것이 진행되면서 또한 진행되는 만큼, 발전물들을 일시에 파괴할 수 있는 무기 또한 발전보다 앞서가는 것이니, 문명인이라는 것들의 발전의 결과 그 의미는 무엇일까? 도대체 발전의 목적지가 어디까지란 말인가?

인공지능 로봇을 만들고 그것들이 모든 것을 해결해 줄 때까지 발전하고 싶은 것인지도 모른다. 그 결과에 대해서는 상상할 수 없기 때문이다. 발전이라는 명분에 힘입어 사람들 간의 생존경쟁은 그야말로 심각할 지경이다.

이 나라의 인구 중에서 80퍼센트나 되는 사람들이 우울증을 경험했다는 보도, 예측할 수 없는 발전의 결과는 인간 스스로의 무덤을 파고 있는 것과 다름이 없는 것은 아닌가? 불치병이 난무하지만 한쪽에서는 더 오래 살고 싶어 하는 사람들의 장수문제를 연구하는 곳이 생겨나고 있으며 인간을 복제하고 싶어 하는 것 같다.

얼마나 더 오래 살아야 하는 것인가? 누가 오래 살든, 아니면 평균 수명이 더욱더 길어져서 한 150년 살게 된다면 그 다음에는 무슨 일이 벌어지겠는가? 노인들만 넘쳐난다면 누가 그들을 먹여 살려야 하겠는가? 지금 먹을 것이 충분하다 보니 그것을 생산하는 사람들은 항상 존재할 것이라고 생각하는 것인가?

수명이 길어져서 자식들을 낳지 않는다면 먹여 살릴 사람이 없으니 자멸할 것이며, 자식을 계속 낳는다면 지구는 대 만원이 될 것이며 지금보다 생존경쟁은 더욱더 치열해질 것이다. 먹을 것을 구하기 위해서 서로가 죽고 죽이는 싸움판이 될 것은 자명한 일이 아니겠는가?

하나만 더 짚어 보자.

발전에 발전이 거듭되다 보면, 인공지능 로봇이 모든 일을 다 해줄 것이라고 믿는 것인가 보다. 그것이 먹을거리를 만들고 배설물까지 해결해 준다면 그 다음에 인간은 무슨 일을 할까에 대해서 생각해 본 적도 없을 것이다. 버튼 하나로 모두 해결된다면 할 일이 없을 것이다. 그것을 소망하는지도 모르지만 참으로 어리석음의 극치일 수밖에 없다.

지금도 걷기 싫어하는 사람들이 많다. 맛있는 음식을 충분히 먹고, 빈둥빈둥 할 일 없이 구경만 다닐 것인가. 지금도 비만이 심각한 지경인데, 모두 비만으로 병을 얻을 것인가. 할 일 없어 따분하니 싸움이나 할 것인가. 아니면 하루 종일 술 마시고 노래하고 춤이나 추면서 살 것인가?

아닐 것이다. 그때쯤이면 아마도 불치병이 만연할 것이며 지구에 대변혁이 일어날 것이다. 그때쯤이 또 다른 태초가 아닌가 싶다. 지금과 같이 투쟁해야만 하는 삶이라면 백 년을 살든 천 년을 살든 고통만 가중

될 것이다. 생로병사의 고통에서 헤어나지 못하는 한 죽음에 대한 두려움에서 벗어날 수 없질 않은가.

지금 이 순간만이 실재이다. 내일 살아있다고 단언할 수 없지 않은가? 지금 그 길을 가라. 자유와 평화는 오직 그 길에서 만날 수 있다.

다음 편에서 자신의 마음이 어떻게 형성된 것인지에 대해서 충분히 이해할 수 있을 것이다. 세상에 처음 알려지는 비밀의 언어이다. 그 이치만 깨우친다 하더라도 그대는 평화에 가까이 다가설 수 있을 것이며 검증된 삶을 영위할 수 있을 것이다.

그대 자아의 실체를 찾는 일이다. 자아의 본질이며 자아의 완성을 위한 길이다. 사소한 욕망에 목숨을 걸어서야 되겠는가. 나의 말을 듣고 옳거든 그 길을 가라. 그것이 너희를 자유하게 할 것이니.

한마디 더.

불이일원론을 역설한 인물들의 글에 대한 설명에서 그들의 말이 곧 불립문자 또는 언어도단이라는 말로 표현되는 것임에 대해서 납득할 수 있기를. 그런데 이해하는 말과 납득이라는 말의 차이에 대해서 잘 모르겠네. 사전의 설명이 모호하니 손이 가는 대로 쓸밖에.

가는 길에 세계 4대 성인에 대해서 알아보고 넘어가자. 알아보기 전에 분명히 알아야 할 것이 있다. 그것을 알고 나서야 비로소 그들의 본질에 대해서 납득할 수 있기 때문이다.

신앙이라는 말이다. 사전에서 찾아보니.

신앙(信仰) 【명사】

1. 믿고 받드는 일.
2. 〈종교〉 초자연적인 절대자, 창조자 및 종교 대상에 대한 신자 자신의 태도로서, 두려워하고 경건히 여기며, 자비 · 사랑 · 의뢰심을 갖는 일.

어떤 글에서 보니 인간은 자신이 자신의 존재를 의심해야 하는 수수께끼 같은 삶이라면서 인류 4대 성인들의 유언, 즉 그들의 생애와 지상 최후의 날에 남긴 말들을 분석하여 수수께끼를 풀려고 하는 것 같다.

세계 4대 성인의 기준이 무엇인지는 모르겠으나 분명히 알아야 할 것은 석가모니나 예수가 종교 따위의 창시자는 아니라는 것이다. 허허. 이젠 이미 아는 사실인가?

여기서 하고자 하는 말은 두 가지이다. 하나는 철학과 종교와의 관계이며 둘은 세계 4대 성인 중에서 그들과 공자와의 관계에 대한 것이다.

인간이 인간의 기원을 모른다. 21세기 최고의 지성은 이제 인간의 기원을 안다고 생각한다. 우주가 아무것도 없는 것이니, 인간 또한 천지만물과 같이 아무것도 없는 것에서 나타난 것이라고 알기 때문이다. 그렇다면 해답이 나온 것이다.

성선설이니 성악설이니, 창조론이니 진화론이니, 허긴 경험은 경험인데 기억할 수 없는 경험이니 할 수 없는 노릇이고, 같은 뜻의 다른 표현이지만 철학과 종교와의 차이는 없다. 그 어느 집단이든지 간에 옳은 것도 없으며 옳지 않은 것도 없다는 뜻이며 종교 또한 사이비도 없으며 사이비 아님도 없다는 말이다.

인류는 철학이 바탕이며 철학의 바탕은 하늘과 땅, 그리고 인간이기 때문에 점성술에 의존하거나 미지의 신에 의존할 수밖에 없었다. 자신이 자신의 근원을 알 수 없으니 하늘의 뜻으로 여길 수밖에 없었음은 당연할 것이다.

무신론자들은 종교를 비방하기도 하지만 그것 또한 무한한 어리석음의 소치이다. 인간은 누구나 신앙인이다. 그것이 운명의 신이든, 하늘의 뜻이든, 우상을 숭배하든, 그것이 무엇이든지 간에 어딘가에 의존하여 존재할 수밖에 없기 때문이다. 자신의 나를 모르면서 다른 나를 탓해서는 아니 된다는 말이며, 그것이 어느 길이든지 내가 옳다고 주장하지 말아야 한다는 것이다. 단 하나 알려야 할 것이 있다면 구도의 길일 것이다.

세계 4대 성인을 선정하여 발표하기까지는 고심이 많았을 것이다. 고심이라는 말이 옳은 표현인지는 모르겠다. 모두 다르지 않은 말인데 이런 말들을 분별해서 써야 하다 보니 생각이 일어나는 낱말들에 대해서 사전을 찾아봐야만 한다. 모두가 그 말이 그 말인데….

무슨 말이냐면, 마호메트의 말이 남겨졌다면 그가 도를 깨친 인물인지, 에고인지 구분할 수 있겠지만 남겨진 말을 찾을 수 없으니 모르겠고.

소크라테스와 석가모니, 그리고 예수의 말은 앞서 설명한 바와 같이 모두 같은 뜻의 다른 표현들이지만, 기억(경험)에 바탕을 둔 지식으로써는 해석될 수 없음에도 불구하고, 그들의 말이 너무도 분명하다 보니 우선 성인으로 추대했을 것이다(추대라는 말이 맞는지, 지정이라는 말이 맞는지, 선정이라는 말이 맞는지는 모르겠으니).

그런데 소위 지식인이라는 사람들이 그들을 성인으로 선정하고 나서 보니 그들의 근본 바탕에 대해서 납득할 수가 없었다. 그들의 말은 인류가 가야 할 길에 대한 분명한 가르침이지만 그들의 말에서는 어떤 기준(중심, 바탕?)을 찾아낼 수가 없었다는 것이다. 같은 뜻의 다른 표현들이지만 시대와 상황에 따라서 표현 방법이 다를 수밖에 없었기 때문이다. 아마 이 글들 또한 이와 다르지 않을 테지만.

그들의 말이 한글로 번역되면서 그들의 본질이 올바르게 전해질 수 없었듯이 이 글들 또한 외국어로 번역된다면 마찬가지가 될 수밖에 없다는 뜻이다. 그런 다음에 공자의 가르침을 보니 그럴 듯하고 쉽거든. 그러다 보니 세계 4대 성인에 공자가 포함된 것이겠지.

요즘 왜 신흥종교들이 많아지겠는가? 길 잃은 어린 양들이 갈 곳이 없어진 탓이다. 발전이 행복이고 평화인 줄 알았는데 그것이 아니기 때문일 것이다. 인류의 과도기랄까? 태초, 발전, 멸망… 그렇게 반복 순환되어 왔으니.

인류의 태초와 발전 그리고 멸망, 한 사람의 인생살이하고 다르지 않다는 것이다. 태어남이 태초이며, 성장함이 발전이며, 죽음이 멸망이니. 그것이 자신도 모르는 생각의 윤회이고, 생각의 윤회의 결과가 고통스러운 죽음이다. 그러니 깨어나라고 하는 것이다.

| 제 3 장 |

마음이란?

마음이 어디에 있는가? | 마음의 뿌리, 1차 에고의 탄생 | 마음의 형성 과정, 순수의식에서 1차 에고 | 마음의 형성 과정, 2차 에고에서 3차 에고 | 생각의 이치와 속성 | 마음과 생각의 미묘한 관계 | 꿈과 생각의 관계 | 생각의 이치와 속성 | 질병과 생각의 관계 | 자아와 신과의 관계 | 지성, 지성체의 허구 | 도(道), 우주의식의 관점에 대한 이해

마음이 어디에 있는가?

이제 마음이라는 것이 어디에서 왔으며 어디로 가는지 그 행방을 추적해 보아야 한다. 사람들은 그것이 어디서 나타난 것인지도 알지 못하며 가슴 어디엔가 있다고 아는 것 같다.

우주가 아무것도 없는 것이라고 알지만 지식이 그러하듯 쓸모없는 앎이다. 신비주의자, 초월자로 알려진 인물들은 이미 그에 대해서 충분히 설명해 왔으며, 그런 지식(욕망=마음)을 쓰고 버려야만 비로소 자유와 평화에 다가갈 수 있다고 하였다.

참으로 안타까운 것은 그들의 말이 불변의 진리지만 그들의 말은 오직 그들이 존재할 당시에만 진리일 수밖에 없다는 것이다. 왜냐하면 불립문자이며 언어도단이라는 말과 같이 그것에 대해서 '이것이다, 저것이다'라는 분별된 언어로써는 표현될 수 없음에도 불구하고 또한 그런 언어로 설명할 수밖에 없기 때문이며, 그들이 사라진 뒤에는 언술이 뛰어난 자들에 의해서 왜곡될 수밖에 없기 때문이다. 그렇기에 예수는 그들에 대해서 그리스도의 적이라고 하였으며, 석가모니는 소리와 형상으로는 여래를 볼 수 없다고 하였건만.

전철에서 일어난 에피소드이다.

말쑥하게 차려입은 삼십 대 젊은이의 핸드폰에서 벨이 울렸다. 핸드

폰을 열고 보니, 전화를 건 사람의 이름이 '개새끼'이다. 점잖게 앉아있던 젊은이가 벌떡 일어나며 목소리를 가다듬고 머리까지 조아리며 말한다.

"예, 부장님! 접니다."

누구를 탓하겠는가?

사람들 모두가 자신만이 옳다는 관념에서 벗어날 수 없기 때문에 고통을 겪는 것이다. 예수의 말로 전해지는 성경에는 이기는 자, 승리하는 자가 되라는 말이 있다. 자신의 나를 이기고 나면 더 이상 이겨야 할 대상이 없으니, 그에 대해서 사람이 거듭나야만 하나님 나라를 보는 것이며 성령이라고 한 것이다.

마음의 형성 과정에 대한 설명을 통해서 나의 앎이, 나의 마음이 대상에 의해서 가공되어진 사실에 대해서 분명히 납득할 수 있을 것이다. 샹카라는 경험의 오류에 대한 몇 가지의 비유를 들었던 것으로 전해진다.

밧줄을 뱀으로 오인한 사람은 그것이 뱀이 아니지만 그것을 뱀으로 아는 한 그것은 영원히 뱀이라는 뜻이다. 육체가 나라는 앎이 그와 같다는 뜻이다. 또는 마법사의 손에서 피어나는 꽃에 비유하기도 한다.

이 글을 통해서 자신의 나를 돌아볼 줄 아는 지혜로운 삶을 영위할 수 있을 것이며 나아가서는 인류의 자유와 평화를 위한 등불이 된다면 더 이상 즐거운 삶이 어디에 있을 수 있겠는가?

마음이 어디에 있는가?

마음이 어디에 있는가?

마음이 어디에 있는가?

이렇게 묻다 보면 '마음이 어디에 있는가?'라는 생각을 하고 있었다. '마음이 어디에 있는가'라고 묻는 동시에 이미 과거가 되어 버린다. 과거의 어떤 생각도 이와 다르지 않다.

자신도 모르게 찰나지간으로 일어나는 생각들은 스스로 일어나거나 내가 생각한다고 아는 생각들까지도 일어남과 동시에 과거가 되면서 지속적으로 과거를 만들어 왔으며 지금의 어느 생각들 또한 과거를 만들어가는 중이다.

'지금부터 다른 생각을 하자'라고 말을 하더라도 '지금부터 다른 생각을 하자'라는 생각을 했던 것이며 '생각을 하지 말자'라고 말을 하더라도 '생각을 하지 말자'라는 생각을 하고 있었던 것이다. 그러니 그대가 어떤 생각을 하든지 간에 그것을 생각함과 동시에 그것들은 과거를 만들어 왔던 것이며, 과거를 만들고 있는 것이며, 과거를 만들어 나가고 있다는 것이다.

내일을 생각하든지, 미래를 생각하는 일 또한 이와 다르지 않으며 지금만 생각한다는 말도 이와 다르지 않다는 것이다. '지금 무슨 생각을 하고 있는가'라는 생각 또한 '지금 무슨 생각을 하고 있는가'라는 생각을 이미 한 것이니 과거가 된다는 말이다. 그렇기 때문에 생각으로써는 생각을 추월할 수 없는 것이며 생각, 관념으로써는 생각의 이치에 대해서는 설명할 수도 없으며 이해할 수도 없다는 말이다.

첨단 과학이라는 것들이 지금 인간의 생각에 대해서 연구 중이며 그것을 바탕으로 하여 의료기기를 만들기도 한다고 한다. 이 또한 어리석음의 소치에 불과한 것이다.

나의 생각이지만 생각에 이끌려 살아갈 수밖에 없는 이유가 앞서 설명한 바와 같이 내가 생각한다는 생각으로써는 그것을 추월할 수 없기 때문이다. 오직 일념명상을 통해서 그것의 이치를 조금씩 깨우쳐 나갈 수 있을 뿐이다.

마음이 어디에 있는가?

마음이 어디에 있는가?

'마음이 어디에 있는가'라고 찾다 보면 마음은 사라져 버린다. '마음이 어디에 있는가'라는 생각을 하고 있었기 때문이다. 그러니 마음은 찾지 않을 때에만 행위하는 것이다.

끊임없이 찾아가다 보면 그것이 본래 있는 것이 아님을 깨우치게 된다. 그것이 또한 의심의 근원에 다다르기 위한 방법이며 일념명상의 뜻이기도 하다. 이런 맥락에서 자신을 의심할 수밖에 없는 '나는 누구인가'라는 한 구절을 명상의 도구로 삼아 모든 의심에서 해방될 수 있으며 의심의 근원에 다다름에서 비로소 그것의 실체가 드러나는 것이다. 그것이 모든 것의 기원이다.

마음의 뿌리, 1차 에고의 탄생

예수는 순수의식에 대한 설명에서 태어난 지 일주일 되는 아이에 비유한 것으로 전해진다. 그 이유는 순수의식(순수사고)에서 1차 에고, 즉 어떤 것에 대해서 나라고 아는 인식이 일어나기까지는 수많은 대상과의 접촉이 있었으며 그 영향에 의해서 나라는 생각이 일어날 수 있었기 때문이다.

시대와 상황, 그리고 조건에 따라서 달라질 수 있으나, 태어난 지 20개월 전후의 아이는 부모와 돌보는 사람들에 의해서 말을 배워 나가게 된다. '맘마'라는 말을 시작으로 하여, 자라는 과정에서 수많은 말을 듣고, 그림책을 보면서 말을 배워 나가던 아이가 어느 날 갑자기 "내가 할 거야"라는 말이나 또는 "나도 할 수 있어"라는 말을 하게 된다.

"내가 할 거야"라는 말을 할 수 있다는 것은 그동안 "아가야, 우리 아기, 착하다, 예쁘다, 귀엽다"라는 말과 어른들의 수많은 말들, 그리고 그림책 등을 통해 환경과 조건에 적응하면서 일어나는 당연하고 자연스러운 일이다.

"내가 할 거야" 또는 "나도 할 수 있어"라는 말은 순수의식 이후 최초로 일어난 생각이다. 인식이라는 말은 생각이라는 말과 같은 뜻이지만 분명치 않은 생각을 뜻하는 말이라고 볼 때, 대상과 다른 '나'를 인식한다는 뜻이다. 희미한 생각도 생각이며 뚜렷한 생각 또한 생각이다.

아이가 순수의식에서부터 마음이 형성된 시점까지와 일념수행의 마지막 과정이 유사하기에 비유하면서 설명해 나가려 한다. 어차피 사람이면 누구나 기억할 수 없을 뿐 경험하고 체험했던 일들이기 때문이다. 그 시절은 깊이 잠들어 있는 시간 동안과 같이 경험자가 없는 경험이기에 상상할 수 없을 뿐, 경험하지 않은 것은 아니다.

아이가 태어난 이후 처음 일어난 생각이 '나', 즉 '육체가 나'라는 생각이며, 육체가 나라고 아는 앎이며, 육체가 나라고 인식하는 것이며, 이것이 인간의 가장 깊은 고정관념이다. 순수의식이 '참 나'로 표현되는 것이며, 지성체는 순수의식과 나(지식)가 하나가 되어 버린 상태이다.

지성체라는 말은 몸과 지식(앎, 생각)이 '별은 별이 아니다'라는 말과 같이 별개의 사건이지만 육체가 나라고 아는 동일시의 앎에 의해서 육체가 나라고 당연시하는 것이다. '내가 할 거야'라는 말은 육체가 나(육체=나)라는 생각으로서 태어남 이후 최초로 일어난 분별이며 동일시이다.

이것이 어떤 것을 나라고 아는 앎에서 비롯된 의심의 근원지이다. 사람들의 집착과 욕망에 따른 고통의 근원지이다. 내가 아닌 어떤 것(몸)을 나라고 당연시하는 앎에 의해서 집착이 생기는 것이며, 집착에 의해서 욕망이 일어나는 것이며, 이러한 그릇된 앎에 의해서 생로병사의 고통을 겪는 것이기 때문이다.

일념수행의 마지막 과정(무상삼매)에서 너무나도 분명한 알아차림이 '어? 육체가 나라는 생각일 뿐, 내가 아니네'라는 생각이다. 몇 날이 지나가는 줄도 모르지만 일념만년에서 처음 일어나는 생각이 '육체가 내가 아니네'라는 생각이다.

수행의 정점이라는 말로 표현되기도 하며 또는 일념의 무념처라는 말로 표현되기도 하며, 삼매라는 말로 표현되기도 하는 '일념만년'에서 드러나는 참다운 앎이다. 내 인생이라고 알며 꿈인 줄도 모르고 살아오던 꿈에서 깨어나는 것이니, 기가 막히고 어이가 없기에 싱겁게 웃어버리는 것이다.

좀 더 자세히 설명해 보자.

'에고'라는 말의 뜻을 사전에서 찾아보니 '나라는 생각'이란다. 수없이 반복되지만 나라는 생각은 '육체가 나다'라는 생각이라고 하였으며, 육체가 나라고 아는 앎이 그릇된 앎이라고 하였다. 참고로 지성, 지식, 지혜 등의 모든 앎은 안다는 생각, 생각, 생각이라는 말에 대해서 염두에 두어야만 한다. 같은 뜻의 다른 표현일 뿐, 고착화된 생각에 불과한 것이기 때문이다.

아이의 입에서 "내가 할 거야"라는 말이 튀어나오기 전까지 아이에게는 '나'라는 주체의식(주체라는 생각)이 없었다. 그렇다고 하여 없었다고 단정 짓는 말로 이해한다면 오해하는 것이다. 앞서 설명한 바와 같이 '아무것도 없는 것'의 상태이니, 에고의 관점에서는 '그저 그럴 것이다'라고 이해할 수밖에 없다.

주체의식이 생기기 이전의 상태에 대해서 적절하게 표현된 내용이 불경의 '반야심경'이다. 앞서 간략하게 설명되었으니 몇 구절만 소개한다면, 공즉시색 색즉시공, 공불이색 색불이공, 무인이비설신의, 무색성향미촉법, 무안계 내지 무의식계, 무노사, 불생불멸, 불구부정, 부증불감 등이다.

그 시절의 아이에 대한 표현에 대한 사례를 들어 보자.

아이는 좋은 옷인지, 예쁜 옷인지 등의 어떤 분별도 일어날 수 없기에 타인의 자신에 대한 어떤 행위에 대해서도 저항하지 아니한다. 옷을 입히거나 말거나, 신발을 신게 하거나 말거나, 춥거나 말거나…. 그러다가 어느 날, 평소와 같이 신발을 신겨주는 엄마에게 하는 첫 말이 "내가 할 거야, 내가 할 수 있어"라는 말이다. 이것이 1차 에고의 탄생이며, 경험의 오류이며, 인생으로 본다면 첫 단추의 어긋남과도 다르지 않다.

단추가 많은 옷을 입으면서 서두르다 보면 자칫 실수하여 첫 단추가 어긋날 수 있으나 단추를 끼워 나가는 동안에는 어긋남을 알아차릴 수 없다. 마지막 단추를 끼우면서 비로소 첫 단추가 잘못된 것이라는 사실을 알아차릴 수밖에 없으니 끼웠던 단추를 다시 풀어야만 첫 단추부터 다시 끼워 나갈 수 있을 것이다. 만약에 첫 단추가 어긋났음에 대해 중간쯤에서 돌아볼 수 있었다면 다시 시작하는 일은 그만큼 줄어들 것이다. 인간의 삶이 이와 다르지 않다는 뜻이며 지금 이 글을 보면서 그 오류를 찾아내라는 뜻이다.

인간의 삶, 인생은 첫 단추의 어긋남을 모르는 채 단추를 끼워 나가는 것과 다르지 않기 때문에 어떻게 살든지 죽음 앞에서는 회한만이 남겨지는 것이 아니겠는가? 어떤 것(몸)에 대해서 나라고 아는 앎은 이토록 황망한 것이다.

별개의 '나'라는 생각이 없었던 '나 아닌 나'의 무아상無我想이던 순수의식의 시기가 지나면서 순수의식의 투명한 바탕에 먹물 한 방울이 떨어져서 순수의식의 투명함이 회색으로 변한 것과도 다르지 않다.

순백의 투명한 물이 먹물 한 방울에 의해서 옅은 회색으로 변화됨과 같이, 이후에는 더 이상 순백의 순수의식은 "내가 할 거야"라는 한마디의 말이 시작됨과 동시에 드러날 수 없도록 숨겨진 빛으로 남겨지게 된다는 것이다. 이것이 사회적 동물로 세뇌되는 시작지점이며 언어, 말, 말, 말에 세뇌당하는 것과도 다르지 않은 상황이며 의심의 근원이다.

"내가 할 거야"라는 말은 어떤 대상에 의해서 '나'라는 주체가 일어난 최초의 인위적인 생각일 뿐, 마음이 있는 것은 아니다. 마음이 있는 것이 아니라는 말은 '마음'이라는 낱말에 대해서는 아직 세뇌되지 않았다는 표현이 옳을 것이다. 여기서 알아야 할 것은 '나'라고 아는 최초의 인위적인 한 생각의 일어남과 '마음의 뿌리'라는 말은 같은 뜻의 다른 표현이지만, 생각 이전의 마음이라는 것은 있을 수 없다는 뜻이다.

마음의 형성 과정 — 순수의식에서 1차 에고

마음의 형성 과정은 이러하다.

"내가 할 거야, 나도 할 수 있어"라는 말을 시작으로 하여 나라는 주체가 확립되기까지는 시대, 환경, 조건에 따라서 달라질 수 있다고 하였다. "내가 할 거야"라는 말을 하기 이전에도 아이는 언어를 구사할 수 있었다. 뜻은 모르되 엄마, 아빠 등의 말들과 그리고 그림책을 보면서 배우는 원숭이, 호랑이, 토끼, 자동차, 비행기, 하늘, 땅 등의 많은 말들을 알지만 그것들에 대한 분명한 뜻을 아는 것은 아니라는 뜻이며, 로봇이 입력된 대로 말을 하는 것과 같은 의미 없는 소리라는 뜻이다.

'나라는 생각'이 일어나기 시작하면서는 그동안에 들었던 말들의 뜻을 인식하기 시작하게 되는데, 낱말 하나하나가 곧 한 생각, 한 생각이 일어남과 다르지 않은 것이다. 이렇게 일어나는 생각들에 의해서,

1) 순백의 순수의식.
2) 옅은 회색. 1차 에고.
3) 검정색 또는 총천연색. 2차 에고로 진행되는 것이다.

위의 순서와 같이 낱말을 익혀 나감으로써 마음이라는 것이 형성된 것이다. 그리고 낱말을 익힘이라는 말은 주체와 객체에 대한 분별을 뜻

하는 말이다. '별은 별이 아니다'라는 말과 같이 나는 내가 아닌데, 나라고 알고 있음에 대해서 의심할 여지조차 없이 말, 말, 말에 세뇌당해 가는 과정이다.

순백의 순수의식에서 옅은 회색(최초의 나라는 생각)으로 변한 이후에 점점 진하게 변해 간다. 옅은 회색이 나라는 생각이며 변해 가는 회색이 마음의 형성 과정이며, 옅은 회색이 마음의 바탕이 되는 셈이다. 그러하기에 생각 이전에 마음은 있을 수 없다고 하였으며 낱말을 익힘과 같이 한 생각, 한 생각들이 모이고 모이면서, 즉 일어나는 생각은 일어남과 동시에 기억장치에 저장이 되면서 마음이라는 말까지 알게 되기까지는 몇 년이 더 걸릴 수도 있다.

일념만년, 즉 삼매에서 다다르는 곳이 최초 일어났던 '나라는 생각' 이전의 순백의 빛이다. 그리하여 최초로 일어났던 '육체가 나'라는 생각이 타의에 의해서 일어난 생각일 뿐, 내가 아니었음을 깨닫게 되면서 꿈에서 깨어나는 것이다. 이는 인간에게 가장 깊은 관념이 깨지는 것과도 다르지 않은 것이다.

이와 같이 어떤 것을 나라고 아는 앎이 그릇된 앎이지만 경험에 바탕을 둔 사고방식으로써는 경험이지만 기억할 수 없는 경험이기에 상상할 수 없는 것이며, 오직 스스로 깨우쳐 알았을 때에 비로소 모든 의구심에서 해방되는 것이며 자유라는 말도 없는 자유를 누리는 것이다.

마음의 형성 과정
— 2차 에고에서 3차 에고

앞서 설명된 바와 같이 아장자장 걷던 아이가 '나도 할 수 있어' 또는 '내가 할 거야'라는 말을 하기 이전에도 아이는 여러 가지의 언어를 구사하지 못하는 것은 아니었다. 엄마, 아빠, 나비, 호랑이, 토끼, 자동차, 기차, 비행기, 원숭이 등의 이름들에 대해서 그림책들을 보아 가며 말을 배웠기 때문에 말을 할 수는 있지만 그 말들의 뜻을 아는 것은 아니라는 것이다.

자연스럽게 어떤 것들, 즉 그림책의 어떤 것과 이름과의 동일시에 대한 세뇌에 의해서 대상과 이름과의 동일시를 당연시하게 된 것이며 '내가'라는 말을 시작하면서 어렴풋이 몸이 나라는 앎(생각, 인식, 관념)이 일어나기 시작한 것이다.

여기까지를 1차 에고로 분류할 수 있다.

1950~60년대에 시골마을에서 자란 아이들은 '내가 할 거야'라는 최초의 말, 즉 '육체가 나다'라는 인식의 시점이 현 시대의 아이들보다 늦었을 것이다. 예전에는 현 시대의 아이들과 같이 그림책을 본다거나 다른 사람들로부터 여러 가지의 낱말들에 대한 학습이 많을 수 없었기 때문에 마음이 형성되는 시기가 현 시대의 아이들보다 늦을 수 있을 것이다.

2차 에고와 3차 에고와의 차이는 무엇일까?

명색의 이치에 대한 설명과 다르지 않다. 그런데 한글로 표현한다면 불경으로 전해진 명색이라는 말은 옳은 표현은 아니다. 이름(명칭)과 대상에 대한 동일시로 이해함이 올바른 앎이다.

2차 에고와 3차 에고와의 차이는 명백하게 구분될 수 있다. 2차 에고와 3차 에고 역시 대상과 이름과의 동일시에 대한 차이에는 변함이 없다. 단지 2차 에고는 형상과 이름과의 차이이며 3차 에고는 형상과 이름과의 차이에 대한 고정관념 이후의 사건이며 이는 형상이 없는 것과 이름과의 동일시이다.

다시 말하면, 2차 에고에서는 눈으로 보이는 것과 귀를 통해서 듣는 것들, 그리고 맛을 구분하는 것 등의 육체에 직접적이거나 간접적인 것들에 한정된 범위 내에서 대상과 이름을 동일시하는 것이며, 동일시의 습관, 버릇은 1차 에고인 어떤 것을 나로 아는 의심에서 시작된 것이기 때문에 의심은 끝이 없는 것이라고 하였다.

사람들은 2차 에고의 앎에 대해서 '앎'으로 구분하며, 3차 에고의 앎에 대해서는 '지식, 지성'이라는 말로 구분한다. 그렇기 때문에 2차 에고의 앎은 고정관념이며, 3차 에고의 앎은 관념으로서 자신의 이익 여부에 따라 항상 변할 수 있는 것으로 알고 있는 것이다.

예를 들자면, 2차 에고의 고정관념은 엄마, 아빠 등의 혈육관계, 그리고 하늘, 땅, 나무, 돌, 태양, 달, 별, 개 짖는 소리, 닭의 울음소리, 무서운 호랑이 등이며 그들 중 일부는 상황에 따라서 변하기도 한다. 물론 현 시대에는 성전환 수술을 통해서 남자, 여자라는 고정관념이 바뀌기도 하지만.

참, 한 가지, 1차 에고에서는 '내가 사람이다, 내가 남자다, 내가 여자다'라는 관념(생각)도 일어나지 않은 상태이며 상황과 조건에 따라서 다르겠지만 2차 에고에서 성별의 분별이 일어나기 시작하기 때문에 아이들은 자연스럽고 유연한 것이다. 1차 에고에서는 나라는 주체만이 확립되었다는 뜻이며 나와 너, 그리고 다른 것에 대한 분별이 시작됨을 의미한다.

3차 에고는 형상이 없는 것들에 대한 대상과 이름(명칭, 낱말)과의 동일시이다. 이는 어떤 낱말들에 대한 세뇌를 뜻하는 말이며 이상理想이나 사상思想 등이 그것이다. 선과 악, 그리고 아름다움과 추함, 깨끗한 것과 더러운 것, 크거나 작은 것 등의 관념 등은 2차 에고에서는 분명하지 않지만 3차 에고에서는 좀 더 분명해진다는 뜻이다.

예를 들어, 신발을 거꾸로 신더라도 관심이 없을 때가 2차 에고이며, 신발이 왼쪽인지 오른쪽인지를 구분할 수 있을 때 3차 에로로 분류할 수 있다는 것이다.

좋고 나쁨을 안다고 하더라도 아직은 마음이라는 말을 아는 것은 아니다. 이웃집 아이들과 놀이에 빠져서 웃기도 하고 울기도 하지만, 그에 대해서 기분이 좋다거나 나쁘다는 말을 배우기까지는 더 시간이 필요할 것이다. '기분'이라는 말을 알기 이전이며, '마음'이라는 말 또한 분명히 알기 이전의 상황이다.

지금까지의 과정을 통해서 마음이라는 말(낱말)을 언제 알게 되었는지 스스로 돌아볼 수 있겠지만 마음이라는 낱말을 언제 알게 되었는지 기억할 수는 없다.

나라고 아는 나, 나(육체=나=지식)는 1차 에고에서 '육체가 나다'라는 생각(동일시)이 일어난 이후부터 오랜 시간 동안 보호자와 주변 사람들의 행위를 지켜보면서 그들을 닮아가기 위해 꾸준히 노력해 온 결과에 의해서 가공된 것이라는 사실에 대해서 이해할 수 있을 것이다.

1차 에고 이전의 순수의식의 상태에서 엄마와 아빠의 입술 모양을 보아 가며 말을 배웠으며 웃는 모습, 화내는 모습 등을 보면서 그들을 닮아가게 된 것이다. '내가 할 거야'라는 나(육체=나다)를 인식하기 이전까지의 아이의 미소는 그야말로 순수하여 천진난만하다는 말로 표현될 수밖에 없을 것이며 그 천진한 미소는 '내가 할 거야'라는 말을 시작함과 동시에 다시 볼 수 없다.

사람들은 흔히 "아이가 아빠(또는 엄마)를 빼다 박았어"라는 말들을 하곤 한다. 눈이 닮았다든지, 코가 닮았다든지, 이마가, 턱이, 하는 짓 등을 말하지만 사실은 닮지 않은 부분이 더 많다는 것에 대해서는 알지 못하는 것 같다. 닮은 것 한두 가지를 제외한다면 닮은 것이 별로 없기 때문이다.

'육체가 나다'라는 그릇된 동일시에 대한 인식이 당연시되면서 천진했던 미소는 사라지며 '내가 할 거야'라는 말을 시작한 이후부터는 아이의 천진한 미소를 찾아볼 수 없으며 죽을 때까지도 순수 미소는 다시 볼 수 없다.

사회를 경험한 다음에 수행을 하여 수행이 끝날 무렵부터는 천진한 웃음을 짓는 아이의 평화로움을 경험하게 되며 그 기쁨은 어떤 말로도 표현될 수 없다. '평생을 살아오는 동안 어느 한순간에도, 찰나지간이라도 이런 평화로움을 느껴본 적이 있었는가?'라는 생각이 일념 중에 일어난다.

이러한 평온함에 대해서 지복至福이라는 말로 표현되기도 한다. 그리고 황홀감, 엑스터시 등으로 표현되는 상태는 누구나 수행 후반기에서 경험하게 된다.

수행 초기에는 집중의 연습을 통해 일념을 깨우치는 과정에서부터 살아오는 동안 경험할 수 없었던 평화로움을 느끼게 되며 일념이 깊어진 만큼, 즉 망념이 사라진 만큼의 빈자리에 지혜가 채워지면서 참으로 즐거움을 느낄 수 있으며 진리를 깨달아 감의 기쁨으로 삶을 영위할 수 있다는 것이다.

아이는 자아를 인식하기 이전부터의 대상과 이름과의 동일시에 따른 버릇(탄력, 습관)에 의해서 눈에 보이는 모든 것에 대하여 궁금해 하며 질문을 던지기 시작한다. 자라는 아이들이 부모나 또는 가까운 사람들을 귀찮게 할 만큼 "이것은 뭐야, 저것은 뭐야" 등의 질문은 아마도 5세 무렵의 일일 것이다.

아이가 말을 배워 가면서 보이는 모든 것들에 대하여 강한 의구심을 일으키는 것과 수행자가 일념이 깊어지면서 '일념의 화두'에 강한 의구심이 일어나는 것과는 매우 유사하다.

수행이 깊어진 경지(일념의 시간이 길어짐. 일념만년)에 다다르면 화두(나는 누구인가)에 강한 의구심이 일어나기 시작하며 강한 의구심이 일어난 이후부터는 화두를 들지 않을 수 없는 지경(경지)에 이르게 된다. 이때부터는 화두 이외의 다른 생각은 일어날 수 없는 상태가 되며, 이에 대해서 무상삼매라는 말로 표현된다. 이렇듯 화두에 강한 의구심이 일어남에 따라서 화두 하나만을 생각하는 시간이 지속될 수밖에 없는 상태에 대해서 '신이 이끌어 간다'라는 표현을 할 만큼 자연스럽게 그것과 하나가 되어 가는 것이다.

현 시대에는 유아원, 유치원 등을 다니면서 아이에게 여느 대상에 대한 의구심이 채 일어나기도 전에 주입식 교육이 강요되기 때문에 아이의 의구심이 일어남에 대해서 알아차릴 수 없을지도 모른다.

아이는 '육체가 나다'라는 생각(인식)이 일어난 이후부터 낱말들을 배워 나가는 과정에서 더 많은 생각들이 일어나기 시작하는 것이며 낱말들을 배워서 그 뜻을 알기 이전에는 마음이라는 것이 존재하지 않았다. 이를 무심無心, 무아無我, 무위無爲 또는 빈 마음이라는 말로 표현한다.

하나의 낱말은 배우는 것은 하나의 생각이 일어남을 의미한다. 낱말이 하나 둘, 하나 둘 계속 모아지면서 하나 둘씩 일어났던 생각들은 기억세포에 저장되며 기억세포에 저장된 낱말들과 그 뜻을 이해하게 됨이 저장된 기억세포의 작용이며, 그것의 이름이 관념이며 고정관념이며 마음이라는 것이다. 생각이 없는 마음은 있을 수 없다고 하였다.

미운 일곱 살이라는 말이 있다. 요즘에는 패 죽이고 싶은 일곱 살이라는 농담을 하는 여인들도 있다고 한다. 일곱 살쯤 된 아이가 하는 짓이 어릴 때보다 예쁘지 않다는 뜻이다.

엄마는 일곱 살 아이가 하는 짓에 대해 아빠의 행동 중에서 못된 짓만 배웠다고 투덜대기도 한다. 미운 일곱 살이 되기 전까지, 아이에게는 마음(관념)이 있으되 순수했으며 순수하다는 말은 지식(경험에 따른 기억, 생각)이 많지 않음을 의미한다. 지식이 많지 않다는 것은 분별하는 마음, 즉 고정관념이 생겨나기 이전의 상태를 의미하는 것이며 일곱 살 전후에서 좋다, 나쁘다, 맛이 있다, 맛이 없다, 옳다, 옳지 않다 등에 대한 아이의 옹고집은 그동안에 경험된 기억(지식)에 의해서 내가 옳다는 주장(저항)을 하는 것이다. 어리석은 자들이 자신만의 관념이 옳다는 주장을 굽히지 않는 것과 다르지 않은 것이다.

미운 일곱 살의 아이가 누구에게 배웠겠는가? 서너 살 또는 너댓 살 때까지는 경험이 부족하기에 육체가 나라는 주체의식만이 확고할 뿐, 선함과 악함 등의 관념(분별, 생각)이 분명하지 않은 상태이다. 무엇이 힘든 것인지 아닌지, 무엇이 좋은 것인지 아닌지, 무엇이 큰 것인지 작은 것인지, 무엇이 예쁜 것인지 예쁘지 않은 것인지, 무엇이 행복한 것인지 아닌지, 무엇이 불행한 것인지 아닌지, 무엇이 부자인지 아닌지, 무엇이 기쁨인지 아닌지, 무엇이 슬픔인지 아닌지 등의 분별하는 마음이 생겨나기 이전의 상태이기 때문에 자기주장이 있을 수 없다. 흐르는 물과 같이 저항하지 않으며 유연한 상태이다.

아이는 나라는 주장이 없기 때문에 유연하며 아이의 하는 짓 모두가 불안해 보이면서도 예쁘게 보일 수밖에 없는 것이다. 그 시절은 마음, 즉 지식에 의한 고정관념이라는 것이 생겨나기 이전이다. 엄마의 행동, 모습을 보면서 빗자루를 들고 청소도 하려고 하며 아빠의 작은 심부름도 아무런 거부감(저항) 없이 해 보려고 애쓰는 모습을 보면서 아이가 넘어질까 염려가 되면서도 귀엽고 예쁠 수밖에 없다.

아이는 어른들이 보기에 힘들 것 같은데도 하루 종일 뛰어다니고 눈밭에서도 차가운 줄도 모른다. 비가 오더라도 걱정하지 않으며 옷이 젖든지 말든지 옆에 호랑이가 다가와도 무서워하지 않으며 무서운 개가 다가와도 같이 놀려고 한다. 자신이 남자인지, 여자인지도 모르는 아이에게 선과 악이 있을 수 있겠는가. 시간과 공간이 있겠는가. 인과와 응보가 있겠는가?

수많은 낱말들을 배웠지만 아직은 배웠던 낱말들의 뜻을 분명히 알지 못하기에 고정관념(마음)이 되기 이전의 상태이다. 이는 호랑이라는 말과 무서운 개라는 말도 들었지만 그런 낱말들과 대상과의 동일시가 확립되기 이전의 상태이다. 아직은 마음이 있으되 있는 것이 아닌 시기이다. 이는 '나 없는 나'(무아)와 '나 있는 나'(자아)의 중간 과정이며 혼돈의 시기로 표현될 수도 있다.

이 시기(분별심이 없음)가 지나면서 그동안에 배워서 동일시하던 낱말들의 뜻을 이해하게 되며, 이때에 비로소 자연스러우면서도 분명하게 하늘, 땅, 나무 등의 낱말, 말, 말, 말 등에 대해서 아는 앎이 언어와 대상과의 동일시인 창조이다. '별은 별이 아니다'라는 말과 같이.

여기서 한 가지, 무엇을 '기氣'라고 하는지에 대해 알아보자.

천지만물이 본래 있는 것이 아니라는 사실에 대해서는 과학에 의해서도 밝혀졌으며 아인슈타인은 이를 공식으로 증명하려고 한 같다. 천지만물이 '아무것도 없는 것'이라는 것에 대해서는 기원전 수세기 이전부터 불이일원론으로 설명되었던 것이다. 이 글을 통해서 천지만물은 경험된 사고방식의 오류에 따른 관념의 산물이라고 하였지만 이를 이해할 수 없는 사람들은 천지만물의 생성원인이 기氣(에너지)의 작용으로 해석하려고 한다.

지식이 무지이며 무명이라는 말 또는 앎을 모를 줄 앎이 지혜라는 말,

그리고 무한한 어리석음이라는 말 식자우환이라는 말과 유사한 말들은 위의 설명과 같이 그릇된 앎, 경험의 오류에서 비롯된 모든 앎을 뜻하는 말이다. 인간의 모든 앎이 '아무것도 모르면서 다 안다'는 그릇된 분별에서 비롯된 쓸모없는 앎이기 때문이다.

인간의 삶이 이러하다. 육체가 나라는 그릇된 앎에 의해 그것(육체)의 안위를 위해서 죽을 때까지 '다른 나'들과 서로가 투쟁을 일삼아야만 하기 때문이다. 언제 죽을지도 모르면서 투쟁을 해야만 하지만 결과는 죽음이니, 무한한 어리석음이라고 한 것이다.

물론 노자와 장자, 석가모니, 소크라테스 등 그들이 현존했던 시대에는 경험의 오류에 대해서(경험의 오류가 생각의 미묘한 작용이라는 사실을) 분명히 설명될 수 없었기 때문에 만물이 기氣(기운)에 의해서 나타나고 사라지는 것이라고 설명할 수밖에 없었을 것이다. 하지만 언어로 창조된 모든 것이 본래 있는 것이 아니듯이 기氣(에너지) 또한 기라는 생각일 뿐, 실재하는 것은 아니라는 말이다.

모든 언어가 그러하듯이 인간이 보고 느끼는 모든 것들은 2차 에고인 '나라는 생각'에 의해서 언어로 창조된 것이기에 환상물질로 표현될 수밖에 없다. 생각의 이치를 분명하게 이해할 수 있다면 '기'라는 말 또한 '기'라는 생각임에 대해서 이해할 수 있을 것이다.

자연, 즉 우주와 지구, 동물이나 나무, 새 등의 움직이거나 움직이지 않는 모든 것들에게는 '나'라는 개념이나 관념이 있을 수 없는 것이며 지능이 발달된 사람이라는 '어떤 것'들만이 '육체가 나다'라는 관념에 의해서 나와 다른 것들에 대해 분별하는 것이다.

세상이 실재하는 것으로 착각하는 것임에 대해서 설명하였다. 언어는 '나'로부터 시작된 것이기에 '나라는 생각'이 없다면 언어가 존재할 수 없는 것이며 모든 언어는 '나라는 생각'에 의해 창조된 것임에 대해서 설명하는 것이다.

'아무것도 없는 것'이라는 말은 주체가 있음에서는 성립될 수 없는 말이다. 다만 주체가 없음에서는 대상이 있을 수 없는 것이기에 주체와 대상이 없는 것이 '아무것도 없는 것'이며 '나'라는 주체가 있기에 본래 없는 천지만물에 대해서 있다고 생각하는 것이다. 주체(육체가 나라는 오류)가 있기에 대상이 존재하는 것이지만 주체가 사라지면 대상도 있는 것이 아님에 대한 이해에서 비로소 '아무것도 없는 것'의 의미를 짐작할 수 있을 것이다.

기氣 또한 기라는 생각이며, 신성神聖 또한 신성이라는 생각이며, 우주도 우주라는 생각이다. 모든 언어는 '나라는 생각'에 바탕을 두고 있으며 본래 없는 것에 바탕을 두고 있는 것이기에 어떤 낱말들도 '생각'에 불과한 것이다.

언어는 '본래 없는 것'에 바탕을 두고 있기에 '신'이 있다고 생각하면 있는 것이며 없다고 생각하면 없는 것이라는 뜻이기도 하다. 이는 마음의 뿌리가 본래 있는 것이 아니기에 세뇌의 정도에 따라서 마음이 변할 수밖에 없다는 말과 다르지 않은 말이다. 신의 실체에 대해서는 앞서 설명되었으니.

사람들은 어린아이가 눈이 내리는 겨울에 차가운 눈밭을 걷는 모습을 보면서, 사람에게는 기氣, 즉 기운이 있을 것이라는 앎(기억)을 당연시한다. 그렇기에 어릴 때에는 기운이 발에 있으며 나이가 들면서 기운이 위로 올라가는 것으로 알고 있는 것이며, 한의학에서는 이를 근거로 하는 것 같다. 한 생각의 차이라는 말이다.

세간에도 기공이나 기천, 기 치료, 영성치료, 최면치료 등의 수많은 단체들이 있으며 신비를 조장하기도 한다. 이런 부류, 또는 다른 부류들을 막론하고 그들의 어떠한 행위들 또한 생각의 미묘한 작용에서 비롯된 것이기에 실재하는 것은 아니지만 있다고 굳게 믿는다면 효과를 볼 수도 있으며 믿지 않으면 전혀 효과를 볼 수 없다.

왜 그렇겠는가? 생각, 생각이 지은 환상물질이기 때문이다. 사람들은 그것에 대해서 염력이라고 한다. 그렇다. 얼마만큼 강하게 스스로에게 또는 타인에게 세뇌(말, 언어로)를 시키느냐에 따라서 신비스러운 일이 벌어지기도 하지만 그 또한 착각이다. 마음이 지은 환상의 세계라는 뜻이다.

천지만물이 '나라는 생각'에 의한 관념의 산물이듯이 육체 또한 생각이 지어놓은 환상물질이기에 마음(생각)의 신뢰 정도에 따라서 '있다고 믿으면 있는 것이며 없다고 믿으면 없는 것이다'라는 뜻이다. 그렇기에 '한 생각의 차이'인 것이며 이와 같은 말이 일체유심조이다.

일체一體는 일체一切라는 말과 같은 뜻의 다른 표현일 뿐이다. 개체적인 '나'가 없으면 대상이 존재할 수 없음과 같기에 일체의 본질은 나, 즉 육체를 의미는 말이기에 '몸이 나다'라는 생각이 마음이 지은 환상이라는 뜻이며 감각기관을 통해서 보고 느끼는 모든 현상계가 마음이 지은 환상물질이기에 '마음먹기 나름이다'라는 말이 생겨난 것이다. 불이일원론의 설명과 같은 말이다.

'몸이 나다'라는 관념이 확고하기 이전의 아이에게는 분별심이 없다. 뜨거움도 모르며 차가움도 모른다. 맛이 있고 없음도 알지 못하며 행복과 불행, 두려움도 알지 못한다. 그 시기에는 차가운 것이 발에 닿든지 얼굴에 닿든지 감각이 없는 시기이다. 이유식을 먹는 아이가 맛을 분별하지 않음과 같은 이치이다. 기운이나 기라는 것이 본래 있는 것이 아니며 한 생각의 차이임에 대해서 납득할 수 있을 것이다.

인간의 감각기관에 의한 모든 분별은 과거의 경험과 현재와의 비교에 의한 생각의 분석 작용에 의한 앎이다. 인간은 이렇듯 성장하는 동안의 경험에 의해서 감각기관이 발달된 것이며 경험된 습관(기억된 생각)에 대하여 마음이라고 이름 지은 것이다.

지구는 수천억만 년 또는 수천조 년 동안 존재하고 있었으며 멸망한 적이 없다. 실상은 시간과 공간이 본래 있는 것이 아니라는 뜻이다. 시간과 공간, 인과는 오직 인간의 '나라는 생각'인 경험의 오류에서 시작된 관념의 산물임을 뜻하는 말이다. 인류는 어린아이의 생명력과 같이 지구상 어디에서도 존재할 수 있다.

인류의 지속적인 발전은 자연의 파괴이며 자연은 복구의지에 따라 대변혁을 일으키게 될 것이며 인류는 다시 태초를 맞이하게 되는 것이다. 인류가 멸망하더라도 인간의 씨앗은 어딘가에 남게 되며 그 씨앗에 의해서 다시 태초가 시작되며 태초와 발전 멸망은 멈춤이 없이 이어져 왔고 이어져 가는 것이다. 이 세상은 오직 인간의 관념에 의해서 창조된 것이다.

인류가 '나라는 생각'의 오류를 발견할 수 없음으로 하여 환상의 세계인 꿈에서 깨어나지 못하는 한 인류는 생로병사의 고통에서 해방될 수 없으며 오직 진리의 길을 감으로써 자유와 평화의 뜻을 깨우칠 수 있다.

아이가 지속적인 학습과 경험을 통해서 낱말과 대상에 대한 동일시가 확고해질 무렵이 미운 일곱 살의 시절이다. 미운 일곱 살이 되기까지 들었던 낱말들과 대상들의 동일시에 대한 뜻을 이해하면서 좀 더 분명한 관념이 생겨나는 것이며 확고한 동일시에 대한 부분적인 이해가 관념이며 마음이다.

마음이 어디에서 갑자기 나타난 것은 아니다. 인위적인 마음이 없었던 아이가 낱말과 대상의 동일시에 대한 지속적인 학습에 의해서 마음이 생겨난 것이며 사회적 동물로 세뇌된 것이다.

이제 아이는 동일시의 습관이 당연시되었기에 사회에서 제시하는 이상과 사상 또는 행복과 불행, 성공과 실패 등의 이상과 사상 따위에 자신의 나를 동일시하기 위하여 노력하게 된다. 이는 순수의식에서부터 지속적인 학습 및 경험과 꾸준한 세뇌에 의해서 당연시된 낱말과 대상과의 동일시에 따른 습관이며 버릇에서 비롯된 것이다.

사람은 누구나 세뇌되기 전과 세뇌 과정의 어린 시절이 있었다. 미운 일곱 살은 지식(생각)이 많아짐에 따라서 자신의 육체에 대한 집착이 강해지는 시기이며 이때부터는 분별을 하게 된다. 엄마의 말도 아빠의 말도 스스로의 지식에 의해서 해석을 한다.

모든 사람들의 마음은 이런 과정을 통해서 형성된 것이다. 세상 모든 사람들, 60여억 명의 사람들 모두가 이런 성장과정을 통해서 자신도 모르는 자신만의 고유한 색상의 마음을 갖게 된 것이다.

마음은 학습에 의해서 모여진 생각의 집합체(기억)이며 지식을 흡수하면서 분석한 생각에 의해 확고해진 생각이 고정관념이다. 순수의식의 투명한 바탕에 한 생각, 두 생각이 일어나면서 자신만의 색상을 지닌 마음이 만들어진 것이다.

마음은 강물과도 같다. 산골짜기 골짜기에서 흘러나오는 물줄기들이 강물을 이루듯이 지식에 의해서 일어나는 생각, 생각들이 모여지면서 마음이라는 강이 만들어진 것이다.

하나씩 들어서 알게 된 낱말들 하나, 하나가 한 생각 한 생각의 일어남이며 하나의 낱말에 따른 하나의 생각이 모아져서 지식이 많아짐의 결과가 마음이다. 지식이 많아짐은 하나, 하나의 낱말들에 대한 생각이 기억으로 저장된 것이며 기억세포의 양이 많아진 것이 마음이다.

마음은 기억세포에 저장된 관념 또는 고정관념이며 마음과 같은 뜻의 다른 이름이 집착이며 욕망이다. 마음은 '육체가 나다'라는 확고한 고정관념에 바탕을 두고 있으며 지속적인 학습에 의해서 욕망(마음)은 비대해져 간다.

'육체가 나다'라는 그릇된 앎에서 비롯된 육체에 대한 집착에 의해서 욕망은 끝도 없이 비대해져 가지만 결코 만족할 수 없는 이유는 욕망의 목적지가 경험과 경험 이전, 또는 경험과 분리된 순수의식의 평온함이었기 때문이다.

경험에 의해서 저장된 기억세포를 바탕으로 하여 끊임없이 일어나는 생각은 강물에서 수증기가 피어오르듯이 찰나지간으로 끊임없이 일어나지만 일어나는 순간생각세포는 경험된 기억세포들의 범위 이내에 한정되어 있다. 기억세포의 작용인 마음에 의존하여 찰나지간으로 일어나는 생각들은 기억세포에 저장되면서 끊임없이 순환 반복되는 것이기에 에고는 마음과 생각의 관계에 대해서 분명하게 정의할 수 없는 것이다.

자신도 모르게 일어나는 생각들은 일어남과 동시에 과거를 만들어 왔으며 과거를 만들고 있으며 과거를 만들어 가는 중이다. 자유의지가 조금 있다면 즐거운 생각만 하면 되겠지만 생각은 이미 육체가 나라는 의심에 바탕을 두고 일어날 수밖에 없기에 현실에 만족할 수 없는 것이다.

생각은 이미 내 생각이 아니다. 감각기관의 작용을 나라고 알기 때문이다. 그것이 착각이라고 하였으니, 착각에서 깨어나지 못하는 한 고통에서 자유로울 수 없지 않겠는가?

생각의 이치와 속성

생사라는 말을 사전에서 찾아보니 아래와 같다.

생사(生死) 【명사】

1. 삶과 죽음을 아울러 이르는 말.
2. 〈불교〉 모든 생물이 과거의 업(業)의 결과로 개체를 이루었다가 다시 해체되는 일. 생로병사의 시작과 끝이다.
3. 〈불교〉 중생의 업력(業力)에 의해서 삼계(三界) 육도(六道)의 미혹한 세계를, 태어나고 죽음을 되풀이하며 돌고 도는 일.

불교 용어로는 사는 일과 죽는 일에 대해서 좀 더 구체적으로 생로병사의 네 가지 고통의 시작과 끝으로 표현된다. 누구나 태어남에 대해서는 기억할 수 없으니 고통일 수 없고, 삶은 희로애락이 끊임없이 반복 순환되는 윤회이다 보니, 기분이 좋거나 나쁘거나, 슬프거나 기쁘거나 살아가는 과정은 별반 다르지 않은 것 같은데 늙음과 병, 그리고 죽음이 기다리고 있으니 고통은 고통인가 보다.

사람들은 그런 일이 왜 일어나야만 되는지에 대해서는 그야말로 무지하여 깜깜한 것 같다. 왜? 항상 고요한 기쁨으로 존재할 수 없는지에 대해서는 연구조차 해볼 도리가 없으니 그것이 만물의 영장이란 말인가?

사람들은 이렇게 생각할 수 있다. '혹시 불교에서는 그 방법을 찾을 수 있을 것이다. 불경을 읽다 보니 석가모니가 그 길을 전수한 것 같다. 그러니 부처의 제자라는 사람들은 그 길을 알지만 알려줄 수 없는 비밀이 있는 것은 아닌가. 그들은 모두 깨달은 사람들일 것이다'라고 생각하게 된다는 것이다.

허긴 깨달은 사람이 돌덩이를 앞에 두고 무릎 꿇고 절을 할 리는 없겠지만. 허허. 그런데 또 사람들에게 절을 받고 있으니, 달마의 말이 떠오른다. 옷을 바꾸어 입어도 모두가 중생이라는 말.

인간의 삶이 이와 같다. 분위기에 압도당하면 말도 안 되는 소리를 지껄이는 자들의 말, 말, 말에 속아서 큰 절을 하고, 재물도 바치고, 사역까지도 마다하지 않는다. 모든 것을 알지만 아무것도 알지 못하는 무지에서 비롯된 행위들…. 그것이 무지에서 비롯된 것이지만 그 무지 또한 가공된 것이며 그러한 행위들의 원인이 있다면 그것은 생각의 속성에서 비롯된 것이라고 할 수밖에 없다. 생각의 속성, 습관, 버릇에 의해서 관념이 고착화되고 나면 그것을 고치는 일은 결코 쉬운 일이 아니다.

종교나 유사집단들에 세뇌된 사람들이 처음부터 종교를 알았던 것은 아니지만 물들기 시작하면 순백의 순수의식이 대상에 의해서 회색으로, 진한 색으로 변해 가며 그것이 마음이 되듯이 또 다른 세뇌에 의해서 색깔이 변해 가는 것과 다르지 않은 것이다.

마음이라는 것에는 뿌리, 근원, 근거가 없기 때문이다. 육체의 죽음에 대한 두려움이 마음의 뿌리이니 그것을 자극하게 되면 이리 저리 속절없이 끌려다닐 수밖에 없는 것이다. 특히 마음을 유린하여 욕망을 채우려는 자들에게 세뇌당하게 되면 다른 길을 찾을 수 없게 되기 때문에 죽을 때에 가서야 비로소 스스로의 어리석음에 대한 회한만을 남기는 것이다. 그러니 이렇게 사나 저렇게 사나 매한가지일 수밖에 없는 것이 에고의 삶이라는 것이다. 마음이라는 것에 뿌리가 없으니 갈대와 같이 흔들릴 수밖에.

생각의 속성이라는 말은 이러하다. 앞서 설명한 바와 같이 육체에 대한 집착에서 벗어날 수 없는 까닭에 한없이 나약하여 그것이 어떤 것인 줄 모르면서도 먼저 세뇌를 시킨 사람의 노예가 되어 버리고 나면 그 틀에서 벗어나는 일이 쉽지 않다는 것이다. 이런 말들에 대해서 사례를 들다 보면 끝이 없으니 그만두자.

하여튼 육체가 나라고 알기에 보이면 보이는 것마다, 들으면 듣는 것마다 이것은 좋거나 나쁘거나, 이 길이 옳거나 옳지 않거나 감각에 의존하여 이끌려 다닌다는 뜻이며 이것이 생각의 윤회하는 습성에서 비롯된 버릇이라는 말이다. 내 몸이 내 몸이 아니며, 내 마음이 내 마음이 아니니 인생의 결론은 고통일 수밖에 다른 무엇이 있을 수 있겠는가?

생각의 이치라는 말은 생사이치와 같은 뜻의 다른 표현이다. 앞서 설명한 바 있지만 '사는 일과 죽는 일'의 다른 표현이 '생각의 흐름과 생각의 끊어짐'이다.

사람들은 감각기관의 멈춤에 대해서 죽음이라고 판단하기 때문에 죽었다가 살아난 사람들이 있다고 할 수 있으나, 사실은 뇌 세포의 활동의 멈춤이 죽음이다. 감각으로 느낄 수 없는, 생각으로 상상할 수 없는 생각 이전의 생각이 생명의 근원이기 때문이다.

이 글을 통해서, 그리고 일념수행을 더하여 육체는 생각의 환상물질이라는 사실에 대해서 이해할 수 있다면 모든 질병에서 벗어날 수 있다. 실 사례로 유리조각을 먹어도 사는 사람들과 돌을 먹고 사는 사람들, 상한 음식을 먹고 사는 사람들에 대해서 생각의 이치에 대입해 보면 해답은 간단하다.

에고에 의해서 우주가 창조된 것이니 마음먹기에 따라서 아니 될 일이 무엇이겠는가? 생각의 이치에 대해서 깨우치고 나면 능하지 못한 일이 없으나 굳이 해야 될 일이 없기에 여여如如하게 존재하는 것이다.

사람들은 마음과 생각이 무엇인지 짐작할 수 없으며 또한 정의할 수 없다. 자신도 모르는 사이에 찰나지간으로 일어나는 생각들은 기억세포와 연계하여 지속적으로 변화되어 가는 것이기 때문에 마음에 대해서 무지한 것이다.

나라는 생각이라는 놈은 꼬리에 꼬리를 물고 끊임없이 일어나기에 불과 10초 전에 무슨 생각을 했었는지 알 수 없으며, 순간순간 내가 지금 무슨 생각을 하고 있는지를 돌이켜 보지 않는 이상 지나간 생각들에 대해서 기억할 수 없다. 생각은 이렇듯 찰나, 찰나지간으로 꼬리에 꼬리를 물고 일어나는 것이기에 돌이키지 않으면 무슨 생각을 했는지에 대해서 기억할 수 없으며 조금 전에, 또는 잠시 후에 무슨 생각을 할지에 대해서도 짐작조차 할 수 없는 미묘한 것이다.

앞서 설명된 불이일원론을 역설한 인물들은 마음과 생각의 관계 및 생각의 속성과 이치를 분명하게 인식하지만 언어는 이것, 신(생각)을 설명하기에는 턱없이 무력하다. 이 시대에 적절한 언어로 설명될 수 있는 한계 내에서 설명될 수밖에 없으며 이런 설명들은 도를 깨우친 인물들이 인류에게 전하고자 했던 말이다. 그들의 말을 현 시대의 지적 수준에 알맞은 적절한 표현으로 생각의 미묘한 이치를 설명하려 하는 것이다. 인류가 고통에서 해방되어 평화로운 삶을 살아가기 위한 오직 하나인 무상의 길이기 때문이다.

아이는 지속적인 학습에 의해 지식이 축적되면서 육체에 대한 집착은 더욱더 강해지며 죽음이라는 낱말에 대한 뜻을 알게 되면서부터는 태어난 이후에 처음 일어났던 '육체=나다'라는 생각과 '나는 죽을 것이다'라는 생각은 고정 불변의 관념이 되는 것이며 그것이 지금의 자아, 즉 지성체이다.

죽음이라는 낱말의 뜻을 이해할 수 없었던 철부지 시절에는 미래에 대한 근심이나 걱정 따위가 있을 수 없었다. 인생이 무엇인가, 나는 어떻게 살아갈 것인가, 왜 살아가는지, 존재의 이유가 무엇인가?라는 질문을 던지며 고뇌하던 시절은 어느 누구에게나 있었지만 부모의 간섭과 사회에서 제시하는 이상의 어떤 사람이 되기 위한 채찍질에 의해서 자신도 모르는 사이에 경쟁사회의 일원인 사회적 동물로 세뇌되어 버린 것이다.

나의 뜻이지만 나의 뜻이 아니며 부모의 뜻이지만 부모의 뜻도 아니며 현상계의 흐름에 따라 자연스럽게 사회적 동물로 길들여진 것이며 성공을 위한 투쟁하는 삶에 대해서 의심조차 할 수 없는 당연함으로 세뇌당해 버린 것이다.

스스로 지성체가 된 사람들은 규정을 만들었다. 사람과 사람이 서로가 투쟁하는 삶을 살아감을 당연시하면서도 서로가 죽고 죽이는 싸움만은 하지 말자고 약속하였으며 이것이 헌법이라는 것이다. 법의 테두리 안에서는 서로가 경쟁해서 이기는 자는 성공이며 지는 자는 실패자라고 세뇌된 것이다. 싸우고 경쟁하여 이겨서 성공하는 사람이 행복할 것이라고 당연시하지만 사람과 사람이 싸우고 승리하여 행복하거나 평화로운 사람은 예나 지금이나 찾아볼 수 없다.

인간이기에 절대불변일 수밖에 없는 가장 깊은 고정관념은 '육체가 나이며, 나는 죽을 것이다'라는 앎이다. 태어나서 죽을 때까지도 욕망을 버릴 수 없는 이유 중 하나는 순수의식의 기쁨을 망각함에 따른 것이며 자연으로 회귀하고자 하는 본능에서 벗어날 수 없기 때문이다.

삶을 통해서 순수의식의 기쁨을 느낄 수 있는 시간은 깊은 잠에서와 그리고 잠에서 깨어나면서 나와 현상계를 인식하기 이전의 짧은 시간 동안이다. 깊은 잠에서 깨어나는 순간의 기쁨을 언어로 표현할 수는 없으되 경험할 수 없는 것은 아니다.

욕망을 버리지 못하는 또 하나의 이유는 육체의 죽음에 대한 두려움과 공포를 극복할 수 없기 때문이다. 만약에 인간의 생명이 영원하다면 인간은 부질없는 욕망 따위에 이끌려 다니지 않을 것이며 항상 자연과 같은 여유로운 삶을 누릴 수 있을 것이다. 그것이 소위 궁극에 이른 자들의 삶이다.

욕망은 결코 만족으로 해결될 수 있는 것이 아니다. 인류는 수천만 년 동안 살아왔지만 욕망을 채움으로 만족하여 죽음 앞에서 미소를 지을 수 있는 사람은 없었다. 인간의 욕망은 세뇌에 따른 관념화된 습관에 의해서 일어나는 것이며 학습된 경험에 의해서 분명하지는 않지만 '아마 그럴 것이다'라는 세뇌의 결과이다.

미래에는 행복과 평화가 있을 것이다라는 거짓된 세뇌, 세뇌에 의해서 미래를 향해 달려 나가지만 미래의 그곳은 죽음뿐임을 모르는 것은 아닐 것이다. 그대의 마음이 우주 너머의 어디선가 '툭' 하고 떨어진 것이 아닌 것임에 대해서는 이제 이해할 수 있을 것이다.

생각은 자신의 의지와는 상관없이 스스로 생멸을 반복 순환하는 망상이지만 찰나지간에 육체의 행위에 간섭하여 육체의 안전을 도모한다. '생각'은 그토록 절묘하여 생각에 대해서는 연구조차 불가능한 것이며 오직 일념의 무념 상태에서만 미묘한 이치를 깨우칠 수 있기에 진리를 깨우침에 대해서 생사자유자재, 또는 생사이치生死理致를 깨우침으로 표현하는 것이다.

인간은 시작도 끝도 감지할 수 없는 생각의 영원성, 연속성에 의해서 자신의 부재, 즉 꼬리에 꼬리를 물고 이어지며 반복 순환하는 생각이 끊어진 상태(깊이 잠이 든 상태)에 대해서 기억할 수 없기에 상상할 수 없다. 이러한 생각의 영원하고자 하는 속성에 의해서 인간은 무한한 상상의 세계를 창조하게 되며 사후세계에 대해서도 여느 집단에 의해 세뇌당하는 정도에 따라서 실재할 것이라는 착각을 하게 되는 것이다.

나라는 생각은 육체가 나라고 알기 때문에 영원하고자 하는 욕망에 의해서 다른 세상을 상상으로 창조하기도 한다. 깊이 잠들어 있는 상태에 대해서 기억하거나 상상할 수 없는 이유 또한 꼬리에 꼬리를 물고 이어지는 생각의 연속성인 미묘한 작용에 이끌릴 수박에 없기 때문이며 '나라는 생각'의 유희이다.

대상과 이름에 대한 동일시의 분명한 인식이 창조이며 창조과정을 통해서 확고해진 낱말들에 대한 고착화된 기억이 고정관념인 앎, 지식이며, 그 이후의 지식(언어의 기억)에 집착된 기억들이 '나는 이런 사람'이라는 관념이며, 더 강하게 각인된 낱말들에 대한 집착된 기억이 고정관념이다. 지금의 '나는 이런 사람이다'라는 마음(기억세포에 저장된 낱말에 대한 확신)이 3차 에고인 자아이다.

스스로 일어났고 또 일어나는 생각들의 행위가 고정관념화되기 전인 2차 에고 상태의 아이에게는 마음이 있으나 있는 것이 아니기에 부드럽고 유연하여 어떤 상황에서도 힘이 든다거나 불행하다는 생각이 있을 수 없다. 3차 에고는 이름과 대상과의 동일시에 대해 당연하게 여기게 되며 지식으로 흡수된 앎에 대한 고정관념에서 깨어날 수 없기에 고통을 겪는 것이며 생각의 미묘한 이치를 터득함으로써 고정관념에서 벗어날 수 있다.

종교에 의해서 자신의 뜻과는 배치된 우상숭배로 모독을 당하고 있는 예수는 '사람이 거듭남'에 대해서 '성령'이며 '하나님 나라'라고 하였다. 사람으로 태어나 삶도 죽음도 없이 기쁨만으로 존재할 수 있는 '나 아닌 나'인 참 자아로 회귀하기 위해서는 열정이 필요하지만 사람이면 누구나 죽음 앞에서도 여유로운 미소를 지을 수 있는 참 자아인 진리, 신과 합일될 수 있는 것이다.

지고의 실체인 '나'가 주체이며 마음이나 생각은 '참 자아가 아니다'라는 설명을 하고자 하는 것이다. 태양에 의존하는 모든 생명체들은 신(생각의 빛)의 뜻에 따라 살아지는 것이다.

나만의 고정관념인 마음이 본래 나의 마음이 아닌 신의 뜻임을 이해한다면 인생은 살 만한 가치가 있지 않겠는가? 그대의 본성이 신이었으며 삶의 목적이 있다면 자신의 본성으로 회귀함일 것이다. 나의 생각을 나의 뜻대로 할 수 없음을 이해하여 지금 존재함을 환희로, 삶을 축제로 만들어 나갈 수 있기를.

인간은 누구도 자신의 생각을 자신의 뜻대로 할 수 없는 것이기에 생각은 신에 의해 행위됨으로 설명될 수밖에 없다. 그런 의미에서 신의 뜻으로 여기고 살아가는 삶이 평화로운 삶이라고 말하는 것이며 생각의 정체를 확인함에서 신과 합일되지만 그 후에는 '신'이 '참 자아'에 의해 이름, 언어로 창조된 것임을 깨우치게 되는 것이다.

생사이치, 즉 생각의 일어남과 소멸됨을 알아차릴 수 있는 방법은 없다. 생각은 시작과 끝이 있을 수 없기 때문이며 이는 과거와 현재, 미래로 나뉠 수 없다는 말이다. 신의 실체에서 설명한 바와 같이 끊임없이 이어지며 맨 처음 일어난 이후부터는 계속 과거를 만들어 오는 중이며 과거를 만들어 가는 과정일 뿐이라는 말이다.

생각은 이토록 우주와 같이 시작도 끝도 없는 것임에도 불구하고 또한 두 가지의 생각이 동시에 일어날 수 없다는 허점이 있다는 것이다. 내가 생각한다는 생각은 착각이라고 하였다. 그리고 스스로 일어나는 생각은 육체의 죽음에 대한 두려움에 바탕을 두고 일어나는 것이기 때문에 욕망일 수밖에 없다고 하였으며 인생의 해답을 찾을 수 없기 때문에 망상이라고 하였다. 망상의 결과가 인간과 인간의 투쟁이며 전쟁이기 때문이라고도 하였다. 또한 자유의지라는 것이 있다면 오직 그 길에서만 있는 것이라고 하였다.

인간의 생각은 자유의지를 활용하여 스스로 돌이키지 않는다면 자신이 무슨 생각을 했는지 또는 무슨 생각을 할지에 대해서 전혀 상상할 수 없다는 것이다. 그런데 또한 생각의 허점, 즉 두 가지를 동시에 일으킬 수 없는 '나라는 생각' 또한 가공됨으로써 완전할 수 없는 것이기 때문에 약점이 있다는 것이며 자유의지에 의해서 그것을 무력화시킬 수 있다는 것이다.

물론 자유의지라는 말은 너무도 미약하다. 신을 찾고자 하는 열정이 필요한 것이다. 신을 찾고자 하는 열정으로 꼬리에 꼬리를 물고 윤회하는 생각의 꼬리에 '나는 누구인가'라는 한 구절의 생각을 끼워 넣고 '나는 누구인가'라는 하나의 생각을 계속 이어나간다는 것이다.

육체를 나라고 인식하기 전에는 감각기관이라는 것은 있었던 것이 아니었지만 어느 순간 나(육체)라고 알게 되면서부터는 감각기관의 작용이 '나'가 되어 버린 것이다. 그런 결과에 의해서 느낌(욕망)이 나라는 앎(착각)에 대해서 당연시할 수밖에 없게 된 것이 지금의 자아이다.

본래 '나'라는 주체가 있는 것이 아님에도 불구하고 그것(육체)을 나라고 당연시하는 앎이니, 그 앎으로 보는 세상이니 거짓 세상을 보는 것이며 환상의 세계에서 살고 있는 것이다. 사실은 인간들이 환상의 세계에서 산다는 뜻이다. 그러니 내가 아닌 것을 나로 알고 사는 세상이니 해답이 있을 수 있겠는가?

생각의 속성 중에 가장 고약한 것이 몇 가지 있다고 하였다. 생각의 속성이며 에고의 버릇이기도 하지만 끌어다 붙이는 습성이다. 예를 들자면, 누군가를 만나면 고향을 묻고 '대전'이라고 하면 자신의 경험을 끌어내어 나도, 내 친구도, 아는 사람도 거기에 산다든지, 가본 적이 있다며 그 지역에 대해서 안다는 상을 낸다는 것 등이 그러하다는 뜻이다.

누군가 미국 이야기를 하면, 미국과 관련되어 아는 모든 앎들을 드러내 보이는 것 등이 그러하며, 어쩌다가 들려오는 옛날 노래를 들으면 들음과 동시에 그 음악을 들었던 시절에 대해서 우르르 생각이 일어난다는 것이다.

왜, 그런 일들이 일어나겠는가? 자신 스스로에 대해서 의심할 수밖에 없기 때문에 나 말고, 다른 대상에 의해서 자신의 나에 대해 인정받아야만 하기 때문이다. 그렇다 보니 스스로 그런 나를 만들어 가는 과정이 인간의 삶의 전부인 것이다. 학문이나 예술, 교리, 이상, 사상 따위의 모든 앎의 목적이 그것뿐이다.

남에게 보이기 위한 삶, 남보다 잘났다는 상을 내기 위한 삶이 인생인가? 그러다가 죽어야만 하는 삶이 인생인가? 죽을 때까지 남과 비교하고 싸워서 이겨야 하는 삶이 인생인가? 아마도 아닐 것이다. 인간이, 만물의 영장이, 동물원의 원숭이를 닮기 위해서 살아가야 한단 말인가? 그건 아닐 것이다.

아마도 불경에 나오는 많은 말들이 물거품이니, 환포령이니, 꿈이라는 말들일 것이다. 그렇다고 인생이 무상하여 자살하라는 뜻이 아니다. 생각의 이치를 깨쳐서 감각기관에 이끌려 다니지 말고 진정으로 평온한 삶을 살아가라는 뜻이다. 소와 말처럼 일하지 말라는 뜻이다. 사실은 동물들보다 더 많은 일을 하는 것이 인간이다. 동물들까지 먹여 살리느라 왜 고생들을 사서 하는 것인가?

자신의 모든 생각이 망상이라는 사실에 대해서 알아차리기까지는 상당한 열정이 필요하며 수행의 8단계쯤에서 비로소 알아차리게 된다. 지금의 생각들은 정신없이 시끄럽지만 깊어지고 깊어질 무렵에는 일념 중에 한 생각이 일어나면서 피식 하고 웃어버리게 된다는 것이다. 그때 비로소 '허허, 이것은 에고일 뿐 내가 아니지'라는 생각이 일어나기에 웃어버리는 것이며 그 즈음에서 에고와 나, 그것이 하나가 아님에 대해 어렴풋이 짐작하게 된다.

순수의식의 어린아이가 나를 인식하는 과정과 다르지 않은 상황이다. 항상 당부하는 말이지만 이해와 오해는 같은 뜻의 다른 표현이라고 하였듯이 오직 일념명상을 통해서만 분명히 이해할 수 있는 것이며 일념이 깊어진 만큼, 꼭 그만큼 지식을 넘어선 지혜가 드러난다는 것이다. 벙어리 꿀맛이라는 표현과 같이 홀로 즐거움에 웃는 날이 많아질 때, 비로소 삶의 기쁨을 누릴 수 있는 것이다.

나의 말을 들으라.
듣고 옳거든 그 길을 가라.
듣고 옳거든 그 길을 알리거라.
오직 그 길만이 자유와 평화로 가는 길이니.
인류의 자유와 평화, 오직 그 길에서만 하나 될 수 있으니.

마음과 생각의 미묘한 관계

마음의 뿌리는 생각이며 마음은 성장하는 과정에서의 경험과 간접경험 등에 대하여 기억세포에 저장된 생각이 고착화된 관념이며 스스로 일어나고 멸하는 생각의 찌꺼기로 정의될 수 있다. 마음과 생각은 둘이지만 둘이 아니며 하나이면서도 하나가 아니다.

인간의 뇌를 구피질과 신피질로 구분한다면 마음은 구피질에 속하며 생각은 신피질에 속한다. 생각은 찰나지간으로 생과 멸함을 반복 순환하는 것이며 찰나지간에 생멸하는 생각은 생멸함과 동시에 구피질에 저장되면서 꼬리에 꼬리를 물고 끊임없이 반복 순환됨에 대해서 윤회輪回라는 말로 표현된 것이며 생함과 멸함에 대해서 생사生死 윤회로 표현된 것이다.

도의 관점에서 본다면 생사는 사람의 죽음과 삶이 아니며 생각의 일어남과 생각의 멸함을 뜻하는 말이다. 수 억겁의 전생이라는 말은 살아오는 동안에 찰나지간으로 명멸明滅하는 생각의 생함과 사함을 뜻하는 말이다.

에고는 육체가 나라고 생각하기에 사람이 죽고 삶에 대하여 생사라고 하지만 도의 관점에서 본다면 생각의 일어남과 멸함이 생사이기에 생사자유자재라는 말을 하는 것이다. 에고의 관점에서 본다면 그는 죽은 것이다. 깨달음, 그것은 죽음의 경험과 다르지 않기 때문이다.

인간의 모든 행위는 기억세포의 작용에 의한 것이며 찰나지간으로 꼬리에 꼬리를 물고 생멸生滅하는 생각은 찰나지간에 기억세포의 영역과 교감하면서 생각의 생함과 멸함은 꼬리에 꼬리를 물며 끊임없이 이어지고 있다.

경험에 의해서 기억된 생각을 기억세포라고 가정하고 순간순간 찰나지간으로 꼬리에 꼬리를 물면서 일어나고 멸함을 반복 순환하는 생각을 순간생각세포라고 가정하여 일상에서의 일들을 비교 설명함으로써 생각의 작용에 대해 이해가 가능할 수 있다.

어떤 사람이 점심 식사 후에 산책을 나선다. 왕복 30분가량을 예상하고 어제까지 다니던 길을 상상하면서 어제 보았던 고목나무가 있는 곳까지 다녀오겠다는 마음에서이다. 언제나 그렇듯이 내가 생각을 일으킨 것은 아니다. 다만 기억세포의 작용에 의지하여 생각이 일어나 있었던 것이며 일어난 생각에 의해서 행위하는 것이다.

자신에게는 특별한 고민이 없었기에 편안한 마음으로 산책길을 나섰지만 자신도 모르는 사이에 순간생각세포는 생멸을 반복 순환하며 행위를 하고 있다. 스스로 '내가 지금 무슨 생각을 하는 거야?'라고 돌이켜보려는 노력이 없다면 불과 10초 전에 무슨 생각을 했었는지에 대해서 기억할 수 없으며 기억해 보려고 기억을 더듬어 보더라도 기억할 수 있는 생각은 극히 일부분이다.

느긋하게 걷다가 갑자기 기발한 생각이 떠올랐다. 평소에 근무처에서 고민하던 문제지만 자신의 업무와는 상관이 없었기에 관심이 없던 일에 대한 멋진 아이디어가 툭 하고 떠오른 것이다. 나의 생각이라고 알고 있지만(사람들은 생각의 주체가 나라고 알고 있기에) 나의 의지와는 상관없이 기억세포의 유기적인 작용에 의한 생각이 스스로 일어난 것이다.

여기서 잠깐, 생각은 항상 '내가 생각한다'는 생각 이전에 이미 일어나 있었다는 것이다.

그는 자신도 모르게 일어났던 생각에 몰두하면서도 걸음은 흔들리지 않았으며 앞에 나타나는 사람들과 다른 장애물들을 피해서 계속 걸음을 걷고 있다. 기발한 생각에 집중되어 있으면서도 몸은 습관, 즉 기억세포의 작용, 즉 습관(버릇)에 의해서 흐트러짐 없이 걷는 행위를 지속하고 있다. (내가 걸었다고 생각하지만) '내가 걷는다'라는 생각이 없이도 산책을 계속하고 있는 것이다.

그러다가 문득 돌아가기로 마음먹었던 곳을 지나쳤음을 알게 되었다. '어? 너무 많이 왔네'라는 생각이 일어남과 동시에 길을 되돌아가고 있다. 생각은 걷는 동안 내내, 떠올랐던 기발한 생각에 집중되어 있었다.

여기서 분명히 알고 넘어가야 할 것은 습관에 따른 육체의 행위이다. 내가 걷는다는 생각을 하지 않아도 걷고 있다는 것이며, 이는 화두일념 상태에서의 행위와 다르지 않다는 뜻이며, 운전을 할 때에도 이와 다르지 않다. 초보운전일 경우에는 잔뜩 긴장하여 운전하는 일에 생각이 집중되지만, 익숙해진 운전자들은 운전을 하면서도 다른 생각을 할 수 있듯이 일념수행 또한 이와 다르지 않다는 뜻이다. 다만 생각, 그것은 육체의 행위와는 상관없이 자신도 모르는 사이에 흐르기 때문에 기억할 수도 없는 망념 대신에 일념화두에 몰입하는 일이 진리를 향한 올바른 길이라는 것이다.

육체를 행위하게 했던 것은 기억세포의 작용이며 순간생각세포는 일어났던 아이디어에 집중되어 있었다. 그러다가 문득 어제보다 더 멀리 걸어왔다는 생각이 일어났으며, 오던 길을 되돌아간다. 하지만 왔던 길을 되돌아가는 과정에서 사용된 순간생각세포의 작용시간은 그야말로 찰나지간이었으며 약 30분 걷는 동안에 떠올랐던 아이디어에 대해 만족할 만한 결과를 얻었다고 가정하자.

산책하던 30분 동안에 그는 줄곧 아이디어 한 가지의 생각에 몰입되어 있었으며 자신 스스로도 다른 생각은 전혀 일으키지 않았다고 확신할 수 있을 것이다. 반환점에서 찰나지간에 일어났던 생각을 제외한다면 아이디어에만 온 정신(생각)이 집중되어 있었다고 기억할 것이다. 하지만 순간생각세포는 30여 분 동안에 아이디어에 집중되어 있었으면서도 찰나지간으로 기억세포의 작용(육체의 행위들)을 감시하고 있었으며 사람들은 단지 그것을 감지하지 못하는 것이다.

순간생각세포는 감각기관의 능력으로는 감지할 수 없으나 숫자로 나뉠 수 없을 만큼의 찰나지간에 걸음을 걷기 위한 기억세포의 작용에 대하여 끊임없이 간섭하고 있었던 것이다. 순간생각세포가 기억세포를 감시하였기 때문에 걸음을 걷는 도중에 돌부리에도 걸리지 않게 하였으며 수많은 크고 작은 장애물들을 피하도록 하는 등 몸의 보호를 위해서 지속적으로 행위하고 있었다는 설명을 하는 것이다.

이는 화두일념에 집중되어 있다 하더라도 육체의 행위는 기억세포의 작용에 의해서 이루어지는 것이며 자신의 의지와 상관없이 숨을 쉬듯이 육체 또한 내가 행위한다는 생각 없이도 행위할 수 있다는 것이다.

30분 동안의 산책을 통해서 생각의 미묘한 이치에 대한 중요한 것 하나를 발견할 수 있다. 데카르트의 '나는 생각한다. 고로 존재한다'라는 말에서 숙고에 숙고를 거듭한 결과 생각의 미묘한 이치에 대해 깨쳤음에 대해서 알 수 있다.

'나는 생각한다'라는 말, 즉 나와 생각을 둘로 나누었을 경우에 생각을 일으키는 주체가 '나'인지 또는 스스로 일어나 있는 '생각'이 주체인지에 대한 분명한 앎이기 때문이다.

데카르트는 스스로 일어나 윤회하는 생각의 흐름, 기억에 바탕을 둔 사념으로써는 결코 상상할 수 없는 생각, 그 생각에 대해서 '신'으로 묘사했던 것이다. 어리석은 자들에 의해서 '신은 죽었다, 신은 없다'라는 말들이 생겨난 것이지만.

사람들의 고통과 괴로움은 내가 생각한다는 앎, 즉 내가 생각의 주체이기에 나의 의지에 따라서 생각을 일으키거나 또는 생각의 일으킴을 멈출게 할 수도 있을 것이라는 착각에서 비롯되는 것이다. 그런 의미에서 볼 때에 인간에게 자유의지란 있는 것이 아니며 인간에게 자유의지가 있다면 오직 일념수행을 통해서 자신의 정체를 찾는 일뿐이다.

불경에 '무상심심미묘법無上甚深微妙法'이라는 말이 있다. 이 법은 무상, 즉 위 없는 법이며 너무도 깊고 깊은 미묘한 법이라는 말로서 생각의 미묘한 이치는 도저히 어떤 말로도 표현될 수 없다는 뜻이다. 이는 노자의 도에 대한 설명과도 다르지 않은 말로서 언어로 표상될 수 있는 도는 '참다운 道가 아니다'라는 뜻이며 상대적일 수밖에 없는 언어로는 표현될 수 없음을 뜻하는 말이 불립문자이며, 상대적인 언어로 표현될 수 없기에 언어도단이라고 한 것이다.

산책하는 사람의 아이디어에 대한 생각의 일어남과 일어난 생각에 대해 몰두함의 결과, 그리고 되돌아와서 산책하는 동안에 일어났던 생각을 되짚어 봄으로써 생각의 주체에 대해서 분명히 이해할 수 있다면 생각의 미묘한 이치에 대해 조금은 가까이 접근할 수 있다.

경험된 기억세포에 가장 깊게 각인된 고정관념인 '육체가 나다'라는 생각이 있는 한 생각에 대해서 정의할 수 없기 때문에 인간은 평화로울 수 없는 것이다.

인간의 본래 성품 또는 순수의식은 육체에 얽매이기 이전의 의식인 우주의식을 뜻하는 말임을 이해할 수 있을 것이다. 육체에 얽매이기 이전의 의식에서는 시간과 공간, 인과가 없으며, 있다 하는 모든 것들은 '육체가 나다'라는 그릇된 인식 위에 지식들이 흡수되어 포함된 '나라는 생각'에 의한 관념의 산물이다.

산책하는 사람에게 일어났던 사건을 통해서 나와 생각과의 관계를 조명해 볼 수 있다.

사람이 깊이 잠들어서 생각이 행위할 수 없을 때에는 육체 또한 행위할 수 없으므로 육체의 주인은 생각이며 마음은 생각에 의해서 형성된 관념들이기에 마음의 주인 또한(자신도 알 수 없는 미묘한) 생각이라고 정의할 수 있는 것이다. 부피를 잴 수도 없으며 모양도 없으며 실체도 없는 '나'라는 의식과 '생각'이라는 해석될 수 없는 것과의 관계를 정립해 봐야 한다.

생각이 없음, 즉 생각이 휴식할 때에, 깊이 잠들어 있거나 인위적인 약물을 투여하여 육체가 행위할 수 없을 때에는 '나'라는 것이 없다. '나'라는 것이 없음은 순수의식인 아이의 상태이다. '나'가 있을 때에 생각이 있었으며 '나'가 없을 때에는 생각도 없었기에 나와 생각은 하나인 것 같아서 그 실체가 밝혀질 수 없는 것처럼 보인다.

산책하는 사람에게는 생각이 먼저 일어나 있었음을 알 수 있다. 이제 생각이 주체이며 나는 객체라고 가정하여 정리함으로써 실체에 접근할 수 있다.

산책하는 사람은 자신이 하고 싶지 않거나 해야 될 필요가 없었던 생각이 일어났으며 그 생각에 집중을 한 것이다. 아이디어에 대한 생각이 일어나지 않았다면 그는 집중하려는 노력도 할 필요를 느끼지 못했을 것이며 자신도 모르게 꼬리에 꼬리를 물고 일어나는 생각들에 대해서 관심도 없이 산책을 마쳤을 것이다. 산책을 다녀와서 무슨 생각을 했었는지 돌이켜 보지 않고 하루의 일과를 마친 후에 하루의 일과에 대해서 생각해 볼 수 있다.

'오늘 하루 동안 무슨 생각을 하였을까' 하고 하루의 일과를 돌이켜 보았을 때에 잡다한 업무와 산책길에 대한 생각을 할 수 있을 것이다. 하지만 산책길에서 무슨 생각을 했는지에 대해서는 전혀 기억에 없을 것이며 산책길에서 반환점을 지나쳤다는 생각을 할 수 있을 것이다. 생각의 행위는 이렇듯 미지의 신에 의한 행위와 같이 스스로 행위하는 것이며 찰나지간으로 생함과 멸함이 반복되는 생각의 횟수는 관념상의 수

치로는 계산될 수 없기에 수 억겁의 전생이라는 말이 창조된 것이다.

사무실에서 자신의 커다란 책상을 힐끗 쳐다보는 시간이 불과 1초에 불과하더라도 그 1초 동안에 기억세포와 순간생각세포는 책상 위에 널려있던 것들과 조금 달라진 것들에 대해서 알아차릴 수 있을 만큼 순간, 순간 찰나지간의 행위로써 감각기관을 지배하는 미묘한 것이다.

내가 생각한다는 앎, 내가 생각할 수 있다는 앎은 착각이다. 경험된 오류에 의해서 일어나고 사라지는 모든 생각이 착각임을 깨우친 인물들이 불이일원론을 역설한 것이며 인간은 누구나 스스로의 노력에 의하여 생각의 미묘한 이치를 깨우칠 수 있다. 도를 깨우쳐야만 자유와 평화라는 말의 의미, 그리고 진리의 의미를 알게 되는 것이며 그것이 곧 진리이다.

생각은 찰나지간으로 미묘하게 작용하면서 육체의 세포 하나까지도 지배하고 싶어 하며 의식 무의식까지도 지배하고 있다. 인간의 몸은 신경조직이며 생각에 의해서 창조된 환상물질로 이해할 수 있다. 마음은 순간생각세포의 작용이 누적된 것에 불과하기에 생각의 속성과 이치를 활용하여 마음은 평화로움에 안주할 수 있으며 건강까지도 유지할 수 있는 것이다.

자신도 모르는 사이에 흐르는 생각은 모두가 망념이다. 순간생각세포의 작용인 생각은 꾸준한 노력에 의해서 스스로 활용할 수도 있으나 기억세포에 바탕을 두고 있기에 생각을 통제하는 일은 고급 정도의 난이도가 필요하다.

지금 한 생각의 집중에 대해서 실험해 볼 수 있다. '마음이 무엇인가'라는 한 구절에 집중하려는 노력에 의해 '마음이 무엇인가'라는 한 생각만을 이어가는 동안, 즉 화두일념 중에 옆방에서 문 닫는 소리가 들렸다면 한 생각의 집중인 일념에서 벗어난 것이다. 문 닫는 소리를 들었다는 생각이 일어난 것이기 때문이다.

생각은 이렇듯 감각기관의 느낌 이전에 스스로 일어나 있었기에 생각(사념)으로는 생각의 실체를 알아차릴 수가 없는 것이면서도 그것은 길들여질 수 있는 것이기에 진리를 전파할 수 있는 인물들이 나타났던 것이며 그들의 말은 수천 년이 지나면서 변질되었음에도 불구하고 진리로 전해지는 것이다. 그들의 말이 진리로 남겨지면서도 왜곡될 수밖에 없는 이유는 상대적이지 않음에 대해서 상대적일 수밖에 없는 언어로 표현될 수밖에 없었기 때문이다.

마음과 생각의 차이는 분명하게 정의될 수 있다. 자신도 모르게 일어나는 생각들의 저장창고가 마음이며 순간순간 감각으로 느끼는 느낌이 생각의 작용에 의한 것이다. 컴퓨터의 입력장치와 유사하다.

지금 타이핑을 하고 있는 상황이 생각이며 자동저장장치에 의해서 저장되고 있는 과정이 마음이다. 타이핑을 함과 동시에 저장이 됨은 생각이 일어나면서 기억세포에 저장됨과 다르지 않다는 말이다. 타이핑은 하다가 멈출 수 있지만 생각은 멈출 수 없다는 것이 다른 점일 것이다.

'나는 생각하지 않을 거야'라고 말할 수 있지만, '나는 생각하지 않을 거야'라는 생각을 하고 있었던 것인 바와 같이 그것이 어떤 생각이든지 간에 항상 과거진행형이며 과거를 만들어 가는 결과라는 것이다. 그러니 어찌 내가 생각한다는 생각으로 그것, 신을 찾을 수 있겠는가?

인류가 의지하는 신의 실체를 찾는 일이다. 그것이 자아의 본질이다. 그대의 나, 신의 뜻이다.

신의 의미를 분명히 이해할 때에 비로소 신이 있는 것이다. 그리고 그대의 나를 발견하면서 신과 하나 되는 것이다. 그대의 본성, 그것이 신이기 때문이다.

그것의 다른 이름이 진리이니, 진리가 너희를 자유하게 할 것이라고 한 것이다. 진리, 그것이 너희를 자유하게 할 것이니.

꿈과 생각의 관계

본래 있는 것은 아무것도 없는 것이다. 그리고 없는 것이 있는 것이다. 모든 의심의 근원은 '나 아닌 것을 나로 아는 앎'에서 시작된 것이기에 의심의 근원인 경험의 오류를 발견하지 못하는 한, 의구심은 끝이 있을 수 없는 것이며 인생의 해답은 찾아질 수 없는 것이다.

인류의 생로병사에 따른 고통과 괴로움을 비롯한 모든 문제는 '육체가 나'라는 경험의 오류를 발견함으로써 해결될 수 있는 것이며 인류의 자유와 평화 또한 오류의 발견을 위한 진리의 길에서만 해답을 찾을 수 있다. 그리고 진리의 길을 가기 위해서는 '생각의 이치와 속성'에 대한 충분한 이해에서부터 시작될 수 있으며 일념에 대한 이해를 넘어선 일념을 깨우침에서부터 비로소 경험할 수 없었던 기쁨과 평화로움을 느낄 수 있는 것이다.

인체의 감각기관인 눈과 귀, 코와 입, 혀, 피부를 통한 감촉의 대상인 보는 것, 듣는 것, 냄새를 맡는 것, 맛을 아는 것, 촉감 등의 모든 대상은 경험된 기억, 즉 생각에 의존하는 것이며 '나라는 생각'에 바탕을 두고 있다. 그리고 '나라는 생각'에 바탕을 둔 현상계를 비롯한 외계인 등 모든 상상의 세계는 실재하는 것이 아니다.

현상세계가 실재한다고 아는 한 인류는 고통과 괴로움에서 벗어날 수 없다. 다만 실재한다고 아는 한 우주를 비롯한 천지만물은 평등한 것이며 모든 것은 항상 변화하는 것이며 영원한 것이며 생각의 근원에서의 '나' 또한 영원한 것이다. 인간 또한 모두가 평등하며 그 본성은 영원한 것이다.

인간 모두에게는 똑같은 무게의 짐이 주어진 것이지만 그들은 자신의 본성을 볼 수 없기에 자신의 짐이 더 무겁다고 아는 앎에 의해 고통을 겪는다. 과학이나 의학, 심리학, 뇌를 연구하는 학문 등의 경험에 바탕을 둔 사고방식의 연구에 의해서는 영원히 밝혀질 수 없는 꿈에 대한 해석을 통해서 생각의 미묘한 작용에 대해서 조금 더 가까이 접근할 수 있다.

사람은 누구나 자신이 전혀 경험하지 못했던 신비로운 꿈을 경험하기도 하며 꿈에 대해 몹시도 궁금해할 수밖에 없기 때문에 꿈에 대해 해몽을 하기도 하지만 꿈은 기억세포와 순간생각세포와의 미묘한 상호작용에 의해서 일어나는 생각의 한 단면이며 나라는 생각(마음)의 유희이다.

생각은 잠에서 깨어있는 동안 내내 찰나지간으로 생멸을 반복 순환하지만 꼬리에 꼬리를 물고 이어지는 연속성, 영원성에 의해서 시작과 끝을 감지할 수 없다. 하루 종일 자신의 의지와는 상관없이 감각기관을 앞세워 스스로는 순간, 순간 과거를 만들어 나가면서 상상의 세계를 창조하고 있는 것이다.

하루 일과를 마치고 잠들기 전에 하루 동안에 일어났던 일들에 대해서 돌이켜볼 수는 있으나 생각의 흐름에 대해서는 전혀 감지할 수 없다. 다만 사람들을 만나서 이야기를 했거나 식사를 했던 일들에 대해서 기억할 수 있을 것이며 어떤 사건에 대해서 기억해 낼 수 있을 뿐이다.

혼자서 도자기를 만드는 도공이 15시간 정도의 하루 일을 마친 후에 하루 동안에(생각의 미묘한 이치에 대한 앎 이후) 자신이 경험했던 생각에 대해서 돌이켜 본다 하더라도(15시간 동안 내내 생각이 없을 수 없으나) 15시간 동안에 흐르던 생각들에 대해서 기억할 수 있는 것은 극소수의 과거나 또는 미래에 대한 상상의 일부일 뿐이다. 단지 육체의 행위에 대해서 기억할 수 있을 뿐이며 육체의 행위 또한 기억세포의 작용에 따른 것이었을 뿐, 나머지의 모든 생각은 망념이다. 사실은 경험에 바탕을 둔 모든 생각이 망념이다.

스스로 일어나고 사라지고를 반복 순환했던 생각들이기에 기억세포에는 저장이 되어 있으나 생각의 일어나고 사라짐에 대해서는 감지할 수 없는 것이다. 일어났던 생각들에 대해서 기억할 수 없는 이유는 스스로 일어나는 생각은 꼬리에 꼬리를 물고 이어지기 때문이며 어느 순간에 수면으로 드러나는 생각들이 있기에 괴로움을 당하기도 하지만 그 생각 역시 스스로 일어난 것이며 자신의 의지와는 상관없이 미리 일어나 있는 생각에 이끌려 가는 탓이다. 그것이 어떠한 생각이든지 망념 아닌 생각은 없다. 그 바탕이 욕망이며 욕망은 나와 다른 나와의 경쟁의 주요 원인이기 때문이다.

도공은 도자기를 만드는 일을 했다고 생각할 수밖에 없으나 육체는 기억세포에 저장된 습관에 따라 행위하였을 뿐이며 '생각'은 상상의 세계를 창조하면서도 찰나지간으로 육체의 행위를 간섭하였기 때문에 도자기를 만드는 일을 했던 것이며 나머지의 기억할 수 없는 생각들은 기억세포에 의지하여 과거와 미래를 방황하고 있었던 것이다. 그리고 스스로 방황하는 생각은 근원이 의심에서 시작된 것이기에 부정적일 수밖에 없으며 그것이 곧 괴로움의 원인이다.

인간이 육체가 행위할 수 없는 꿈에서도 고통과 괴로움, 두려움을 경험하듯이 인간의 모든 고통과 괴로움의 원인은 생각의 미묘한 작용에서 비롯된 것이다. 꿈은 이렇듯 스스로 생멸을 반복 순환하는 생각의 한 단면이며 '생각'의 윤회를 좀 더 분명히 이해할 수 있는 중요한 단서이다.

기억할 수 없으나 하루 종일 꼬리에 꼬리를 물고 이어지는 생각은 스스로 '내가 무슨 생각을 하고 있는가?'라는 방법으로 돌이켜 보지 않는 한 지나간 생각에 대해서 기억할 수 없다. 불과 1분 전에 내가 무슨 생각을 했었는지에 대해서도 기억할 수 없으며, 3초 후에 무슨 생각이 일어날지에 대해서도 감지할 수 없듯이.

일상에서 이렇듯 끊임없이 윤회하는 생각이지만 순간생각세포의 행위는 깊은 잠을 통해서 필요한 만큼의 휴식을 취해야만 한다. 인간에게 물리적이지 않은 가장 큰 고통은 잠을 이룰 수 없는 환경을 만드는 것이라는 연구결과와 같이.

'생각'은 육체를 깊이 잠들게 하여 필요한 에너지를 취하는 것이며 잠들어 있는 동안에는 '순수의식'의 상태와 유사한 상태로써 순간생각세포가 휴식을 취하는 무념의 상태에 머무른다. 깊이 잠든 상태가 인간에게는 가장 큰 평화로움이며 그 다음이 있다면 일념이 이어지는 상태, 즉 유상삼매 동안이다. 유상삼매라 함은 인위적이나마 화두일념이 한 시간 이상 지속됨을 뜻하는 말이다.

육체가 나라는 앎을 당연시하기에 생각 또한 나의 생각으로 알며 이를 당연시하지만 나와 생각과의 관계는 물과 물고기와의 관계와 같이 명백하게 분리된다. 물과 물고기와의 사이에는 거리가 없지만 없는 것이 아니며 거리가 있지만 있는 것이 아니듯이 나와 생각의 관계 또한 둘이지만 둘이 아니며 하나지만 하나라고 볼 수도 없다.

물고기와 물이 하나지만 하나가 아니듯이 나와 나의 생각 또한 물고기와 물과의 거리와 같이 거리가 없기에 생각의 실체를 발견할 수 없는 것이다. 그럼에도 불구하고 도의 관점에서 본다면 경험에 바탕을 둔 의식과 순수의식과의 차이는 물과 물고기와의 관계와 같이 거리가 없으나 없는 것이 아니며 거리가 있으나 있는 것이 아닌 것으로 비유될 수 있다.

육체와 나와의 관계 또한 이와 다르지 않다. 육체와 나와는 하나지만 하나가 아니며 둘이지만 둘이 아니라는 말이니, 하나다 둘이다, 이것이다 저것이다 또는 다른 것이다 등으로 표현될 수 없기 때문에 언어도단이라고 한 것이다.

깨어있는 동안 내내 꼬리에 꼬리를 물고 이어지는 생각은 잠이 듦과 동시에 무념 상태에 들어 휴식을 취하며 적절한 휴식을 마치고 깨어나면서는 잠이 듦과 동시에 끊겼던 생각, 즉 생각의 꼬리를 기억함을 시작으로 하여 반복 순환의 윤회를 시작하는 과정이 반복되는 것이기에 '내가 생각한다'는 생각을 앞서 있는 것이며 생각의 시작과 끝에 대해서 감지할 수 없는 것이다. 이것이 생각의 연속성, 영원성이다.

인간이 전생이나 다음 생을 말하는 윤회, 또는 천국이나 지옥, 외계세계 등의 상상 속의 또 다른 세상에 대하여 저항하지 못하고 속수무책으로 빠져드는 이유는 생각의 영원성, 연속성이 그 원인이며 그 바탕에는 유한한 육체의 죽음에 대한 두려움이 깔려있기 때문이다.

지금까지의 설명과 같이 인간이 이상이나 사상 또는 종교 등에 세뇌당하여 목숨을 거는 일 따위는 마음이라는 것의 실체가 없기 때문이다. 인간이 나약한 이유는 죽음에 대한 두려움 때문이며, 종교집단들은 석가모니나 예수의 말을 오해한 것이기에 옳지 않다고 할 수는 없으나 그들의 말을 악용하여 인간의 가장 나약할 수밖에 없는 죽음에 대한 두려움을 자극하는 방법으로 이익을 추구하는 집단이기에 그들을 모독하는 것이다. 인간의 마음을 유린하는 모든 단체들 또한 종교와 다르지 않은 것 같다.

그러니 숙명이라고 해야 하나? 허긴 인류 모두가 오직 자신의 이익만을 위해서 투쟁하는 삶에 대해서 당연시하고 있으니 누구의 탓이겠는가? 자신도 모르는 생각의 윤회에서 비롯된 것이니, 나라는 생각으로는 상상할 수 없는 것이니, 신의 뜻이라 할 수밖에 없질 않겠는가?

일념으로 신을 찾으라. 그것이 그대의 자아를 완성하는 길이다. 그것이 자아의 본질이다.

일념을 공부하는 사람들이 잠들기 직전까지 화두일념, 즉 '나는 누구인가'라는 한 생각에 몰입된 상태로 잠이 들었다면 잠에서 깨어나자마자 꿈을 기억하는 것과 같이 꿈 대신에 '나는 누구인가'라는 화두를 기억하면서 '나는 누구인가'라는 화두를 계속 이어 나갈 수 있게 된다. 이러한 방법으로 일념의 집중상태가 지속된다면 생각의 정체는 밝혀지는 것이며 오직 일념의 수행을 통해서만 생각의 실체가 드러날 수 있다. 일념이 이어지면 꿈을 꿀 수 없다는 말이다. 그러니 꿈이라는 것은 자신도 모르게 일어났던 망념들(잠들기 전)을 기억해 내는 것이다.

인생은 단추 끼우기와 다르지 않다. 다만 어느 누구도 경험 시작 부분의 오류에 대해서 기억할 수 없기 때문에 인생에 대해서 해답이 있을 수 없는 것이며 인류는 고통에서 해방될 수 없었던 것이다. 단추 끼우기의 중간과정은 인생의 중간과정과 다르지 않으며 생각의 속성과도 다르지 않다. 단추 끼우기는 시작이 보이기에 되돌아갈 수 있으나 '나라는 생각' 그것은 기억할 수 없으니, 되돌아본다 하더라도 또 다른 고통과 번뇌일 뿐이다.

내 인생이라는 관념이 일어나기 전의 철부지 시절을 제외한 나머지의 삶은 갈등의 연속일 수밖에 없다. 생각의 연속성(집착과 욕망)에 이끌려 살아가는 것이기 때문에 한 치 앞도 알 수 없는 삶이면서도 근심과 걱정, 초조, 긴장, 불안감에서 벗어날 수 없으며 결과는 자신의 죽음이다.

어느 누구도 내일을 알지 못한다. 어느 누구도 알 수 없는 내일을 알지 못하는 것이 문제가 될 수는 없다. 다만 과거를 기억해 내고 과거와의 비교를 통해서 내일과 미래를 걱정해야 하며 끊임없이 방황하는 생각의 윤회가 문제인 것이다.

꿈에서도 두려움과 고통을 느끼듯이 인류의 모든 문제는 생각의 속성과 이치를 깨우침에 의해서 해결될 수 있는 것이다. 인류는 수천 년을 살아오지만 어느 누구도 죽음 앞에서는 할 말이 없다. 어떤 생각도 자신의 생각이 아니기 때문이며 스스로 일어나는 생각에 이끌려 살아갈 수밖에 없기 때문이다. 생각의 이치를 알아차림에 대해서 통찰 또는 깨달음이라고 한다. 깨달음은 첫 단추의 오류를 알아차림과 다르지 않다. 경험의 오류에 대한 알아차림에서는 그것이 너무도 당연한 것이기에 그들에게는 보편타당한 앎일 뿐이다.

육체를 나라고 당연시하는 사람들에게는 육체가 나이기에 육체의 죽음에 대해서 나의 죽음으로 표현될 수밖에 없으나 일상의 수행을 통해서 '육체가 내가 아니다'라는 분명한 알아차림으로 꿈에서 깨어나는 순간 모든 의구심이 사라지며 육체의 죽음이 나의 죽음이 아니기에 근심과 걱정이 없는 검증된 삶을 살아나갈 수 있는 것이다.

인간은 스스로 자신의 망상에 대해서 기억할 수 없으나 어쩌다가 들었던 말, 신화, 전설, 동화 등 온갖 신비스러운 말들이 기억세포에 저장되어 있으며 '생각'은 그런 망상들을 바탕으로 하여 윤회한다고 하였듯이 자신이 상상할 수 없는 꿈을 꿀 수 있다는 것이다.

인간이 인위적인 노력에 의해서 기억할 수 있는 생각은 기억세포에 저장된 생각에 비한다면 그야말로 빙산의 일각일 뿐이다. 그렇다 보니 잠들기 직전이나 또는 잠시 잠결에 뒤척일 때에, 즉 순간생각세포가 휴식에서 깨어날 때에는 항상 휴식에 들기 이전의 생각을 기억하면서 순환을 시작한다는 것이다. 어린아이들은 잠들기 전에 무서운 이야기를 듣는다거나 낮에 놀라는 일이 있게 되면 꿈속에서도 놀라게 되는 경우와 다르지 않다.

꿈은 자신도 모르게 흐르던 망상들이 기억에 남는 생각의 유희이다. 하지만 꿈에 집착하게 되면 그 또한 현실과 같은 착각을 일으킬 수밖에 없기 때문에 또 현실과 같은 또 다른 환상의 세계이다. 이 세상이 마음에 의해서 창조된 것과 다르지 않은 환상의 일부라는 것이다.

생각의 이치와 속성

생각의 속성, 생각의 연속성으로 표현되는 생각, 내가 한다는 생각 이전에 이미 일어난 생각, 하나님이라고 설명하기도 하는 생각, 부처님이라고 설명하기도 하는 생각, 창조자라고 설명하기도 하는 생각, 절대자, 유일신으로 불리기도 하는 생각, 경험에 바탕을 둔 생각으로 찾아질 수 없는 생각, 문자로 표현할 수 없으며 언어로 단정 지을 수 없는 생각, 그러니 그것에 대해서 '미지의 신'이라고 가명을 지을 수밖에.

낮과 밤의 비유와 같이 영원히 밝은 상태라면, 밝음이 영원하다면 밝음이라는 말이 필요치 않듯이, 영원히 변할 수 없는 것에는 이름(이름, 명칭, 말)이 지어질 수 없다. 자아의 본질이 그것이다.

아무것도 모르면서 모든 것을 아는 사람들, 많이 알면 많이 아는 만큼 고통이 가중되는 이유는 그것이 끝없는 의심이기 때문이다. 첫 단추의 어긋남과 같이, 뱀과 밧줄의 비유와 같이, 그곳으로 돌아가서 그것이, 그것이 아님을 확인했을 때, 비로소 모든 의심이 눈 녹듯이 사라진다.

무식하면 용감하다는 말, 자신이 자신을 알지만 아는 것이 아니다. 자신의 나를 모르면서 아는 모든 앎, 대상에 의해서 그것이 나라고 아는 앎, 기억할 수 없는 경험에서의 오류이다. 자신이 자신의 나를 인정할 수 없으니, 다른 나로부터 인정을 받아야만 한다. 그대의 모든 행위, 그것이 어떤 행위든지 타인들로부터 인정받기 위한 행위이다. 남에게 보여주기 위해서 사는 사람들의 모습이 그러하다. 왜, 타인에게 보여주기 위해서 살아야만 하는가? 자신이 자신의 나를 모르기 때문이다.

순수시대에 그대에게 젖을 먹이던 사람에게 몸을 맡기듯이, 아이처럼 순수해져야만 비로소 순수의식의 아이와 같은 고요하고 평온함의 기쁨을 누릴 수 있다.

그대는 지금 그대가 찾아 헤매는 것이 무엇인지도 모른다. 찾고자 하는 것이 무엇인지 분명하지 않기 때문에, 경험이지만 기억할 수 없는 경험이기 때문에 적막한 광야를 헤매는 것이다. 그대가 찾는 것은 젖을 먹이던 엄마이며, 완전하게 몸을 맡겼던 엄마의 품이다. 잠재의식 가장 깊은 곳에 묻혀있는 것, 순수의식의 어린아이의 고요함과 평온함의 기쁨이다. 일념수행의 정점(삼매)에서 경험하는 것, 전생에 단 한순간도 경험할 수 없던 순수의식의 고요함과 평온함의 기쁨, 그것이 그대가 찾는 것이다.

진정한 자유는 자유라는 말이 없는 것이다. 순수의식, 자연, 자유는 같은 뜻의 다른 표현이다. 나의 말을 듣고, 옳거든 그 길을 가라. 오직 그 길을 가라.

캐롤송에 그런 구절이 있다. 고요한 밤, 거룩한 밤, 어둠에 묻힌 밤, 주의 품에 안겨서 감사기도 드릴 때, 아기 잘도 잔다, 아기 잘도 잔다.

생각, 그것의 신비로움에 대해서 확인하고 넘어가자. 그것은 언어 이전에 이미 일어나 있었고, 내가 생각한다는 생각 이전에 이미 일어나 있었다. '무슨 생각을 했지'라는 생각을 한다면, '무슨 생각을 했지'라는 생각과 동시에 과거가 된다. '무슨 생각을 할까'라는 생각을 해봐도 마찬가지이다. 생각은 생각인데 생각으로 상상할 수 없는 생각에 대해서 신이라고 했다.

그것은 시작도 없고 끝도 없다. 내가 생각한다는 생각은 강아지가 꼬리를 물기 위해서 빙빙 돌지만 그것을 물 수 없는 것과 다르지 않으며, 그림자를 좇아가는 것과도 다르지 않으며, 좇아오는 그림자를 떼어놓을 수 없는 것과도 다르지 않으며 무지개를 좇는 것과도 다르지 않다. 인간의 삶이 이러하다.

꼬리를 물기 위해서 돌다가 포기하는 강아지가 현명한 것이다. 사람들은, 배부른 늑대가 욕심이 많아서 나중에 먹기 위해 커다란 고기를 물고 개울을 건너다가 개울물에 비친 자신의 모습을 보고, 그 고기까지 얻기 위해서 물에 빠져 허우적거리는 늑대를 보며 어리석다고 비웃는다. 그것이 자신의 모습인 줄 모르기 때문이다. 내일도 모르면서 노후를 걱정하고, 죽음을 걱정하고, 죽은 다음까지 걱정하고 있으니 어쩌란 말인가?

그대의 정체를 찾아가는 길목에서 이 글들에 대해 가슴 깊이 이해하게 될 것이며 그때부터 길이 보이기 시작할 것이다. 그대가 놀라거나 두려워하거나 근심, 걱정하는 것들에는 실체가 없다. 그림자를 보고 놀라는 동물들과 다르지 않은 것이다. 그릇된 앎이 원인이다.

이런, 이런. 생각 그것에 대해서 간단히 요약하려 했는데. 내가 생각한다는 생각 그것에 대해서 원리전도몽상遠離顚倒夢想이라고 한 것이다. 분명한 것은 그것이 무슨 생각이든지 항상 과거를 만들어 나가는 중이라는 것이다. 그리고 사람들은 과거의 기억에 의해서 고통을 겪는다는 것이다.

과거의 기억, 그것은 내가 살며, 내가 죽을 것이라는 것이다. 그 기억이 나는 아니다. 육체에 얽매인 정신이 나는 아니다. 진정한 나, 그것이 모든 것의 기원이다.

질병과 생각의 관계

옛말에 일병만약이라는 말이 있다. 한 가지의 병에 만 가지의 약이 있다는 뜻이니, 모든 것이 약이며 마음먹기에 따라서 약이 아닌 것이 없다는 뜻이기도 하다. 이 말은 병이 본래 있는 것이 아니라는 말이며 또한 마음으로 만들어진 것이기에 마음으로 이길 수 있다는 말이다. 그렇다면 마음은 생각에 불과한 것이니, 내 생각이 아니지만 내가 활용할 수 있는 생각으로 만병을 통치할 수 있다는 말과 다르지 않은 말이다.

육체는 세포조직이며 다른 말로는 신경조직이며, 다른 말로는 신경전달물질이다. 그리고 신경전달물질을 주관하는 것은 뇌세포의 작용이며 그것이 생각이다.

하늘을 나는 새들은 질병에 걸리지 않는다. 마음이 편안한 사람은 질병에 걸리지 않는다. 항상 긍정적이며 부지런한 사람은 질병에 걸리지 않는다. 자연에 순응하는 것들에는 질병이라는 것이 없다.

자연이 되면 그냥 자연이다. 자연이라는 말도 없다. 무위자연, 그것이 자아의 본질이다.

옛날 젊은 사냥꾼이 까투리라고 불리는 꼬리가 길고 아름다운 수꿩을 잡아서 어깨에 메고 산을 내려오는 길에 깊은 산속 옹달샘에 엎드려서 물을 마셨다. 물을 마시다가 그만 '늘매기'라는 이름의 물속에 사는 물뱀을 같이 마시게 되었다. 생각 없이 물을 마시다가 자신도 모르는 사이에 물과 같이 물뱀을 마셨던 것이다. 산을 내려온 사냥꾼은 그날부터 시름시름 앓아눕게 되었으며 좋다는 약을 수없이 달여 먹였으나 몸은 더 쇠약해져 가고 있었다.

물뱀을 마신 지 3년이 지나면서 삶을 포기하기에 이를 무렵 이웃 마을에 영험한 의원이 나타났다는 말을 들었으나 모든 방법을 다 써봤기에 죽을 날만을 기다리고 있었다. 죽어가는 젊은이의 모습을 안타까워하던 마을 사람들에게 떠밀리다시피 하여, 이번이 마지막이라는 생각으로 이웃 마을에 있다는 의원을 찾아가게 되었다.

의원은 사냥꾼으로부터 물뱀을 마시게 된 경위를 들은 다음, 사냥꾼에게 사냥 당시와 똑같은 차림을 하게 하여 물을 마신 옹달샘에 당도했다. 사냥꾼은 어깨에 꿩을 메고 물뱀을 마셨던 기억이 끔찍하여 다시 물을 마시는 일이 죽기보다 싫었지만 의원의 말을 듣지 않을 수가 없었다. 어차피 죽을 목숨인데 무슨 상관인가라는 마음으로 사냥 당시에 물뱀을 마실 때와 똑같은 자세로 엎드려서 물을 마셨다.

물을 마시던 사냥꾼이 벌떡 일어나더니, "또, 또, 또 물뱀을 마셨으니 저는 이제 죽었습니다"라며 울먹였다. 의원은 빙긋이 웃으면서 사냥꾼의 어깨에 메어져 있던 꿩을 내려놓게 한 다음 다시 물을 마셔보라고 하였다. 의아해하던 사냥꾼은 벌컥 화를 냈지만 빙그레 웃고 있는 의원을 보면서 마지못해 옹달샘 앞에 엎드려서 다시 물을 마셨다. 그런데 이번에는 물뱀이 없었다. 사냥꾼은 그때 비로소 깨달았다. 옹달샘에는 물뱀이 본래 없었다는 사실을.

의원은 사냥꾼의 어깨에 다시 꿩을 걸쳐주고 다시 물을 마시게 했으며 사냥꾼은 자신이 마신 물뱀이 꿩의 깃털이 물에 비친 그림자였음을 알아차렸기에 의심 없이 옹달샘의 물을 마실 수 있었다. 물뱀이, 물뱀이 아님을 알아차림과 동시에 병이, 병이 아닌 것이었다. 한순간의 생각(기억)이 만들어 낸 병이었다.

만약에 사냥꾼이 자신이 마셨던 물뱀이 산삼보다 좋은 보약이라고 들어서 알고 있었다면 사냥꾼은 물뱀을 마신 기억 하나만으로도 보약을 먹었다는 생각을 할 것이기에 평생 동안 건강한 삶을 살아갈 수 있었을 것이다. 한 생각의 차이이다.

발전이 가속화되면서 '신경성'이라는 말이 창조되었을 것이며 대부분의 성인들에게는 신경성 위염 또는 신경성 장염 등의 신경성이라는 질병이 탄생된 듯하다. 우울증을 비롯한 정신질환과 육체의 건강이 마음에서 시작되었다는 것이다. 옳지만 옳은 앎이 아니다. 마음의 뿌리가 생각이기 때문이다.

마음은 기억세포에 저장된 경험 및 간접경험에 따른 생각이다. 마음이 형성된 과정, 즉 살아오는 동안의 생각의 흐름은 긍정과 부정의 갈등으로 얼룩져 있다. 일관성 있는 긍정일 수도 없으며, 일관성 있는 부정일 수도 없다는 뜻이다. 좋음과 나쁨, 선함과 악함 등의 상대적일 수밖에 없는 언어와 같이 생각은 항상 갈등의 상태로 반복되었기에 한 생각(중도)에 집중된 상태로 유지될 수 없는 것이다.

순수의식에서 시작된 학습에 의해서 인위적인 최초의 생각이 '나라는 생각'이며 '나라는 생각'인 2차 에고에 의한 최초의 창조물이 (육체=나) '나'라는 생각이며 그 이후에 너, 그리고 천지만물들에 대한 이름을 앎에 의해서 '이름'으로 창조하게 된 것과 같이 육체 또한 '나라는 생각'에 의해 창조된 환상물질이라는 사실을 이해함으로써 육체에 나타나는 모든 질병은 해결될 수 있다.

사람들의 모든 앎, 즉 '생각'은 나 아닌 것을 나로 아는 의구심에서 시작된 것이기에 모든 앎은 또 다른 의구심일 수밖에 없는 것이다. 경험에 바탕을 둔 기억된 모든 앎은 의심이기에 스스로 일어나고 소멸되는 모든 생각은 부정적일 수밖에 없는 것이다. 이런 사실을 납득하기란 쉽지 않겠지만 자신이 알고 있는 모든 것들에 대해 돌이켜 생각해 봄으로써 자신의 모든 앎이 조금도 의구심 없는 완전한 앎인지, 완전히 신뢰할 수 있는 것인지에 대해서 확인해 볼 수 있을 것이다.

어느 누구도 완전하게 신뢰할 수 있는 앎은 있을 수 없다. 태어난 날짜와 부모에 대해서도 분명히 아는 것은 아니다. 어린 시절에 대해서 기억할 수 없기 때문이며 나머지의 모든 지식 또한 누군가로부터 들어서 알고 있는 것들이기 때문이다. 그 누군가라는 사람 또한 다른 그 누군가로부터 들어서 알고 있는 것들이다.

우주의 실체가 본래 있는 것이 아니기에 인류의 기원도, 나의 기원도 모르는 것일 수밖에 없지만 내가 없음에 대해서 상상할 수 없기 때문에, 보고 느끼는 우주가 없다고 상상할 수도 없듯이 모든 앎은 또 다른 의구심이며 지식이 많은 만큼 의구심은 더 많을 수밖에 없는 것이다.

지식이거나 물질이거나 많이 소유하면 많이 소유한 만큼 더 많은 의구심과 함께 괴로움도 더 많아질 수밖에 없는 것이기에 '예수'는 가난한 자에게 복이 있다는 말을 했던 것 같다.

생각 역시 그대의 의지와는 상관없이 생멸을 반복 순환하는 윤회가 지속되기에 영원히 이어지지만 항상 부정적일 수밖에 없는 것이며 간혹 긍정적인 생각을 한다 하더라도 그것 또한 진정한 긍정일 수는 없다는 뜻이다. 인간을 제외한 천지만물은 긍정도 부정도 아니기에 무위자연으로 표현될 수 있듯이 사람(생각)은 긍정도 아니며 부정도 아닌 중도에 머무를 수 없는 것이다.

인간은 현실에 만족하여 평화로울 수 없기에 내일과 미래를 향해서 달려 나간다. 지금 자신이 어디에 있는지, 왜 여기까지 와 있는지 또는 내일이나 미래에 어떤 모습으로 어디에 있을지에 대해서 상상해 볼 수 있지만 한 치 앞도 알 수 없으며 분명한 것은 아무것도 없다.

항간에 베스트셀러로 불리는 많은 서적들은 인간의 끝없는 욕망을 부추긴다. '생각의 비밀, 기적, 신비의 치료, 신념의 치료, 기(에너지) 치료' 등 현란한 글 솜씨를 발휘하여 '생각하는 대로 이루어질 수 있다'라고 하거나 '신의 뜻'이라는 등의 온갖 미사여구를 동원하여 부와 성공을 이룰 수 있다는 사례를 들면서 끝없는 욕망을 부추기기 위해 노력 중이다.

세계인구 67억여 명의 사람들 모두가 부와 성공을 갈망하며 자신의 욕망을 채우기 위해서 혈안이 되어 있다. 그럼에도 불구하고 세상 어느 누구도 만족하여 평화로울 수 없는 이유는 자신이 스스로 자신의 생각에 지배당하고 있다는 사실에 대해서는 짐작할 수 없기 때문이다.

67억 인구 모두가 성공해야 하며 부자가 되어야 한다며 세상이 온통 싸움판이 된 지 오래다. 사람들, 왜 그렇게도 비참한 싸움판을 벌여야만 하는가? 모두가 싸워서 승리해야 된다면 누가 승리하고 누가 패배해야 하는가? 하나가 죽어야 하나가 사는 것이다. 하나가 승리하면 하나는 패배해야만 되는 것이다. 나, 나, 나들이 사람과 사람, 사람들이 서로가 싸움질해서 행복하고 평화로울 수 있단 말인가?

살아가는 동안 내내 싸움질하면서, 왜? 어느 누구도 행복하고 평화로워 자유하지 못하는가? 사람과 사람이 서로 싸우고 이기기 위해서 태어난 것은 아니지 않은가? 자신의 내가 살아가는 것이라는 착각에서 벗어날 수 없는 이유는 생각의 연속성에 의해서 생각의 흐름을 감히 상상할 수 없기 때문이며 어느 누구도 현실에 만족하지 못하여 죽음을 향해서 달려 나가는 이유는 망각되었으나 잠재해 있는 순수의식의 본성(기쁨과 평화)에 대한 갈망이 채워질 수 없기 때문이다.

인간이면 누구나 육체만이 나라는 착각(경험된 오류)에 의한 집착에서 시작된 욕망(마음, 생각)에 지배당하며 살고 있다는 엄연한 사실에 대해서 이해할 수 있다면 살아가는 동안에 근심과 걱정의 무거운 짐을 내려놓을 수 있지 않겠는가?

세상에 존재하는 모든 가르침(부를 이루는 방법 또는 건강법 등)이나 조언은 생각의 미묘한 이치를 깨우칠 수 없는 사람들의 자기중심적일 수밖에 없는 욕망 채우기 게임이다. 사람들은 스스로 자신의 생각이라는 그릇된 앎에 의해서 생각에 지배당하고 있다는 사실에 대해서는 상상할 수 없기에 삶은 항상 갈등의 연속이며 죽음 앞에 직면해서야 비로소 후회와 회한만을 남기는 것이다. 생각의 연속성, 영원성에 속아서 자신의 부재를 상상할 수 없기 때문이 아니겠는가?

마음의 기원은 '나라는 생각'이다. 모든 것의 기원이 나라는 생각이며, 모든 것이라는 언어의 기원이 '나', 즉 나의 마음, 나의 몸과 하나지만 하나일 수 없으며 둘이지만 둘로 분리될 수도 없는 경험자가 없는 경험에서 시작된 '나라는 생각'이다.

사실상 '나라는 생각, 나라는 생각의 뿌리, 생각의 속성, 생각의 이치, 모든 것의 기원, 아무것도 없는 것, 분별없음의 이치' 등의 말들에 대해서는 한글이지만 도대체 뭔 소리인지 모르기에 말도 안 되는 소리로 치부될 수도 있으며 상상할 수도 없을 것이지만 벙어리의 꿀맛으로 표현되기도 했던 말, 말, 말들일 뿐이다.

옛날부터 꿀맛을 본 벙어리의 미소라는 말로 표현되기도 하는 말들에 대해서 더욱더 분명하게 설명하려는 것이며 말을 배우는 아이의 관점에서 본다면 납득할 수도 있을 것이다.

자아의 본질에 대한 설명이기에 처음에는 어리둥절하겠지만 자신의 본성에 접근하는 것이기에 반복하여 읽어봄으로써 나중에는 당연하게 받아들이게 될 것이다. 명상의 즐거움을 느낄 무렵부터 명상이 깊어짐에 따라서 깊어진 만큼, 꼭 그만큼의 통찰의 지혜가 드러나게 되며 그때 비로소 한 구절, 한 구절에 대한 진리를 깨우쳐 감에 따른 기쁨과 희열, 그리고 진정한 자유와 평화의 의미를 알게 되는 것이다.

욕망이 결코 만족으로는 해결될 수 없는 이유는 욕망의 목적지가 잠재되어 있는 순수의식의 고요한 기쁨과 평화로움이었기 때문이다. 순수의식의 고요한 평화와 기쁨을 갈망하던 욕망이 사회적 동물로 길들여지는 과정에서 물질적 욕구로 변질된 것이며 그렇게 세뇌당한 것이기에 왜곡된 욕망은 순수의식에 다다르지 못하는 한 결코 만족으로는 해결될 수 없다.

인간을 제외한 천지만물이 12조 년 전에 지성을 쓰고 버린 뒤에 해탈했다는 장자의 너스레를 상기하기 바란다.

천지만물 중에 오직 인간만이 생로병사의 고통을 겪는다.

인간은 만족으로 해결될 수 없으면서도 스스로 멈출 수 없는 욕망(순간 생각세포의 작용)에 의해서 의식(생각, 마음)은 억눌리는 것이며 억눌린 의식에 의해서 기억세포는 억압받기 마련이다. 육체를 지배하고 관리하는 뇌세포의 기능이 억눌리게 됨(스트레스)에 의해서 육체가 병들게 되는 것이다. 마음은 저장된 기억세포의 작용이기에 생각에 불과한 것이라고 하였다.

인체의 본질은 우주와 같이 '아무것도 없는 것'이지만 자신의 부재를 상상할 수 없기에 존재하지 않는 것은 아니다. 다만 오직 육체만이 나라는 착각에 의한 오류에서 벗어날 수 없기에 육체의 변화에 대해서 고통과 괴로움이라고 생각하는 것이다.

인체는 60조 내지 100조 개의 세포로 구성되었으며 75퍼센트가 물로 이루어졌다고 한다. 어쨌든 인체는 신경조직이며 신경조직을 관장하는 것은 뇌이다. 뇌는 모든 생각의 중심이지만 뇌에 대한 연구로써 해결될 수 있는 것은 아무것도 없다. 앞서 설명된 바와 같이 생각의 이치와 속성에 대해서 충분히 이해할 수 있다면 모든 의구심에서 풀려날 수 있는 기반은 확립된 것이다.

지금 이 순간까지 알려진 모든 방법들에 대해서 생각의 미묘한 이치를 적용해 볼 수 있을 것이며 세상에 존재하는 모든 방법들이 허구임을 깨우칠 수 있을 것이다. 그 모든 것들의 기원이 '나라는 생각이라는 놈'이기 때문이다.

기적의 치료법이나, 신통술, 최면술, 신령, 믿음, 에너지(기) 치료 등의 어떤 방법들도 생각의 관점에서 보면 생각의 극히 일부분에 불과한 것들에 지나지 않는다. 경험에 바탕을 둔 사고방식의 오류에 의하여 자신의 정체를 모르는 채 고통을 겪어야만 했던 생각(욕망)의 노예로 살던 삶에서 생각을 자유자재하기 위한 삶으로 전환함으로써 인류는 평화의 길로 접어드는 것이다. 육체의 어떤 질병도 긍정도 아니며 부정도 아닌 일념의 집중상태가 깊어지는 만큼 자연과 같이 본연의 상태로 되돌아가는 것이다. 사냥꾼의 비유와 같이 치매를 비롯한 모든 질병도 이와 다르지 않다.

우주라는 것이 본래 '아무것도 없는 것'이듯이 육체가 나라고 아는 나와 천지만물들 역시 본질, 근원은 '아무것도 없는 것'이며 '있다'라고 아는 모든 것은 생각에 의해서 창조된 것이다. 나라고 아는 육체를 비롯한 모든 것들이 한 생각의 차이일 뿐 좋거나 나쁜 것이 있는 것이 아니라는 말이며 신비한 치료 등의 사례들 모두가 이에 해당되는 것이다.

어떤 사람은 돌을 먹기도 하며, 어떤 사람은 오줌을 약으로 알고 마시기도 한다. 쇳조각을 먹고 살아가는 사람도 있으며 세제를 먹거나 상한 음식만을 먹고 사는 사람들도 있다. 유리조각을 먹는 사람도 있으며 수은을 먹고 병이 나은 사람도 있다.

돌, 쇳조각, 세제, 콜라, 식용유, 오줌, 수은…. 상식, 즉 기억된 경험만을 '나'로 아는 사람들에게는 그런 것들을 먹는 일에 대해서 상상할 수 없는 것이기에 끔찍한 일이지만 그들 당사자들에게는 신비한 일이 아닌 일상생활의 일부분일 뿐이다. 인디언들이 벌레나 유충이 맛이 있는 한 끼의 식사가 될 수 있듯이, 어린아이는 숲속에서 홀로 살아갈 수도 있는 것이며 모든 생명체가 상상물질이듯이 병도 병이라는 생각이며 약도 약이라는 생각에 불과한 것이다.

한 생각의 차이, 하늘과 땅의 차이만큼 다른 것이다. 한 생각의 차이로 병이 될 수도 있는 것이며 한 생각의 차이로 약이 될 수도 있다는 뜻이다. 자신의 육체도 세상도 '생각'에 의해 창조된 환상물질이기 때문이다. 경험에 바탕을 둔 사고방식, 즉 관념의 차이이며 관념 또한 관념이라는 생각에 불과한 것이라고 하였다. '육체가 나다'라는 고정관념 또한 고정된 생각에 불과한 것임에 대해서 납득할 수 있기를.

모든 질병은 생각의 이치를 납득함으로써 해답을 찾을 수 있다. 스스로 흐르는 생각은 '나 아닌 것'에 대해서 '나'라고 아는 의심에서 출발된 것이며 모든 생각은 의심과 믿음의 갈등이기에 모든 생각은 전반적으로 부정적일 수밖에 없다. '생각'이 일념의 화두에 집중되어 있는 동안만큼은 부정도 아니며 긍정도 아닌 생각이기에 종국에는 '나'라는 주체가 없는 경지에 이르게 되는 것이다.

육체의 모든 질병은 육체에 대한 집착과 욕망인 생각(마음)으로 생겨난 것이다. 일념을 유지하거나 또는 일념의 유지를 위한 생각에만 온 정신을 집중하는 동안에는 육체는 근심이나 걱정 등의 인위적인 생각이 개입되지 않음을 원인으로 하여 무의식 본능인 생명유지의 힘이 드러나는 것이며 천지만물과 같이 스스로 본성으로 돌아가는 것은 당연한 이치가 아니겠는가?

세상사 그대의 마음대로 되는 일은 아무것도 없다. 그대가 마음이 있거나 말거나 일어날 일은 일어나는 것이며, 일어나지 않을 일은 결코 일어나지 않는 것이다. 그런 이치를 안다면 자신 스스로를 괴롭혀야 될 일이 아니지 않은가?

그대가 지금 있는 그 자리, 그대가 원해서 있는 것인가?

한 시간 뒤에는 어디에 있겠는가?

내일 이 시간에는 어디에 있겠는가?
열흘 뒤에는 어디에 있겠는가?
1년 뒤에는 어디에 있겠는가?
5년 뒤에는 어디에 있겠는가?

자아와 신과의 관계

인간은 깊이 잠들어 있는 상태와 같이 생각이 끊어진 상태에 대해서 기억하거나 상상할 수 없으나 육체가 나라는 생각, 그것에 바탕을 두고 흐르는 생각의 연속성, 영원성에 의해서 생각의 끊어짐에 대해서 경험하지만 기억할 수 없기에 상상불허이다. 이는 꿈속에서 꿈이라는 상상을 할 수 없는 이치와 다르지 않다. 생각은 미묘하게도 잠들어 있는 상태와 같이 매일매일 잠을 통해서 죽음과 다르지 않은 생각의 끊어짐(육체의 죽음)을 통해서 휴식을 취하는 것이다.

죽음, 그것은 경험할 수 없는 사건이다. 생각이 찰나지간에 생함과 멸함을 반복 순환하듯이 목숨 또한 생각의 생함과 멸함과 같이 허무맹랑한 것으로서 어느 누구도 내일을 기약할 수 없다. 내일과 미래 그리고 죽음이 있는 것은 아니지만 있을 것이라는 생각에 의해서 고통을 겪을 수밖에 없는 이유는 '육체가 나'라는 생각의 미묘한 작용이 원인이며 육체에 대한 집착, 욕망 또한 생각의 윤회에 이끌려 다니는 탓이다.

인간의 본성, 그것에는 죽음도 없으며 삶도 없다. 인간은 죽음을 경험할 수 없지만 육체가 나라는 앎, 유한한 육체의 죽음에 대한 그릇된 앎에 의해서 살아있는 동안에 무엇인가를 해야만 한다는 강박관념에서 벗어날 수 없는 것이다.

인간이 왜 신이라는 말을 창조하였겠는가? 고통의 근원을 알 수 없었기 때문이다. 욕망을 채워보기도 하고 버려보기도 했지만 그것이 다 버려질 수 없으며 다 채워질 수도 없었기에 뭔가가 있을 것이며 그것의 이름을 신이라고 지은 것이다.

수천 년을 살아오지만 생각의 이치를 헤아릴 수 없기에 마음이라는 이름을 창조하고 마음의 평화를 위한 행위의 결과가 발전이며 그것이 인류의 역사지만 발전과 마음의 평화는 전혀 상관없는 것 같다. 마음이라는 것을 버려보기도 하고 채워보기도 하지만 버려도 마음이며, 채워도 마음이니 포기할 수밖에 없었다. 그런데 그것을 찾아낸 인물들이 불이일원론을 역설했다는 사실조차도 알지 못하는 것 같기에 그들의 말을 설명하려는 것이다.

앞서 설명된 내용이겠지만, 신은 없다고 말할 수 없는 것이다. 있지만 있는 것이 아니며, 없지만 없는 것도 아니라고 말할 수밖에 없다. 그것에 의해서 나와 세상이 존재하는 것이니, 그것이 없다고 단정 짓는다면 무지한 자이며, 그것이 있다고 맹신하는 자는 그것이 이기주의라고 믿기 때문에 어리석은 자이다. 그러니 현명한 자는 그것을 믿지도 않으며 믿지 않지도 않아야 하지만, 나의 몸은 신(생각)의 도구로 알아야 한다는 것이다. 나는, 육체는 미지의 신의 뜻에 의해 행위하는 것일 뿐이라고 알아야 한다는 것이다.

일념이 어렵다면 오직 신의 뜻으로 알고 감사하는 마음으로 살아가라는 뜻이기도 하다. 그것이 소크라테스가 말하는 신이며, 데카르트가 말하는 신이며, 그들 모두가 말하는 신이다.

이웃에게 알려야 할 말이 하나 있다. 신, 그것이 있다면 인간과 같이 이기주의일 수 없다는 말이다. 아무리 무지하더라도 그 말은 납득할 수 있지 않겠는가?

신은 모든 인간에게 신이 될 수 있는 길을 열어 놓았다.

인간이 태어난 목적은 오직 신을 찾기 위함이다.

인간에게 유일한 자유는 그것뿐이다.
그대의 본성인 신.
신의 뜻이다.

지성, 지성체의 허구

사람들은 도구를 만들기 시작하면서 스스로 지성知性체가 되었다. 구석기시대 살았던 사람도 자신이 구석기시대 사람이라는 생각이 없었으며 원시시대에 살았던 사람들은 자신들이 원시인이라고 생각하지 않았다.

천지만물이 있다. 천지만물이 있다고 아는 것은 천지만물 중에 오직 '육체를 나'라고 아는 사람들뿐이다. 어떤 것을 '나'라고 인식하는 사람을 제외한 모든 것들은 천지만물이 있다는 생각도 없으며 내가 있다는 생각도 없다. 그렇다고 내가 없다는 생각이 있다는 뜻도 아니다. 자연이지만 자연이라는 생각이 있는 것도 아니며 자연이라는 생각이 없는 것도 아니다. '아무것도 없는 것', 즉 무아의 상태라는 말로 표현될 수밖에 없다. 꼭 무아無我라는 말도 올바른 표현일 수는 없다. 이것이다, 저것이다라는 단편적인 언어로써 표현될 수 없으나 육체가 나라고 당연시하기에 무아라는 표현을 하는 것이다.

육체가 나라고 인식하기 전의 아이의 상태(나 아닌 나)는 천지만물의 중심이면서 그것들이 나와 별개의 것이 아니었다. '나'라는 관념이 없는 아이 시절(경험 이전의 순수의식)은 자연과 둘이 아니다. 물론 하나라고 단정지어 말한다면 이 또한 옳은 표현일 수 없기에 언어로 표현되는 도는 참다운 도가 아니라고 한 것이다.

사람은 천지만물들과는 달리 육체가 나라는 동일시에 의해서 대상을 창조한 것이지만 천지만물 어느 것도 사람과 같이 '나'라는 관념이 없다. 스스로 나라는 관념이 있기에 동물들까지도 그러한 관념이 있을 것이라는 상상을 하는 것이다. 인간이 고통과 괴로움을 겪는 이유는 과거의 기억과 현재를 비교하는 습관에서 비롯된 것이다. 그것이 경험의 오류이며 생각의 윤회를 끊어 냄으로써만 그 이치를 깨우칠 수 있다.

이는 기억, 즉 경험에 바탕을 두고 생멸을 반복 순환하는 모든 사념을 단절하는 것이기에 지성의 죽음과 다르지 않으며 기억을 지우는 일과도 다르지 않은 일이다. 기억이 지워진다는 말은 충격이나 정신질환, 치매 등의 질병에 의해서 기억상실증과 같은 상태라는 뜻은 아니다. 일념 집중의 삼매를 통해서 깨어나는 일은 생각하기도 싫을 만큼 끔찍한 꿈에서 깨어난 것과 다르지 않은 것이다. 기억을 지우는 일 또한 무한한 어리석음의 산물이다. 고통의 원인은 기억할 수 없는 경험에 의해서 창조된 것들이기 때문이다.

세상에 옳은 것도 없으며 옳지 않은 것도 없다. 나쁜 것도 없으며 나쁘지 않은 것도 없다. 이것이 있기에 저것이 있기 때문이며 이것이 없다면 저것도 있을 수 없기 때문이다. 하지만 그 길은 오직 하나뿐이다. 현 세상에 모든 수행법은 옳지만 옳은 것이 아니다. 옳다 함은 그것이 어떤 것이든지 생각이 이끌려 가기 때문에 조금이나마 마음의 평화를 얻을 수 있기 때문이며, 옳지 않다 함은 고통의 근원, 의심의 근원이 무엇인지도 모르고 가기 때문이다. 그러하니, 장님이 길을 인도하는 것과 다르지 않으며, 정신병자가 정신병자를 치료하는 것과 무엇이 다르겠는가?

인간의 욕망은 의구심과 두려움에서 시작된 것이며 순수의식의 갈망에서 비롯된 것이기에 진리의 길에 들어서면서 진정한 기쁨과 평화가 다가오는 것이며 일념 집중이 깊어지면 깊어진 만큼 더 큰 희열을 느끼게 되기도 한다. 진리의 길을 감으로써 진리와 하나가 되는 것이며 이에 대해 안심입명安心立命이라고 한다.

그대는 스스로 생각해 볼 수도 있다. 인류라는 말이 창조되기 이전, 즉 태초에 최초의 인간으로 자연과 나만 있는 상태에 대해서 상상할 수 있다면 깨달음은 오직 나만이 존재함에 대해서 이해할 수도 있다. 자연과 내가 있지만 다른 사람이 없다면, 나를 알려야 할 대상이 없다면, 복잡한 언어가 필요치 않을 것이다.

이런 상태는 숲이 울창한 무인도에 홀로 살고 있는 사람과 비유될 수도 있으며 말을 배우기 전의 어린아이가 무인도에서 홀로 살아가는 과정으로도 비유될 수 있다. 무인도에서 다른 동물들과 같이 홀로 자라는 아이는 비교해야 할 사람이 없다. 옳거나 그르거나, 깨끗하거나 더럽거나, 아름답거나 추하거나 잘 하거나 못하거나, 많거나 적거나, 크거나 작거나, 선하거나 악하거나 분별해야 할 무엇이 있을 수 있겠는가?

시간이 있는 것이 아니며 공간이라는 개념도 없다. 내가 사람이라는 생각도 없으며 내가 사람이 아니라는 생각도 없다. 무릎과 손을 이용하여 이동하겠지만 발과 손을 이용하여 더 빨리 걸을 수도 있을 것이며 진화되면서 두 발로 걷고 뛸 수도 있겠지만 비교해야 할 다른 사람이 없기에 움직이는 다른 동물들을 보면서 그들과, 천지만물과 둘이 아닌 하나로서 존재할 뿐일 것이다.

고통과 괴로움은 기억된 경험에 의한 기억세포와 순간생각세포의 작용에서 비롯된 것이지만 생각은 스스로 일어나 있었던 것이기에 마음으로는 마음을 이길 수 없다. 오직 긍정도 아니며 부정도 아닌 일념을 통해서만 고통과 괴로움이 사라질 수 있는 것이다.

어린아이가 말을 배우면서 자아를 인식하기 이전까지는 갈등이 있을 수 없다. 말을 배워 나가면서, 그리고 미운 일곱 살 무렵부터 조금씩 다른 사람들과의 비교를 통해서 갈등이 시작되며, 성장하여 지식이 많아지는 만큼 타인과의 비교에 따른 근심과 걱정이 많아지게 된다. 앎이 많아지면서 갈등에 따른 고통과 괴로움이 시작되는 것이다.

기억세포에 저장된 지식의 양이 많아지면서 지식이 많아지면 많아지는 만큼 더 많은 의구심이 일어나며 의구심은 '아무것도 없는 것'에 바탕을 두고 있어서 해답이 없기에 끝없는 갈등일 수밖에 없는 것이다.

나이가 많은 만큼, 갈등이 많은 만큼 번뇌가 많아지기 때문에 치매라는 질병이 생겨나는 것이며 노인들이 밤잠을 이루지 못하는 경우도 이와 다르지 않은 것이다. 나이를 먹어서 잠이 없어지는 것이 아니다. 생각이 많아진 탓에 잠을 이루지 못하는 것이며 '치매'라는 병 역시(육체가 나라는) 의구심에서 시작된 근심과 걱정에 따른 억눌린 기억세포의 장애에서 비롯된 것이다.

일념명상의 습관만이 유일한 해결책이다. 경제발전의 진행 정도와 정신의 구속은 비례한다. 인류는 수천 년을 살아오지만 그들은 오직 욕망을 채우기 위해 서로 간에 경쟁, 투쟁, 전쟁을 해오고 있었다.

자유와 평화를 찾기 위한 명분하에 행위하지만 경쟁과 투쟁, 전쟁을 통하여 평화로울 수는 없는 것이다. 인류, 인간의 궁극적인 목적이 자유와 평화이지만 경쟁과 투쟁, 전쟁, 그리고 발전을 통해서는 결코 자유와 평화를 얻을 수는 없으며 어느 정도의 발전이 행복이며 평화인지에 대해서도 연구한 바 없다.

인류 모두가 시대와 환경, 조건에 따라 다르지만 성장하는 과정의 교육에 의해서 오직 성공하는 것만이 행복이며 평화일 것이라고 세뇌를 당하게 된다. 어느 누구나 오직 성공해야 한다며, 서로가 경쟁하여 이겨서 승리해야 한다며 살아가는 삶이 전쟁과 다름이 없다. 모두가 성공해야 된다는 이치에도 옳지 않은 교육에 세뇌당한 것이다.

승리하는 자와 패배하는 자, 그들 모두가 사람과 사람이다. 스스로 지성체라는 사람들의 인생이라는 것이 같은 사람과 같은 사람과의 치열한 싸움, 그리고 자신의 순수의식과 지성과의 싸움(갈등)이기 때문에 인생의 결과는 회한만이 남을 뿐이다.

인류는 천지만물 중에 가장 비참한 삶을 영위한다는 사실조차도 인식하지 못하기에 어리석다는 것이다. 하지만 무지도 어리석음도 타인에 의해 세뇌되어 가공된 것이니 어찌 하겠는가? 최고로 진화된 지성체의 결론은 천지만물이 아무것도 없는 것이었다는 것이다.

진화, 발전, 그것은 참된 자아의 본성을 망각한 인류의 참담한 결론이다. 더 무엇을 찾으려고 한단 말인가? 무엇을 찾을 수 있으며 무엇을 찾아서 자유롭고 평화로울 수 있단 말인가?

세상, 천지만물이 없는 것은 아니지만 그것은 기억할 수 없기에 경험자가 없는 경험인 경험의 오류에서 비롯된 '나'라는 관념에 의해서 창조된 환상이라고 하였다. 지성은 '아무것도 없는 것'에 대해서 있다는 착각(관념)에 의하여 언어(이름)로 모든 것을 창조한 것이다.

자유와 평화라는 말(이름)을 만들고 그것(아무것도 없는 것)을 찾기 위해서 발전을 거듭해 왔지만 결론은 '천지만물의 근원이 아무것도 없는 것'이라는 사실을 확인할 수 있었을 뿐이다. 아인슈타인의 상대성이론과 같이 '어떤 것이 나'라는 착각에 의해서 대상이 있는 것이지만 인류는 그것에 대해 인식할 수 없을지도 모른다. 그리고 최후의 어리석음은 아무것도 없는 것이지만 현상계는 에너지[氣]가 변화된 것이라고 생각하는 것이다. '기氣(에너지)'도 기라는 생각이며 에너지도 에너지라는 생각이다.

모든 것은 언어에 의해서 창조된 것이며 언어의 기원은 '나라는 생각'이다. 인류는 스스로 생각할 수 있다는 착각에 의해서 고통과 괴로움을 겪는다. 이제 지성을 버리고 지혜를 찾기 위한 길을 가야 할 때가 되었기에 그 길을 밝히는 것이다. 생각의 결론은 또 다른 생각일 수밖에 없지 않은가?

지금 스스로 흐르는 생각은 경험된 생각(기억)에 바탕을 두고 있으며 그 생각에 의해서 계속 과거를 만들어 나가고 있다는 사실에 대해서 납득할 수 있다면 생각의 흐름을 끊어서 망각된 본성으로 되돌아가야 하지 않겠는가? 순수의식을 기억할 수 없기에 경험자가 없는 경험이지만 경험하지 않은 것은 아니다. 생각으로는 생각을 버릴 수 없으며 생각으로 기억을 지울 수 있는 것도 아니다. 그리고 기억이 지워지는 것도 아니다.

존재하는 모든 것들은 본래 있는 것이 아니기에 말(언어)로 창조된 것이다. 행복과 평화, 자유, 고통과 괴로움이라는 것이 본래 있는 것이 아니기에 그것을 찾기 위해서 말로 창조된 것이다.

과학, 의학, 문학, 사상 따위의 모든 언어의 근원은 '나라는 생각'에 의해 조작된 환상이다. 그렇기에 '아무것도 없는 것'에 바탕을 둔 언어, 언어에 바탕을 둔 지성은 허구인 것이다. 오직 생각의 미묘한 이치를 깨달음에서 모든 의구심이 사라지는 것이며 인류는 고통에서 해방되어 자유와 평화를 노래할 것이다. 하늘을 나는 새처럼.

자아는 이기주의이기에 선과 악을 분별하며 모든 상황에서 자기에게 이익이 있을 경우에는 선善이며 자기에게 이익이 없을 때에는 악惡이라고 생각함을 당연시한다. 선과 악이 그러하듯이 다른 사람을 사랑하는 행위 역시 자신의 이익을 위함임을 깨우칠 수가 없는 것이다. 예수는 이러한 분별에 대해서 선악과에 비유하였으며 인간의 원죄原罪라고 말했던 것 같다. 실은 그리 말할 수 없다. 종교에 의해서 그리 만들어진 것일 뿐, 자아를 인식하기 이전 아이의 무지無智가 지혜智慧이다.

불이일원론을 역설한 인물들은 일념一念의 무념無念에 의해서 경험된 모든 지식인 기억세포의 힘이 무력화됨에서 아이에게 최초로 일어났던 생각인 '육체=나다'라는 생각에 다다름으로써 육체는 내가 아니며 수행을 했던 나는 '나라는 생각'의 미묘한 작용에 의한 오류였음을 알아차리면서 꿈인 줄도 모르고 꾸었던 꿈에서 깨어난 것이다.

살아오는 동안의 모든 앎(지성)이 허구임을 깨닫게 됨으로써 세상 어느 것에 대한 의구심도 사라진 것이다. 아무것도 알아야 될 것이 없으며 사람들의 모든 앎이 자기중심주의에서 비롯된 그릇된 앎임을 깨우치기에 세간해世間解라는 표현을 하게 된 것이다. 아는 것이 없지만 알아야 할 것이 없기에 또한 모르는 것이 없는 것이며 능한 것이 없지만 능하지 못한 것이 없는 것이다.

세상 모든 사람들에게는 '나는 이런 사람이다'라는 고정관념이 있다. 세상사 모든 일에 대해서 모르는 것이 없지만 어느 것 하나 분명히 아는 것이 없기 때문이다. 우주 삼라만상이 '아무것도 없는 것'이라고 알지만 아는 것이 아니다. 아는 것도 앎이며 모르는 것도 앎이다. 그리고 모든 앎은 '아무것도 없는 것'에 바탕을 두고 있기에 허구라고 하는 것이다.

나의 몸이지만 내 뜻대로 할 수 있는 것은 아무것도 없다. 몸을 움직이는 것에도 한계가 있으며 노력 여하에 따라서 다른 사람보다 조금 더 빨리 뛰거나 다른 사람들과 비교하여 조금 더 많은 일을 할 수 있을 뿐이다. 밥을 먹는 것도 하루나 이틀 치를 미리 먹어둘 수 없으며 배설을 하는 일도 하고 싶은 대로 할 수 있는 것이 아니다. 대변을 오랫동안 참을 수도 없으며 소변을 참을 수도 없다. 눈을 깜박이지 않을 수도 없으며 숨을 멈출 수도 없다.

사실상 사람들은 생각에 의해서 행위되어지는 모든 행위에 대해서 자신이 자신의 의지에 따라서 스스로 행위한다고 착각하는 것이다. 생각이 먼저 일어나 있었던 것이며 생각에 의해서 행위되고 있음을 감지할 수 없기 때문이다. 나의 몸으로 아는 육체는 인공지능 로봇과 다르지 않은 것이다. '나는 누구인가'라고 스스로 자문해 보면 나는 과거의 기억일 뿐이며 로봇의 기억장치와 유사하다.

육체가 나라는 근거도 없으며 마음이 나라는 근거도 없다. 누군가로부터 그렇게 들어서 알고 있는 것이며 그것에 대해서 당연시하는 것뿐이다. 무엇을 나라고 단정 지을 수 있는가? 나라는 것은(천지만물의 근원이 아무것도 없는 것이듯이) 근거, 근원, 뿌리가 없는 것이기에 순간, 순간 살아오면서 누군가의 말에 의해 조작된 것이 그대의 나이다. 그것이 종교이든, 이상이든, 사상이든 상관없이 자신의 모든 앎은 다른 곳으로부터 끌어 모은 지식이며 지식의 흡수됨에 의한 앎이 고정관념 또는 관념이다. 그것을 '나'라고 아는 것이며 그것에 대해서 의심조차 할 수 없이 당연시하는 것이다.

이는 로봇의 지시자인 기억장치를 필요에 따라서 교체하는 것과도 다르지 않다. 또는 컴퓨터와 컴퓨터의 운영체계인 윈도우 프로그램과의 관계로 비유될 수도 있다. 자아(육체=나)를 인식하기 전의 나의 상태는 윈도우 프로그램이 깔려 있는 컴퓨터와 같이 존재 자체로써 완전함으로 볼 수 있다. 성장과정에서 지식이 흡수되면서 '나는 이런 사람'이라는 개체적 자아로 형성된 것이다. 이는 컴퓨터에 한글입력장치를 시작으로 하여 여러 가지 추가되는 소프트웨어에 따라서 기능이 달라지는 경우와도 다르지 않은 것이다.

본연의 나로 돌아가기 위해서는 컴퓨터의 운영체계인 윈도우를 제외한 모든 프로그램이 삭제되어야 함과 다르지 않은 것이다. 운영체계를 제외한 프로그램들이 삭제된다 하더라도 복원될 수 있기에 그것이 완전하게 사라지는 것은 아니다. 사람과 기계가 같을 수는 없으나 일념의 무념처에서는 기억된 것들이 영화의 장면과 같이 허상이었음을 깨닫게 되는 것이다.

인위적으로 일어났던 최초의 생각인 '나라는 생각이라는 놈', 그놈이 모든 것을 창조한 것이다. '그놈'의 교묘함에 이끌려서 살아갈 수밖에 없는 인간은 생각이 나의 생각이기에 내가 생각의 주체라는 앎에서 벗어날 수 없음에 의해서 생로병사의 고통을 겪는 것이며 그 사실에 대해서 짐작하거나 상상할 수도 없는 것이다. 내 생각이지만 내가 할 수 있는 생각은 없으며 생각이 주체였다는 사실을 깨우침으로써 인간은 고통과 괴로움에서 자유로울 수 있다.

'나는 이런 사람이다'라는 생각은 고정될 수 없다. 어린 시절에는 나는 학생이었기 때문에 학생의 본분이라는 범위에 구속되었으며 군인이었을 때에는 '나는 군인이다'라는 제한된 범위에 구속되어 있었다. 학습과 경험에 의한 동일시의 습관에 따라서 이상, 사상 등의 말, 말, 말들과 나를 동일시함에 대해서 의심조차 할 수 없기에 당연시하고 있을 수밖에 없는 것이다.

청소년기에 인생이 무엇인지에 대해서 고민을 하기도 하며 혼란스러움에 잠시 방황을 하기도 하지만 세상 어디에서도 그 길을 찾을 수 없었기에 사회적 동물이 된 것이지만 여전히 인생이 무엇인지에 대한 해답을 찾을 수 없었다.

지금 그대의 나는 누구인가? 진짜 나는 누구인가? 나는 어디서 왔으며 어디로 가고 있는가? 존재하는 이유는 무엇인가?라는 의구심은 끝없이 이어지지만 수천 년, 수만 년을 살아간다 하더라도 인류는 존재의 이유를 찾을 수 없을 것이며 모든 것의 이치를 깨우친 인물들이 말을 해준다 하더라도 '생각'의 이치에 대한 설명이 없었기에 신뢰할 수 없었던 것이다.

이 글을 통해서 불이일원론을 역설했던 인물들의 전해져 오는 말들에 대한 본질과 경험자가 없는 경험인 죽음을 경험한 죽은 자의 사례를 바탕으로 생각의 분명한 이치에 대해서 납득할 수 있을 것이다. 자아와 우주의 본질은 둘이 아닌 하나이며 개체적 자아의 삶인 인생은 본래 있는 것이 아니다. 그릇된 관념에 의해서 존재하는 것으로 오인하는 것이라고 설명하였다.

과학의 결론은 우주와 인체를 비롯한 모든 것들을 분석해 본 결과 '아무것도 없음'을 확인할 수 있었으나 인간의 관념에 의해서 존재하는 것들이라는 사실에 대해서는 이해할 수 없기에 발전은 지속될 것이며 지속적인 발전의 결과는 인간의 터전인 자연을 파괴하는 일이다. 자연계의 파괴는 인류의 종말을 앞당길 뿐이며 하지 않아도 되는 일들에 대해

집착함에 따라서 인류는 인류 스스로의 무덤을 파고 있으나 이 또한 우주 자연의 섭리라고 설명할 수 있을 뿐이다. 본래 있는 것이 아니니.

'나라는 생각'은 '육체=나다'라는 태어남 이후 세뇌에 의해서 처음으로 일어났던 생각이었으며 3차 에고인 '나는 이런 사람이다'라는 나는 '나라는 생각'에 의해서 그려진 그림과 같은 것이다. '나라는 생각'이라는 이름의 별도의 창조자가 탄생된 시점이 2차 에고이다. 물론 경험된 기억으로써는 사고의 영역을 넘어서 있는 말이기에 설명은 가능하지만 이해될 수 없을 수도 있다. 그럼에도 불구하고 반복이 기술이듯 본질에 다가가기 위해서는 반복되는 글일지라도 반복하여 읽음으로써 아이가 말을 배우듯이 천천히 가슴에 와 닿게 될 것이다. 그대의 본성(순수의식)에서 우러나오는 말들이기 때문이다.

아이가 엄마를 몰랐듯이, 낯선 사람이 자주 만나면서 친구가 되고 연인이 되듯이 이 글들 또한 자주 접하며 일념명상을 병행함으로써 옛 선사들이 말했던 초견성 단계인 생각의 미묘한 이치에 접근하게 될 것이며 그때부터 스스로 즐거운 삶을 영위해 나갈 수 있는 것이다. 다만 절대로 서둘러서는 아니 된다.

자신의 태어남과 태어난 날짜부터 이름, 고향, 부모와 가족, 형제 등의 모든 앎에 대해서 스스로의 앎이라고 생각하지만 자신의 태어남도 자신의 이름도 타인에게 들어서 알고 있는 것이다. 누군가로부터 듣지 않았다면 알지 못하는 것들이다.

사람은 자신의 태어남을 기억할 수 없듯이 죽음 또한 경험할 수 없다. 깊은 잠 속에서와 같이 또는 기억할 수 없는 무위자연과 다르지 않은 어린아이의 순수의식과 같이 나와 현상계는 본래 있는 것이 아니며 '나라는 생각'에 의한 환상임을 일깨워야만 한다.

나는 '이런 사람이다'에서 나는 과거 기억의 관념이며, 경험된 기억들을 '나'라고 착각하고 있는 것이다. 기억이 없다면 나라는 것은 없다. 고정관념은 기억된 생각에 불과한 것이다. 나만이 옳다는 고집, 고정관념에서 벗어나는 것만으로도 삶의 무거운 짐을 내려놓을 수 있지 않겠는가?

한 생각 두 생각이 전생이며 생각의 거듭됨이 윤회라네.
일념만년 한 생각에 생사이치 뚜렷하니 이 소식 누가 알꼬.
나 홀로 즐길밖에.

도道, 우주의식의 관점에 대한 이해

우주의식의 관점에서 본다면 인간은 아무것도 없는 것[無]에서 원인 없이 나타났다가 원인 없이 사라지는 것이다. 스스로 '사람'이라는 이름을 지어서 '사람'인 것들이 '나는 사람이다'라고 이름 짓고 무리를 지어 존재하면서 '내가, 우리가, 인류, 우주'라는 말들을 창조하였으며 고통과 괴로움, 기쁨과 슬픔 등의 낱말들을 만들어 꿈을 꾸고 있는 것이다. 시간과 공간, 인과가 본래 있는 것이 아니다.

사람이 자신의 육체, 즉 팔, 다리, 얼굴, 오장육부 모든 것이 '나' 아닌 것이 없듯이 우주의식 또는 도의 관점에서 본다면 사람, 동물, 식물, 바다, 땅, 하늘을 비롯한 천지만물, 모든 것들이 우주 아닌 것이 없다. 어떤 것도 없지만 어떤 것에 대해서 '우주'라고 이름 지어 그것(우주)을 우주라고 알고 있으니 우주의식이 있다는 가정 하에서 설명하는 것이다. '어떤 것' 또한 '어떤 것'이라는 이름이며, '이름' 또한 '이름'이라는 이름이다. 그리고 모든 이름 또한 '이름'이라는 '생각'에 불과한 것이다.

마음도 마음이라는 생각이며, 생각 또한 생각이라는 생각이니 자세히 설명해 보자.

1. 어떤 것이
2. 어떤 것에 대해서

3. 어떤 것이라는 '이름'을 지어
4. '어떤 것'과 '이름'을 하나로 당연시하면서
5. '다른 어떤 것'들에 대해서 이름을 지어 그것과 이름이 동일한 것임에 대해서 당연시하게 된다.
6. '모든 것'들은 '어떤 것'이라는 '이름'이다.
7. '어떤 것'들은 또 다른 '어떤 것'을 발견하고
8. '어떤 것'이라는 '이름'을 지어 나가고 있다.

그런데 그 어떤 것은 어떤 것이 아니다. 어떤 것도 없다. 있는 것이 없는 것이며 없는 것이 있는 것이다. 다만 언어, 이름만이 있는 것이다.

1의 어떤 것은 나 없는 나, 또는 나 아닌 나, 즉 순수의식이며 우주의식이다.

2의 어떤 것은 육체이다.

3의 어떤 것은 육체이며 어떤 것에 대해서 나라고 이름 지은 것이다.

4의 어떤 것은 '육체'라는 이름과 '나'라는 이름과의 동일시이다.

5의 어떤 것은 '육체=나'와 같이 별개의 것을 하나로 당연시함을 시작으로 나를 제외한 모든 것들에 대해서 '이름'을 지어 분별한다는 것이다. 어떤 것 하나만을 '나'라고 분별하면서 '너'라는 '이름'으로 최초의 분별이 시작된 것이다.

아무것도 없는 것에 대해서 '우주'라는 이름이 있는 것과 같이 아이는 '아무것도 없는 것'의 상태에서 자연스럽게 말(이름, 낱말)을 배워 나가는 과정을 통해서 '어떤 것=나'를 앎으로 시작하여 '육체=나', '나=사람'이라는 앎을 당연시함과 같이 '어떤 것=태양', '어떤 것=음식', '어떤 것=동물' 등을 창조한 것이다.

우주라는 것이 본래 있는 것이 아니듯이 우주는 육체가 나라는 관념에 의해서 이름으로 창조된 것이다. 관념도 관념이라는 생각이듯이 우주 또한 우주라는 생각이다. 모든 것이 '나라는 생각'에 의해서 창조된 것이며 육체 또한 나라는 생각의 환상물질인 것임에 대해서 납득할 수 있을 것이다.

인류의 고통과 괴로움은 '육체가 나'라는 생각이 일어난 시점, 즉 세뇌에 의해서 최초로 일어났던 '육체=나'라는 생각에 의한 착각에서 비롯된 것이며 욕망이 끝이 없는 이유는(나라는 생각이) 몸이 나라는 오류에서 시작되었기에 길을 잃고 방황하는 생각의 흐름에 지배를 당하기 때문이다. 인류의 고통과 괴로움은 삶, 인생의 목적이 경험의 오류를 발견하기 위한 생각의 여행을 통해서 스스로 구원, 해탈할 수 있지 않겠는가?

어떤 사람들은 이렇게 묻는다. 바쁜데 그냥 간략하게 요점만 알려주면 되지 않느냐는 것이다.

이는 서울역에서 '서울이 어딥니까'라는 질문과 다르지 않은 것이다. 서울에서 서울을 찾는 사람에게 길을 알려주기 위해서는 지도를 펴놓고 지금의 위치와 가고자 하는 방향을 알려주어야 하지 않겠는가?

사람들은 자신의 마음에 대해서도 남들에게 묻는 것 같다. 자신도 모르는 자신의 마음을 누구에게 묻는단 말인가? 자신의 마음을 찾으라는 말이다.

마음을 찾는 동안에 마음은 없다고 하였다. 찾지 않을 때에만 행위하는 것이 마음이니, '나는 누구인가'라는 한 생각으로 그것을 찾으면 되는 일이다.

석가대로 '나'가 있기에 '너'가 있음에 대해서 '연기법'이라고 하였다. 나는 누구인가?

| 제 4 장 |

삶이란?

왜 사느냐고 묻거든 | 무엇을 성공이라고 하는가? | 무엇을 행복이라고 하는가? | 무엇을 교육이라고 하는가? | 올바른 삶 | 국가(國家)의 관리

왜 사느냐고 묻거든

신이 있었고 있어 왔으며 있다.
신은 무성無性이다.
신은 누구로부터 태어난 것이 아니다.
신은 어버이가 없으며 자손이 없다.
신은 유일자이며 우주 만물의 기원이다.
신은 표현할 수 있는 언어의 기원이다.
신은 오직 신이며 신이다.
마호메트의 기원이며 예수의 기원이며 석가모니의 기원이다.
'참 나'가 신의 기원이다.
나는 신의 전지전능함을 보았다.
나는 신의 뜻을 왜곡하지 않는다.
신은 모든 것의 기원이다.
하늘의 기원이며 땅의 기원이다.
선과 악을 심판하는 모든 신들의 기원이다.
이것과 저것 또는 다른 것들을 분별하는 모든 신들의 기원이다.
영혼과 천국, 지옥을 관장하는 모든 신의 기원이다.
그럼에도 불구하고 모든 사람의 본성이 신이다.
신의 근원이 인간의 본성이다.

나의 말이 진리이다.
절대적인 평등성이 진리이다.
신의 창조물 중 으뜸이 인간이다.
누가 사는가?
우주가 사는가?
자연이 사는가?
내가 살아가는가?
신이 사는가?
생각이 사는가?
그대가 살아있다면, 목적이 있다면
그대의 본성인 신으로 회귀回歸하기 위함이다.
그대는 자신의 나의 태어남을 경험하지 못한다.
그대는 자신의 나의 죽음을 경험할 수 없다.
그대는 자신의 마음대로 살아갈 수 없다.
세상에 그 어떤 일도 그대의 마음대로 되는 일은 없다.
왜? 살아가야 하며,
왜? 괴로움을 당하는지,
왜? 죽어야 하는지 모른다.

신은 창조물 중에서 으뜸인 모든 인간에게 똑같은 무게의 짐을 분배하였다. 신에 의해서 주어진 짐은 다른 어느 누구와도 나뉠 수 없다. 신은 고독하다. 태양과 같이.

신은, 모든 사람에게 같은 무게의 짐을 분배함과 같이 짐을 벗을 수 있는 마음도 주었다. 마음으로 짐을 벗을 수 있는 길을 열어놓았다. 마음이라는 도구로 짐을 벗는 자를 기다린다. 태초부터 지금까지, 다음의 태초와 다음의 태초, 영원히.

왜 사는가? 신에서 인간이 되었기에 인간에서 신으로 회귀回歸하기 위함이다.

왜? 왜 꿈에서 깨어나라고 하는가? 어제가 그러하고 과거가 그러하듯, 내일이 그러하고 미래가 그러하듯 존재하는 모든 것들은 기억(생각) 속에서만 존재하기 때문이다.

사람의 관념으로 보고 느끼는 화려한 것들, 사람의 관념으로 보고 느끼는 신비로운 것들, 사람들은 무변無變광대廣大한 우주와 사람 등 존재하는 모든 것들의 근원에서는 사람이 발견하지 못하는, 발견되지 않는 신비로운 씨앗(근거)이 존재할 것이라는 믿음을 저버릴 수 없었다.

인간의 관념으로 헤아릴 수 없는 시간 동안 인류의 태초와 멸망은 반복되었다. 태초와 멸망을 반복해 왔던 인류는 반복되는 다음의 태초가 다가올 무렵에서야 비로소 존재하는 모든 것들의 본질이 '아무것도 없는 것'이라는 사실을 밝혀내곤 하였다.

인류는 다음의 태초가 도래하기 전까지 왜 '아무것도 없는 것일까'라는 의구심을 해소하기 위해서 노력할 것이다. 그리고 우주의 존재에 대해서 신의 뜻이라고 말할 수밖에 없을 것이다.

태초와 멸망은 반복됨의 순환을 거듭하였으며 이것은 인류의 윤회輪廻를 의미한다. 지금의 시대는 시작도 없고 끝도 없이 태초와 멸망을 윤회하던 인류가 수레바퀴의 한 차례 회전하는 인류 종말의 마지막 단계에 가까워진 시대이다.

수 억겁으로 표현될 수밖에 없는 기간 동안에 태초와 멸망을 윤회했던 인류는 인류의 또 다른 태초인 수레바퀴의 마지막 즈음에서야 존재하는 모든 것들의 본질이 '아무것도 없는 것'임을 발견하곤 하였다. 지금 인류는 윤회해 오던 태초와 멸망의 반복되는 과정에서 인류의 종말에 근접해 있다.

윤회해 왔던 인류는 '존재하는 모든 것'들의 근원根源에 대해서 '아무것도 없는 것'이라는 위대한 발견을 하지만 '아무것도 없는 것'에 대한 비밀은 미묘한 생각의 비밀과 같이 영원히 베일에 가려질 것이다. 나는 그 비밀을 말하지만 인류는 '아무것도 없는 것'에 대해서 신의 뜻으로 생각할 것이며 다시 원시시대의 신을 의지하게 될 것이다. 인간의 관념으로 보고 느끼는 신비스러운 모든 것들에는 실체가 없다.

오직 영원히 실재實在하는 것은 인간의 본성인 '신'이다. 경험과 분리된 순수의식이다. 영혼 이전의 무엇이며 자아 이전의 무엇, 오직 '신'만이 실재하는 것이다. 우주 만물 중에서 실재하는 것은 오직 나로서의 나, 신뿐이다.

그대여 왜 사느냐고 묻거든 나의 나를 찾기 위함이다라고 말하라.
그대여 왜 사느냐고 묻거든 신의 뜻이다라고 말하라.
그대여 왜 사느냐고 묻거든 신과 함께 하기 위함이다라고 말하라.
그대여 왜 사느냐고 묻거든 내가 신이었노라라고 말하라.
나는 신과 하나 되기 위함이다라고 말하라.
나의 본성이 신이다라고 말하라.
나의 본성만이 항구불변인 실재이며 절대자이며 유일자라고 말하라.
그대의 본성 또한 신이었다라고 일러 주어라.
신의 뜻이다.
신으로 회귀回歸하라.
그것이 그대가 태어난 목적이다.
그것이 그대의 삶의 목적이다.
신의 뜻이니.

무엇을 성공이라고 하는가?

이 나라를 예로 들어 성공한 인물들이 있다면 국가의 최고 통수권자일 것이며, 그 다음의 성공한 인물들이 있다면 경제를 통한 재벌들일 것이며, 그 다음의 성공한 인물들이 있다면 연예계의 스타들일 것이다.

최고로 성공한 인물들의 삶은 최고로 불행한 삶이었다. 본인이 교도소엘 갔든지 또는 자손들이 교도소엘 갔든지, 또는 자살을 했든지….

최고의 성공은 최고의 불행이다. 성공과 실패, 행복과 불행은 동전의 양면과 같다. 최고의 성공 이면에는 최고의 고통이 숨겨져 있었으며 그곳에 행복이나 자유 평화는 같이 있지 않았다. 성공과 실패는 같은 뜻의 다른 표현일 뿐이다. 중간 정도의 성공이라 함은 중간 정도의 불행과 중간 정도의 실패를 의미하는 말이다.

성공하지 않은 사람은 실패하지 않는다. 실패하지 않은 사람에게는 불행과 고통이 따르지 않는다.

자유와 평화는 오직 소망이 없는 순수한 사람들만의 기쁨이다. 무욕無慾이 지혜라는 말이다.

무엇을 행복이라고 하는가?

목이 마른 사람에게는 물 한 모금이 행복이다. 배고픈 자에게는 주린 배를 채울 수 있는 빵 한 조각만으로도 행복하다. 비에 젖은 여행자에게는 비를 피할 수 있는 헛간 구석만으로도 행복하다. 행복과 평화는 오직 마음 안에서만 찾아질 수 있는 것이다.

지금 행복하다고 말한다면 그동안은 불행했었다는 말과 다르지 않은 말이며 지금 불행하다면 불행하기 전까지는 행복했었다는 말이 아니겠는가? 행복도 행복이라는 생각이며 불행 또한 불행이라는 생각에 불과한 것이다. 불행이라는 생각이 없음이 행복이다. 행복이라는 생각도 없음이 자유이다.

무엇을 교육이라고 하는가?

교육은 이기주의자들 스스로의 속임수이다. 자신들이 그러하기에 서로가 싸워서 이기고 승리해야 된다는 가르침이다. 서로가 싸워서 죽이라는 가르침이니 어쩌란 말인가? 성공하라는 교육은 어린아이에게 사탕을 쥐어 주며 싸움을 시키고 구경하며 즐거워하는 못된 어른들의 놀이와 같은 것이다.

저마다의 능력을 계발하라고 채찍질한다. 학문과 기술을 배우고 익혀서 다른 사람들보다 더 크게 성공하라고 가르친다. 사람이 사람을 이기는 투쟁이 성공이거나 행복일 것이라고 세뇌시킨다. 세뇌당했기에 투쟁하는 삶을 당연시하는 삶이 인생이란 말인가? 어릴 때부터, 어린 양들에게 다른 사람들보다 더 잘해야 되며 그것이 성공이며 행복일 것이다라는 세뇌.

성공이 행복이라고 말하는 것도 아니다. 성공이 평화라고 말하는 것도 아니다. 미래에 희망이 있다고 말하는 것도 아니다. '아마, 그럴 것이다'라고 가르치는 것이다.

성공과 행복을 위해서 다른 사람을 이겨야 되는 사람들, 이겨서 승리하는 사람도 사람이며 져서 패배하는 사람도 사람이다. 누가 승리자며, 누가 패배자며, 누가 행복하고 누가 불행한가? 그 사람들은 누구이며 나는 누구인가?

성공하려는 사람도 나이며, 실패하여 좌절하는 사람도 나이며, 모두가 다르지 않은 나, 나, 나, 나들이다. 교육은 나의 나를 위해 다른 나를 짓밟으라는 수단과 방법을 가르치는 어리석음의 산물이다. 인간이 인간 가족이면서 인간 가족들 간에 투쟁을 가르치는 것이다.

투견대회에서 싸움을 시키고 승리하는 개에게 고깃덩이를 던져 주듯이, 황소들끼리 싸움을 시키고 승리하는 소에게 상품을 주듯이, 사람들 간에 싸움을 시키고 승리하는 자에게 금품을 건네듯이, 아이들에게 경쟁을 시키고 1등, 2등, 3등을 정하여 상품을 주듯이.

어디로 가는 것인가? 어디로 가라는 말인가? 어디로 가고 있는 것인가? 서로 간에 피를 부르는 전쟁을 가르치는 것은 아닌가? 승리와 성공의 결과는 실패와 불행이 아니던가? 인간의 무한한 어리석음이 아니겠는가?

꿈에서 깨어나라.

지식이나 학문은 인간 스스로에게 간교하게 악용되므로 자연에서 멀어지는 것이며 이는 인간 스스로에게 괴로움의 원인이 된다. 무위자연의 도를 따라 자아를 완전히 버려서 거듭남이 영원히 사는 길이다.

지식으로 무장된 그릇된 자아는 자신을 고집함으로써 참 자아의 무한한 세계를 잃게 된다. 참 자아는 시간과 공간을 초월한 무한한 실재이다. 자아만의 고집으로 다른 사람과 천지만물을 분별하여 무시하는 짓은 스스로 무한한 세계를 버리는 어리석음이다. 다른 곳에서 끌어 모은 지식에 집착함이 고정관념이며 마음이다.

타인으로부터 주워 모은 지식 나부랭이, 고정관념을 왜 나라고 생각하는가? 관념, 고정관념이 되어 버린 지식 나부랭이는 다른 곳에서 빌려온 것들이다. 그것은 가공된 나일뿐, 참다운 나는 아니다.

자아의 본질, 그대의 본성, 그것이 모든 것의 기원이다.

올바른 삶

자아와 천지만물은 실체가 없기에 실재實在하는 것이 아니다. '나는 이런 사람이다'라고 고집하는 나라고 하는 것은 기억된 학습들에 의한 관념과 고정관념이기에 올바른 앎이 아니며 올바른 삶이 아니다. 올바른 삶이란 고정된 모양이 없는 물과 같은 삶이다. 물은 만물에게 이로움을 줄 뿐 투쟁하지 않으며 사람들이 좋아하지 않는 낮은 곳에 머무른다. 물은 자신의 모양을 고집하지 않는다.

네모진 그릇에 담으면 네모의 모양이 되며 찌그러진 그릇에 담아도 그 모양이 됨과 같이 세상 어디에서도 변하되 변함이 없으며 자신의 근본을 잃지 않는다. 깨끗해도 물이며 더러워도 물이다. 갈라놓아도 물이며 모여 있어도 물이다. 어디에나 있으되 있음이 없으며 어디에나 없으되 없음이 없다. 물의 본성은 참 자아와 같아서 본질에는 변함이 없다. 물을 끓여 증발해도 물이며 얼어도 물이다. 이와 같이 물은 물이라고 고집하지 않지만 자신을 잃은 적이 없다.

사람이 이와 같이 살면 무위자연의 도를 이루게 된다. 하지만 그렇게 살아질 수 없다. 그렇게 살고 싶어도 마음이 허락하지 않는다. 허락하지 않는 마음이 누구의 마음인지도 모른다. 생각의 미묘한 흐름에 이끌려 살고 있기 때문이다. 그대가 생각의 미묘한 이치를 이해만 할 수 있다 하더라도 그대의 나머지 삶은 평화와 기쁨만으로 존재할 수 있다.

국가國家의 관리

국가는 국민의 가정이다. 정부는 국민의 가장이다. 현명한 가장은 항상 실패하거나 병든 자식을 위한 잠잘 곳과 음식을 준비하는 데 소홀함이 없다. 병든 자식들을 보살피기 위하여 소홀함이 없다 함은 건강한 자식들을 잘 관리하여 그들로부터 재력을 확보해야 한다는 뜻이다.

국법國法은 태양과 같이 만민에게 골고루 비추어져야 한다. 햇볕이 구름에 가려지는 부분이 있다 하더라도 그것을 염려해서는 아니 된다. 국법을 어기는 자에 대해서는 태풍과 같이 엄격하게 다스려야 한다. 국법은 평등平等해야 하나 아비가 자식들의 역량에 따라 일을 맡기듯이 평등하되 평등해서는 아니 된다.

— 아비는 건강한 자식과 불구자인 자식 간에 달리기를 시키지 아니한다.
— 아비는 건강한 자식과 불구자인 자식에게 음식을 줌에 있어서 분별하지 아니한다.
— 아비는 건강한 자식과 불구자인 자식에게 같은 일을 시키지 아니한다.
— 아비는 건강한 자식에게 일을 하게 하여 불구자인 자식을 보살핀다.
— 국민의 가장인 정부는 현명한 아비가 되어야 한다.
— 현명한 아비는 항상 불구자가 될 수 있는 자식을 보호하기 위해 재물을 축적해야만 한다.

국민은 정부에 인권人權을 고집해서는 아니 된다. 자식이 아비를 신뢰하여 부모의 뜻을 따르듯이 정부의 뜻에 따라야 한다. 국민이라 함은 아이가 아비에게 의지하듯 정부에 인권의 절반을 포기한 것과 다르지 않기 때문이며 정부는 만민에게 아비와 같이 공정해야 한다.

교육教育은 인성人性, 즉 인간의 본래本來 성품性品을 목적으로 해야 한다. 인간의 본성은 무성無性이며 순수의식純粹意識이다. 순수의식은 나와 남의 분별함이 없으며 선과 악의 분별함이 없으며 자아와 천지만물에 대한 분별함이 없다.

인간은 사회적 동물로 학습(세뇌)되면서 이기주의로 변질된 것이다. 자신의 이익만을 위한 삶의 결과는 괴로움과 고통만을 초래하게 된다. 이상理想과 사상思想 등의 지식은 순수한 본성에 아상我相을 키우는 결과만을 초래할 뿐이기에 삶은 투쟁이며 투쟁의 결과는 피를 흘리는 전쟁이 되는 것이다.

교육의 자유화는 더 많은 사람들에게 피해의식을 심어주는 결과를 초래하는 것이다. 현명한 가장이 자식들 중에서 하나 또는 둘을 선택하여 안전한 가업을 이어가듯이 정부는 정부가 필요로 하는 공정한 인물들을 배출하는 소수의 교육만이 필요한 것이다.

무지는 신뢰이며, 지식은 의심이다. 의심은 불신이며 불신은 끝없는 투쟁을 부르기 때문이다. 인류의 평화를 위해서는 경쟁과 투쟁을 가르치는 교육이 되어서는 아니 되지 않겠는가?

| 제 5 장 |

깨달음으로 가는 길

구도자의 길 | 화두란? | 수행이란? | 신으로 가는 길 | 나는 누구인가 · 1 | 나는 누구인가 · 2 | 나는 누구인가 · 3

구도자의 길

우리말로 마땅히 붙일 만한 이름이 없으니 그것에 대해서 '도'라고 하자. 도에 대해서 더 이상 설명할 필요는 없을 것이며 이제 가는 길을 안내해 보려고 하는데, 우선 사람들의 인식전환이 필요할 것이기에 몇 가지 짚고 넘어가려 한다.

사람들은 구도자라는 말과 고행苦行이라는 말을 동일시해 버린다. 어린 시절 들어서 아는 귀신을 무서워하는 것과 다르지 않은 것이지만 세간에 그리 알려진 탓일 것이다. 하기는 우상숭배 사상으로 왜곡된 석가모니의 말을 아직도 정도라고 주장하는 사람들이 있으며, 범람하는 서적들과 영화, 드라마 등을 통해서 아는 것들이 전부이니 어찌할 도리가 없는 것이다. 석가모니의 제자라는 사람들조차도 도를 통하면…. 허허, 그만두자.

도를 구한 다음의 말들에 대해서는 성경이나 불경에 충분히 있으며 감명 깊게 읽을 만한 책들도 넘치는 세상인데 이토록 재미없는 책을 보고 있는 그대는 바닷가 모래밭을 걷다가 수많은 모래알 속에서 진귀한 보석을 주은 것과 다름이 없으니 축복받은 인간임에는 틀림이 없다.

구도자라는 말이 참으로 우습기도 하지만 사람들의 관념을 넘어선 말이니 그냥 구도자라고 하기로 하자. 도를 구하는 일이 어떤 특별한 사람들의 전유물이 아니라는 뜻이며 머리를 깎고 출가하여 속세를 포기하는 것도 아니라는 뜻이다.

머리를 깎은 집단들이나 신흥 종교집단들을 비롯하여 이 나라에만 해도 종교집단들을 합한다면 수천여 개는 될 것이다. 그런 집단들의 주요 목적은 오직 세력 확장이며 수장들의 욕망을 채우기 위한 수단과 방법일 수밖에 없기 때문에 인간의 기본적인 인권까지도 말살되기 십상이다. 종교라는 것들이 사이비도 없으며 사이비 아님도 없으나 일부 사이비로 분류되는 신규 집단들의 행태에 대해서는 굳이 설명할 필요를 느끼지 않는다.

그런 단체들이 왜 성행하는 것이겠는가?

열 번 찍어 안 넘어가는 나무가 없다는 속담이 있다. 인간의 마음이 그러하다. 마음에는 뿌리가 없기 때문이며 관념이나 고정관념 따위 또한 세뇌를 당하게 되면 무너져 버리기 때문이다. 한 생각 차이로 아군이 적군이 되듯이, 한 생각 차이로 선과 악이 바뀌듯이, 한 생각 차이로 사랑이 증오로 바뀌듯이, 한 생각 차이로 오줌이 약이 되듯이, 한 생각 차이로 자살을 하듯이.

인간의 마음이 그토록 교묘하여 '손오공'에 비유한 것이지만 사람들은 부처님 손바닥을 벗어날 수 없는 손오공의 이야기의 뜻이 무엇인지 상상할 수 없다. 아이들은, 사람들은 머리카락 하나를 뽑아서 여의봉을 만드는 다재다능한 손오공을 동경하게 된다. 손오공처럼 재주를 부릴 수 있다면 세상을 내 맘대로 살 수 있을 것이기 때문이다.

그대가 전지전능한 손오공이 된다면 무슨 일을 하고 싶을까? 한번쯤 생각해 보고 넘어가자.

자, 내 마음을 모르니 세상에 내 마음에 꼭 드는 놈은 단 한 놈도 있을 수 없을 테고, 마음에 들지 않는다고 하여 다 죽여 버릴 수도 없으니, 큰 소리나 치고 좋은 옷 입고, 종교집단들의 교주처럼 살다가 죽으면 만족할까? 그리하여 만족하고 평화로우며 자유할 수 있다면 해볼 만하다.

마음먹어 아니 되는 일이 무엇이 있겠는가? 허허헛.

인간의 잔재주, 마음이 손오공이다. 전지전능한 것이 '나라는 생각'이라는 놈이다. 다른 것들 다 제쳐 두고서라도 우주를 창조한 것이니 세상사 모든 이치가 그러하다.

좋은 것도 없으며 나쁜 것도 없는 것이다. 좋은 것이 있다면 꼭 그만큼 나쁜 것이 있는 것이며, 나쁜 것이 있다면 꼭 그만큼 좋은 것이 있다는 뜻이다. 그런데 그 이치를 알 수 없으니 상대적일 수밖에 없는 말, 말, 말에 속아서 정신없이 살다 보면 어느덧 죽음 앞에 서 있게 되는 것이니 회한만 남길 수밖에 도리가 없다.

나는 그렇게 살지 않겠다고 마음을 정하고 아무리 숙고를 거듭하고 거듭해 봐도 손오공이 부처님 손바닥을 벗어날 수 없듯이 생각의 윤회에 이끌려 다니는 것이기 때문에 지난 세월들이 그러하듯이 남겨진 것은 한 조각 꿈이요, 허망한 망상뿐이다.

석가모니의 가르침이 왜곡되었지만 알고 보면 모두 같은 뜻의 다른 표현들이다. 어차피 죽은 자의 말이기에 죽음(에고의 죽음)을 경험하지 아니하는 한 그들의 말은 불립문자이며 언어도단으로 표현될 수밖에 없다고 하였으나, 두 구절만 올바르게 이해하면 될 것이다. 하나는 소리와 형상으로 여래를 볼 수 없다는 말이며, 이 말에 대해서는 예수의 말과 다르지 않음에 대해서 설명되었으니 알 것이고.

두 번째가 진리에 의존하라는 말이다. '진리에 의존하라'는 말이 곧 일념화두를 뜻하는 말이라는 사실에 대해서 납득해야만 한다.

석가모니가 육체를 버리기 전에 제자들이 물었단다.

"세존이시여, 세존께서 떠나시면 우리는 무엇을 근거로 하여 길을 가야 합니까?"

그 답변이 이러하다.

"비구여, '나(육체)를 믿지 말라'는 뜻으로 형상을 믿지 말고 내가 했던 말들에 집착해서도 아니 되며 오직 진리에 의존하라."

석가모니의 유언인 셈이다.

진리에 의존하라는 말의 뜻에 대해서 분명히 알아야 한다. 무슨 말이냐면 반야심경이니 천수경이니 하는 것들을 읽다 보면 글들의 중간이나 아랫부분에 반복해서 읽으라는 표시(3회)들을 볼 수 있다. 반야심경에는 맨 아랫줄에 "아제아제 바라아제 바라아제 모지 사바하"라는 글귀가 있으며 이 구절을 3회 반복하라는 뜻으로 표기되어 있다.

진리에 의존하라는 말은 소리와 형상으로 여래를 볼 수 없다는 말이다. 이 말은 나(육체)를 숭배하지 말라는 말과 함께 불경 따위의 소리(말)에 집착해서는 결코 여래를 볼 수 없다는 말이다.

그렇다면 진리에 의존하라는 말의 뜻이 무엇이겠는가? 그렇다. "아제아제 바라아제 바라아제 모지 사바하"라는 글자가 옳은 것인지는 모르겠으되 이 구절만을 끊임없이 반복하면 여래를 볼 수 있다는 말이다.

석가는 이렇게 말을 한 것이다.

"너희는 나의 말을 들어라. 내가 살아있는 동안에는 오직 나의 말이 진리이나 내가 사라지고 나면 내가 한 바 없이 한 말들이지만 그런 모든 말들은(불립문자, 언어도단) 변질될 수밖에 없다. 너희에게 고해의 바다를 건너는 길을 이를 테니 그것에 의존하라"고 했던 말이 "아제아제 바라아제 바라아제모지 사바하"이다.

그런데 이 말의 뜻을 알아들을 수 있는 사람이 없었다. 귀가 있어서 들을 수 있기 때문에 그 말을 알아듣지 못한 것은 아니겠지만 이 또한 불립문자이며 언어도단이니 듣되 들은 바가 없기에 우이독경이 된 것이다.

석가의 곁에서 그 말을 들었다고 하더라도, 그 말이 마지막으로 남긴 가장 중요한 말인 줄 알면서도 이치를 깨치지 못한 상태에서 한 구절의 화두를 지속하는 일은 앞서 설명한 바와 같이 돌멩이를 던져서 한강을 메우려는 일과도 같기에 허무맹랑한 일이 되어 버리고 말았던 것이다.

그것을 아는 예수가 한 말이 “네 시작은 미약하나 네 나중은 심히 창대하리라”라는 말이다.

화두란

:: 화두의 유래

인류 역사로 본다면 화두의 창시자는 석가모니이며, 두 번째의 인물이 예수이며, 세 번째의 인물이 달마이다. 그리고 네 번째 인물이 '라마나 마하리쉬'이다.

사실상 이치를 깨친 인물들 모두가 했던 말이지만 납득할 수 없는 말이다 보니 길이 있지만 있는 것이 아니며 없지만 없는 것도 아니니 그러한 인연에 대해서 '백천만겁 난조우'라고 한 것이다.

자, 이왕 여기까지 왔으니 선사들의 화두공안에 대해서 몇 가지 사례를 들고 넘어가자. 지금까지 설명한 바와 같이 우주의 관점, 도의 관점에서 본다면 있는 것들이 본래 있는 것이 아니기 때문에 이름, 명칭으로만 존재하는 것이라고 하였다. 그리고 우리가 보는 관점에 비유해서도 설명했는데, 다시 확인하고 넘어간다면 화두공안에 대한 이해가 조금은 깊어질 수 있을 것이다.

육체가 나라는 착각에서 벗어나라는 뜻에서 '별은 별이 아니다'라는 비유와 같은 맥락이다. 육체가 나라고 아는 나의 관점에서 본다면 손, 발, 머리, 다리, 위, 장, 눈, 코, 혀, 귀 등의 모든 것들이 나 아닌 것이 없다.

우주의 관점에서 본다면 어떻겠는가?

태양, 별, 외계, 지구, 산천초목, 돌멩이, 영혼, 귀신, 악마, 선인, 악인, 천국, 지옥, 하나님, 부처님, 사람, 동물, 똥, 오줌, 가라지, 기왓장, 있는 것, 없는 것, 잣나무, 소나무, 아버지, 어머니, 남자, 여자, 자손, 아이, 청년, 늙은이, 아름다운 것, 추한 것, 큰 것, 작은 것, 죽음, 삶, 전생, 이생, 내생, 금, 은, 보석, 돌, 있다, 없다 등의 이름으로 만들어진 모든 것들이 우주이다.

우주 아닌 것이 아무것도 있을 수 없다. 그런데 인간은 먹는 것은 깨끗하고 배설물은 더러운 것이라고 한다. 넘어가자.

화두공안이라는 말은 다른 곳에서 들었거나 들을 수 있을 터이니 생략하고.

화두가 만들어진 동기(동기, 계기, 어떤 말이 맞는지 모르겠다. 다 같은 말일 텐데)는 구도자가 선사(깨달은 이)에게 "도가 무엇입니까?" 또는 "불성이 무엇입니까?"라고 묻는 말에 대한 답변이며 1,700개 정도가 된다고 한다. 그 중에서 알려진 몇 가지이다.

불성이 무엇입니까?
뜰 앞에 잣나무니라.
다른 이가 다시 묻는다.
불성이 무엇입니까?
똥 막대기니라.
개에게도 불성이 있습니까?
무無라고 한다. 이것이 무자 화두의 유래이다.
다른 이가 물으니.
유有라고 한다.

말은 말인데, 알아들으면 진리이고, 알아듣지 못하면 말이 아니다. 이곳의 글들이 그러하다. 일념을 깨우친 인물들은 일념주력이 깊어진 만큼 깊이 이해할 것이기 때문에 무릎을 치기도 하지만, 그렇지 못한 사람들은 반신반의할 것이며, 어떤 사람에게는 우이독경일 뿐이다.

글을 충실히 읽어왔다면 어렴풋이나마 이해가 가능한 말일 것이지만 이해와 오해는 같은 뜻의 다른 표현이라고 하였듯이 오직 일념을 공부해야만 깨쳐 나갈 수 있다. 한 3개월쯤 글에, 일념에 몰입하다가 다시 보면 웃어버릴 수도 있을 것이니.

아무것도 모르면서 다 안다는 자들이 드는 화두가 있다. 석가모니의 유언은 무시하고 왜곡된 말들에 집착하여 석가모니를 숭배의 대상으로 삼는 자들이니 석가모니를 모독하는 것이며, 예수를 믿는 자들 또한 예수를 모독하는 줄도 모르고 있으니 어찌하겠는가?

그러니 달마가 한 말이 있다. 광신자와 맹신자들 모두가 다르지 않은 중생이며 그들은 성현의 말에서 더 멀어질 수밖에 없다고.

승려들이 즐겨 쓰는 화두가 소위 '이뭐꼬'이다. 그런데 재미있는 것은 화두를 알아도 꼭 큰스님에게 받아야 한다는 것이니 깊이깊이 세뇌된 탓이겠지. 신을 모시는 행위들 또한 이와 다르지 않으니.

'이뭐꼬' 화두의 유래에 대한 설명을 통해서 화두의 의미를 이해할 수 있다. '이 뭣 고'라는 말은 '이것이 무엇인가?'라는 말로서 의구심을 일으키기 위한 화두이며 의심을 일으켜서 의심의 근원에 이르기 위한 방법이기에 다른 수많은 화두들과 다르지 않다. 끝없는 의심을 일으키라는 말은 하는데, 왜 그런지 영문도 모르고 의심을 일으키려 하니 우이독경이 된 것이다.

나라는 것이 이토록 허무맹랑한 것이라는 사실에 대해서 이해할 수 있다면 진짜 '나는 누구인가'라는 의문을 일으킬 수 있지 않겠는가? 무엇인가를 알면 아는 '나는 누구인가' 하고 물어 들어가야 하며, 모르면 '모르는 나는 누구인가' 하며 끝까지 물어 들어가야만 한다.

의심을 통해서 의심의 근원에 다다를 수밖에 없기 때문이다. 호랑이를 잡으려면 호랑이 굴로 들어가야 한다는 속담과 같이 의심의 근원에 다다르기 위해서는 의심을 일으켜야만 하기 때문이다.

'별은 별이 아니다'라는 말 또한 화두이다. '왜, 별은 별이 아니라고 하였는가?'라는 의구심을 일으킬 수 있기 때문이며 무자화두 또한 '왜, 무라고 하였는가?'라는 의구심을 일으키기 위한 도구라는 것이다.

그런데 이 의심을 일으키라는 말이 우이독경이 되면서 '왜 그랬을까? 그 사람은 왜, 그런 소리를 했을까'라며 궁리하다 보니 선사라는 사람들, 소위 깨달았다고 알려진 승려들이 헛소리를 한 것이며 6조 혜능 이후에 알려진 인물들의 재치문답들이 깨달은 자들의 오도송으로 왜곡된 것이다.

깨달음이나 삼매, 명상 등의 도와 관련된 낱말들은 사전에서도 그 뜻을 헤아릴 수 없기 때문에 길을 찾을 수 없음이 차라리 당연할 것이다.

여담 한마디 하고 넘어가자.

별은 별이 아니다, 잣나무는 잣나무가 아니다, 불성은 불성이 아니다, 달은 달이 아니다 등 모든 말들이 이와 같은 분별이며 우주의 관점에서 보면 우주라는 뜻이다.

사람들의 유머를 듣다 보면 사람들은 모든 것을 다 아는 듯하다. 호젓한 달밤에 연인들의 대화에서 이를 엿볼 수 있다.

여인은 예쁘게 치장을 하고 사내를 기다렸다. 무뚝뚝한 경상도 사내는 하던 일에 몰두하느라 아내를 거들떠보지도 않는다. 사내의 팔을 이끌고 창가에 앉아서 보니 달이 참 고왔다.

달을 본 아내의 애교 넘치는 말.

"여보! 달이 참 아름답지요?"라며 분위기를 띄우려 하자 무뚝뚝한 경상도 사내가 하는 말.

"야야, 달이 뭐라 카드나."

사람들은 웃는다.

그래, 달이 뭐라고 하는 것이 아니다.

달이 내가 달이라고 말하는 것이 아니다.

잣나무가 내가 잣나무라고 말하는 것이 아니다.

우주가 내가 우주라고 말하는 것이 아니다.

행복이 내가 행복이라고 말하는 것이 아니다.

성공이 내가 성공이라고 말하는 것이 아니다.

하나님이, 성령이 내가 그것이라고 말하는 것이 아니다.

부처가 내가 부처라고 말하는 것이 아니다.

스승이 내가 스승이라고 말하는 것이 아니다.

신이 있어서 내가 신이라고 말하는 것이 아니라는 뜻이다.

어떤 것을 달이라고 들어서 아는 것이다.

어떤 것을 나라고 들어서 아는 것이다.

어떤 것을 몸, 육체라고 들어서 아는 것이다.

어떤 것을 선, 악이라고 들어서 아는 것이다.

어떤 것을 고통이라고 들어서 아는 것이다.

그리고 그 의심의 시작은 어떤 것을 나라고 아는 그릇된 앎이 근원지이다. 그것의 실체를 찾기 위해서 화두에 대한 설명을 하는 것이고.

'이뭣고'라는 화두의 유래는 이러하다. 이것을 누가 만들었든지 그것은 중요한 일이 아니다. 이것으로 깨달을 수 없으며 이것으로 깨달은 사람이 있을 수 없기 때문이다. 다만 도가 무엇인지에 대해서 무지했던 사람이 도대체 인생에는 왜 해답이 없을까?

'왜 없는 것일까?'라는 생각 하나에 끝없이 매달리다가 뭔가를 발견하게 되는데, 그것이 생각이라는 사실에 대해서는 간파할 수 없다 보니 '대체 이것이 무엇인가?'라는 의구심을 일으키게 된다. 그러다 보니 줄고 줄어서 '이뭣고'라는 말이 된 것이다.

선가귀감이라는 책에서 보면 화두를 의심해야 된다는 말이 종종 눈에 띄지만 '생각의 이치'에 대해서 무지하기 때문에 우이독경일 수밖에 없다.

:: 화두(나는 누구인가)의 중요성

이런 글들에 대해서 완전히 이해할 수는 없다. 이해는 오해와 같은 뜻의 다른 표현이기 때문이다. 하지만 한글을 아는 사람이라면 의심의 근원에 대해서 짐작할 수 있을 것이며 언어의 비밀에 대한 설명들과 그 사례들을 통해서 이해는 가능할 것이다. 참고로 나라는 생각의 근원을 간파하지 못하는 한, 생각의 이치와 속성에 대한 설명은 불가능한 것이며 공부가 깊어지는 만큼 더 가까이 와 닿음으로써 즐거움과 평온함을 누릴 수 있게 된다.

도를 구하는 일은 아이기 말을 배우면서 사회적 동물로 세뇌되어 온 과정을 거꾸로 거슬러 올라가는 일과 다르지 않은 것이다. 일념화두인 '나는 누구인가'라는 한 구절만을 계속 이어 나가는 일은 자신도 모르는 사이에 스스로 윤회하는 생각을 끊어내는 일이기 때문에 경험의 오류에서 비롯된 망상(근심, 걱정 등)이 사라짐으로 하여 마음의 평온함을 유지함과 동시에 육체는 자연의 본성으로 되돌아가는 과정이기 때문에 건강을 되찾게 된다는 뜻이다.

'왜 모든 생각에 대해서 망상, 망념이라고 하는 것입니까?'라고 물을 수 있으며 두 가지로 답변할 수 있으며 그 이치까지 납득할 수 있다.

하나는 윤회하는 생각은 기억할 수 없는 생각이 대부분이지만 에너지를 소모하기 때문이며 자신도 모르게 일어나는 생각들은 의심이나 부정적이거나 환상이기 때문에 건강에 도움이 되지 않는다는 것이다.

둘째는 아무리 좋은 생각이라 할지라도 나와 '다른 나'들과의 경쟁을 위한 도구이며 종국에는 전쟁일 수밖에 없기 때문에 평화로 가는 길은 아니라는 것이다.

꿈이 망상의 결과물이라고 하는 이유는 이러하다. 생각은 영원성이며 연속성으로서 생각을 하지 않을 수 없는 것이다. 그럼에도 불구하고 어제의 일이나 또는 저녁에 곰곰이 생각해 보면 기억에 남는 생각은 채 십 분 꺼리도 되지 않는다는 것이다. 생각할 수 있는 것은 고작 누구, 누구를 만났으며 무엇을 먹었는지 등의 일상에서 일어난 일들이며, 기억할 수 없는 생각들은 망념이며 망상이라는 것이다. 일념이 깊어진 구도자들은 이에 대해서 알아차릴 수도 있다.

화두일념이 무르익어서 잠들기 직전까지 화두를 든 상태에서 잠이 들게 되면 꿈을 꿀 수가 없다. 그 이유는 화두일념 중에 잠이 들면 잠에서 깨어나는 순간에 잠들기 전에 일어났던 생각인 화두를 생각하게 되기 때문이다.

화두를 들기 전에는 스스로 일어났던 망념들이 화두에 눌려 일어날 수 없게 되는 현상이며(생각이) 깊은 잠을 통해서 휴식을 취하더라도 일념 상태가 유지되는 것과 다르지 않은 것이기에 깨어나면서는 전날 밤의 마지막 생각인 화두의 꼬리를 물고 일어나므로 아침에 일어나서도 화두가 이어지는 것이다. 이런 말들에 대해서 몽중夢中일여一如, 숙면熟眠일여一如 등의 이상한 말들이 창조된 것이니 참고하면 될 것이고.

'나는 누구인가'라는 화두의 중요성에 대해서 다시 시작하자. 공부에 대해서 조금 안다는 상을 내는 자들이 간혹 '화두를 바꾸면 왜, 안 되는 것입니까? 지루하니 바꾸고 싶습니다'라는 말들이 그것이다.

아니 될 일은 없다. 단계별 구도과정에서도 설명되겠지만 처음 시작할 때에는 여러 가지의 주력으로 집중력을 향상시켜야만 하며, 아울러 절대로 분노하는 일이 없도록 마음을 조율해 나가야만 한다. 내 관점이 옳다는 시비분별에서 떠나라는 말이다. 장님 코끼리 만지기와 주먹을 보는 지혜에 대한 설명이 요점이다.

우주의 관점으로 본다면 무엇이 옳으며 무엇이 옳지 않겠는가? 모두 다 옳지만 옳은 것이 아니며, 모두 다 옳지 않으나 또한 모두 다 옳지 않은 것이 아니니, 그저 여여如如하게 바라보라는 것이다. 자신의 나를 보라는 말이다.

사람들 모두가 지가 잘났다는 통에 싸움질을 하는 것이 아니겠는가? 하물며 구도하는 사람들이 '내가 옳다, 내가 정도다'라고 주장한다면 그 꼴이 우습지 않겠는가? 하지만 도道에 대해서는 아상을 부려야 한다. 그대가 아는 만큼, 이웃에게 알려야 한다는 말이다. 오직 그 길만이 인류라는 것들이 평화에 가까이 다가갈 수 있는 유일무이한 길이기 때문이다.

'생각의 이치와 속성'이라는 말이 처음으로 세상에 알려진 날짜가 〈깨달음의 실체를 밝힌다〉라는 책이 나온 날이니 2009년 1월 20일이다. 그러하니 그 이전에 도를 구하는 이들이야 별다른 방법이 없기 때문에 책들은 무수히도 많지만 올바른 길이 없었기에 그렇다 치더라도.

그 이후에 도를 구하는 자들 또한 일념이 조금 깊어지면서 말 변사(명색)의 뜻에 대해서 이해할 무렵이 되면 '내가 안다'는 아상이 드러나면서 왜, 인정하지 않느냐고 따지고 든다. 자신이 자신을 안다면 인정받아야 할 '나라는 것'이 어디에 있겠는가?

왜 그렇겠는가? 순수의식에서 어떤 것을 나로 알았던 최초의 앎, 그것이 타인으로부터 들어서 아는 앎이다 보니 타인에 의해서 내가 존재함을 알게 된 것이니 타인에 의존하려는 습성, 버릇을 버릴 수 없는 것이며 사람들의 삶 또한 이와 같아서 남에게 보여주기 위한 삶이 되어 버린 것이다.

'나는 누구인가'라는 화두는 그런 연유에 의해서 중요한 것이다. 다른 생각을 하지 않더라도(물론 화두일념 상태에서는 다른 생각이 일어날 수 없지만) 화두일념이 깊어질 무렵에는 일념화두 중에 스스로 일어나는 생각에 의해서 웃게 되는 일이 흔하게 일어나곤 한다. 일념에 의해 지식이 잠재워지면서 지혜가 드러나기 때문이다. 이럴 때에 아는 앎은 참다운 앎이지만, 이럴 때에도 '이것을 아는 나는 누구인가'라는 방법으로 나는 누구인가라는 의심의 끈을 놓아서는 아니 된다는 것이다.

이만큼이면 이해는 가능할 것이지만 부뚜막의 소금과 같이 넣지 않으면 쓸모없는 지식이 될 뿐이다. 지식이라는 것 또한 쓸모없는 것이지만 쓸모없다고 할 수도 없는 것이다. 식자우환이라는 말과 같이 많으면 많은 만큼 분별이 많아지기에 고통 또한 커질 수밖에 없지만 지식이 없다고 하여 고통이 사라지는 것도 아니니 좋은 것도 없으며 나쁜 것도 없는 것이다.

이쯤 하고 사람들이 현혹될 만한 '사자의 서'에 대해서 알아보자.

:: 사자의 서

사자의 서라는 말은 죽은 자의 글이라는 뜻이다. 죽은 자의 글이니 도를 깨우친 인물의 말이 손오공 이야기와 같이 여느 종교의 우상숭배를 위해서 쓰여진 글일 것이다.

인터넷을 검색해 보니 그 말이 그 말이다. 그저 참고나 하라는 뜻에서.

티베트 〈사자의 서〉에 담긴 가르침들

1. 윤회계의 모든 존재들은 장소와 조건, 인간계나 천상, 지옥계 모든 것들은 나타나는 것에 불과하다.
2. 모든 나타나는 현상들은 윤회하는 마음에만 나타나는 것일 뿐 존재하지

않는 환영이다.

3. 부처나 보살이나 구세주나 악마나 천사… 우리 인간도 없는 존재이고 단지 카르마에 의해서 보여지는 현상일 뿐이다.
4. 그 원인이란 육체적인 감각과 변하기 쉬운 윤회의 삶을 살고 싶어 하는 욕심이다.
5. 그 원인이 깨달음으로 극복되지 않는 한 죽고 태어나고의 반복… 윤회계를 헤맨다.
6. 죽음의 세계(중천이나 연옥으로 묘사)는 그 조건만 다를 뿐 이 세상에서 생각으로 만들어진, 즉 카르마(업) 법칙에 지배를 받는다(저 세상이나 이 세상이나 똑같다는 이야기).
7. 생전에 한 행위에 따라서 지옥 같은 꿈을 꾸든지 천국 같은 꿈을 꾼다.
8. 완전한 깨달음을 얻기 이전에는 바르도 세계에서 인간세상으로 윤회를 하는 것을 피할 수가 없다.
9. 완전한 깨달음은 윤회계나 이 모든 존재가 환영이며 모든 게 허상임은 인식하는 데 얻어진다.
10. 이런 깨달음은 인간세계나 임종 순간이나 사후의 세계나 어떤 세계에서도 가능하다.
11. 명상이나 수행, 즉 바른 지식을 얻기 위해서는 사념을 조절하는 것이 필수적이다.
12. 명상수행은 스승이나 교사들에게 가르침을 받고 이 세계에서는 고타마 붓다가 가장 위대한 스승이다.
13. 그의 가르침은 독창적인 게 아니고 아득한 옛날부터 수많은 붓다들이 인간세상에서 가르침을 편 것과 똑같다.
14. 아직 환영의 그물에서 벗어나지는 못했지만… 이 세계나 저 세계에서 영적으로 더 진화한 보디사트바나 선각자들이 우리들에게 거룩한 축복과 능력을 베풀 수 있다.
15. 모든 존재(우리들이나 모든 생명체)의 궁극적인 목적은 윤회계에서 해방이며 이 해방은 니르바나(모든 고통과 번뇌가 끊어진 경지)를 실현하는 데서 얻어진다.
16. 그것은 온갖 슬픔의 소멸이며 존재의 근원이다.

니르바나 경지를 체득한 고마타 붓다는 그의 제자들에게 이렇게 설했다.

> "제자들이여 흙, 물, 바람, 불이 없는 세계가 있다. 그곳은 끝없는 공간도 아니요… 끝없는 생각도 아니요… 無도 아니요… 생각과 생각 아님도 아니다. 그곳은 이 세계도 아니요… 저 세계도 아니다. 그곳은 오는 것도 없고… 가는 것도 없고… 머무름도 없으며… 죽음도 없고… 태어남도 없다. 그곳은 슬픔의 끝이니라.
>
> 어떤 상에 달라붙으면 떨어짐이 있지만… 대상에 집착하지 않으면 떨어짐이 없다. 떨어짐이 없는 곳에 휴식이 있고… 휴식이 있는 곳에 욕망이 없다. 욕망이 없으면 가고 옴이 없고… 가고 옴이 없으면… 죽음과 태어남이 없다. 죽음과 태어남이 없으면 이 세상과 저 세상 또는 그 사이(중천 바르도)가 없으니 슬픔은 끝나느니라.
>
> 제자들이여 변화하지 않고 태어나지 않고 만들어지지 않고 형상을 갖지 않는 세계가 있느니라. 만일 이런 불변… 불생… 부조… 무형의 세계가 없다면… 변화하고 태어나고 만들어지고 형상을 가진 세계로부터의 벗어날 방법이 없느니라. 그러나 불변… 불생… 부조… 무형의 세계가 있기 때문에… 변화하고 태어나고 만들어지고 형상을 가진 세계로부터의 벗어남이 있느니라."
>
> — 팔리어 경전 〈우다나〉 8장

사람들의 앎은 참으로 무모하다. 자신이 모르는 부분에 대해서는 유사한 영화를 보거나 드라마를 보고 아는 앎에 대해서 안다고 생각해 버리곤 한다. 우상숭배를 위한 영화들이 그러하고 불교와 관련된 영화들이 그러하다.

석가모니가 도인이지만 도술을 부린 바 없으며, 예수 또한 바다를 가르는 등의 마술을 부리지 않았건만 동화책이나 신화를 보고, 다른 사람들로부터 들었던 말들에 대해서 당연시하기 때문이다. 그것이 생각의 속성에서 비롯된 아상이다.

'아상'이라는 말은 나라는 상이지만 사람들의 말로 표현한다면 자존심이며 잘난 체한다는 말일 것이다. 자존심이라는 말은 내가 존재한다는 마음으로 해석될 수 있지만, 그것이 누구에게나 똑같이 있으니, 있다고 생각하는 망상이니.

신흥종교들이나 마음을 유린하는 단체들이 왜 그렇게 많이 늘어나는 것이며 사람들은 왜, 그리도 황당한 말들에 세뇌당하여 그들의 노예가 되는 것일까? 그들은 어떤 기술을 보유한 것일까? 그들은 도의 경지로 표현한다면 어느 정도의 경지에 이른 것일까? 구도자들이 흔히 하는 질문이다.

좋은 것도 있는 것이 아니며 나쁜 것도 있는 것이 아니니 올바로 알고 넘어가자는 의미에서 설명해 보자.

예전에 어떤 구도자로부터 부탁을 받고 보았던 책이 〈현 세상에 존재하는 20인의 스승들〉이라는 책이다. 어떤 영국인(기억에 없으니)이 돈을 벌 만큼 벌고 나서 돌이켜 보니 인생이 허망하기 짝이 없기에 그것이 무엇인지 알고자 하여 세계를 무대로 찾아다닌 후에 그들의 말을 녹음하여 번역한 책이었다. 물론 스승이라는 자들에게 돈을 지불하고 허락을 받고 녹화했다고 한다.

부탁을 했던 구도자는 그들이 깨우친 인물인지 아닌지 궁금하다고 하였다. 그런 글들을 접해본 적이 없었기에 혹시나 하고 보게 되었다. 그 당시에만 하더라도 책을 쓰기 전이었으며 인터넷 검색조차 하지 않을 때여서 깨달은 인물들이 많을 수 있다는 생각을 할 수밖에 없었다.

책이 200페이지 정도였으니 저자의 설명을 제외하고 나면 1인당 10페이지 정도가 할애된 것 같았다. 나머지는 저자가 그들을 만나기 위해 노력했던 고행 기록들이고.

그런데 황당한 것은 스승이라는 사람들의 가르침이다. 1인당 열 페이지인데도 한 페이지 이상은 볼 것도 없이 넘겨야 했다는 것이다. 그러니 그 책 한 권을 보는데 10분 정도면 충분했다는 말이다. 그 스승이라는 인물 중에서는 '라마나 마하리쉬'를 개새끼라고 욕하는 자도 있었으니. 그 인물들 중에서 낯설지 않은 인물이 '오쇼-라즈니쉬'와 '슈리푼자', 그리고 '마하라지'였다.

하여튼 20인의 스승이라는 인물들 중에서 그나마 다섯 페이지를 보면서도 어긋남이 없었던 인물은 유일하게 '슈리푼자'였으며 나머지는 모두 한 페이지조차 올바른 글을 남길 수 없는 인물들이었다는 것이다. 글을 쓰는 과정에서 검색하다 보니 '슈리푼자'는 '라마나 마하리쉬'의 제자였다.

그렇다면 석가모니와 예수를 제외한 나머지 집단들의 수장들, 그들의 경지는 어느 정도일까?

이 글을 볼 수 있다면 설명은 간단하다. 그들의 글이나 그들의 강의를 통해서 말 변사(명색)에 대한 설명이 조금이나마 있었다면 구도의 경지를 10단계로 나누었을 때, 4단계 정도이며 언어의 상대성에 대해서 언급할 수 없다면 2단계 정도로서 일념이 무엇인지도 채 깨치지 못한 것이다.

그들 모두는 의심의 근원이라는 말의 뜻에 대해서도 이해할 수 없을 것이며, 불립문자나 언어도단이라는 말이 무슨 뜻인지도 알 수 없기 때문에 헛소리를 할 수밖에 없는 것이다. 어리석은 자들이 석가보다 더 크게 깨우쳤다거나 예수나 석가가 하지 못하는 일을 한다고 하는 것이니.

한 가지가 빠졌다. 그들이 어떤 기술을 보유한 것인가에 대해서이다.

인간이 나약한 이유는 마음의 바탕에는 죽음의 두려움이 자리하기 때문이라고 하였다. 1차 에고에서 육체를 나라고 알았으니 그것이 지성체의 탄생이다. 그 이후부터는 자동장치가 가동된 것과 다르지 않아서 가장 두려운 것이 죽음이 된 것이니, 그들의 기술은 인간의 가장 나약한 부분을 들춰내게 하여 세뇌를 시키는 방법을 터득한 것이다. 내가 우주라고 떠드는 자들 또한 최면과 유사한 자아도취에 빠진 것이며 일종의 정신질환과 다르지 않은 것이다.

어떤 구도자가 그러는데, 한국인인데 미국시민권자이니 미국인인가? 하여튼 미국에 살고 있다.

미국에서 마음 수련원이라는 곳을 2년쯤 다니다가 마음이 좀 편안해질 무렵에 그들의 황당한 말에 '이것은 아니다'라는 생각에서 그곳을 그만 두고 나니 답답하거든. 평생 진리를 갈구하다 보니 포기할 수도 없었다고. 그러던 어느 날 '명상'이라는 낱말을 검색하다가 '불이일원론'이라는 다음 카페를 알게 되면서 일념공부를 다시 시작했는데, 너무 심취하다 보니 주변 사람들이 보기에는 사이비 종교에 빠진 것 같이 보였겠지. 그 모습을 본 사람들이 하는 말이, 거미줄에 걸린 잠자리 같다고 그러더라고.

허허, 어쩌겠는가? 그는 이미 명색의 동일시에 대한 이치가 밝으니 웃을 수밖에. 네 안에 하나님이 있다고 아무리 떠들어 봐도 이해할 수 없으니, 우이독경일밖에.

사실은 인류 모두가 욕망에 목숨을 거니 최면에 걸린 것과 다르지 않은 것이 아닌가? 그러니 깨어나라고 하는 것이다. 자유와 평화는 오직 그 길만이 있을 뿐이며, 인간의 자유의지 또한 그 길을 갈 때에만 있는 것이다. 나머지의 자유의지라는 것의 결론은 전쟁일 수밖에 없기 때문이다.

사람이 사람을 죽여서 자유와 행복을 찾을 수 있다면 누가 살아남을 수 있겠는가?

이런, 이런. 생각의 이치와 속성에서 한 가지 설명이 누락된 것 같다. 간단히 요약하고 넘어가자.

생각의 속성이라는 말은 같은 뜻이기도 하지만 시도 때도 없이 감각기관의 행위를 유도한다는 뜻이며, 생각의 이치라는 말은 이것이 꼬리에 꼬리를 물고 끊임없이 이어지는 것이기에 영원한 것으로 착각할 수밖에 없다는 뜻이다.

그런데 이에 대해서 깊이 생각해 본 사람들이라면 궁금해 할 것이기에 설명하려는 것이다. 왜냐하면 일상에서 그런 경험을 하기 때문인데, 위급한 상황에서는 찰나지간에도 오만가지 생각이 일어난다는 말을 하는데, 그 말은 여러 가지의 생각이 동시에 일어날 수 있다는 말로 알기 쉽다는 것이다. 만약에 여러 가지 생각이 동시에 일어날 수 있다면 도를 구하는 일은 불가능할지도 모른다.

그런데 참으로 신비스러운 것이 두 가지 생각이 동시에 일어날 수 없다는 것이다. 한 생각이 일어나고 사라지고를 반복 수행하기 때문에 윤회라고 하는 것인데, 불경에서는 안이비설신의를 끊임없이 반복 수행하는 것이라는 뜻으로 윤회를 말한 것이다. 안이비설신의와 그 대상을 포함하여 12연기법이라는 말이 만들어진 것이지만 그런 말들은 무시해도 상관없다는 뜻이다.

하여튼 생각은 꼬리에 꼬리를 물고 이어지기 때문에 생각의 시작이나 그 끝에 대해서는 오리무중이다. 그나마 윤회하는 생각이 동시에 일어나지 않고 한 생각이 끝나기 전에 다시 일어나기 때문에 윤회하는 생각 중에 한 생각(일념)인 '나는 누구인가'를 살며시 끼워 넣으면 '나는 누구인가'라는 생각을 하는 동안 만큼은 윤회가 끊어진다는 것이 일념주력의 핵심이며 의심의 근원에 다다르기 위한 유일무이한 길이다.

주력이라는 말은 한컴 사전에는 설명이 없으나 여기서는 주의 집중력으로 이해하면 된다. 주의를 집중한다는 뜻이지만 이는 정신통일과도 다르지 않은 말이다. 정신을 똑바로 차린 상태에서 일념화두를 유지하기 위한 집중력을 기르는 일에 대해서 각성이라는 말로 해석되기도 하지만 우리는 그냥 한글로 주의 집중력으로 알고 줄임말로 '주력'이라고 하자.

보리달마가 말하는 각성이라는 말의 뜻이 곧 일념과 같은 뜻의 다른 표현이다. 그리고 '나는 누구인가'라는 일념을 유지하는 행위에 대해서 '화두를 든다'라는 표현을 사용하기도 하는데, 그것은 상관없으니 '요즘 화두가 잘 들려?'라는 말은 자연스러울 수 있을 것이며 '잘 안 들려'라는 말로 대답할 수 있을 것이다. 화두의 의미는 참으로 신묘하다.

당부하고 싶은 말은 화두를 화두라고 생각하지 말라는 뜻이다.

옛 선사라는 사람들이 1,700여 개의 화두공안을 외워서 법을 겨룬다는 뜻의 '법거량'을 했다고 한다. 그러다 보니 '예수의 그리스도의 적'이라는 글에서 설명되었듯이 언술이 뛰어난 자들이 말재간을 부렸던 말도 안 되는 말들에 대해서 도를 깨우친 인물들의 '오도송'이라며 버젓이 전해져 오는 실정이다. 이런 사람들에 의해서 화두의 의미가 퇴색되었기 때문에 화두의 의미를 분명히 이해하고 일념에 임해야 된다는 것이다.

앞서 설명된 바와 같이 화두일념의 목적은 생각의 윤회를 끊어내기 위함이며 윤회하는 생각의 근원은 나 아닌 것을 나로 알았던 1차 에고라고 하였다. 그렇기에 화두를 들기 전에 '나는 누구인가'라는 의구심을 불러일으키기 위한 도구들이 필요하다는 말이다.

물론 여기까지 글을 읽어 왔기 때문에 이것(육체)은 내가 아니다, 그럼 '나는 누구인가' – '나는 누구인가' – '나는 누구인가' 하는 방법으로 이어 나가기 위한 명분은 충분히 만들 수 있을 것이다. 좀 더 자세한 방법은 뒤에 설명하기로 하고 일념화두를 시작하기 전에 집중력 배양을 위한 주력에 대해서 이해하고 넘어가자.

주의 집중력을 키우기 위한 방법들에 대해서 주력이라고 하는데, 이는 절간에서 불경을 암송하는 행위와 다르지 않으며 한 권의 책을 집중하여 보는 방법 또한 집중을 위한 행위에 속하지만 책을 보는 행위를 통한 주력일 경우에는 책의 내용에는 관심을 두어서는 아니 되며 글자를 읽어 나가는 방법이 되어야 하며 작은 소리를 내어 읽으면서 그 소리를 듣겠다는 마음으로 집중해서 읽어 나가야 된다는 뜻이다.

주력은 일념화두를 들기 위한 준비과정이다.

생각은 살아오는 동안 내내 윤회해 오던 습관에 의해서 일념을 거부한다. 사실상 일념으로 윤회를 끊어내는 일은 지성체를 죽이는 일과 다르지 않기 때문에 일념을 성취하기 위해서는 그야말로 목숨을 걸 각오가 되어 있어야만 하는 일이다. 하지만 그 또한 자신의 생각이기에 소를 길들이듯이 서두르지 말고 천천히 길들여 나가야만 하는 것이다. 서두르다 보면 환상의 세계에 빠질 수 있기 때문이다.

분명한 것 하나는 비몽사몽간에 알아차리는 것이 아니라는 것이다. 정신이 똑바로 차려진 상태에서 일념만년이 되어야 하는 것이다.

나라는 생각, 그것은 에고에게는 생명이며 일념은 생명을 끊는 일이기 때문에 절대로 서둘러서는 아니 되는 것이다. 나라는 생각, 그것에 의해서 우주가 창조되었듯이 그것은 일념이 깊어지면서는 틈만 보이면 살기 위한 수단으로 환상을 만들어 내게 되며, 그 결과들에 의해서 신흥종교들이 탄생하게 되는 것이다.

세상에 존재하는 모든 종교나 마음 관련 단체들 또한 일념을 깨우친 수준 정도의 인물들이 환상을 현실로 착각하면서 창조된 것들이 전부이다. 무속인들에게 나타나는 환영 또한 이와 다르지 않은 현상이며 유체이탈이나 영혼을 보는 사람들 또한 이와 다르지 않은 환상의 세계에 빠진 상태지만 그들은 그것을 합리화시키기 위해서 온갖 미사여구를 동원하여 사람들의 마음을 현혹시키는 것이다. 자신의 마음을 모르니 이끌려 다닐 수밖에 없지 않겠는가?

화두일념의 준비과정인 주력에는 여러 가지 방법이 있다.

책을 읽는 방법은 앞서 설명한 바와 같이 집중해야 하며 지금 보고 있는 책이 가장 효과적이다. 뜻을 알려고 하지 말고 독송해야 하며, 주력을 위해서 추천할 만한 구절이 있다면 '신묘장구대다라니'라는 불경이다.

그것은 우리말이 아니기 때문에 처음에는 혀가 돌아가지 않아서 읽기가 쉽지 않으나 반복해서 읽어 나가다 보면 천천히 익숙해지게 된다. 그것이 자연스럽게 읽어질 때까지, 그리고 외울 때까지 반복하는 방법이 추천할 만하다. 그것 또한 모두 암기할 정도가 되면 버려야 하며 그때부터는 일념화두를 들 수 있을 것이다.

방법은 무수히도 많다. 집중력을 키우기 위한 어떤 방법도 상관이 없다는 뜻이며 숫자를 헤아리는 방법도 있으나 추천할 만한 것은 아닌 듯하니 생략하자.

단전호흡이나 요가 또한 바람직한 것이 아니나 호흡을 관찰하는 일은 석가모니가 시도했던 방법으로써 권장할 만하나 쉽게 지쳐버릴 수 있기 때문에 화두를 드는 과정에서 화두가 지루할 경우에는 호흡을 관찰하는 일이 도움이 될 수 있다.

호흡의 관찰방법은 이러하다. '내가 숨을 내쉼을 분명히 안다, 내가 숨을 들이쉬고 있음을 분명히 안다'라는 방법이며 같은 행위를 반복하는 것이다.

사실상 요가나 또는 유사한 율동행위들, 그리고 태권도, 유도, 검도 등의 모든 행위들의 본래 목적은 일념, 즉 정신집중을 위한 구도를 위한 방법들이었으나 세상이 변해 가면서 경쟁의 도구로 변질된 것으로 보인다.

수행이란?

:: **무엇을 수행(구도)이라고 하는가?**

수행이라는 말이 참 재미있다. 사람들은 도를 구하는 일에 대해서 고행이라고 단정지어 버린다. 사전에는 수행이라는 말에 대해서 여러 가지로 설명되지만 올바른 길을 찾을 수 없다.

인간의 자유와 평화를 위한 유일한 길이지만 구도에 집착해서도 아니 된다는 말이다. 하루 종일 기도하라는 말이나 또는 행주좌와 어묵동정이라는 말의 뜻에 대해서 올바르게 이해해야 한다는 뜻이다.

생각의 속성(버릇, 습관, 업) 중에서 가장 고약한 것이 있다면 서두른다는 것이다. 물론 죽음이라는 것이 바탕에 깔려 있기 때문에 서두를 수밖에 없으며 죽으러 가는 일인 줄 뻔히 알면서도 감옥에 갇혀있던 죄수가 탈출하여 도망치듯이 죽음을 향해서 달려 나가는 것이 인생이지만, 그것이 또한 인간의 무한한 어리석음이지만 절대로 서둘러서는 아니 된다는 것이다.

무욕이 지혜라고 하였다. 도를 구하고자 하는 욕망에 이끌려서 서두르다 보면 정신질환이 될 수밖에 없는 것이다. 일상을 탈출하라는 뜻이 아니다. 인생의 목적을 도에 두고 일상을 즐기라는 것이다.

마음과 욕망은 이름만 다를 뿐 같은 뜻의 다른 표현이다. 욕망을 모두 버리는 것이 곧 마음을 버리는 것이지만 마음으로는 마음을 이길 수 없기 때문에 욕망을 모두 버릴 수 없는 것이며 일념이 그 길이라 하였다.

욕망은 채워도 욕망이며, 버려도 욕망이다. 그런데 인간의 욕망을 채우기 위한 모든 행위의 목적은 행복의 추구이며 행복은 마음의 평온함이다. 도를 구하는 행위 또한 마음의 평온함이 그 목적이 되어야 한다는 뜻이다.

인간은 미지의 세계를 갈망하면서도 자신이 경험하지 못한 것들에 대해서는 두려워한다. 이제 두려울 것이 없질 않은가?

그들은 삶을 포기한 사람들이다. 욕망을 포기한 사람들이다. 사람 노릇 하기를 포기한 사람들이다. 채워서는 만족할 수 없다는 것을 간파하였기에 그 길을 찾아서 목숨을 걸었던 사람들이다.

다시 태어나 보니 더 이상 해야 할 일이 없기에 서두름이 없는 것이다. 삶을 포기하고 일상을 떠나라는 뜻이 아니다. 일상을 영위하되 항상 그것과 함께 하라는 뜻이다. 그것이 하루 종일 기도하라는 뜻이며, 행주좌와 어묵동정의 뜻이다.

살아있는 동안 내내, 가고 또 가다 보면 신이 이끌어 가게 될 것이다. 그날이 다가올 것이다. 적막한 광야에서 헤매다가 밝은 빛을 보았으니 그 길로 가면 되는 것이다. 깜깜한 바다에서 등대를 발견하였으니 그 빛을 따라서 가면 되는 것이다. 사람이면 누구나 가야 하는 당연한 길이기에 도道라는 이름이 지어진 것이다.

사람은 누구나 행복과 평화를 소원하지만 그것이 무엇인지 분명히 알지 못하기에 사소한 욕망에 이끌려 살다가 죽어 가는 것일 뿐이다. 육체만이 나라는 그릇된 앎에 의해서 오직 자신의 욕망을 채우기 위해서 끊임없이 노력을 하지만 지나고 나면 한 조각 꿈에 지나지 않는다. 인간이 평화로울 수 없는 까닭은 찰나지간으로 생멸을 반복 순환하며 끊임없이 변해 가는 생각의 속성에 이끌려 가기 때문이다.

그것은 야생마와 같다. 그것은 송아지와 같다. 천천히 길들이면 내 것이 되고, 내 마음대로 타고 다닐 수 있지만 자칫 서두르다 보면 도망쳐 잃어버린다. 그러니 한시도 눈을 떼어서는 아니 된다는 것이다.

행복이나 평화, 자유라는 말이 있지만 그것은 본래 있는 것이 아니기에 만들어진 말, 말, 말이다. 인류의 평화는 오직 육체만이 나라는 앎이 오류였음을 깨달았을 때에 모든 의구심에서 풀려날 수 있으며 비로소 본성의 기쁨과 평화, 자유, 그것과 하나가 된다. 그것에 대해서 진리라는 이름이 지어진 것이며 그것이 곧 그것이다.

인류의 스승으로 알려진 성인들의 모든 가르침이 그것이며 그 길이 도를 닦는 일이다. 도道는 참된 인생의 길을 뜻하는 말이며 인류의 평화를 위한 오직 하나의 위 없는 길이라는 뜻에서 무상無上의 길, 무상의 법이라는 말로 표현되기도 한다.

사람이면 누구나 가야 할 길임에도 불구하고 욕망의 근원이 무엇인지 모르는 채 욕망의 노예가 되어 버린 인류는 도를 닦는 것에 대해서 수행이라는 이름을 만들어 특별한 사람들만의 전유물로 인식하는 것 같다. 아마도 머리를 깎고 상을 내는 사람들 덕분이 아닌가 싶기도 하지만 그 또한 에고의 삶의 일부이니 탓할 일은 아니다. 이런 글을 통해서 종교 나부랭이들이 화해의 장이 될 수 있겠지만 꽤 오랜 시간이 필요하겠지.

여담 하나 하고 넘어가자. 어느 노승의 자랑스러운 경험담이다. 노승의 나이가 여든이라면 지금부터 80여 년 전의 일이다. 1930년대쯤이니 알아서 상상하면 될 것이고.

그 당시에, 건장하고 잘생긴 젊은이가 출가하여 삭발하고 부모를 찾아갔던 이야기이다. 홀로 찾아간 것은 아니고, 나이 들은 선배들 몇이서 함께 찾아가니 부모님은 놀랐을 것이다.

시골집 마당에서 우선 인사를 하고 방으로 들어갔으니 젊은 비구는 당연히 부모님 앞에 절을 해야 한다는 생각에 어른들께 절을 올리려는

데, 동행했던 선배 비구가 만류하더니 출가한 젊은 비구를 아랫목에 앉게 하더라는 것이다. 그들의 계율이 엄격하니 아랫목에 앉을 수밖에.

이를 지켜보던 부모가 당황하여 어리둥절하던 차에, 선배 비구의 엄한 지시가 떨어지더란다. "지금 뭐 하십니까? 부처님 제자가 앉아있는데, 절을 하셔야지요"라고 하는 것이 아닌가. 그 분위기에 압도되어 절을 할 수밖에 없었더란다.

그런데 한 차례 절을 하고 나니 다시 호령을 하더라는 것이다. 엄격한 목소리로 "삼 배를 해야 합니다"라고.

그런 아상으로 무슨 공부를 할 수 있겠는가? 허긴 자기를 낳아주고 길러준 부모가 있었음에도 불구하고 하나님이 아버지라면서 조상에 대한 예절조차 무시하는 자들의 무한한 어리석음과 다를 바 없으니. 그만두자. 모두가 옳지 않지만 또한 옳지 않은 것도 아니니.

인간의 기본적인 도리조차 지키지 못하는 자들이 어찌 도를 구할 수 있겠는가? 불이일원론을 역설했던 인물들의 말이 상대적일 수밖에 없는 이기주의에 의해서 변질되고 왜곡된 탓이다.

소위 깨달았다는 사람들이 수도 없이 많이 나타나지만 모두가 본질을 해석할 수 없는 사람들이었기에 더욱더 왜곡되어 전해질 수밖에 없었던 것이며 또한 종교를 통한 성직자들 역시 왜곡된 경전에 묶여서 더욱더 두터운 가면이 씌워질 수밖에 없으니 갈등의 골이 더 깊어질 수밖에 없는 것이다. 이 세상 어디에서도 진리의 본질을 찾아볼 수 없는 시대가 된 것이다.

도의 관점에서 본다면 지구 안에 존재하는 모든 것들이 다른 것은 아니다. 사람들이 개미나 풀벌레, 또는 미천한 것들의 생명체를 보는 것과 같이 인간 또한 지구라는 생명체의 생태 고리의 현상 중의 일부와 다를 바 없는 것이다. 생명이 있거나 없거나, 움직이거나 움직이지 않는 것들 모두는 인간과 다를 바 없는 우주에 속한 것이다.

현 시대, 발전이 가속화되는 시대의 삶의 형태는 그야말로 아비규환이다. 서로가 서로를 상대로 하여 싸워서 이겨야 하는 세상이 되었기에 어느 누구도 행복하여 평화로운 사람은 있을 수 없는 것이다.

중학생이 어린아이들에게 폭행을 하는 일, 노약자들을 폭행하며 즐거워하는 일들, 아동 성범죄, 살인, 자살, 부모 폭행 및 살해, 사회 지도층의 자살, 영세사업자의 자살 등 세상이 변하고 있지만 강 건너 불구경이다. 선의의 경쟁이라는 미명하에 교육은 끝없는 경쟁을 유도하고 있으며 세상이 온통 경쟁과 투쟁, 전쟁을 하는 싸움판이 되어 가고 있지만 대책이 없지 않은가?

스포츠, 섹스, 오락, 투쟁, 전쟁을 통해서 행복하고 평화로울 수 있는 사람은 없었으며 절대로 있을 수 없는 것이다. 나 하나 잘 살겠다는 욕망으로 다른 나를 죽인 사람이 행복하고 평화로울 수 있단 말인가? 인간은 욕망을 채울 수 없기에 끝없는 논쟁, 투쟁을 하지만 결코 만족하여 평화로울 수 없는 것이며 죽음 앞에서는 후회와 회한만이 남는 것이다.

인생의 결론인 죽음으로 가는 길에 그토록 비참하고 처절하게 싸움질을 해야만 하는가? 그렇게 투쟁하여 행복하고 평화로울 수 있다면 그 길이 인생의 해답일 것이나, 어느 누구도 해답을 내놓을 수 있는 사람은 없었으며 앞으로도 없다.

인류의 스승으로 알려진 인물들의 가르침은 진리의 길을 감으로써 천지만물과 격이 없는 무위자연과 같은 평화로운 삶에 대한 방법이며 그 길에 대해서 도道라는 이름이 지어진 것이다. 인간은 누구나 진리의 길을 감으로써 비로소 고요와 기쁨의 평화로운 삶을 영위할 수 있는 것이며 궁극적으로는 안심입명에 들 수 있는 것이다.

앞서 설명한 바와 같이 멈출 수 없는 욕망은 순수의식으로의 갈망에서 비롯된 것이며 순수의식으로 가는 길을 잃었기에 방황을 멈출 수 없는 것이다. 스스로 투쟁하고 싶어서 투쟁을 하는 것은 아니다.

순수의식에서 '나 아닌 것'을 '나'로 아는 의심에서 시작된 '나라는 생각'이라는 놈의 유희에 놀아나는 것이기에 참다운 삶의 길을 알리는 것이다. 그나마 인간이 고귀한 까닭은 본성이 신이며 신으로 회귀할 수 있기 때문이다.

인간은 망각된 내면, 잠재의식 가장 깊은 곳에 간직된 순수의식의 기쁨과 평화로움을 찾음으로써 비로소 안심입명에 드는 것이며, 진리의 길에 들어서면서부터 경험할 수 없었던 즐거움과 기쁨의 눈물을 흘리게 될 수도 있다. 진리의 길, 그 시작은 미약하지만 불과 서너 달의 노력에 의해서 지혜가 드러남에 따라 진리가 가져다주는 평화로움에 감사하게 될 것이다.

수행은 수행이 아니다. 즐겁고 평화로운 삶을 영위하기 위한 도구이며 방법이다. 인류의 고통과 괴로움은 경험의 오류에서 비롯된 것이며 사람이면 누구나 그것을 알고 그것을 찾기 위한 목적이 분명할 때에 비로소 평화에 다가갈 수 있는 것이다. 그것이 그대가 사람으로 태어난 목적이며 수수께끼 같은 삶의 해답을 찾는 길이다. 수행, 공부, 도를 닦음은 인간에서 신(순수의식)으로 가기 위한 길이다.

자아의 삶은 이기주의에서 벗어날 수 없는 삶이며 삶의 결과는 죽음일 수밖에 없기에 어떻게 살든 인생은 허무한 나그네이다. 개체적 자아인 이기주의의 집단이 인류이며 자아는 자신의 마음을 모름에 대해서 당연시하기에 어느 누구도 고통과 괴로움에서 벗어날 수 없다.

마음의 바탕에는 한정될 수밖에 없는 육체의 죽음에 대한 두려움이 깔려 있기에 모든 행위는 자연스러울 수 없는 것이며 스스로 자신의 마음(경험, 지식, 이상, 사상)에 구속되어 '나는 이런 사람이다'라는 허구에서 벗어나지 못하는 한 자신을 속이기 위한 가면을 바꿔 써 가면서 비참한 죽음을 향해 나아가는 것이다.

수행의 목적은 첫째, 자신의 마음의 형성 과정을 충분히 이해하여 '나는 이런 사람이다'라는 고정관념에서 벗어나기 위함이다. 나의 본성이 신이었으며 신을 망각하였기에 나에게 이루어지는 모든 일이 신의 뜻임을 알고 신의 뜻에 의한 삶을 기쁨으로 알며 신의 뜻에 복종하는 삶으로써 신으로 돌아가기 위함이다.

둘째, 마음이 무엇인지, 그리고 생각의 속성과 이치, 즉 생각의 윤회에 대하여 분명히 납득함으로써 자아(이기주의, 고정관념, 경험된 지식)의 생각에 의한 고통과 괴로움을 소멸하기 위함이다. 이 또한 사람에서 신으로 돌아가기 위한 과정이다.

수행은 고통의 소멸 또는 열반, 해탈 등의 불교용어들과 사람이 거듭나야만 하나님 나라를 볼 수 있다는 예수의 말, 즉 성경의 본질인 참 자아, 진아, 부처, 유일자, 신, 아트만, 노자의 도 등으로 알려진 삶과 죽음이 없는 진리를 깨닫기 위한 길로 나아가는 것이다. 그리하여 내가 신이었음을 발견하고 무위자연으로 존재하며 또한 인류의 스승으로서 인류를 고통에서 구원하기 위한 것이다.

삼매에서는 수행을 하던 나, 즉 자아를 초월한 '나 아닌 나'를 발견하게 된다. 이를 예수는 '오직 나', 하나님 나라, 성령이라고 표현하였으며 석가모니는 '천상천하 유아독존', 부처, 불성, 여래라는 말로 표현하였으며 노자와 장자는 이를 '도'라는 말로 표현하였다,

'이것이다, 저것이다, 또는 다른 것이다'라는 분별된 언어로 표현할 수 없는 것이라는 말과 그것에는 대상이 없으며 '어디에도 있음', '모든 것의 기원' 등으로 설명되었다. 상대적인 언어로 표현될 수 없으니 인간의 순수의식, 또는 본래 성품이라는 말로 표현하는 이유는 이해를 돕기 위해서 만들어진 말을 활용하는 것이다.

경험이지만 기억할 수 없는 경험이니 경험이 아닌 것이다. 그런 까닭에 어떤 형상이나 소리, 말, 말, 말에 집착해서는 아니 된다고 한 것이다.

사람은 누구나 불이일원론으로 설명되는 진리를 깨달을 수 있으며 나와 현상세계를 창조한 것이 '나라는 생각'이었음을 깨우쳐 신의 실체를 볼 수 있다.

위대한 욕망을 성취하기 위해서는 사소한 욕망 따위는 모두 버려져야 한다. 세상에 중요한 일이란 아무것도 없다. 그것이 어떤 일이든 그대의 자유의지와는 상관없다. 그대의 자유의지가 있거나 말거나 일어날 일은 일어나는 것이며 일어나지 않을 일은 결코 일어나지 않기 때문이다.

사람으로 태어난 목적이 무엇인가? 인생의 해답을 찾는 일 이외에 중요한 일이 무엇이 있을 수 있겠는가?

도를 구하는 자는 어떠한 말, 말, 말에 이끌려서도 아니 된다고 하였다. 윤회 또는 환생, 구원, 재생, 부활, 천국 등의 모든 말들은 그들의 말을 해석할 수 없는 자들에 의해서 만들어진 말, 말, 말들이니.

불이일원론은 에고의 생각을 넘어서 있기에 불경을 이해할 수 없음과도 같이 경험된 지식으로는 해석될 수 없다. 이 사람의 모든 말들 또한 이기주의인 에고를 벗어남에서 나오는 말들이기에 이해한다 할 수 없으나 오랜 세월 동안 전해지는 진리를 깨우친 인물들의 가르침에 대한 해석을 통해서 그들의 본질을 이해할 수 있을 것이다.

〈깨달음의 실체를 밝힌다〉라는 저서에서 설명된 바와 같이 경험과 분리된 그 상태에서 전생의 경험되었던 모든 지식이 허구임을 깨달았기에 그 진리의 본질에 대한 실체를 알리려는 것이다.

인생의 해답을 찾는 일이며 자신의 나를 아는 일이다.

인류의 자유와 평화를 위한 유일한 길이다.

:: 관법(위빠사나)의 올바른 이해

경제발전이 가속화되면서 도를 구하는 자들이 많아지는 이유는 복잡해진 세상, 투쟁하는 삶의 고통에서 벗어나 인생의 해답을 찾기 위함일 것이다.

일상을 통하여 욕망이 결코 만족으로 해결될 수 없음을 간파한 사람들일 수 있으나 대부분은 지금의 나에서 탈피하여 좀 더 특별한 나의 완성을 위한 목적으로 수행을 하게 되는 것 같다. 그들의 실체를 보지 못하고 손오공을 갈망하듯이 환상에 집착하여 도를 구하는 일은 적에게 포위되어 목숨이 경각에 달린 왕의 두려움과 근심은 보지 못하고 왕관을 부러워하는 것과 다르지 않은 어리석음이다.

불경에 집착하여 더 큰 욕망을 채우기 위한 목적으로 수행에 임하는 사람들이 대부분이다. 자신도 모르는 사이에 불경의 어느 한 구절에 집착하여 '나도 그런 사람이 되겠다'라는 욕망을 품고 수행을 하는 사람들이 소위 '위빠사나'라는 관찰하는 방법을 나열한 책에 대한 집착에서 벗어나지 못하는 것 같다.

우상숭배 사상에 세뇌되다 보니 오직 도를 구하는 일 또한 오직 고타마의 수행법만을 고집하는 것이다. 그것이 옳지 않은 것은 아니지만 과정의 일부만을 보는 것이기에 장님이 코끼리를 아는 앎과 다르지 않은 앎이다.

'위빠사나'라는 말은 관찰하는 방법이라는 말로서 자신의 행위를 관찰하는 방법론이다. 앞에서 설명한 바와 같이 호흡을 관찰하는 방법이며 단계별 수행과정의 설명을 통해서 자세히 설명될 것이다.

한 가지 더 짚고 넘어가자.

팔만대장경이 가장 간략하게 표현되었다는 반야심경에서도 불구부정, 부증불감, 불생불멸 등의 말로써 크고 작음이 본래 있는 것이 아니라는 말들이 수없이 반복되고 있음에도 불구하고 깨달음에 대해서도 크거나 작거나를 분별하는 것 같다. 다 알지만 아무것도 아는 것이 없는 자들이 석가의 제자라는 상에서 벗어나지 못하니, 석가의 제자라는 상을 내면서 석가모니를 모독하는 줄도 모르고 있으니 무한한 어리석음이 아니겠는가?

옛날부터 전해져 오는 '도道'라는 말이 있다. 스포츠로 알려진 모든 운동들의 뒤에 붙는 말이 '도'이다. 검도, 유도, 합기도, 태권도 등의 스포츠에 사용되는 '도'라는 말들은 모두가 인생의 올바른 길에 대한 가르침에서 유래된 것이다. 요가를 비롯한 율동 또한 일념의 집중을 위한 행위에서 비롯된 것이다. 예로부터 인간은 원초적인 의식주를 목적으로 하는 행위를 제외한 나머지의 시간들에 대해서는 견성見成(깨달음, 통찰)에 목적을 둔 행위였음을 엿볼 수 있다.

일념의 정신집중을 위한 목적이었던 '도'라는 말의 모든 행위가 물질만능주의 시대로 변하는 과정에서 인간의 욕망을 대리만족시키기 위한 방편으로 전락된 것이다. 똑같은 나, 나, 나, 사람, 사람, 사람이 서로가 경쟁하여 싸워서 이기고 승리만이 성공이며 행복이라는 그릇된 세뇌에 의해서 참된 인생의 길이 오락 또는 대리만족을 위한 스포츠로 변질된 것이다.

참, 생각의 이치와 속성에서 빠진 말이 있다. 사람들은 자신이 고통스럽다는 생각을 한 것이라고 아는데, 그것이 아니라 자신도 모르는 사이에 생각이 먼저 일어나서 고통을 겪는다는 말이다. 치욕적이거나 비참했거나, 외로워서 죽을 것 같았던 과거의 기억을 생각해 내고 싶어서 생각하는 놈이 어디 있겠는가? 그 나라는 생각이라는 놈에 의해서 스스로 일어난 생각에 이끌려 가기에 고통을 겪는 것이지.

이와 같이 자신도 모르는 사이에 끊임없이 흐르는 망념에 의해서 번갈아가며 희로애락을 경험하니 감을 잡을 수도 없는 사이에 죽음 앞에 이르게 되지. 생각 그것은 그렇게 계속 과거를 만들어 나가고 있었던 것이지.

진리를 깨우친 인물들에 의해서 '도道'라는 말이 생겨난 것이다. 아마도 노자와 장자로부터 전해진 것으로 보이나 그것이 중요한 것은 아니다. 인간은 누구나 자신의 마음을 알 수 없듯이 자신의 생각에 대해서는 아예 무지할 수밖에 없는 것이기에 자신도 모르게 배워온 대로, 습관적으로 행위하고 있는 것이다. 자신의 생각이지만 결코 자신의 생각일 수 없음에 대해서는 앞선 설명에 의해서 납득할 수는 있을 것이며 일념의 공부를 위한 삶을 통해서 기쁨으로 존재할 수 있는 것이다.

진리를 깨우친 인물들의 '도'에 대한 가르침은 이러하다.

인간은 스스로 자신의 생각에 대해서 무지할 수밖에 없기에 모든 행위는 오직 자신의 나만을 위한 행위일 수밖에 없는 것이다. 가족을 보살피는 일이나 남을 돕는 일조차도 사실상 자신의 마음의 평화를 위한 것임을 깨우칠 수 있다면 그나마 다행스러운 일이다.

세상이 각박해지는 이유가 서로가 싸워서 이겨야 한다는 기초교육의 결과라는 사실조차 인지하지 못하고 있는 것 같다. 늦었다고 생각할 때가 가장 빠른 것이니. 알아서 하겠지.

1950년대에 육체를 버린 '나는 누구인가'라는 책의 저자인 인도의 '라마나 마하리쉬'의 글을 통해서도 화두에 대한 개념이 들어 있음을 간파할 수 있다. 모든 방법이 옳지만 옳지 않은 이유는 가고자 하는 곳이 어딘지도 모르면서 남들이 가는 길을 좇아간다는 것이다.

사람들은 부처를 안다고 생각한다. 그러니 목적지는 정해진 것이다. 그 목적지는 미지의 세계이며 사람들의 생각으로는 유토피아거나 하늘나라이다. 가는 길을 아는 사람들은 많은데 정작 가본 사람은 없다. 그래도 안다고 생각하는 이유는 무엇일까?

예전에 어떤 구도자의 화두에 대한 글을 소개해 보자. 제목이 '달나라 여행'이다.

젊은 시절부터 오직 도를 구하겠다는 마음 하나로 살아왔던 사십 대 중년의 사내다. 인터넷을 통해서 카페를 운영하기도 하고 해외여행을 다니면서도 오직 그 길을 찾기 위한 목적이었다고 한다. 그러다가 이 사람을 만났고, 화두에 대한 이야기를 들은 다음에 썼던 내용이 달나라 여행과 도를 구하기 위한 여행에 대한 비유였다. 요약하자면 이러하다.

미지의 세계인 도를 구하는 일과 달나라 여행을 비유한 것이다. 달나라 여행을 가기 위해서 인터넷을 통하여 수많은 정보를 수집하였다. 그런데 범람하는 정보들을 모아서 분석하고 분석해 봐도 도무지 올바른 길을 찾을 수 없었단다.

평생 동안 그 길을 간다는 사람, 머리 깎은 지인에게 길을 물어보니 화두가 그 길이라고 하더라는 것이다. 화두의 뜻을 물으니 그냥 들면 된다는 말뿐이다. 사전에서 화두의 뜻을 찾아보니 '말 머리, 언어 이전의 소식'이라고 하더란다. 이게 대체 무슨 뜻인지. 말보다 앞서 가는 것이라는 말이라니 그야말로 말도 안 되는 말이다.

어쩌다가 달나라를 다녀왔다는 소식만 들리면 쫓아가 묻곤 하였단다. 그곳에는 나도 없고 다른 것도 없으며 또 나만 있다는 등 말이 푸짐하여 한참을 듣다가 물었단다. 말로 떡을 하면 조선인이 다 먹고도 남는다는 속담과 다르지 않은 것 같다.

가는 길 좀 알려 주십시오. 가기 전에 준비해야 할 물건들은 무엇이며, 경비는 얼마나 소요되며, 어디에서 우주선을 타야 되며, 언제 타야 되는지, 그리고 시간은 얼마나 걸리는지에 대해서 물어보니, 아, 나도 다른 사람에게 들어서 알기 때문에 자세한 것은 모른다고 하더란다.

이러기를 수차례 반복하다가 포기할 무렵에 카페에서 글을 보았다고 하였다. 글을 보면서도 납득할 수 없던 차에 이 사람을 만나고 나니 그 길이 보였다는 것이다.

세상에 널리 알려진 길이지만 보이지 않는 길이다. 서울에 다녀온 사람과 말을 듣고 서울을 아는 사람과 싸우면 서울에 가지 않은 사람이 이긴다는 속담이 있다. 장님 코끼리 만지는 격이며 자신의 주먹을 보는 사람들의 말이니 옳지 않은 말은 아니라는 뜻이다. 사람들의 앎이 이토록 무모하다.

석가모니의 초기 경전을 보는 사람들은 그 글을 석가모니가 쓴 것이라고 생각해 버리며, 성경을 보는 사람들 또한 예수가 쓰거나, 또는 우주 어딘가에 하나님이라는 것이 있다고 안다는 것이다. '하나님 말씀'이라는 말을 누가 만든 것이냐고 물으면 뭐라고 할까?

말, 말, 말…. 모든 언어를 창조한 것은 인간이다. 언어는 실재하지 않는 것들에 대해 분별하기 위해서 만들어진 것이라고 하였다. 말 변사의 뜻이니.

달나라 여행과 유사한 이야기가 우물 안 개구리 이야기이다. 인간 세상에 대해서 우물 안에 사는 개구리와 비유한 것이며 우물 밖 세상을 구경했던 개구리와 우물 안 개구리와의 대화 내용이다. 이는 또한 손오공과 부처님 손바닥의 이야기와도 같은 맥락이다.

우물 안에서 사는 개구리는 우물 밖의 세상에 대해서 상상할 수 없다는 뜻이다. 우물 밖이 넓다는 말을 듣던 우물 안에 살던 개구리가 힘차게 뛰어오르면서 "이보다 더 높아?"라고 묻는 격이다. 허허. 웃을 수밖에 없질 않겠는가? 우물 안 개구리에게 어떤 방법으로 우물 밖 세상을 설명할 수 있단 말인가?

어떤 자는 그런다. 내가 이해할 수 없다면 말이 안 되는 소리라고. 내가 삭발한 지가 십수 년인데 어떻게 내가 알아들을 수 없는 말이 있을 수 있느냐는 것이다.

1차 에고와 2차 에고의 설명을 통해서 설명하는 이유는 알음알이를 두지 말라는 뜻과 함께 분명한 목적지를 알리기 위함이다. 그런 말 또한 언어 이전의 소식이기 때문에 그 말에 집착해서도 아니 된다는 뜻이다.

관법에 대해서 설명하다가 길어졌다.

경전은 석가모니의 말이 아니다. 석가모니가 몸을 버린 지 오백 년이 지난 뒤에 오백 인에 의해서 쓰여졌다고 한다. 예수의 말 또한 예수의 말이 아니다. 왜곡되었으나 왜곡된 것들에 대해서 비방하는 것도 아니며 두둔하는 것도 아니다. 모두 옳지만 모두 옳지 않은 것도 아니기 때문이다. 도의 관점에서 본다면 인간의 삶이 거미줄에 걸린 잠자리와도 다르지 않기 때문이다.

사람들은 이상세계를 동경한다.

종교에 세뇌된 자들은 타 종교를 비방해야만 하고, 수많은 신흥종교들은 자신들만이 옳다고 주장을 해야만 하고, 수많은 영성단체들 또한 자신들의 삶이 참다운 삶이라고 주장해야만 한다. 그리고 그것들에 대해서 관심이 없는 사람들은 그들에 대해서 거미줄에 걸린 잠자리라고 비웃는다. 거미줄에 걸린 잠자리를 비웃는 사람들 또한 다른 거미줄에 걸린 잠자리에 불과하다는 사실에 대해서는 까맣게 모르니 모두가 무지한 것이다.

사람들은, 인류는 공자 왈, 맹자 왈 하던 시대부터 이상세계를 꿈꾸어 왔다. 공산주의도 이상세계이며 민주주의도 이상세계이며 자유주의, 자본주의 등의 어떤 세상도 이상세계 아닌 것이 없다. 삶이 전쟁이 되어 버린 지금 세상이 인류가 추구하던 이상세계의 결과물이다.

인류 역사를 다 뒤져보더라고 인간이 평화로운 시대는 없었다. 왜 그럴까? 그래, 생각, 나라는 생각의 유희에 휘말린 탓이니 어쩌겠는가?

그마나 자신의 삶이 거미줄에 걸린 잠자리와 같다는 사실에 대해서 인식하는 사람들이 도를 구하는 사람들일 것이다. 독거미가 보이지는 않지만 없는 것이 아니라는 것을 모르진 않기에 알지만 아는 것이 아니다. 독거미가 가까이 다가와서 눈앞에 보일 때, 그때에 비로소 '내가 왜 그렇게도 어리석었을까'라며 지나가 버린 삶에 대해서 후회해 본들 무슨 소용이 있단 말인가?

석가모니가 바라문교와 언쟁을 했다는 말이 있다. 바라문교의 가르침이 고행의 길이었기 때문에 석가모니는 별은 별이 아니라는 깨우침 이후에 바라문교의 가르침이 옳은 길이 아니라고 했지만 우물 안 개구리에게 우물 밖 세상을 알리는 것과도 다르지 않음을 알기에 포기할 수밖에 없었다.

포기라는 말에 대해서 오해할 수 있다. 지금 이런 글을 쓰는 행위와 같이 알리는 것일 뿐, 그것 또한 집착할 일이 아니라는 뜻이다.

밥상을 차려 놓았으니 알아서 먹으라는 말이다. 억지로 밥을 먹여줄 수는 없질 않은가? 차려 놓은 밥상을 앞에 놓고, 맛이 있을 것이다, 맛이 없을 것이다, 저것을 먹으면 배가 부를까, 저것을 먹어도 될까, 먹고 난 다음에는 어떨까…. 이런 어리석은 자들의 투덜거리는 소리를 들어야 할 이유가 없질 않은가? 깨달은 사람은 어떨 것이라는 관념에서 벗어나라는 뜻이기도 하다.

카페를 개설하여 이를 알리기 위한 글들에 대해서 시시비비를 가리려는 자들을 많이도 보았다. 생각의 이치에 대해서 설명을 하지만 이해할 수 없는 자들의 말재간, 아상은 참으로 위대할 정도다. 하나님을 창조하고도 남을 만큼 전지전능하니 그럴 만도 하겠지만. 허허허.

장님 코끼리 만지는 격으로 알음알이를 두기에, '그것은 누구의 생각인가?'라고 물으니, '그럼 그것은 누구의 생각인가?'라며 되묻는 것이다. 그러니 입을 닫을 수밖에.

마음대로 상상하지 말라는 뜻이다.

이 말은 군대에서 야간 각개전투 훈련에서도 나오는 말이다. 의심에서 시작된 생각에 의해서 환상을 실재로 여기기 때문에 정신을 똑바로 차리고 보라는 뜻이다. 지금 그대의 모든 생각에 의한 알음알이가 이와 다르지 않다는 것이다.

고타마는 스승들을 찾아다니다가 홀로 가는 길을 선택하였으며 대표적인 사례가 공동묘지 옆에 앉아서 호흡을 관찰하는 방법과 자신의 행위에 대해서 관찰하는 방법이었다. 하지만 그가 구도자들에게 마지막으로 전수한 내용이 진리에 의존하라는 말이었으며, 진리에 의존하라는 말은 한 구절의 화두에 의존하라는 뜻이다.

참된 인생의 길인 도의 길을 가기 위해서는 자신이 어릴 때부터 오직 투쟁을 위한 사회적 동물로 세뇌된 것임에 대한 분명한 인식이 중요하다. 자신의 의지와는 상관없이 세뇌에 의해서 지성체가 되어 버린 자신의 모든 앎이 허구였음에 대해서도 충분히 납득할 수 있어야만 한다. 도를 구하는 일은 자신의 나를 구하는 일이며 나아가서는 인류의 자유와 평화로운 삶을 위한 길이다.

자아를 분류한다면 육체와 생각으로 나뉠 수 있다. 육체와 생각은 둘이지만 둘일 수 없으며 하나지만 하나일 수도 없다는 것이다. 생각과 육체를 구분하는 이유는 육체는 생각이 없으면 행위할 수 없는 순수한 물질이기 때문이다.

육체가 순수한 물질이라는 말에 대해서는 관념으로나마 이해할 수 있다. 로봇과 로봇을 움직이게 하는 전기장치와도 다르지 않기 때문이다. 인조인간이 어떤 행위를 한다고 하여 그것에 마음이 있는 것이 아니라는 뜻이다.

그런데 로봇의 입력장치에 '나는 마음이 편안합니다'라든지 '기분이 좋습니다'라는 말, 말, 말들을 입력시킨다면 로봇은 그런 말, 말, 말을 할 수 있을 것이다. 인간의 앎이 이와 다르지 않다는 뜻이다. 기억된 범위 내에서 다 안다고 생각하는 것이기 때문이다. 로봇이 '나 귀신이 무서워'라고 말한다면 사람들은 웃겠지만 웃는 사람들의 행위가 이와 다르지 않다는 것이다.

아마도 맹신자나 광신자들은 그럴지도 모른다. 로봇이 '나는 하나님, 성령, 신을 믿어요'라든지, 또는 '나는 부처님 말씀을 믿어요'라고 말한다면 숙연해질지도 모른다.

불경에 팔정도라는 말이 있다. 내가 정도라고 우긴다면 어디 그것이 정도일 수 있겠는가?

도를 구하려거든 어떤 말, 말, 말에도 집착해서는 아니 된다는 말에 대한 설명이 길어졌다. 항상 염두에 두어야 할 말이 있다면 '별은 별이 아니다'라는 말이다.

내 생각은 내 생각이 아니다. 내 마음은 내 마음이 아니다. 내 몸은 내 몸이 아니다. 내가 아는 것은 내가 아는 것이 아니다. 있는 것은 있는 것이 아니다. 없는 것은 없는 것이 아니다. 그러니 이것을 아는 '나는 누구인가?'라는 의심으로 의심의 근원에 다다를 수 있다는 말이다. 그대의 모든 앎이 의심 아닌 것이 없기 때문이다.

이기주의적일 수밖에 없는 인간은 자신의 생각만이 옳다는 주장을 굽힐 수 없기 때문에 작은 논쟁이 큰 논쟁이 되면서 투쟁과 전쟁으로 이어진다. 진리는 상대적일 수 없는 표현들이기에 불경의 뜻을 이해할 수 없듯이 에고의 생각으로는 정도를 설명할 수 없는 것이다.

오직 진리를 깨우친 인물들이 생존할 때에 그들의 말이 정도이며 진리일 수 있다는 말이다. 그들의 말이 왜곡되어 종교가 되면서 우상숭배를 하듯이 그들의 말은 에고의 생각으로는 해석될 수 없는 것이다. 예수와 석가모니가 '나의 말을 옮기지 말라'고 했던 이유이다.

석가모니와 예수가 우상을 숭배하지 말라고 하였듯이 우상숭배사상에서 벗어날 수 없는 욕망을 목적으로 하는 수행은 신내림, 빙의, 접신, 강신, 상기 병, 주화입마 등의 정신질환으로 가는 지름길이다.

마음이 무엇인지에 대해서 그리고 마음을 형성하게 했던 생각의 속성과 이치에 대해서 충분히 이해하고 난 이후에라야 비로소 올바른 인생의 길을 갈 수 있는 것이다. 그대의 마음이 평온할 때, 비로소 주변이 밝아지는 것이다.

무엇을 구할 것인가?

오직 도를 구하라.

두드려라 그러면 열릴 것이며, 구하라 그러면 구해질 것이니.

:: 수행에 대한 올바른 인식

모든 인간은 신이 없다고 생각할 수 없다. 그 신이 운명의 신이거나 또는 자신의 생각을 지배하는 신이라 해도 상관은 없을 것이다. 소망, 소원, 욕망이 없을 수 없는 인간이기에 신에 의존할 수밖에 없으나 우상을 숭배하는 마음으로써는 통찰의 지혜를 깨우칠 수 없다.

시계 초침을 보며 동시에 초침 소리를 들으며 거기에 정신을 집중하고 '1초에 나는', '2초에 누구', '3초에 인가'라는 방법을 스스로 개발하여 일념이 깊어진 인물이 있다.

미국에서 2년여 동안 마음수련원이라는 곳을 다니면서 밤을 세워가며 기억을 버리는 공부를 하였음에도 불구하고 일념이 무슨 뜻인지, 화두가 무슨 뜻인지에 대해서조차 이해할 수 없었다고 한다. 그런데 지금은 열 단계 중에서 아홉 단계에 이르러 명색의 이치에 밝아지다 보니 불행이라는 생각, 고통이라는 생각에서 벗어나 평온하지만 아직 가야 할 길이 남아 있으니 여여하게 그 길을 가는 인물이다.

일념이라는 말은 이해할 수 있는 말이 아니다. 인간의 모든 앎, 즉 다른 알음알이와 같이 '그럴 것이다'라는 앎은 헛된 것이라는 뜻이며 오직 스스로 깨침에 의해서 아는 앎만이 올바른 앎이라는 뜻이며 그것에 대해서 지식을 초월한 지혜라는 말로 표현되는 것이다. 이 책을 통해서 전하는 지혜라는 말은 지식을 초월하여 스스로 깨쳐서 아는 앎을 뜻하는 말이다.

일념이라는 말은 알지만 일념이 무엇인지 아는 것은 아니라는 것이다. 사람들이 아는 앎이라는 것들이 이와 다르지 않다. 지식의 앎은 누군가로부터 들어서 아는 알음알이일 수밖에 없는 앎에 대한 당연시이며 그것에 의해서 생로병사의 고통을 겪는 것이기 때문이다. 명색의 동일시이며 말 변사라고 하였으니 참고하고.

이제 구도의 시작부터 끝까지에 대해서 요약 설명하고 넘어가자. 예로부터 불가佛家에 전해져 내려오는 구도와 관련된 그림과 설명이 있는데, 그것이 만화 형식을 취하고 있기에 이해가 쉬울 것이다. 심우도 또는 십우도라는 그림이며, 동자승이 소를 찾는 내용이다.

심우도尋牛圖의 심이라는 글자는 '마음'을 뜻하는 것 같으며 '우'자는 황소를 뜻하는 말이다. 그것들에 대한 설명은 한자를 해석해 놓은 것이며 이치를 깨친 인물들의 말을 듣고 그려진 그림이니 그들의 설명은 무시하고 설명하려 한다. 물론 그 당시에는 생각의 이치 따위에 대해서는 알 수 없었던 시대이니 허공에서 하나님을 찾는 것과 같이 그것(불성)을 찾기 위해서 시작하는 과정과 중간 그리고 마지막까지를 그림으로 그린 것이다.

첫 번째, 동자승이 무엇인가를 찾기 위해서 산과 들을 헤매는 그림
두 번째, 동자승이 소의 발자국을 발견하는 그림
세 번째, 동자승이 소를 쫓아가는 그림
네 번째, 동자승이 소의 고삐를 잡는 그림
다섯 번째, 동자승과 소와의 끌고 끌려가는 씨름하는 장면
여섯 번째, 동자승이 소를 길들여 소의 등에 타서 고삐를 잡은 그림
일곱 번째, 동자승이 흰 소를 타고 구멍도 없는 피리를 부는 장면
여덟 번째, 나도 없고 소도 없다는 뜻의 산중 풍경
아홉 번째, 아무것도 없는 것이라는 뜻의 동그라미, 원상
마지막, 어깨에 부대 하나 짊어지고 길 떠나는 나그네의 그림이거나 또는 시장 어귀의 주막집에서 막걸리를 마시는 촌부의 모습을 그린 그림

카페에 글을 쓰고, 〈깨달음의 실체를 밝힌다〉라는 책을 내고 지금 이 글을 쓰고 있는 동안에 수많은 인물들이 일념을 깨치거나 또는 여섯 단계 또는 아홉 단계까지 도달한 인물들까지 다양할 것이다.

이 책을 읽어 오면서 생각의 이치에 대한 설명과 몇 차례의 실험을 통해서 조금이나마 이해할 정도라면 2단계의 소의 발자국을 발견한 것이며, 일념을 깨우치면서 마음이 생각에 불과하다는 것에 대해 깨쳤다면 4단계 정도로 볼 수 있으며 예전에는 심우도의 4단계에 대해서 견성見成으로 표현하고 있다.

4단계쯤이면 이미 두려움은 사라지게 되며 이곳의 글들에 대해서도 깊이 이해하는 정도일 것이다. 자신도 모르게 생멸을 반복하며 윤회하는 생각과 화두일념에 집중하기 위한 행위에 대해서 나와 황소와의 씨름으로 비유한 것이다. 그 그림에는 4단계쯤에서부터 검정색의 소가 흰 색으로 변해 가는 과정이 그려지며, 7단계에서는 소가 흰색으로 그려진다. 처음에는 검정색의 소였는데 씨름을 하는 과정에서 흰색으로 변해 가며 마지막에는 흰색의 소를 타지만 더 나아가서는 소가 없는 그림이다.

이 그림을 통해서 분명히 알아야 할 것이 있다. 처음 화두를 드는 일은 시계초침에 맞추더라도 쉬운 일이 아니듯이 일념화두에 집중하는 일은 황당하기만 한 일이며, 돌을 던져서 한강을 메우려는 것과 같이 힘겨운 일이다. 그런 뜻에서 예수는 "네 시작은 미약하나 네 나중은 창대하리라"라는 말을 했다고 하였다.

일념화두를 시작하는 일이 이토록 무모하게 느껴지는 것에 대한 표현이 동자승이 산과 들을 헤매는 그림이다. 검정색의 황소가 흰색으로 변해 가는 과정과 황소와 씨름하는 동자승의 그림은 화두일념과 망념(윤회)과의 씨름에 대한 비유이다.

화두일념을 처음 시작할 때에는 시계초침에 맞추더라도 1분을 넘기기도 쉽지 않을 것이다. 1분 동안에도 다른 생각들이 일어나면서 멈칫거림을 알아차릴 수 있을 만큼 일념을 유지하기 위한 노력은 가히 고행이라는 말로 표현할 수도 있을 것이다.

5단계쯤에서의 그림에는 검정색이던 황소가 앞부분은 흰색이며 뒷부분은 검정색으로 그려진다. 이는 화두일념이 지속되는 시간을 뜻하는 그림으로서 하루 일과와 비유할 수 있다. 화두를 시작하는 초기에는 엄청난 집중력이 요구되지만 그 또한 버릇처럼 습관이 되어 간다는 것이며 나중에는 작은 노력으로써도 화두를 이어 나갈 수 있으며 더 나아가다 보면 그것이 당연함을 깨닫게 되면서 의심의 근원에 다다르게 되는 것이다.

소의 색깔의 변화에 대해서 예를 들자면 이러하다. 하루 일과 중에서 잠자는 시간을 제외한 나머지 시간이 14시간이면 7시간 동안은 화두를 생각하는 시간이며 나머지는 망념에 이끌린 시간이라는 것이다. 궁극에 이르기 위해서는 24시간 내내 일념에 든 상태가 되어야 한다는 뜻이다.

8, 9, 10단계는 스스로 깨침에 의해서 알아야만 한다.

단계별 수행을 통해서 좀 더 자세히 설명될 것이며 도를 구하는 사람이거나 구하지 않는 사람이라 할지라도 진정한 자유와 평화, 행복을 소망한다면 신을 믿어야 한다는 것이다. 간단한 예로, 숨 쉬는 일조차도 내 뜻대로 할 수 있는 것이 아니라는 사실에 대해서만 분명히 인식할 수 있다고 하더라도 자유의지라는 말, 말, 말 따위에 대해서 논할 가치가 없다는 것이다.

인류의 자유와 평화는 신에 대한 올바른 인식에 있다. 도를 구하는 일 또한 신에 대한 올바른 인식에서 시작될 수 있는 것이다. 인간이 신을 찾는 일 이외에 다른 자유의지가 있다면 그 자유의지의 결과는 논쟁과 투쟁, 전쟁일 수밖에 없으니 인류 스스로가 자신의 무덤을 파는 일과 다르지 않은 것이다.

그대가 이러한 명백한 사실에 대해서 안다면 이웃에게 알려야 한다.

그것이 그대와 인류의 평화를 위한 유일한 길이기 때문이다. 그런 의미에서 '육체는 오직 신의 도구이다'라고 알아야 하며 그대의 모든 행위 또한 신의 뜻에 의해서 행위되는 것이라고 인식해야 한다는 말이다. 인간에게 조화로운 삶이 있다면 오직 신에 대해 올바르게 인식할 수 있는 사람들의 삶일 것이며 나머지 어떠한 집단이나 모임들이나 가정마저도 갈등에서 벗어날 수 없음은 당연하지 않겠는가?

'그런가? 그렇지 않은가? 그래도요, 그런데요'라는 질문은 끊임없이 그리고 끝없이 이어지겠지만 그 결과는 인류의 비참하고 처절한 종말일 수밖에 없다. 그러니 나의 말을 들으라고 한다. 나의 말을 듣고 옳거든 그 길을 가라고 한다. 오직 그 길만이 자유와 평화로 가는 길이기 때문이다.

:: 기초 수행의 실천

이 한 권의 책을 통해서 설명된 '감각기관의 느낌 등의 행위는 내가 아니며 생각의 작용이다'라는 글들과 또는 생각의 미묘한 작용에 대한 설명들에 대해서 납득할 수 없다고 하더라도 반복하여 읽는 과정을 통해서 집중력이 향상됨과 동시에 낯선 말들에 대해서 익숙해지게 될 것이며 집중력이 향상되면서는 당연하게 받아들여지게 된다.

이는 아이가 말을 배우는 과정과 다르지 않은 과정으로서 일념이 깊어지는 과정인 4단계, 즉 견성이라고 하는 단계까지는 가장 빠른 길이 될 것이며 주력과도 다르지 않은 방법이다. 그렇다고 어린아이에게 이 길을 가르칠 수는 없다. 다만 자라나는 아이들에게 분명히 알려줘야 할 것들은 두려워할 것이 없으며 이웃을 나처럼 사랑해야 한다는 초기 교육이 필요할 것이다.

항상 책을 읽어 나가는 습관과 더불어 책을 읽을 수 없을 때에는 낯선 말들을 한두 구절씩 메모하여 출근길이거나 걸어다닐 때에나, 화장실에 갈 때에나, 차를 마실 때에나, 밥을 먹을 때에도 암송함으로써 오직 도에 관한 생각에서 벗어나지 않음이 중요하다고 할 것이다.

조금 더 익어지다 보면 사람들과의 대화 중에서도 가능해질 것이며 어떤 경우에도 서두르거나 당황하지 아니하고 현실을 직시할 수 있는 자신을 발견하게 될 것이다. 이런 방법은 어린아이가 말을 배우는 과정과도 다르지 않은 것이다.

아이에게는 모든 것이 낯설지만 낯설다는 생각도 일어날 수 없다. 과거에 매이지 않기 때문에 모든 것을 수용하는 것이며 그런 행위는 상대에게 예쁜 짓만 하는 것으로 보이는 것이다. 사람들이 애완동물을 좋아하는 이유 또한 이와 유사한 경우이다.

일상에서는 어느 누구도 자신의 말을 완전하게 수용하는 사람이 있을 수 없다. 그러니 아이의 뒤치다꺼리가 귀찮을 수도 있지만 귀여울 수밖에 없는 것이며 애완동물 또한 귀찮은 존재이면서도 사람보다 더 좋아할 수밖에 없는 것이다.

이것이 구도자의 자세이다.

이런 말들을 오해해서는 아니 된다. '이러면 될까, 저러면 될까'라는 생각에 의해서 부자유스러운 행동을 하라는 뜻이 아니다. 항상 변함없이, 긍정적인 사고로 따듯하게, 온화하게, 보일 듯 말 듯한 미소로 대하되 어떤 상황에서도 긍정적인 사고를 지니라는 뜻이다.

세상이 변해 가는 것이 아니며 세월이 가는 것이 아니라고 하였다. 자신의 마음만이 끊임없이 변해 가는 것이라고 하였다. 일어날 일은 일어나는 것이며 일어나지 않을 일은 일어나지 않는 것이라고 하였다.

인류 모두가 부자가 되고 싶어 한다. 다 부자가 되면 가난한 자가 없어야 되며 가난한 자가 없으면 부자라는 말이 필요치 않기에 사라지는 것이다. 진정한 부자는 평온한 마음에 흔들림이 없는 자이며 도를 구하는 자의 마음이 그러하다는 뜻이다. 그대가 경험했던 일에 대해서 설명하는 것이다.

이런 말들은 그나마 납득할 수 있겠지만 그런 상황에 대해서 기억하는 것은 아니다. 말도 안 되는 말들로 들릴 수도 있지만 그것이 실제로 일어났던 사건들이지만 인간은 그것에 대해서 상상할 수 없기에 경험에 의존할 수밖에 없었던 것이며 그들은 그런 상황들을 기억하는 사람이라고 생각한다고 하더라도 달라지는 것은 아무것도 없다.

여기서 한 가지 짚고 넘어가자. 인간의 두뇌에 대한 연구이다. 결론부터 말하자면 인간의 지능지수는 모두 다르지 않다는 것이다. 시대와 환경 조건에 따라서 활용되는 범위 내에서 달라지는 것이라는 말이다. 인간은 천지만물 중 어느 것보다도 지능이 더 높다고 단정 지을 수 없다는 말이다.

인간은 지렁이가 하는 일을 지렁이만큼 잘할 수도 없으며 거미와 같이 거미줄을 만들 수도 없다는 말이다. 비행기를 만들고 우주선을 만들지만 하늘을 나는 새의 날갯짓을 흉내 내는 것이며 모기와 파리의 날갯짓을 따라가는 것일 뿐 독창적인 기술 따위는 있을 수 없지 않은가?

이제 우주여행을 통해서 그것들의 실체가 '아무것도 없는 것'이라는 사실을 밝혀냈으니 지식이라는 것이 더 이상 쓸모없는 것이라는 사실에 대해서도 알아낸 것이 아니던가? 그렇다면 이제라도 버려야 할 때가 된 것이다.

다 쓰여져서 더 이상 쓸모가 없다면 폐기처리하여 재생하면 되는 것이다. 왜 버리지 못하는 것인가? 버려야 할 쓰레기(지식)가 아까운 것인가? 언제까지 냄새를 풍기며 살아갈 것인가? 그러다가 죽으면 그만이란 말인가? 그것이 후손을 위한 길이라고 아는가? 그렇다면 할 수 없지. 허허허.

아마도 노자의 말이 기억에 남을 것이다. 12조 년 전에 지성체가 지성을 버리고 자연으로 해탈했다는 말.

지금 수행의 실천에 대한 말을 하는 중이다.

구도자들의 삶에 대해서 만들어진 이름, 명칭, 말, 말, 말이 중도中度라는 말이다. 지금 한자를 찾아보니 '법도 도度'자와 '길 도道'자가 있다. 아마도 불가에서는 석가모니의 가르침을 불법이라고 하며 계율이라는 것이 있다 하니 '법도 도'자를 쓸 수도 있겠지만 여기서는 인생의 길이라는 뜻으로 사용되는 것이니 '길 도'자로 쓰는 것이 좋을 듯하다.

개떡같이 얘기해도 찰떡같이 알아들으면 될 일이다. 모두 같은 뜻의 다른 표현들이니 어찌하겠는가?

중도라는 말이 어찌하여 만들어진 것인지는 모르겠으나 그것에 대해서 납득할 수 있다면 가장 현명한 사람들의 삶이 중도의 삶일 것이다. 언어의 상대성에 대해서 납득할 수는 없겠지만 가장 평범하게 사는 것에 대해서 중도라고 말할 수도 없으니 참으로 납득할 수 없는 말이다.

중용이라는 말 또한 이와 다르지 않은 말이지만 육체를 나라고 아는 한 그 또한 '중도다, 아니다'라는 분별이니 논쟁의 여지만 남겨질 것이니 이런 말들에 대해서는 생략하자. 굳이 중도에 따른 중용이 있다면 그것은 도를 깨우친 인물들의 행위가 그것이니.

인디언들이 그런단다. 큰 소리로 웃으면 그만큼 큰 슬픔이 오는 것이니 크게 웃지 말라고.

도를 구하는 일은 항상 웃음 지을 수 있는 삶을 살아가기 위한 방법이기도 하다. 왜 웃을 수 없는가?

항상 긍정하는 태도가 도를 구하는 첫 번째 과제라고 생각하면 될 것이다. 잃을 것이 무엇이 있기에 두려워하는 것인가?

날품팔이를 하면서 살더라도 욕망이 없다면 두려울 것이 없는 것이다. 잃을 것이 없으면 두려워할 것이 없는 것이니, 담대하라고 하는 것이다. 목숨을 부지하는 일 또한 육체가 신의 도구이니 그 신의 뜻이다.

여기서 한 가지 짚고 넘어가야 할 것이 있다. 생각의 이치에서 설명된 말일 수 있으나 중요한 말이니 알고 넘어가자.

매사에 긍정하라고 강조하는 이유이다. 또한 긍정하는 습관에 의해서 많은 이익이 따르기 때문인데, 긍정과 수용은 같은 뜻의 다른 표현이지만 긍정의 습관에 의해서 생각을 일으키는 뇌세포의 기능이 책임감이나 의무감 따위의 스트레스에 의해서 억압되었다가 긍정의 습관에 의해 풀려나기 때문에 자유스러워지면서 뇌세포의 기능이 원만해진다는 것이다.

육체는 신경조직이며 신경전달물질이라고 하였으니, 뇌세포의 기능이 원만해진다는 말은 망념에 시달려 시끄럽던 생각이 고요해지면서 신경전달물질들이 고유의 제 역할을 할 수 있다는 말이며 이는 육체의 건강이 본연의 그것으로 회복된다는 뜻이다.

왜, 그런 일이 일어날 수 있겠는가? 왜, 일어나는 생각들이 부정적일 수 있겠는가? 나라는 생각의 시작부분, 즉 나의 근원이 의심이기 때문이다. 그리고 의심이 많아지면 부정하게 될 것이며 부정이 깊어지면 증오, 좌절…. 그 다음에 더 강조되는 말들이 많은 것 같은데, 모르겠고. 하여튼 자신도 모르게 일어나는 생각들은 의심이 근원이기 때문에 항상 긍정하는 태도를 유지하기 위해서 애를 써야만 한다는 것이다.

그런데 또 이런 말을 오해하여 욕망을 채우기 위한 목적으로 활용한다면 어찌 되겠는가? 소위 대기업이라는 곳 등에서 이루어지고 있는 정신교육이라는 것들이 욕망을 부추기기 위한 방법들이며 그것에 세뇌당하는 결과들이 뇌졸중 등의 불치병으로 나타나는 것이다.

그렇다고 하여 허무주의자라 되라는 뜻은 결코 아니다. 석가모니의 가르침이 왜곡되면서 허망하다는 생각으로 공부를 하던 사람들이 자살을 하기도 하였다고 한다. 그러한 사례들은 허다하니 알아보면 될 것이고.

공부를 시작하면서는 항상 긍정하는 사고를 지녀야 함과 동시에 일념을 들어야 한다는 뜻인데, 그럼 일념은 무슨 의미일까에 대해서 궁금해질 수 있다. 그것이 핵심이다.

긍정하는 사고와 일념과의 차이는 이러하다. 나라는 생각의 근원이 의심이다 보니 스스로 일어나는 생각은 부정적일 수밖에 없기 때문에 스스로의 노력에 의해서 긍정적인 사고로 바꾸어 나가야 하는 것이며, 일념은 그 사이에서 긍정도 아니며 부정도 아닌 중도를 유지하는 것이다. 물론 일념에 몰입이 되어 가는 동안에는 긍정이라는 생각도 없으며 부정이라는 생각도 사라지기 때문에 몸은 자연의 그것들과 같이 자유하게 된다는 뜻이다.

가는 길에 석가모니로부터 전해지는 이야기 하나 하고 넘어가자. 불가에서 흔히 들을 수 있는 말일 수도 있을 것이다.

오직 자식 하나만을 보고 살다가 갑자기 자식을 잃어버린 여인이 석가모니를 찾아왔단다. 하늘에 대고 내 자식 살려달라고 기도하는 일과 다르지 않은 일이며, 돌부처를 만들어 놓고 자식 낳게 해 달라고 기도하는 것과도 다르지 않은 일이니 예나 지금이나 어리석기는 매한가지인 것 같다.

당시에도 석가모니는 신과 같아서 사람을 살려 내기도 한다고 알았기 때문에 찾아왔을 것이며, 예수를 믿는 이들 또한 예수를 마법사로 알기에 기도하는 것이리라.

여인은 석가모니 앞에서 무릎을 꿇고 청하였겠지. "제발 제 아들만 살려 주시면 목숨을 바치겠습니다"라고 했을 것이다. 그러자 석가모니가 말하기를, "마을에 내려가서 좁쌀 한 말을 구해 오거라. 그러면 아들을 살려주겠노라"고 하면서 조건이 하나 있다고 하였단다. 여인은 뛸 듯이 기뻐하며 "무엇입니까?"라고 물으니, "좁쌀 한 말을 구해오되 죽은 사람이 없는 집에서 구해 와야 되느니라"라고 하였단다.

여인은 정신이 있을 리 없다. 죽은 자식이 살아날 수 있다는 말에 다른 말은 귓등에도 들리지 않을 것이며 자식과의 재회에 들떠 있었을 것이다. 에이, 말도 안 된다고 생각할 수 있으나 그런 상황이면 누구나 그럴 수 있는 일이다. 그대 또한 그런 상황이면 그럴 수밖에 없다. 사람을 죽이고 싶어서 죽이는 사람은 없다는 뜻이다.

그 여인은 한달음에 마을로 달려가자마자 가장 가까운 집에 들어갔다. 사정 이야기를 하니 좁쌀 한 말쯤은 언제든지 줄 수 있다는 것이다.

"그런데 이 집에는 죽은 사람이 있습니까? 없습니까?"라고 물었겠지.

"아 예, 올 봄에 어머님이 돌아가셨습니다."

그 말을 듣자마자 다른 집으로 달려가서 다시 묻게 된다.

"이 집에는 죽은 사람이 있습니까? 없습니까?"

"예, 지난달에 친정아버님이 세상을 떠나셨습니다."

이러기를 수차례 거듭하면서 스스로 깨닫기 시작한다는 이야기이다. 아! 사람은 언제나 어디서나 죽을 수 있다는 당연한 사실에 대해서 알게 되었다는 이야기이다.

이런 말도 있다.

사람이 정신을 차리지 못하다가 재채기할 때에는 제정신으로 돌아온다는 말이다. 이 말이 무슨 뜻일까? 분명히 이해할 수 있는 사람이 있을까는 모르겠고. 이와 같은 맥락의 이야기를 들으면 화두일념의 뜻에 대해서도 이해가 깊어질 수 있을 것이다. 일상에서 흔히 일어나는 일이다.

요즘 암환자가 많으니 그들의 일상에서 경험하는 일을 비유로 들어보자.

하루 종일 아프다는 생각, 생각, 생각에서 벗어나지 못하고 누워 있는데 파리가 눈앞에서 귀찮게 하면 그 파리를 쫓아내기 위해서 손을 휘젓는다면, 파리를 본 순간부터 파리가 날아간 시간 동안까지는 아프다는 생각을 할 수 없었다는 뜻이다. 재채기도 이와 다르지 않은 말이며 아무리 슬픈 일이 있어서 울던 사람도 모기가 물면 슬프다는 생각이 사라지면서 그 자리에 모기라는 생각만이 있다는 말이다.

일념화두를 유지하는 일이 이와 같다는 것이다. 재채기를 할 때와 같이, 파리를 쫓을 때와 같이, 모기에 물렸을 때와 같이 정신을 똑바로 차린 상태가 하루 종일 지속될 수 있어야 한다는 말이다. 서둘러서는 아니 된다는 말이며 심우도의 설명과 같이 황소를 길들이듯이 천천히 길들여 나가야 된다는 말이다.

나라는 생각은 야생동물과 다르지 않다. 성질이 급한 야생동물은 좁은 우리에 가두어 두면 죽어버린다. 나라는 생각도 이와 같아서 억지로 애를 쓰다 보면 환상을 보기도 하지만 정신질환으로 연결될 수밖에 없기에 용맹정진이니, 가행정진이니, 죽도록 해야 되느니, 죽을 각오를 해야 한다느니 하는 말들에 이끌려서는 아니 된다는 뜻이다.

평온함으로 여여하게 존재하기 위해서 하는 일이다. 항상 목적을 분명히 알고 나아가는 길에 지루한 길이 있겠는가?

항상, 하루 종일 생각의 끈을 놓치지 않으려는 필사적인 노력이 필요한 것이지만 그것 또한 길들이다 보면 자연스러워지는 것이며 더 나아가 당연하게 여겨질 때에 비로소 신이 이끌어 가는 날이 오는 것이다. 그 날, 너희가 내 안에 내가 너희 안에…. 그 말이 그 말이니.

인간은 모두 무지하고 어리석지만 그 또한 그렇게 가공된 것이니 누구를 탓할 수도 없는 것이다. 지금 이 글을 읽고 있다면 그대는 무명에서 한줄기 빛을 발견한 것이니 그 길을 가면 되는 일이다.

자신의 모든 앎이 언어에 집착된 허구였음을 깨우쳤다면 수행의 3단계까지 진행된 것이나 다름이 없다. 신의 뜻에 의해서 태어났으며 신의 뜻에 의해서 살아지는 것이다. 내 마음대로 태어난 것이 아니기에 내 마음대로 살아질 수도 없으며 내 마음대로 죽어질 수도 없는 것이 아니겠는가?

한 구절의 '나는 누구인가'라는 화두에 집중되어 삼매라고 표현되는(일념의 무념처) 한 생각만이 이어지는 수행의 종점에서는 '나는 누구인가'라는 화두를 들던 나는 내가 아님을 알아차림에서 깨어나는 것이다. 그곳에는 '다른 나'가 있으며 그것이 모든 것의 기원이다. 그것은 신에 흡수되지만 그것에 의해서 신이 창조된 것이며 신에 의해 현상계가 창조된 것임을 알게 된다.

한 가지만 더 알고 넘어가자.

라마나 마하리쉬의 글에서는 '나는 누구인가'라는 질문을 화두라고 설명하지 않았으나 그 '나를 찾음'이 신이라는 말이 있다. 그리고 마하리쉬와 함께 여생을 보낸 인물들이 많은 것으로 기록되었지만 그곳에서 깨친 인물이 '슈리푼자'일 것이다.

마하리쉬는 제자들에게 다른 방법으로 가르쳤다고 전해진다. 그것은 호흡을 관찰하는 일과 유사하지만 꼭 그것은 아니며 항상 나, 나, 나, 나라는 말을 통해서 찰나, 찰나, 나를 인식하게 하는 방법으로 가르쳤던 것 같다. 거기에서도 우스운 일들이 벌어졌던 것 같다.

마하리쉬가 칠순이 넘은 구도자에게 "자네 몇 살인가?"라고 묻자 구도자가 하는 말, "예, 올해 네 살입니다"라는 말 등이 그러하다.

그런 일들이 불과 백여 년 전의 일들이다. 또한 마하리쉬가 몸을 버렸던 날 저녁에 밝은 빛이 비춰졌으며, 별이 떨어졌다는 말까지 적혀 있으니 그들의 관념에 대해서 납득할 수 없는 것이다.

불교를 통해서 간화선, 화두공안이라는 말이 생겨났으며 화두에 의심과 분심을 일으키라는 말들이 있으나 의심하기 위한 의심은 쉬운 일이 아니며 말도 안 되는 소리일 수도 있을 것이다. 하지만 이곳의 글들을 통해서 이치를 분명히 이해할 수 있다면 '나는 누구인가?' 또는 '나는 어디에서 왔는가?' 또는 '나는 어디로 가는 것인가?' 등의 모든 말들에 대한 의구심이 일어나지 않을 수 없지 않겠는가?

'나'의 근원, 인간의 근원을 모르며, 나의 마음도, 나의 생각도, 삶의 이유도, 왜 죽는지도 모르고 살고 있는 것임에 대해서 이해할 수 있다면 화두는 얼마든지 많아질 수 있는 것이다.

사람은 누구나 깊은 생각에 잠겨서도 걸음을 걸을 수 있듯이 또는 골똘히 다른 생각에 몰두하면서도 운전을 하듯이, 육체는 신에 의해서, 기억세포의 작용에 의해서 행위되는 것이지만 '내가 행위한다'라는 착각에서 깨어날 수 없기에 고통과 괴로움을 겪는 것이다. 꿈에서 깨어나라는 말의 뜻이다.

생각의 가장 깊은 곳을 '잠재의식'이라고 이름 했을 때에 잠재의식의 바탕에는 '육체가 나다'라는 태어나서 처음 일어났던 생각에 의해 항상 죽음의 공포가 도사리고 있다. 태어남을 기억하지 못하듯이 죽음을 경험할 수 없지만 '나는 언젠가는 죽을 것이다'라는 고정관념에 의해서 생각은 항상 근심과 걱정, 불안, 초조, 긴장감에서 해방될 수 없는 것이다.

그런 뜻에서 모든 생각은 망념이라고 하는 것이며 그릇된 앎에 의한 망념을 제거하기 위한 행위가 위빠사나 또는 화두공안이라는 이름의 정신집중을 위한 행위이다.

대상에 의해서 나라는 것을 알게 되었기 때문에 대상에 의존해서 자신의 존재를 확인해야만 하니 홀로 존재한다는 것은 크나큰 두려움일 수밖에 없는 것이다. 그런 연유에 의해서 끊임없이 대상을 찾아 헤매야만 하는 것이며 그런 연유에 의해서 다른 사람들에게 보여주기 위한 삶이 되어 버린 것이다.

남들이 알까봐 두렵고, 남들이 볼까봐 두렵고, 남들이 뭐라고 그럴까봐서 두려운 것이다. 왜, 남들을 걱정하는 것일까? 왜, 보여주기 위해서 살아야 한단 말인가? 곰곰이 생각해 보면 참으로 한심한 일이 아닌가?

남들, 남들, 남들…. 그 남들이 뭐라고 그러는 것이 아니다. 자신의 마음이 뭐라고 그러는 것이다. 왜, 대상을 탓하는가? 왜, 하늘한테 시비를 거는가? 비가 오지 않으면 오지 않는다고 불평이고, 비가 좀 많이 오면 많이 온다고 불평이고, 눈이 내리지 않으면 내리지 않는다고 불만이고, 많이 내리면 미쳤다고 불평이니. 어쩌란 말인가?

요점정리를 하면서 마무리하자.

구도의 길에 들어서는 일이 가장 힘겨운 일일 것이다. 살아오는 동안 일념이라는 말을 들어본 기억도 없으며 그것을 시험해 본 경험도 없었기 때문이다.

죽은 사람을 수습하는 일에 대해서 '염'을 한다고 한다. 그 염이라는 말이 일념을 뜻하는 말이다. 일념을 유지하다 보면 두려운 생각이 사라지기 때문에 만들어진 말이지만 그 뜻에 대해서 이해할 수 있는 사람도 없을 것이다.

요점은 이러하다.

처음부터 일념화두에 진입하는 일은 힘겨운 일이기에 쉽게 지쳐 버릴 수 있다. 그래서 주의 집중력을 충분히 기른 다음에 화두에 들어가야 한다는 것이다. 자전거 타기를 배우지 못한 사람이 오토바이를 탄다면 자살행위와도 비유될 만큼 힘겨운 일이기 때문이지만 그 또한 한 생각의 차이이니만큼 해보고 아니 되면 다시 시작하면 될 일이다.

주의 집중력을 기르기 위한 방법들은 다양하니 여러 가지 방법을 동원하여 지루해지면 바꾸어 나가도 무방하다. 화두일념에 진입하더라도 7단계쯤에서는 스스로 조절 능력이 생기면서 여유를 만끽하게 된다.

:: **수행의 실천**

화두와 만트라, 위빠사나, 요가 등의 모든 행위는 대상을 찾아 떠도는 생각(망념)을 하나의 대상에 머무르게 하기 위한 방편이다. 생각은 '육체가 나다'라는 그릇된 앎에서의 형상과 이름과의 동일시에 대한 습관에 따라 나의 의지와는 상관없이 방황하고 있는 신비로운 것이며 모든 생각은 의심이며 부정적일 수밖에 없는 것이다. 육체를, 나 아닌 것을 나로 앎이 의심이며 오류이기에 인생의 결론 역시 오류일 수밖에 없는 것이다.

일상에서의 가장 쉬운 화두는 예수의 '하나님'이라는 화두이다. 예수의 불이일원론에 대한 역설이 왜곡되었기에 오해의 소지가 있으나 예수가 전하고자 했던 가르침의 본질은(스스로 흐르는) 생각의 대상을 '하나님'으로 설정하여 하루 종일 '하나님'이라는 화두에 집중(일념으로 기도)하라는 뜻이었다.

생각의 이치를 이해할 수 없기에 욕망의 늪에서 허우적거리는 인간에게는 하나님의 뜻으로 알며 만족해하는 삶이 평화로운 삶이라는 가르침인 것이다. 욕망이 결코 만족으로 해결될 수 없음을 알면서도 바로 알지 못하는 인간의 어리석음에 의해서 '예수의 하나님'이라는 말이 변질되고 왜곡되어 '신'까지도 인간과 같이 편협한 이기주의자로 만들어 버린 것이다.

하나님이나 신이 있다 하더라도 인간과 같이 옹졸하여 이것, 저것을 분별하여 믿는 자는 잘 살게 하고 믿지 않는 자는 못살게 하겠는가? 예수의 가르침, 그 근본이 불이일원론으로서 네 안에 하나님이 있으며 모두가 둘이 아닌 하나이기에 '이웃을 네 몸과 같이 사랑하라'는 말을 하였거늘 어찌하여 믿으면 천국이며 믿지 않으면 지옥이라는 말을 할 수 있단 말인가?

하나님이나 신, 조상신이 있다 하더라도 그것들은 인간과 같이 이기주의자가 아님을 분명히 이해해야만 한다. 존재하는 모든 것들은 실체가 없는 것이며 오직 언어로써 존재하는 것이다. 인간이 본성을 깨우침은 하나님과의 합일됨이며 하나님을 초월하여 하나님의 위에 있음을 앎이 깨달음이다. 나라는 생각에 의해서 언어로 창조된 것이기 때문이다.

몸을 관찰하는 수행방법이 싯다르타의 방법이라면 화두일념의 수행방법은 예수에 의해 개발된 것이나 다름이 없다. 몸을 관찰하는 방법도 감각기관에 의해 끊임없이 대상을 찾아 헤매는 생각을 거두어서 생각의 방황을 억제하기 위한 방법이며 화두를 이용한 방법도 생각의 방황을 억제하기 위한 방법이다.

불법佛法이라는 말은 석가모니의 수행방법을 뜻하는 말이며 불이법不二法이라는 말은 둘이 아닌 하나, 즉 불이일원론을 뜻하는 말이다. 불법이 위빠사나로 알려진 관법이라면, 예수의 법은 화두공안으로 알려진 일념을 유지하는 법이며 그 법[方法]이 변질되어 '기도'라는 말이 만들어지면서 우상을 향해서 구걸하는 형태가 된 것이다.

스스로 행위하며 방황하는 생각은 '육체가 나다'라는 그릇된 앎의 집착에서 비롯된 것이며 욕망에 따른 고통과 괴로움은 유한할 수밖에 없는 육체의 완전하지 못함에서 비롯된 것이다. 아상我相, 즉 '나라는 생각'은 일념一念이 하루 종일 이어지는 일념의 무념처로 표현되는 일념만의 정신집중 상태인 삼매에서 소멸된다. '육체가 나라는 생각'이 오류였음을 깨닫고 다시 태어나는 것이다.

마음, 즉 욕망의 근원을 이해할 수 없는 사람들에게 하나님이라는 화두는 마음의 안식처가 될 수 있다. 스스로 욕망을 억제할 수 없는 마음, 즉 생각은 부정적일 수밖에 없기에 근심과 걱정, 불안, 초조, 긴장감에서 해방될 수 없으나 하나님 또는 신의 뜻이라는 믿음에 의해서 욕망을 채우기 위한 소원을 빌기도 하지만 한편으로는 '신의 뜻입니다'라는 방법으로 포기를 배우는 것이며 욕망에 따른 소망 또한 하나님의 뜻으로 돌리게 함으로써 마음의 평정을 찾을 수도 있기 때문이다.

하나님을 믿으라는 예수의 말의 뜻은 생각의 대상을 오직 하나님에 집중함으로써 일념을 성취함이 사람이 거듭남의 '성령'이며 '하나님 나라'라는 가르침이다. 예수의 '하루 종일 기도하여 깨어나라'라는 말이 곧 석가모니의 불국정도라는 말과도 다르지 않음에 대해서 납득할 수 있을 것이다.

욕망을 버리지 못하는 사람들이거나 삶이 힘겹다고 생각하는 사람들에게는 미지의 어떤 것(신)에 대한 믿음은 큰 희망이 아닐 수 없다. 어린 시절부터 부모에게 의지하던(평화) 습관은 항상 잠재의식에 저장되어 있기 때문이다.

이 글을 읽을 정도의 수준이면 우상숭배에 대한 허구와 욕망이라는 것이 결코 만족으로 해결될 수 없음에 대해서는 이해가 분명할 것이기에 요약하는 것이다.

화두는 '나는 누구인가'로 시작한다.

처음부터 '위빠사나'라는 방법의 몸과 몸의 행위를 관찰하는 방법으로의 시작은 옳지 않은 것은 아니지만 그것만을 고집해서는 결코 성공할 수 없다. 석가모니나 달마 또는 노자와 장자 등과 같이 6년이나 10년 또는 죽을 때까지 공부하다가 가려 한다면 상관없는 일이다.

'나는 누구인가'라는 화두를 들면서는 '나는 이런 사람이다'라는 자신의 마음이 경험된 기억이며 고정관념일 뿐이었음을 충분히 이해하여 자신의 모든 행위를 관찰하면서 사람으로 태어난 목적이 일념성취를 위한 것이었음을 깨우쳐야만 되는 것이다.

화두에 집중을 하려는 노력과 동시에 나는 이렇게 해야 되겠다라는 마음가짐이 중요하다는 말이다. 나는 어떤 사람에게도 화를 내지 않을 것이며 항상 누구에게나 따스한 미소로 대하려 하는 노력이 함께 이루어져야만 가능한 일이다. 나의 본성이 우주의식이며 붓다의식이며 순수의식이다. '육체는 신의 도구이며 나의 본성이 그것이다'라고 생각해야 한다는 뜻이다.

일념의 연습은 나의 고통과 괴로움의 원인이 그릇된 앎을 실재로 착각하고 있었음을 깨우쳐 나가는 과정이면서 진리의 길에 들어선 것이다. 지금의 자아는 사회적 동물로 세뇌된 것이며 참 자아는 세뇌되기 이전 또는 세상 어느 것에 대해서도 분별함이 없는 태양과 같은 신이었음을 스스로 인정해야 한다는 뜻이다.

스스로가 '사람이다'라고 생각하는 자아의 모든 행위는 오직 자신의 나만을 위한 행위였음을 깨우쳐 나가야 되기 때문이다. 누구를 사랑함도 나를 위한 행위였으며 누구를 돕는 일까지도 자신의 나를 위한 행위이다. 재물을 모아서 남을 도와주는 행위 또한 자신의 마음을 편안하게 하기 위한 것이며 가족을 사랑하는 행위도 자신의 나를 위한 행위임을 스스로 깨우쳐 나가야만 되는 것이다.

걷는 행위와 운전을 하는 행위 또는 숙련된 기능공의 작업을 하는 행위, 가정주부가 밥을 짓는 행위와 설거지를 하는 행위, 밥을 먹는 행위 등 육체의 모든 행위는 찰나지간에 생멸하며 윤회하는 생각과는 상관없이도 기억세포의 작용인 습관에 의해서 이루어지는 일들이다. 이런 모든 행위들에 대해서 '전생의 업'이라고 하거나 또는 '인과응보'라고 표현하기도 한다. 이런 행위들은 경험에 따른 기억세포에 의한 행위이기에 나라는 생각에 의한 감각이나 느낌으로는 이를 감지할 수 없을 뿐이다.

예수도 석가모니도 항상 깨어 있으라는 말을 하였다.

화두 하나 들고 하루 종일 깨어 있기 위한 노력이 바로 그곳 미지의 신을 찾아가는 길이다. 잠에서 깨어나서 다시 잠들 때까지의 시간이 15시간이라고 가정할 때에 화두를 잊지 않고 있었던 시간 동안과 내가 지금 '미소를 짓고 있음을 분명히 아는 시간'들이 '깨어 있는 시간'들임을 알고 있다면 올바른 이해이다.

'깨어나라, 깨어 있어라'라는 말들이 잠을 자고 있기에 잠에서 깨어나라고 하는 말이 아님을 이해해야만 한다. 화두일념에 집중되어 있는 시간과 자신의 행위 하나 하나를 관찰해 나가는 관법의 수행을 하는 동안이 깨어 있는 상태이며, 나머지의 시간들은 모두가 근심과 걱정 등의 번뇌에 따른 망상을 하는 것이기에 깨어나라고 하는 것이다.

평화로운 삶을 살기 위한 무상無上의 방법이 구도자로서의 삶이다.

육체는 '신의 도구이다'라는 마음과 나에게 이루어지는 모든 일은 '신의 뜻이다'라는 마음, '나는 이런 사람이다'라는 고정관념이 내가 아님을 알기에 항상 미소를 지으려는 마음, 하루 종일 화두의 끈을 놓지 않으려는 마음, 이러한 행위의 이어짐이 '자리이타'의 행위이다.

한 구절의 화두에 집중되어 있는 상태에서의 행위와 자신의 행위를 하나, 하나 관찰해 가는 무위임을 깨닫게 될 것이다. 화두를 놓치지 않기 위해 서두르지 않고 순간, 순간을 고요함의 기쁨으로 만들어 나가는 길이 곧 '나 없는 나'로 가는 진리의 길이다.

일념, 즉 한 생각으로의 집중은 순일하게 이어질 때도 있으며 마음대로 되지 않을 때도 있으나 꾸준히 지속하려는 열망에 의해서 자신도 모르는 사이에 습관이 되어 간다. 일념이 깊어지는 과정에서 집중이 순일할 때와 집중이 순일하지 못할 때를 스스로 알아차리는 시기가 오게 마련이다.

집중이 순일하지 않을 때에는 괴로움을 겪기도 하지만 순일하지 않을 때를 기회로 삼으면 되는 것이다. 그런 시기는 수차례 반복되어 다가오지만 그것은 한 단계 더 성장되기 위한 과정이다. 그런 상황이 반복되면서 스스로 이번이 한 걸음 더 전진할 수 있는 기회임을 깨우칠 무렵이면 약 여섯 단계이거나 일곱 단계 정도의 상당한 진척이 있다는 뜻이기도 한 것이다.

부득이 앉아있어야 하는 경우에도 화두에 집중해야 하며 화두가 지루해질 경우에는 서너 가지의 화두를 선택하여 번갈아 가면서 집중을 하도록 노력해야만 하는 것이다. 화두가 지루해지거나 집중이 되지 않을 경우에는 자신의 호흡을 관찰하는 일 또는 숫자를 정해놓고 반복해서 집중하는 일 등을 번갈아 가며 실행함으로써 지루함에서 벗어날 수 있으며 모든 집중의 행위에 이어서 이런 행위를 하고 있는 '나는 누구인가'로 이어 나가야 된다.

중요한 것은 '나의 모든 행위는 신의 뜻이다'라고 믿고 의지하는 것이다. 우주의 실체가 없듯이 세상 어느 것도 실재하는 것은 없다. 하지만 '육체가 나다'라고 안 이상 신은 부정할 수도 없으며 긍정할 수도 없는 것이다. 죽음을 두려워하는 이유는 본성을 망각함에 따른 오류에서 비롯된 것이다.

'몸이 나다'라고 생각하는 한은 세상을 있게 한 것도 신의 뜻이며, 나를 있게 한 것도 신의 뜻이다. 나의 모든 행위 또한 신의 뜻이며, 나에게 이루어지는 모든 일이 신의 뜻이다.

신을 믿고, 신에 의지하고, 신에 복종하는 삶이 곧 신이 되는 길이다.

나와 신은 둘이 아니며 나와 신이 하나도 아니다. 나는 신의 도구이기에 신의 뜻에 의해 존재하며 신의 뜻에 의해 살아지는 것이다. 신을 열망하는 자는 신이 됨이다.

나와 신과의 매개체는 없다. 나는 죄인이 아니다. 나의 모든 행위는 신에 의해 이루어졌고 이루어지며 이루어지는 것이다. 나에게 주어지는 모든 일 또한 신의 뜻으로 알아야 한다.

일상의 삶도 이와 다르지 않다. 세상 어느 것 하나도 신의 뜻이 아닌 것이 없다. 나의 마음이지만 나의 마음대로 될 수 없음은 나의 마음이 신의 뜻이기 때문이다. 나의 생각을 나의 뜻대로 할 수 없음도 신의 뜻이기 때문이다. 나의 몸도 나의 뜻대로 할 수 없는 것이니 신의 뜻이기 때문이다.

왜 걱정을 하는가? 왜 근심을 하는가? 근심과 걱정으로 해결되는 일은 아무것도 없다. 왜 불행이라고 생각하는가? 왜 고통이라고 생각하는가? 왜 괴로움이라고 생각하는가? 이 세상 어느 누가 있어 마음대로 살아갈 수 있는가?

신의 뜻이다. 어떤 상황에서도 신의 뜻이라고 알고 기쁨으로 존재하라. 일체 처, 일체 시, 하루 종일 신을 생각하고 신께 감사하라. 매시간마다 3분 동안이라도 '신의 뜻이다'라고 생각하라. 화두를 잊더라도 알람을 설정하여 매시간마다 신의 뜻임을 확신하라.

신이시여, 감사합니다. 나는 당신께 가는 길입니다. 당신의 뜻입니다.

화두를 듦도 이와 다르지 않다. 신에 대한 신뢰, 완전한 복종과 함께하는 화두가 진리의 길이다. 욕망이 없다 함은 소원함이 없음이다. 오직 '신의 뜻이다'라는 앎으로의 화두일념의 지속됨에서 그대는 신과 합일되며 신의 위에 있음을 깨닫게 된다.

이제 가는 길에 대해서 알아보자.

신과 진리, 도, 지혜, 광명의 빛 등의 모든 말은 같은 뜻의 다른 표현이다. 앞서 충분히 설명되었으나 지식으로 아는 앎들 모두가 그러하듯이 '그럴 것이다'라는 앎으로써는 아무것도 도움이 될 수 없으나 이 글을 읽음만으로도 그대의 어깨가 가벼워질 것이다.

인간은 누구나 할 것 없이 똑같은 무게의 짐을 지고 있으나 자신의 짐이 가장 무겁다는 생각에서 벗어날 수 없는 이유는 실체를 바로 볼 수 없기 때문이다. 이에 대해서 적군에게 포위당해 목숨이 경각에 달린 왕의 비통함은 아랑곳하지 않고 왕의 왕관을 부러워하는 것과 다름이 없는 것에 비유하여 설명하였다.

세상에 범람하는 수많은 책들, 공자와 맹자를 시작으로 하여 카네기 인생론과 철학서들, 그리고 부를 이루기 위한 방법들과 신비를 조장하거나 기적을 바라는 내용의 서적들, 그리고 종교 나부랭이들의 교리들…. 세상에 존재하는 모든 서적들에 의해서 인간의 정신은 피폐해져 더 이상 갈 곳을 잃은 듯하다. 길 잃은 어린 양들일 수밖에 없는 것인가?

지금이 2011년 1월이다. 인류 역사를 돌아보아 이천 년 동안 살아오면서 과연 무엇을 얻었단 말인가? 67억 명의 실존들이 살고 죽고를 반복하고 있지만 아직도 행복이 무엇인지, 평화가 무엇인지조차 정의하지 못하고 있지 않은가? 그만큼 살아왔다면 지금쯤은 알아차릴 때도 된 것 같은데, 아직도 욕망이라는 것이 결코 만족으로 해결될 수 없다는 사실에 대해서는 무지한 것 같다.

참으로 안타까운 일이지만 어찌하겠는가? 그것이 인간의 숙명일까?

가던 길이나 가자. 그대가 깨어나면서 주위에 알리면 될 것이니. 그리하여 신종 바이러스처럼 세계로 퍼져 나가면 조금씩이나마 변해 가겠지. 지금 그대와 같이.

구도의 길에 대한 마지막 설명은 마지막 단계에서부터 역순으로 진행해 나가려 한다. 이해가 더 쉬울 것 같기 때문이다. 마지막 단계에 대해서는 1차 에고와 2차 에고에서 설명된 사항이니 9단계에서 시작하자.

:: 9~8단계

수행의 초보단계에서 화두에 집중하거나 만트라 등의 주력에 집중하는 과정 또는 책에 집중하는 일등에 의해서 스스로 일어나던 생각(망념)들이 자연스럽게 소멸되는 과정이다. 일념화두에 집중하는 일은 자유자재로 흐르던 사고를 멈추게 하는 일이기에 처음에는 혼란스럽기도 하며 답답하여 머리가 어지러울 수도 있으며 두통이 일어나는 경우도 있으나, '이런 생각도 내가 아니다' 그럼 '나는 누구인가'라는 화두를 이어 나가려는 노력에 의해서 두통마저도 사라지게 됨을 스스로 느낄 수 있게 된다.

그런 과정을 통해서, 그리고 자신의 강한 열정에 의해서 천천히 익숙해지게 되며 화두가 깊어질 무렵(8단계 즈음)에서야 비로소 자신의 모든 생각들이 부질없는 망념임을 깨닫게 되며, 화두일념 중에 하나의 생각이 일어남을 알아차리게 된다.

마음이 고요해지는 정도에 따라서 일상에서 벗어나고자 하는 마음이 일어남에 대해 고타마 붓다의 초기 경전에는 일상을 떠남에 대한 희열,

기쁨으로 표현하고 있으며 제1선이라고 설명되기도 한다.

도를 구하는 일, 참다운 삶, 조화로운 삶의 길에 대해서 단계를 나눌 수는 없으나 구도자 스스로가 자신의 공부에 대한 점검을 위해서 10단계로 나누어 설명하려 한다. 마지막의 10단계에서는 스스로 알아차려지는 것이며 세상 어느 것에 대한 의구심도 말끔히 사라지는 것이기에 몇 달 정도는 정신이상자와 같이 웃음을 멈출 수 없게 된다.

웃을 수밖에 없는 이유 중의 하나는 전생을 통해서 단 한순간도 깨달음의 상태와 같은 평화로움을 경험한 적이 없었음을 기억하면서 다가오는 기쁨과 우주의 창조자가 나라는 기쁨에 대한 환희로움의 웃음이며, 둘째는 육체가 나라고 알았던 앎이 생각에 의한 착각이라는 사실에 대해서 어처구니가 없기에 나오는 허허로운 헛웃음이다.

사람들은 이런 말에 대해서 더욱더 어처구니 없어할 것이며 아예 정신병자로 치부할 수도 있겠지만, 어찌 하겠는가? 꿈인 줄도 모르면서 꾸던 꿈에서 깨어나 보니, 꿈속에서의 일들이 아귀다툼의 지옥이었으니. 그렇기에 깨어나라고 하는 것이며 천국이라고 하는 것이다.

8~9단계는 싯다르타의 수행과정에서의 설명과 같이 제1선으로 표현되는 일상을 떠남에 대한 기쁨을 넘어서 일념의 의미를 깨우치는 3단계 또는 4단계, 그리고 일념의 시간이 길어지는 6단계 또는 7단계에서의 여러 가지 화두를 반복해 가면서 집중하게 되는 단계를 넘어선 마지막 지점이다.

8단계에 접어들면서부터는 여러 개를 반복하여 들었던 화두가 '나는 누구인가'라는 화두 하나로 귀결되면서, 저녁 무렵에 하루를 돌이켜볼 때에 하루 종일 화두에 집중되어 있었음을 알게 되면서도 스스로 더욱더 열심히 해야 되겠다는 생각이 일어나는 정도이다.

8단계 즈음에서는 화두일념 중에서 하나의 생각이 일어남을 알게 되며 일어나는 생각을 쉽게 물리칠 수 있는 경지에 이른다. 일상생활에서는 자신도 모르는 사이에 꼬리에 꼬리를 물고 일어남이 반복 순환되고 있었기에 무슨 생각을 했는지에 대해서 기억할 수 없기에 그 일어난 생각에 이끌려 살아왔으며 스스로 일어나는 생각에 이끌려 살아왔다는 생각조차도 할 수 없는 삶이기에 괴로움을 겪는 것인 줄도 모르는 삶이었다.

8단계의 화두일념이 깊어짐의 의미는 일상생활에서 자신도 모르게 꼬리에 꼬리를 물고 이어지던 망념이 화두일념으로 바뀐 것과 다르지 않다. 꼬리에 꼬리를 물고 일어남을 반복하던 망념 대신에 '나는 누구인가'라는 한 생각만이 꼬리에 꼬리를 물고 이어지게 됨을 뜻하는 말이다.

'나는 누구인가'라는 생각 하나만이 꼬리에 꼬리를 물고 이어지는 중에는 '나는 누구인가'라는 화두 이외의 다른 생각이 일어남을 알아차리게 된다. 다른 한 생각이 일어남을 알아차리면서 '이 생각도 내가 아니다' 그럼 '나는 누구인가'라는 화두일념이 계속 이어지게 되며 현실에서 필요한 생각들에 대해서는 자연스럽게 받아들이게 되면서 '나는 누구인가'라는 한 생각만이 꼬리에 꼬리를 물고 이어지게 됨이 8단계 즈음이다.

8단계의 마지막 또는 9단계에서는 꼬리에 꼬리를 물고 이어지는 '나는 누구인가'라는 화두가 궁금해지는 단계로서 화두일념 중에 일어나는 과거의 어떤 생각들에 대해서도 '이것은 에고일 뿐 내가 아니지'라는 생각에 의해, 한 생각이 일어남에 대해서 '피식' 하고 웃어버리게 되며 오직 '나는 누구인가'라는 화두만이 성성하게 들려져 있으면서도 육체는 스스로 해야 될 일을 서두름 없이 해 나감을 스스로 알게 된다.

중요한 것은 일념이 깊어진 고요한 정신 상태에서는 일상에서 일어났던 무수한 생각들이 망념임을 깨우치면서 화두일념 중에 간헐적으로 일어나는 생각들이 쓸모없는 망념임을 당연시하기에 웃어버리는 것이다. 지금 그대는 자신의 모든 생각들이 망념이라는 사실을 알지 못한다. 불과 5분 전에 무슨 생각을 했었는지에 대해서도 기억할 수 없으나, 갈등을 위한 기억을 만들어 가고 있는 중이지만 생각의 연속성에 의해서 감지할 수 없기 때문이다.

옛 선사들의 남겨진 말에서는 화두일념 중에 일어난 한 생각이 망념이기에 '피식' 하고 웃으면서 버려지는 생각에 대해서 '화롯불에 눈 녹듯' 이라는 비유로 표현된다.

9단계의 마지막 즈음에서는 오직 화두일념인 '나는 누구인가'라는 생각만이 꼬리에 꼬리를 물고 이어지면서 진짜 '나는 누구인가'라는 강한 의구심이 일어나게 되며 화두를 들지 아니할 수 없는 경지에 이른다.

화두에 강한 의구심이 일어나는 현상은 말을 배우는 아이가 어떤 것에 대해서 궁금해 하는 것과 같이 '나는 누구인가'라는 화두가 너무도 궁금하여 화두에 끌려가게 된다. 일상에서의 삶은 보고 듣고 느끼는 감정보다 앞서 가고 있는, 자신도 모르는 사이에 흐르는 생각에 이끌려 살아가는 것이기에 실체 없는 망상에 의한 고통과 괴로움에서 벗어날 수 없는 것이다.

화두에 궁금증이 일어남에서는 생각이 끊어진 상태의 깊은 잠과 같이 고요함으로 존재하며 정신이 오직 화두에만 집중되어 있는 상태이다. 이런 상태에 대해서 무상삼매라는 말로 표현된다. 또한 이렇듯 화두에 궁금증이 너무 강한 지경의 상태에 대해서 '신이 이끌어 감'으로 표현되기도 하는 것이며, 과일이 익으면 스스로 떨어지듯이 어느 순간 '육체가 나라는 생각일 뿐, 내가 아니구나'라는 알아차림에서 웃어버리게 된다.

'육체가 나다'라는 착각, 꿈에서 깨어나는 것이다. 육체가 내가 아님을 알아차림에 대해서 무아無我라는 말로 표현될 수 있다. 진공묘유眞空卯酉라는 말이나 예수의 '오직 나', '성령' 그리고 석가모니의 천상천하유아독존, 불성, 여래, 성불, 노자의 도道, '참 자아', 우리말로 '참 나'로 표현되는 말들과 같이 아무것도 없음에서 오직 실재實在하는 것이라는 말로 표현되는 그것이다.

이것이 불이일원론의 오직 하나의 뜻이며 하나가 또한 모든 것이라는 뜻이다. 내가 모든 것이며 모든 것이 나지만, 그것들 또한 그것에 의해서 나타나고 사라지는 것이니, 그것이 모든 것의 기원이라고 할 수밖에 없는 것이다.

존재계의 모든 것은 본래 있는 것이 아니다. 있는 것은 본래 없었던 것이며 없는 것이 있는 것이다. 육체는 내가 아니지만 아닌 것도 아니다. 이것, 저것, 다른 것 등의 이원성이나 다양성은 '나라는 생각'의 관념일 뿐이다. 알아야 할 것이 아무것도 없다. 모든 의구심이 눈 녹듯이 사라진다. 우주가 있든 없든 상관없이 오직 나만이 실재이다. 모든 것의 기원이다.

:: 6~7단계 즈음

인간의 끝없는 번뇌에 따른 갈등은 자신의 마음, 즉 생각의 미묘한 이치를 모르기 때문이다. 마음의 형성 과정과 생각의 미묘한 이치에 대한 설명을 통해서 나의 마음, 즉 생각이라는 것이 자신의 의지와는 상관없이 행위했던 것임에 대해서 충분히 납득함이 우선될 때에 신의 뜻임을 알아서 스스로 평화로운 삶을 살아 나갈 수 있다. 나의 뜻대로 할 수 있는 생각은 사실상 있을 수 없으나 강한 의지가 있다면 스스로 생멸을 반복 순환하는 생각을 활용해 볼 수 있으며 열정이 있다면 누구나 생각의 이치를 분명히 납득함으로써 도를 구할 수 있다.

사람으로 태어나서 굳이 해야 될 일이 있다면 '나 없는 나'인 진리를 깨닫는 일일 것이다. 굳이 찾을 수 없다 하더라도 일념의 집중을 위한 명상만으로도 평화로운 삶을 영위할 수 있는 것이다.

일념의 집중은 시끄러운 생각을 고요한 상태로 되돌리는 것이며 이는 생각의 안정과 휴식을 의미한다. 명상에 의해서 마음(기억)이 고요해짐에 따른 효과는 건강은 물론 뇌의 기능을 향상시키는 일로서 상상을 초월하는 결과를 가져오게 된다.

6~7단계라 함은 사찰 벽화에 그려져 있는 심우도에서의 수행자와 황소와의 씨름하는 모습으로 비교될 수 있다.

4~5단계 또는 그 이전에는 호흡을 관찰한다든지 숫자를 반복하여 헤아리는 등의 여러 가지 방편들을 활용하여 정신집중을 위한 노력이 필요하며 화두일념과 소위 '위빠사나'라고 불리는 관찰하는 방법을 병행하여 정신집중에 모든 노력을 기울이게 되는 시기이다.

수행을 하는 동안에는 단순노동이 적절하며 농사일이나 또는 집을 짓는 일 등의 어떤 일을 하면서도 문제가 되지 않으나 사람들과의 접촉이 많아지는 일은 수행에 도움이 될 수 없다. 이미 3단계 즈음에서 일상을 떠났기에 사람들과의 접촉이 많지는 않더라도 6~7단계 정도에서는 일어나는 생각과 화두와의 씨름에서 화두가 밀리는 형국이 되기에 평정을 되찾기까지는 시간이 필요하다.

농사일을 하면서 밭의 풀을 뽑는 일 등의 다급한 행동을 취하지 않아도 되는 일들에서는 일을 서두르지 않고 화두에 집중하기 위한 목적으로 행위를 하는 것이기에 도움이 되는 일이며 특히 산길을 걸으면서 일념에 집중하는 것이 바람직할 것이다. 수행 초기인 3~4단계까지는 행위를 하는 과정에서 화두를 잊은 상태로 몇 시간이 지나가는 일도 있으나 잊었다고 알아차리는 순간 다시 화두를 들기를 반복해 나가면서 조금씩, 조금씩 화두일념의 시간이 늘어가게 된다.

참으로 신비한 것은 몇 시간 동안이나 화두를 잊었다는 생각만 할 수 있을 뿐, 화두를 잊은 시간 동안에 무슨 생각을 했었는지에 대해서는 기억할 수도 없다는 것이다. 일상에서 스스로 일어나는 생각이 이와 같이 기억할 수도 없는 망념들이라는 것이며, 기억할 수 없는 생각들은 모두가 실체 없는 것을 나로 알았기에 일어나는 의심과 갈등 등의 부정적인 생각들일 수밖에 없는 것들이기에 망념이라고 하는 것이다.

하루 종일 화두를 지니려는 끊임없는 노력이 이어질 때, 마음이 스스로 고요해지면서 욕망이 잦아든다. 이 시기는 잠이 들기 이전까지 화두를 이어 가려는 노력을 할 때이다.

아침에 일어나면서 화두가 들려져 있지 않은 이유는 전날 밤에 잠이 들기 전에 다른 생각(망념)을 하고 있었다는 것을 의미한다. 잠들기 직전까지 화두를 생각하고 있었다면 생각은 깨어나면서 잠들기 전의 생각을 기억하기 때문이다.

아침에 화두가 들려지지 않을 때에는 자신의 행위를 관찰하는 방법으로 생각을 자신에게 집중되게 하기 위한 수행방법을 선택하면 된다. 어떤 방법이든 생각이 자신도 모르는 사이에 방황하여 망상을 하지 않게 하기 위한 방법임을 우선 이해해야만 한다. 자신도 모르는 사이에 일어나고 사라지는 모든 생각이 망념이기 때문이다.

아침에 일어나면서 화두가 들려지지 않음은 잠들기 이전에 화두를 놓쳤기 때문이라고 하였다. 이럴 때에는 내가 눈을 깜박이고 있음을 분명히 안다. 내가 오른손을 짚고 일어나고 있음을 분명히 안다. 내가 무릎을 꿇고 일어남을 분명히 안다. 내가 일어서고 있음을 분명히 안다. 내가 걷고 있음을 분명히 안다. 내가 물을 마시고 있음을 분명히 안다라는 방법으로 자신의 모든 행위에 대해서 관찰해 나가다가 이런 행위를 알고 있는 '나는 누구인가', '나는 누구인가', '나는 누구인가'를 이어 나가는 방법으로 하여 자연스럽게 화두에 진입하게 된다. 이렇듯 '나는 누구인가'의 꼬리를 물고 계속 '나는 누구인가'라는 화두에 집중해 나가는 것이다.

모든 행위는 오직 화두를 들기(화두에 집중) 위한 목적으로 이루어질 수 있도록 함이 우선이며 앉아있어야 할 경우에도 화두에만 집중하도록 해야 한다. 앉는 자세는 중요하지 않으나 어깨를 펴서 호흡이 원활할 수 있음이 좋으며 굳이 가부좌를 하는 등의 신체에 무리가 되는 행위를 해야 할 필요는 없다. 오직 '나라는 생각'의 근원을 찾는 일이며 생각의 미묘한 이치를 깨우치기 위한 수단이며 방법이다.

조용한 산길을 걸으면서 화두에 집중함이 가장 좋으며 서두르면 화두를 잊게 되므로 서두르지 않아야 한다. 이 시기에는 화두가 지루해지기가 쉬울 때이므로 여러 개의 화두를 번갈아 가며 들어도 상관이 없다.

누구나 태어남을 기억할 수 없으며 죽음도 경험할 수 없다.

'나는 어디에서 왔는가?', '나는 어디로 가고 있는가?', '나는 지금 어디에 있는가?', '나는 마음과 현상계를 초월한 그것이다', '나는 무변광대한 우주의식이다', '나는 세상 어느 것에 대한 집착도 욕망도 없는 우주의식이다' 등의 구절들을 화두 삼아서 번갈아 가며 집중을 연습해야만 되는 시기이다.

화두가 깊어지는 시기에는 스스로 '이것은 내가 아니다', '육체는 내가 아니다', 그럼 '나는 누구인가' 등의 화두 아닌 화두가 스스로 만들어지게 된다.

:: 4~5단계 즈음

1~3단계까지는 마음과 생각의 미묘한 이치를 충분히 이해하는 단계와도 다르지 않으며 마음이 생각에 불과한 것임을 알아차림을 3단계까지로 볼 수 있다. 일상생활을 통해서 자신의 관념과 고정관념인 마음이 경험된 습관에 따른 기억들에 불과한 것일 뿐 실재가 아님을 분명히 인식해야만 한다.

자신의 마음이라는 것이 모두 육체가 나라는 그릇된 앎에서 비롯된 집착에 따른 버릇과 욕망임을 앎으로써 항상 누구에게나 미소를 잃지 않으려는 노력과 화두를 들려는 노력에 따라서 자신의 마음이 스스로 평온해짐을 느끼게 된다.

자신도 모르게 윤회하던 망념이 일념에 집중하는 시간이 길어짐에 따라서 사라지는 것이기에 일념의 집중에 의해서 다가오는 평화로움은 자신에게도 기쁨이며 주변 인물들에 의해서도 확연히 드러나게 된다.

일념의 길어짐에 따른 마음의 평화는 경제적인 부분과는 전혀 관계없음에도 불구하고 엄청난 기쁨으로 다가오면서 세상에 부러울 것이 아무것도 없음을 실감하게 된다. 마음의 평화를 만끽하면서 자연스럽게 화두일념에 몰입하게 됨이 3단계이며 일상에서 떠남의 기쁨이기도 한 이유이다.

4~5단계는 사실상 화두에 전념하여 '나 아닌 나'를 찾기 위한 노력이기에 일상의 괴로움 따위는 벗어난 상태이며 고타마의 고행과도 같이 힘겹게 보일 수 있으나 수행자 본인에게는 즐거움이며 기쁨의 나날들이다. 인간으로서는 최상승의 길인 진리를 깨닫기 위한 길임을 알고 가는 길이기에 일상의 삶과는 비교될 수 없는 평화로운 나날들이다.

싯다르타는 바라문교의 가르침에 따라서 육체를 버릴 만큼의 힘겨운 고행을 한 것으로 알려져 있다. 이 글을 쓰는 사람은 진리에 대한 분명한 길을 알지 못하고 갔던 길이기에 많은 우여곡절이 있었으나 그대는 '나라는 생각'에 대한 생각의 미묘한 이치를 분명히 이해하여 알고 가는 길이 아닌가?

이 사람은 오직 인간이 태어나서 목숨 걸고 해야 되는 일이 있다는 말 한마디와 그 말에 확신을 갖게 했던 '라마나 마하리쉬'의 〈나는 누구인가〉라는 책 한 권에 의지하여 자연을 스승 삼아 공부를 하게 되었으며 지나고 나서 보니 2년 정도의 시간이 지나갔었다.

옛 선사들의 말을 빌리면 2년이나 3년 동안 사람 노릇을 포기하라고 하기도 한다. 굳이 사람 노릇을 포기하지 않더라도 항상 자신의 마음을 돌이켜 보는 습관과 화두 하나 지니는 자리이타의 행위로써 진리의 깨우침에 다가설 수 있다. 내가 하는 모든 행위와 내게 이루어지는 모든 일들에 대해서 신의 뜻에 맡기고 화두 하나 지니는 삶, 인간에서 신으로 가는 길이다.

아마도 4단계쯤에서 명색의 동일시에 대한 이치가 밝아지기 시작할 것이며 자신도 모르는 사이에 크거나 작거나, 좋거나 나쁘거나, 깨끗하거나 더럽다는 분별이 사라지게 됨을 느끼게 될 것이다. 또한 사람들과의 대화에서도 자신도 모르는 사이에 긍정적인 사고로 변화되어 감을 느낄 수 있으며 이곳의 글들에 대해서도 가까이 다가오면서 당연한 말로 여기게 될 것이다.

도를 구하는 일 중에 가장 답답한 일이 있다면 그 끝이 보이지 않는다는 것이다. 하지만 도를 구하기 위한 삶의 여정은 고요하고 평온한 나날들이며 그런 날들이 지속되는 동안에 가까이 가고 있다는 것이다. 또한 끝이 보일 수 없기에 답답한 반면에 이 공부는 가면 갈수록 공부의 양이 줄어든다는 것이다. 에고의 공부는 시작은 있지만 끝이 있을 수 없기에 끝까지 갈 수도 없지만 끝까지 간다고 하더라도 해답을 찾을 수가 없기에 고통과 회한만이 남겨진다는 것이다.

:: 요약

요약이라는 말이 옳은 표현인지는 모르겠고, 핵심, 요점, 요지는 이러하다.

1차 에고를 시작으로 하여 지금 나라고 알고 있는 나는 지성체이다. 그리고 육체는 기억된 생각에 의해서 행위되는 수동적인 것이다. 기억된 생각에 바탕을 두고 감각기관의 작용에 따라 흐르던 순간세포의 작용인 생각들이 일념화두에 밀려서 동물들이 동면을 취함과도 같이 잠재하게 되면서 분별이 사라져 가는 이치이다. 처음에는 바닷가의 파도와 같이 밀려들지만 그것들은 오래지 않아 잠잠해지게 되므로 고요함을 경험하게 된다.

살아온 날들이 몇 십 년이든 그것은 상관이 없다. 그것은 항상 현재 상황에 집중되어 일어나기 때문이며, 현재 상황에 의해서 일어나는 생각들은 무수히 많을 것 같지만 거품을 걷어내면 수면이 드러나듯이 드러나기 마련이다. 동면하던 생각들은 희미한 꿈으로 남겨지지만 그것들이 고요함에 영향을 미칠 수 없다는 뜻이다.

지금 일어나는 생각들, 즉 현실과 직접 관련된 생각들이 사라지기까지가 가장 힘겨운 시기이다. 4단계의 견성 무렵이다. 순수의식에서 지금의 내가 있기까지를 되돌려 나가는 과정으로 생각한다면 올바른 앎이다. 너무나도 분명하고 당연한 이치이다.

한 가지 짚고 넘어가자. 마음과 생각의 관계이다. 앞서 설명되었겠지만 좀 더 분명한 이해가 필요할 것이기 때문이다.

지금 이 순간에 느낌을 분별하는 생각은 일어남과 동시에 과거가 된다는 것이다. 이와 같이 무슨 생각이든 내가 생각한다는 생각 이전에 일어나 있었으며 생각이 일어남과 동시에 과거의 기억으로 남기 때문에 그것이 어떤 생각이든 과거의 기억을 만들고 있다는 것이다.

끊임없이 일어나는 생각들의 저장고가 마음이며 마음에 바탕을 두고 찰나지간으로 생멸하며 분별하는 것이 생각이라는 것이다. 그렇다면 지금부터 계속적으로 '나는 행복하다'는 생각 하나만을 유지한다면 어떻게 되겠는가?

인위적인 노력으로 '나는 행복하다, 나는 행복하다'라는 생각을 끊임없이 이어가다 보면 '나는 행복하다'라고 생각하기 이전의 기억들은 생각할 수 없다는 것이다. '나는 행복하다'라는 한 생각만을 하루 종일 지속할 수 있다면 과거의 기억 모두가 '나는 행복하다'는 생각으로 채워질 수밖에 없다는 말과 다르지 않은 말이다. 그런데 '나는 행복하다'라는 말을 언제쯤 해봤는지 기억할 수 없다면 불행한 것인가?

화두 드는 요령이 이와 같다는 뜻이다. 하나 주의해야 할 것이 있다. 구도자라면 스승이 필요하다는 것이다. 스승이라는 말은 꼭 사람을 뜻하는 말은 아니다. 그것이 자연이든 사람이든 상관없겠지만 자연과 책 한 권이 가장 위대한 스승일 것이다.

'이제 길을 아는데도 필요한 것입니까?'라고 물을 수 있다. 꼭 필요하다. 지금 아는 모든 앎은 일념이 깊어지는 과정에서는 앎이 아니다. 그런 앎이 모두 남아있다면 일념공부를 아니한 것이나 다름없지 않은가?

이 한 권의 책이 그대의 삶에, 도를 구하는 일에 스승이 될 것이다. 신에 대한 분명한 인식으로써 조화로운 삶을 누릴 수 있으며, 그 길이 곧 신이 되는 길이다. 그대에게 영광 있기를.

나는 누구인가 · 1

깨달거든 그 사실에 대해서 알리지 말라는 글을 본 적이 있다. 옛 선사의 말이며 거기에는 몇 가지 이유가 있을 수 있다.

사람들이 이해할 수 없을 뿐더러 공연히 알리다 보면 구도자라는 명분으로 편안하게 먹고 살아갈 수 있는 기반을 잃을 수 있기 때문이기도 하겠지만 또 다른 관점에서 본다면 어쩔 수 없는 인간들에게는 차라리 석가모니 같은 의지처가 필요하다는 배려일 수도 있다. 전화기도 없었던 시대의 이야기들이니 그 또한 관념의 차이일 것이다.

태초의 인간들은 우리가 태초의 인간들이라고 생각할 수 없다. 이상세계를 꿈꾸던 인간들은 다른 이상세계를 갈망한다. 그런데 인간이 꿈꾸는 이상세계는 지금 꿈을 꾸듯이 또 다른 꿈일 뿐이다.

꿈속에서는 꿈인지 아닌지에 대해서 생각해볼 수도 없듯이 현실세계 또한 지금 펼쳐지는 세상에 대해서 의심조차 할 수 없다. 잠들었을 동안에는 '아무것도 없는 것'의 상태를 경험한다. 날이면 날마다 경험하지만 이 또한 기억할 수 없기에 경험자가 없는 경험이다. 태어나서 죽을 때까지 살아가는 동안 내내 길 잃은 어린 양과 다름없이 방황하지만 그 또한 고통스러운 꿈이기에 그 실체를 알리려 하였다.

인류의 태초와 멸망은 끊임없이 반복되어 왔다. 도에 바탕을 둔 삶에서 시작하고 멸망 직전에 다시 도의 삶으로 변화되어 가다가 멸망하지만 소수의 인간들이 남겨지면서 다시 도의 삶이 시작되는 것과 같이 현 세상의 인류 또한 끊임없이 반복 순환하는 윤회과정 중 마지막 지점에 와 있을 뿐이다.

지금 이 글이 새로운 태초를 예고하는 증거이다. 인간의 관념으로는 개략 100년 만에 하나씩 나타나서 증거하지만 그 증거에 대해서 분명히 이해할 수 없었기에 무시될 수밖에 없었다.

이제 그때가 된 것이다. 그때가 되었기 때문에 경험의 오류에 대해서 납득할 수 있는 것이다. 그때가 되어서야 인류는 도를 알기 시작하면서 또 다른 새로운 태초를 맞이하곤 하였다. 인간의 관념으로 헤아릴 수 없는 시간 이전부터, 그리고 영원히.

사람들의 인생 또한 이와 다르지 않다. 기억할 수 없는 경험이기에 경험자가 없는 경험이 있었으며 그 경험은 나날이 계속되며 반복되고 있지만 기억할 수 없기 때문에 상상할 수 없을 뿐이다. 태어나서 천지를 창조했던 시절에 대해서 기억할 수 없듯이 깊이 잠든 상태에 대해서도 기억할 수 없다. 경험은 경험이지만 기억할 수 없는 경험이다. 경험자가 없는 경험이라 할지라도 경험자가 없었던 것은 아니다.

인류의 평균 수명이 얼마나 길지는 모르겠지만 내가 산다고 생각하며 사는 동안에 경험자가 없는 경험과 경험자가 있는 경험에 대해 비율로 따진다면 50퍼센트 정도일 것이다. 경험자가 없는 경험에는 그대의 죽음이 포함된 것이다. 알려야 할 때가 오거나 알려야 할 때가 오지 않거나.

나의 말을 전하라.

인류의 자유와 평화를 위한 길이다.

나는 누구인가 · 2

꿈에서 깨어났다. 꿈인 줄도 모르고 꾸었던 꿈에서 깨어나고 보니 이것(육체)을 나라고 할 수 있는 근거가 아무것도 없었다. 어찌 이것을 나라고 할 수 있단 말인가?

관념, 개념, 그것이 무엇이든 생각이라는 말의 또 다른 표현이니 기억된 생각의 범위 내에서 생각할 수밖에 없겠기에 혼란스러울 수 있다. 그런데 신비로운 것은 반복해서 읽다 보면 너무나도 당연한 말들로 다가온다는 것이다. 당연하게 여기게 되는 이유는 그대가 기억할 수 있는 기억 이전의 상황에 대한 설명이기 때문이며, 그것이 그대의 본질이기 때문이다.

꿈속에서 나는 개미였다. 과자부스러기에 달려드는 개미 무리들 중의 하나였다. 지구만 한 파이 하나에 달려드는 인간들의 삶이 그러했다. 다른 개미이고 싶었다.

깨어 보니 다른 개미를 갈망했던 개미도, 과자부스러기에 달려들던 개미들도 없었다. 과자부스러기도, 개미도, 지구도, 지구만 한 파이도, 달려드는 인간들도…. 아무것도 있는 것이 아니었다.

아무것도 없는 것, 그것도 있는 것이 아니지만 그것으로 표현할 수밖에 없다. 경험자가 없는 경험과 다르지 않기 때문에….

세상의 천지만물은 그것에 의해서 나타나고 사라지는 환영이었다. 기억할 수 없는 경험과 같이….

그런 연유로 창조의 기원이라고 한다.

모든 것의 기원이라고 한다.

언어의 기원이라고 한다.

인간의 기원이라고 한다.

창조자라고 한다.

절대자라고 한다.

운명의 신이라고 한다.

실재實在하는 것은 오직 그것뿐이기 때문이다.

영원히….

나는 누구인가 · 3

이것(육체)을 나라고 해도 옳지 않다.
이것을 내가 아니라고 해도 옳지 않다.
내가 태어난 것도 아니며 내가 태어나지 않은 것도 아니다.
내가 사는 것도 아니며 내가 살지 않는 것도 아니다.
내가 늙는 것도 아니며 내가 늙지 않는 것도 아니다.
내가 죽는 것도 아니며 내가 죽지 않는 것도 아니다.
나는 사람이 아니지만 사람이 아닌 것도 아니다.
나는 신이 아니지만 신이 아닌 것도 아니다.

이것이다, 저것이다, 다른 것이다라고 단정 짓지 마라.
이럴 것이다, 저럴 것이다라고 상상하지 마라.
아무것도 기대하지 않을 때,
자유를 갈망하지 않을 때,
자유라는 말이 사라질 때,
어떤 말도 필요치 않을 때,
그것이 곧 자유이다.

언어로 표현될 수 없음을 깨달았을 때,

언어의 무력함을 절감할 때,
아는 것이 아무것도 없으나, 모르는 것이 아무것도 없을 때,
그것이 자아의 본질이다.
그것이 그대의 참 나이다.

| 제 6 장 |

인연

인연 | 인생을 마무리하면서 | 우연히 들른 곳이 참된 희망의 씨앗이 될 줄이야 | 카페와의 인연 | 생각 | 화두를 들기 위한 마음의 준비 | 유상삼매

인연

이 사람이 존재하는 동안, 그것이 언제일지는 모르지만 인연이 닿는다면 누구나 알아들을 수 있도록 설명하고자 하였다. 인연, 아니 필연일 것이다.

나이 예순이 넘은 구도자 심대식 님과의 만남, 그리고 그의 뜻에 힘입어 '생각의 비밀'이 세상에 알려지게 된 것이다. 그리고 책에 삽입되는 삽화는 '도원'의 작품이다.

2009년 〈깨달음의 실체를 밝힌다〉라는 책의 출판 이후 두 번째이며, 이 책이 마지막이 될 것이다. 더 길어지다 보면 결국에는 본질이 사라져버릴 것이기 때문이다.

부디 이 한 권의 책이 인류의 자유와 평화를 위한 등불이 되길 바라며 구도자들의 인연을 소개하면서 글을 마치고자 한다.

인생을 마무리하면서

나이 육십 줄에 접어들면서 살아왔던 삶을 뒤돌아보았다. 돌아다본 내 삶은 내가 보아도 잘못된 삶이었다. 아차! 하고 주변을 둘러보니 정들은 이들은 어디론가 떠나가고 마지막으로 남은 어머님을 앞서거니 뒤서거니 하며 제 갈 길로 가고 나만이 홀로 남아 있는 것이 아닌가.

너무 늦은 나이에 철이 들었다고나 할까!

이제는 어디로 가는지 알고나 죽어야지 하며 생각하던 차에… 어머님의 마지막 당부하시던 말씀이 생각났다.

"애비야! 내가 생각날 때마다 나무묘법연화경을 일심으로 빌어다오!"

많은 자식들(5남 1녀)이 있었지만 어머님은 나를 선택했고, 내 앞에서 가셨다. 미국에서 10여 년을 살다가 귀국한 이유 또한 그분 때문이었는데… 그분이 가시고 나니 인생이 허망하여 살아갈 이유가 없어져 버린 것 같았다.

그래서 이제 모친께서 당부하신 대로 법화사에 가서 머리를 깎고 인생을 정리하고자 하였다.

그러던 차에 지인의 권고에 못 이겨 따라간 곳이 영성수련단체였다. 그로부터 4년여 동안을 열심히 배우며 봉사하였지만 결국은 돌아서야만 했다. 이곳에서는 나를 구원해 줄 수가 없다는 것을 알았던 것이다.

그나마 영성단체에서 떠나야 할 이유를 찾은 것만으로도 나는 만족하였다.

세상사 무유정법이라고 했다.

누구를 원망하랴! 내 깜깜했던 무지를….

더 나아갈 곳이 없기에 방황하면서 우연히 인터넷 검색을 하다가 '생사자유자재' 카페를 발견하고 인생 여정의 닻을 내렸다. 아낌없이 죽을 이유를 찾은 것이다.

지난 연말을 계기로 실타래같이 얽혀 있던 인연 고리들을 모두 정리하고 나니 애쓸 것이 없는 입장이 되었다. 이 모두가 일념으로 화두 하나 챙기며 자리이타행의 결과임을 확신하기에 이곳 스승님께 머리 숙여 감사함을 표합니다.

— 구도자 심원

우연히 들른 곳이
참된 희망의 씨앗이 될 줄이야

2002년 여름, 삶이 너무도 힘이 들어 좀 쉬어야겠다는 생각으로 논산에 있는 모 수련단체 본원이라는 곳을 찾아갔다. 명목상으로는 진정한 나를 찾기 위한 곳이었다.

내가 알고 있던 것과 다른 방식으로 나라는 존재에 대한 이해를 주었고 나는 그것에 동화되어 삶의 고통으로부터 벗어날 수 있는 유일한 길이 이 수련단체에 있다는 말도 의심치 않았다.

그때로부터 시작해서 2010년 4월까지 8년 동안을 정말 너무도 오랜 기간 수련의 진척 정도와는 상관없이 수련원 생활을 나름대로 열심히 했다. 그럴 수밖에 없었던 것이 도에 대한 별다른 경험이 없는 상태였기 때문에 비교를 할 수도 없었고 무엇보다 함께 수련하는 사람들이 진솔했다.

내가 생각하는 구도의 순수성과는 거리가 먼 행위들이 많았지만 나를 버린다는 의미에서 수용에 수용을 거듭했다. 의심과 동조를 반복했지만 수련원을 그만두어야겠다는 생각은 하지 못했다. 너무도 장기간 동안 나도 모르게 그들의 생각에 노예가 되어 가고 있었던 것이다.

그런데 작년 4월, 해외수련을 하던 중 극도의 공포감을 경험했다. 내세를 책임질 수 있는 이는 수련단체원의 스승이라는 그분들만의 능력이고 나는 아무것도 할 수 없거나 될 수 없는 피조물이라고 거듭 강조했기 때문이다. 죽을 때까지 이 단체에 있어야 하며 또 이 단체가 원하는 방식대로 따라야만 영원한 생명을 얻는다는 것을 믿어야 한다고 거듭 강조했다.

정말 그렇게까지 마음이 불편한 적이 없었다.

그들의 말이 주는 두려움과 그 말을 거부하는 내 마음의 긴장의 끝에서 나는 더 이상 가서는 안 되겠다는 결론을 내렸다. 그리도 오랫동안 참 나를 찾겠다고 노력했으나 참 나는커녕 내 밖에 있는 어떤 대상이 참 나를 대신 살아준다는 생각만 잔뜩 만들어 신흥종교의 노예가 된 내가 그제서야 보였다.

스스로 생각을 돌아보며 도달해야 하는 내 본성을 돈으로 혹은 인위적인 행으로 되돌려준다는 어처구니없는 그곳에 대해 더 이상은 아니다라는 내 생각을 믿어보기로 작정했다. 그래서 이리저리 도와 관련된 책을 읽고 생각을 정리하며 혼자서 안간힘을 쓰고 있는 와중에 색즉시공, 공즉시색이라는 용어의 개념을 알아보기 위해 인터넷을 검색하던 도중 '불이일원론' 카페를 알게 되었다.

정말 우연이었다.

카페에 쓰여진 진원 님의 수많은 글들을 접하면서 점점 나도 모르게 매료되기 시작했다. '이럴 수가, 이렇게도 길이 찾아지는구나'를 느끼면서 진원 님의 저서 〈깨달음의 실체를 밝힌다〉를 세 번 정도 읽어 내려갔다. 지금까지 내가 접한 책들 중에서 최고의 재미와 흥미를 안겨줬다.

생각이라는 놈, 나라는 생각이라는 놈, 그것이 도의 핵심 포인트였다.

농담 같은 진담으로 친구에게 '노벨평화상이 이분 것이다'라는 말도 했다. 그만큼 책의 내용은 구도의 길을 가고자 하는 나에게 한 줄기 유일한 빛으로 다가왔던 것이다. 그리하여 나는 진원 님의 가르침대로 읽고 명상하고 읽고 명상하기를 반복하고 있는 중이다.

일념수행은 무엇보다 존재하지 않는 과거나 미래를 만드는 생각을 쉬게 해준다. 요즘 나는 평화로운 마음이 이런 것이구나를 느낀다.

진원 님의 진리에 대한 글들은 현재 수준에서 내 나름대로 이해할 수밖에 없다. 그럼에도 불구하고 나는 마음공부에 관심 있는 이들에게 내 언어, 내 생각으로 각색된 진원 님의 글을 옮기면서 또 행복하다.

숱하게 접해 왔던 '내 안에 신이 있다'라는 말. 접하고, 접하고 또 접했음에도 무지하기 짝이 없어 8년 동안 그 말을 내 것으로 성취하지 못했다. 그러나 이제는 의심 없이, 두려움 없이 믿는다. 진원 님의 가르침에 힘입어 일념수행이 점점 더 깊어지리라 믿으며 그럴수록 점점 신으로 가는 길이 밝아지리라고 믿는다.

이렇게 또 나에게 길이 열려진 것이다.

도의 길을 가고자 하면서도 진정한 길을 찾지 못해 고통 받는 또 다른 나들이 진원 님의 진리의 말씀을 하루 빨리 만나기를 염원하며 진원 님께 다시 한번 감사의 인사를 올립니다.

감사합니다.

— 구도자 에코포라

카페와의 인연

이 카페를 알기 전엔 참으로 많이도 헤매었다.

나는 누구인가?

나는 누구이고 나는 무엇이고, 나는 어디에서 와서 어디로 가는가?

왜 사는가?

왜 죽는가?

삶과 죽음, 그리고 그 이후는?

철(?)이 들기 시작할 무렵부터 정말 인생이란 무엇인가 하고 진지하게 생각하기 시작했던 것 같다. 내가 누구이며, 왜 살며, 또 죽으면 어디로 가는가….

천국? 아니면 그 어디?

과연 천국이라는 게 있는 것일까?

의문과 의문은 끝이 없이 일어나지만 그 해답은 찾을 수가 없었고 그래도 내가 누구인지 죽기 전에는 꼭 알고 죽어야겠다는 생각은 버릴 수가 없었다.

삶이 힘겨웠는가?

그랬는지도 모른다.

남들이 말하기는 복 많은 사람 중에 하나였지만, 내면에서는 언제나 뭔가를 잃어버린 것 같이 허전하기만 했고 나를 찾고자 하는 열망으로

가득 차 있었다.

그래서 천주교에도 입문해 보고 책을 사다가 방법을 찾아보기도 하다가 찾지 못하고 마음 수련원이라는 곳에도 2년여를 다녀 봤지만 거기에서도 원하는 해답은 찾을 수 없어서 그만두고 혼자서 헤매이다가 인터넷에서 궁금한 단어를 찾던 중에 우연히 여기 이 카페와 인연이 닿은 것이다.

참으로 좋은 인연이었다.

처음 이 카페에 들어왔을 때의 그 기쁨, 그토록 찾아 헤매던 길을 이제야 찾았구나 하는 그 기쁨은 말로 표현할 수가 없었다.

글, 진원 님의 그 수많은 글들….

지금까지 많은 글들을 읽어 보았지만 그런 글들은 처음이었다. 이해 아닌 오해로 읽어 가면서도 가슴에 와 닿는 그 글들은 완전한 글들이었다. 완전한 사람만이 쓸 수 있는 글….

생각, 화두일념, 진리, 말 변사….

처음엔 화두일념에 대해서 잘 몰랐지만 백운 님으로부터 많은 도움을 받고 일념에 들면서 진원 스승님께 많은 가르침을 받았다. 일념이 깊어지면서 다가오는 평온, 그것은 어떻게 말로는 표현할 수가 없다.

처음엔 일념을 많이 놓치기도 했지만 지금은 든다는 생각 없이 들려져 있는 시간이 길어져 있다. 이제는 더 이상 생각에 끌려다니면서 헤매는 일이 없고 설령 그럴 때가 있더라도 그걸 알고 바로 빠져나오게 된다. 그리고 웃어버리게 된다. 대부분이 지나가 버린 것이나 오지도 않은 미래에 대한 생각들이기 때문이다.

그리고 말 변사….

만약 이 카페와 인연이 이루어지지 않았다면 아직도 삶이 지워주는 고통이라는 생각에서 벗어나지 못하고 있었을 것이다.

이제는 일념을 통해서 그 어떤 상황이나 고통이라는 것들에서도 쉽게 놓여 날 수가 있다. 더 이상 고통은 고통이 아니기 때문이다.

처음엔 일념 드는 게 쉽지 않다고 생각해도 꾸준히 하다 보면 그렇게 어려운 게 아니다. 이제는 일념의 힘을 알고 믿기에 지금도 가고 있으며 또 가고 있는 중이다. 그날이 올 때까지….

여기에 오시는 회원님들께서도 일념을 이루어 나날이 평온함을 누리시기를 바라면서….

— 구도자 도원

생각

생각.

내 생각이지만 내 마음대로 할 수가 없다!?

전에는 생각에 대해서 의문이 있거나 생각이라는 것 자체에 대해서 그렇게 깊이 생각해 본 적이 없었던 것 같다. 그저 생각은 생각에 불과했고, 네 생각이다, 내 생각이다 하면서도 아무런 개념 없이 그저 생각하면서 살아가는 걸 당연시하면서 살아갔던 것 같다.

그런데 '생사자유자재' 카페에 우연히 들어와 보니 그게 아니었다. 우연히 무얼 찾다가 나도 모르게 들어온 이 카페는 나에겐 충격이자 환희였다.

생사자유자재.

생각의 실체에 대하여 내 생각이지만 내 생각대로 생각을 할 수가 없다는 것이다. 단 한번도 내 생각을 내 생각대로 할 수가 없다는 걸 생각해 본 적이 없었다. 내 생각이니 당연히 내 생각대로 하면서 살고 있다고 생각했었으니까….

처음 화두를 들면서 일념에 들기 위해 시도해 본 게 내 생각을 시험해 보기로 한 것이다. 내가 얼마나 내 생각을 내 마음대로 할 수가 있는지를, 처음 나는 누구인가로 시작해서 들려고 했지만 너무나 많은 생각들이 몰려와 화두를 들 수가 없었다. 나는 누구인가를 몇 번 하다 보면 벌써 다른 생각들을 하고 있었고 다시 시작해도 또 그러고 있었으니까.

이렇게 몇 번을 반복하다 보니 그때 가서야 정말 내 생각이지만 내 마음대로 할 수가 없음을 시인할 수밖에 없었다. 그때부터 이 생각의 이치에 대해서 결코 쉽게 생각해서는 안 되겠다는 생각이 일었던 것 같다. 어떻게 해서라도 이 생각을 길들이고 싶다는 생각에 여러 가지를 시도해 보기도 하고 또 해봤지만 그중에서 시계 초침을 따라가면서 하는 게 나에게는 제일 나았다는 생각이다.

모든 집중력을 시계 초침에 모으면서 일 초, 일 초 초침을 따라가면서 나는 누구인가를 이어 가려고 노력했다. 그러다 보니 그런대로 집중력이 조금씩 늘어 가는 걸 실감하게 되고 또 그렇게 하다 보니 일념에 조금씩 다가가게 되고 또 나름대로 나만의 방법들을 조금씩 터득하게 된 것 같기도 했다.

생각, 내 생각이지만 내 생각대로 할 수 없음을 알게 되었다.

처음 이 카페에 오시는 많은 분들도 저와 같은 경험을 하셨으리라 생각하고 또 앞으로 이 카페에 처음 오시는 분들도 계실 것이기에 이렇게 제가 경험했던 걸 적어 보았습니다.

— 구도자 도원

화두를 들기 위한 마음의 준비

카페에 들어와 글을 읽으면서 생사자유자재 카페가 있음에 감사하는 마음으로 혹시라도 처음 여기에 오시는 분들께 도움이 될 수 있을까 하는 생각에 본인이 처음 일념에 들기 위해 지표로 삼아야겠다던 생각들이 떠올라 이렇게 적어 봅니다.

처음 생사자유자재 카페에 들어오기 전에 본인은 2년여 동안 마음 수련원이라는 곳에서 나름대로 나를 버리기 위한 연습을 했지요.

모든 과거인 나를 버리기, 여기 생사자유자재 카페에서 말하는 '기억된 생각들'이라고 말할 수 있지요. 그러다가 더 이상 본인과 맞지 않음을 알고 거길 그만두고 혼자서 방황하고 있을 때, 생사자유자재 카페와 인연이 되었지요. '백천만겁 난조우'의 인연으로….

처음엔 화두일념에 대해서 확실한 개념이 없었어요.

화두? 일념?

불교에서는 흔히 쓰는 글인데도 불교와는 전혀 인연이 없는 본인에게는 화두나 일념이라는 단어는 생소할뿐더러 어떻게 들어야 제대로 드는 방법 또한 몰랐었지요. 이 카페의 운영자님의 도움으로 화두일념의 의미와 개념에 대해서 설명을 들은 후에야 어느 정도 이해가 되었으니까요.

화두일념….

화두일념에 들어감에 따라서 모든 고통과 욕망, 집착에서 벗어날 수가 있다면 그렇게 해보자. 그래서 마음의 평화를 얻고 살아있는 동안 마음의 평화를 유지할 수만 있다면…. 그렇게 해서 화두일념에 들어 보겠다는 욕망 아닌 욕망이 일었던 것이지요.

그리고 이 화두일념에 들기 위해서는 기억해 두어야 할 몇 가지를 정해두고 그렇게 해야 한다고 생각했지요.

무슨 일이 있어도 한 생각만을 해야 한다는 것.

'나는 누구인가'를….

무슨 일이 있어도 이 나는 누구인가를 놓치지 말아야 한다는 것.

밤이나 낮이나 생각이 흐르는 동안은 나는 누구인가를 생각하려고 노력해야 한다는 것.

스승님처럼 목숨을 걸고 한다고 생각하는 것.

설령 그렇게는 할 수 없다고 해도 그렇게 비슷하게라도 해보려고 계속 노력에 노력을 해보자는 거였지요. 그리고 본인이 직접 하지 않으면 그 누구도 대신 해줄 수가 없다는 걸 잊지 말아야 한다는 것을….

모두 다 아는 말 중에 '하늘은 스스로 돕는 자를 돕는다'는 말에 많은 비중을 두었지요. 본인이 스스로 나는 누구인가를 생각하지 않으면 그 누구도 그걸 대신 생각해 줄 사람이 없다는 걸 인식해야 하니까요. 그리고 포기하지 말고 끝까지 가자였습니다.

지금도 가고 있고 또 일념의 힘과 일념에 들어 있으므로 마음의 평화를 느낄 수 있음에 감사하며 이렇게 처음 화두일념에 들어가기 위해 준비했던 본인 나름대로 생각했던 기억들이 떠올라 적어 봤습니다.

— 구도자 도원

유상삼매

화두일념을 들다 보면 일념이 깊어짐으로써 많은 시간을 유상삼매에 들어 있을 수가 있기에 유상삼매에 대해서 본인의 경험을 적어볼까 합니다.

유상삼매에 들어 있다는 것은 아시다시피 우리가 일상생활을 하면서도 일념에 들어있다는 얘기죠. 일을 하면서도(특별히 생각을 필요로 하는 경우는 제외), 길을 걸으면서, 운전을 하면서, 밥을 먹으면서도 TV를 시청하면서도 일념에 들 수 있지요.

유상삼매에 들어 있을 땐 일념에 든다는 생각도 없이 '나는 누구인가'가 밑바탕에 들려져 있지요. 예를 들어 TV를 보면서 일념에 들 수 있다는 것은 눈은 TV의 영화나 드라마를 보고 있지만 본다는 생각도 없이 그냥 보고 있지요. 그리고 눈으로 보면서 모든 걸 느낄 수 있고 드라마의 내용도 알 수 있지요.

그러나 거기에 나의 감정은 개입되지 않구요. 드라마에서 무슨 장면이 나와도 거기에 나의 마음이 일어 슬프다거나 기쁘다거나 화가 난다거나 하는 게 없다는 것이지요. 그저 있는 그대로 보고 느낀다는 것이죠. 운전을 하면서도 창밖에 스쳐 지나가는 거리나 어떤 모습에도 그냥 그대로 보게 되고, 또 차가 밀려도 짜증이 난다 하는 내 생각이 없어진다는 얘기죠. 그리고 유상삼매에 들어 있으면 생각이 전혀 일어나지 않는 게 아니고 생각이 일어나되 그 생각은 너무 미미해서 그저 떠오르다 스러져 가는 희미한 불빛처럼 사라져 버리지요.

좀 더 강한 생각이 떠오르면 '아 너, 생각 또 떠올랐구나' 하고 피식 웃어 버리게 되며, 생각에 끌려다니지 않고 분별심이 사라지니 마음 또한 편하지요. 그리고 생활하면서 무슨 일을 해야 할 땐, 어떻게 해야 할지 분명한 생각이 떠오르기 때문에 삶 자체가 더 평화롭다고 봐야겠지요.

처음엔 일념에 들기가 조금 힘들다고 해도 그렇다고 너무 어려운 것도 아니고 회원님들께서도 하고자 하는 열의와 노력만 있으시다면 얼마든지 거기에 도달하실 수 있다는 바람으로 본인의 경험담을 적어 보았습니다.

— 구도자 도원

누가 사는 것입니까?

신이시여!
대체 누가 사는 것입니까?
계절을 아는 나무들이 사는 것입니까?
하늘을 나는 새들이 사는 것입니까?
숲속에 아름다운 동물들이 사는 것입니까?

그것들을 보고 느끼는 내가 사는 것입니까?
그런데 보고 느끼는 나는 무엇입니까?
우리는 나를 모릅니다.
우리는 마음을 모릅니다.

숨결을 느낍니다.
때로는 가파르게, 때로는 고요하게 숨을 쉬고 있음을 느끼지만
그것은 나의 의지와는 상관없는 것 같습니다.
숨결을 느끼는 것이 나입니까?
숨을 쉬는 것이 나입니까?
대체 무엇이 나입니까?

신이시여!
대체 나는 누구입니까?
먹고 마시고 춤추는 것이 나입니까?
슬퍼하고 고뇌하는 것이 나입니까?

그 어떤 것도 내가 아님을 압니다.
그럼 나는 무엇입니까?
당신이 나입니까?
내가 당신입니까?

신이시여!
어디로 가야 합니까?
등불을 밝혀 주소서.

나는 나의 마음을 모르고,
나는 나의 생각을 모르고,
나는 나의 몸을 어쩌지 못합니다.

신이시여!
나를 모르는 나,
무엇을 해야 하는 것입니까?
무엇을 할 수 있는 것입니까?
그 길을 인도해 주소서.

신이시여!
당신을 위해 살고,
당신께 가려 합니다.

당신이고 싶습니다.
당신과 하나 되어 영원하려 합니다.
기다려 주소서,
가는 그날까지.

그대여!
사랑하는 이여!
나는 항상 그대와 함께 있다네.
그대가 잠들어 있을 때에도,
그대가 웃고 노래할 때에도,
그대가 슬픔에 겨워 눈물을 흘릴 때에도.
그대가 병들어 아파할 때에도
나는 항상 그대와 둘이 아니었다네.

나를 잊지 않는다면,
오래오래 나만을 그리워하며
열정을 다하여 나만을 생각한다면,
그대는 나를 볼 것이니
그대여 나의 말을 믿으라.
오직 나를 열망하여라.
오직 나만을 위해 열정을 다하여라.
그대의 열망에 다가갈 것이니
나는 항상 그대와 함께 있느니.

그대 누군가를 사랑해야 한다면

그대 누군가를 사랑해야 한다면
오직 사랑 때문에 사랑하십시오.
한순간의 미소로 나를 사랑하지 마십시오.
한순간의 몸짓을 보고 나를 사랑하지 마십시오.
바람결에 흩날리는 아름다운 옷자락, 머릿결을 사랑하지 마십시오.
기억 속에서 흘러나온 한 구절의 시구로 나를 사랑하지 마십시오.
그것들은 내가 아닙니다.

그대 나를 사랑해야 한다면
오직 사랑 때문에 사랑하십시오.
소유하려는 욕망으로 나를 사랑하지 마십시오.
철부지 아이를 사랑하듯 나를 사랑하십시오.
한순간의 쾌락으로 나를 사랑하지 마십시오.
한순간의 즐거움으로 나를 사랑하지 마십시오.

영원히 사랑한다고 말하지 마십시오.
나는 당신에게 아무것도 소원하지 않습니다.
당신도 나에게 아무것도 소원하지 않을 때
가까이 있음만이 기쁨일 때에
아무것도 소망하지 않을 때에
그것이 참 사랑이랍니다.

지금 이 순간을 기쁨으로 존재하는
나는 그런 당신을 사랑합니다.
당신은….

욕망의 덫

욕망
그것을 채우려 함도 욕망이며
그것을 버리려 함도 욕망이네.

그것을 채우려 함도 마음 편하기 위함이며
그것을 버리려 함도 마음 편하기 위함이네.

채워도, 채워도 채워질 수 없는 마음
비워도, 비워도 비워질 수 없는 마음

그 마음이 어디에 있는가
그 마음이 누구의 마음인가

내 안에 있는 나의 마음
어디에서 찾으려 하는가?

내 안에 있었다네.

태초부터 지금까지

고요한 기쁨으로

영원히….

무위자연

봄은,
겨울을 그리워함이 없어도
아름다운 자태로
세상을 밝게 하고

여름은,
봄을 여읜 바 없이
가을을 기다리지 않고서도
푸르름을 노래하네.

가을은,
여름을 품고
겨울을 그리워하지 않아도
풍성하게 익어가며

겨울은,
가을을 아쉬워 않고
봄을 시샘하지 않으며
새 생명을 잉태한다네.

가도 간 바 없으며
와도 온 바 없으니

자연이 무위이며
무위가 해탈일세.

지옥地獄, 아귀餓鬼다툼이라는 말을 했던 인물들이 있었다.

천국天國으로 가는 길을 역설했던 인물들의 뜻을 바로 전하기 위하여 이 글을 쓰고자 하였다.

인류의 자유와 평화를 위한 길이다.

인류의 자유와 평화를 위한 길이다.

인류의 자유와 평화를 위한 길이다.

자유로 가는 길이다.

그리고 언어 이전의 소식이다.

전생, 꿈인 줄도 모르고 꾸었던 꿈속에서 가장 평범하게 살고자 했던 어떤 사람이 가장 평범할 수가 없었다. 내 인생인데 내 마음대로 되어지지 않았다. 세상을 원망하지도 않았으며 사람들을 원망하지도 않았다. 내게 주어진 운명이라고 생각하였기에 나이 오십이 넘어 30여 년 살던 도시를 떠나면서 스스로 인생의 패배자임을 인정해야만 했다.

꿈속에서 꿈을 꾸었다. 내가 개미가 되어 먹이를 찾고 있었다. 그런데 저만치에 개미들이 몰려 있었고, 나도 그곳으로 달려갔다. 가서 보니 지구만큼 커다란 먹이가 있었다.

지구만큼 커다란 먹이 위에 개미들이 달려들기 시작했다. 젊은 개미, 늙은 개미, 여자 개미, 남자 개미, 도끼를 든 개미, 총칼을 든 개미 등 종류도 다양했다. 황색 개미, 백색 개미, 흑색 개미들이 모여들더니, 이제 개미 군단들이 모여들기 시작했다. 먹이의 반대편에서는 피를 흘려가며 죽고 죽이는 싸움을 하고, 다른 쪽에서는 먹을 것이 없어서 굶어 죽기도 하고, 많이 차지한 개미들은 또다시 더 많이 차지하기 위해서 아귀다툼을 하고 있었다.

꿈속에서 생각했다. 나는 다른 개미이고 싶다고.

사람들이 떠나간 산간 오지마을을 찾아 들어간다. 반기는 것은 오랜 세월 비바람에 지쳐 곧 넘어갈 것 같은 대여섯 채의 빈 집들과 빈 집을 닮은 노인들이었다.

빈 집처럼 다가오는 죽음을 기다리는 사람들, 버림받은 듯 보이는 노인들의 비참한 삶이 내 삶, 내 인생의 마지막 장면일 것 같은 예감.

길거리에서 죽어가는 그들의 모습을 보면서 운명의 신을 원망했다. 운명의 신이 있다면 운명의 신을 찾아서 단판이라도 짓고 싶었다.

그리고 운명의 신을 찾았다. 찾고 나서는 웃어버릴 수밖에 없었다. 꿈인 줄도 모르고 꾸었던 꿈, 악몽에서 깨어났기 때문이다.

세상은 마음이 지어 놓은 환상이었다.

언제부턴가 들어서 낯설지 않은 말,

"깨어나라."

"깨어나라."

"꿈에서 깨어나라."

아귀餓鬼다툼이라는 낱말이 아귀我鬼다툼이라는 뜻이었다.

인간의 삶, 그것은 자아(에고)의 본성인 순수의식과 자아와의 치열한 싸움이었다. 순수의식인 본성과 학습에 의해서 가공된 자아와의 갈등에 따른 괴로움과 고통이 인간의 삶이며 인생이다.

인간의 본질인 기쁨, 순수의식(빈 마음)이었던 참 자아(신)를 망각한 자아의 잠재의식 가장 깊은 곳에는 신성神聖의 씨앗이 숨겨져 있었다. 그곳은 삶과 죽음을 초월한 미지의 세계이다.

숨겨진 빛.

자아(에고)와 참 자아(순수의식)의 다툼이 자아와 다른 자아와의 다툼으로 왜곡되면서 인간과 인간의 투쟁이 삶이며 만족할 수 없는 욕망에 허덕이다가 늙고 병들어 죽어야만 하는 것이 인생이라는 앎에 의해서 허망한 꿈을 꾸고 있었던 것이다.

진리를 깨달은 인물들은 아귀다툼의 실상인 인간 세상에 대해서 지옥이라고 표현했던 것이며 에고의 본성이었던 신성神聖을 되찾음이 천국이며 영원한 삶이라는 진리의 길, 사람이 살아가야 할 길이라고 역설한 것이다.

세상 어느 누구도 알 수 없는 내일과 미래에 대한 근심 걱정들, 지나간 일들에 대한 기억들과 꿈… 모두 생각(기억세포) 속에서만 존재하는 환상이기에 꿈이라고 한 것이다. 인간은 마음 가장 깊은 곳에 망각된 채 간직되어 있는 신성을 되찾기 위해서 태어난 것이다. 내게 이루어지는 모든 일들, 신의 뜻이 아니겠는가?

세상사 모든 일들, 신의 뜻으로 알고 순간, 순간 기쁨으로 존재하면 어떠한가. 신의 이름으로.

인류의 자유와 평화를 위하여 이 글을 바친다.